皮书系列为
"十二五""十三五"国家重点图书出版规划项目

互联网金融创新蓝皮书

BLUE BOOK OF INTERNET FINANCIAL INNOVATION

中国互联网金融创新与治理 发展报告（2019）

ANNUAL REPORT ON THE DEVELOPMENT OF CHINA'S INTERNET FINANCIAL INNOVATION AND GOVERNANCE (2019)

主　编／欧阳日辉
副主编／刘　怡　柏　亮　李晓晔

社会科学文献出版社
SOCIAL SCIENCES ACADEMIC PRESS（CHINA）

图书在版编目（CIP）数据

中国互联网金融创新与治理发展报告. 2019 ／ 欧阳
日辉主编. -- 北京：社会科学文献出版社，2019. 8
（互联网金融创新蓝皮书）
ISBN 978 - 7 - 5201 - 5124 - 5

Ⅰ. ①中… Ⅱ. ①欧… Ⅲ. ①互联网络 - 应用 - 金融
- 研究报告 - 中国 - 2019 Ⅳ. ①F832. 2 - 39

中国版本图书馆 CIP 数据核字（2019）第 136981 号

互联网金融创新蓝皮书
中国互联网金融创新与治理发展报告（2019）

主　　编／欧阳日辉
副 主 编／刘　怡　柏　亮　李晓晔

出 版 人／谢寿光
责任编辑／张　超　吴云苓

出　　版／社会科学文献出版社·皮书出版分社（010）59367127
　　　　　地址：北京市北三环中路甲 29 号院华龙大厦　邮编：100029
　　　　　网址：www. ssap. com. cn
发　　行／市场营销中心（010）59367081　59367083
印　　装／天津千鹤文化传播有限公司

规　　格／开　本：787mm × 1092mm　1/16
　　　　　印　张：27.75　字　数：417 千字
版　　次／2019 年 8 月第 1 版　2019 年 8 月第 1 次印刷
书　　号／ISBN 978 - 7 - 5201 - 5124 - 5
定　　价／138.00 元

本书如有印装质量问题，请与读者服务中心（010 - 59367028）联系

本蓝皮书的撰写和出版获得以下资助：

教育部哲学社会科学研究重大课题攻关项目（15JZD022）

国家社会科学基金重大招标项目（14ZDB120）

北京市教育委员会共建项目专项

北京市哲学社会科学规划办公室共建经费

中央财经大学一流学科建设项目

北京市支持央属高校"双一流"建设项目

北京高等学校卓越青年科学家计划

互联网金融创新蓝皮书
编　委　会

机构简介

中央财经大学中国互联网经济研究院

中央财经大学中国互联网经济研究院是中央财经大学的实体研究机构，是清华大学电子商务交易技术国家工程实验室成员单位——互联网经济与金融研究中心、北京市哲学社会科学重点研究基地——首都互联网经济发展研究基地。研究院围绕互联网经济理论、互联网金融和电子商务三个研究方向，进行科研管理体制创新，组建了三十余人的专职研究团队。研究院成立以来获批国家级重大和重点项目 10 项、国家和省部级一般项目 25 项。研究院入选中国核心智库、首批中国智库索引（CTTI）来源智库（2017－2018），荣获2015 中国电子商务创新发展峰会颁发的"最具影响力研究机构奖"。

南开大学金融学院

南开大学金融学院历史悠久、底蕴深厚，1919 年建校之初即设商科，并设有银行财政学门（系）。2015 年，南开大学正式成立了国内综合性大学唯一的金融学院，将原经济学院金融学系、风险管理与保险学系整建制划入金融学院。金融学院以"一流研究立院、一流人才强院、一流机制兴院"为宗旨，以"建设国际化、高水平、世界一流的金融学院，实现跨越式发展"为目标。金融学院全日制在校学生规模达 1600 余人。

易观

易观是中国领先的大数据公司，始终追求客户成功的经营宗旨。自成立以来，打造了以海量数字用户资产及算法模型为核心的大数据产品、平台及解决方案，可以帮助企业高效管理数字用户资产并对产品进行精细化运营，通过数据驱动营销闭环，实现收入增长、成本降低和效率提升，并显著规避经营风险，实现精益成长。同时，易观大学作为易观数据驱动体系、方法论和模型的承载机构，致力于通过提供知识付费和课程培训服务来践行一直追求的"让数据能力平民化"的使命。易观的数据平台是易观方舟，产品家族包括易观千帆、易观万像以及行业解决方案。截至 2018 年 12 月 31 日，易观覆盖 23.8 亿智能终端以及 6.04 亿用户。

零壹财经

零壹财经隶属于零壹智库信息科技（北京）有限公司，是独立的新金融知识服务机构，建立了媒体＋数据＋研究＋智库＋学院的独立第三方服务平台，覆盖新金融生态的各个细分领域，提供研究、咨询、品牌、培训、传播等服务，已经服务超过 300 家机构。零壹智库是零壹财经旗下的内容品牌及研究服务平台，坚持独立、专业、开放、创新的价值观，包含零壹研究院、零壹财经华中新金融研究院、零壹租赁智库等研究机构，建立了多元化的学术团队，通过持续开展金融创新的调研、学术交流、峰会论坛、出版传播等业务，服务新金融机构，探索新金融发展。

野马财经

野马财经隶属于野马新传（北京）科技有限公司，是一家聚焦于财经、金融领域报道的新媒体，内容涉及资本市场、互联网金融以及财经娱乐化等。截至 2018 年 11 月，已完成了两轮融资，并获网易、腾讯等媒体平台的众多媒体奖项。野马财经运营多个财经金融类媒体内容品牌，内容覆盖微信公众号、新闻客户端及媒体平台和网站等全媒体渠道，包括今日头条、腾讯新闻、网易新闻、凤凰新闻、百家号等多家新闻客户端和媒体平台，并在雪球、和讯财经、同花顺、东方财富网等专业财经平台同步内容，同时制作多档音频及视频栏目，在互联网及线下多渠道分发，全年累计覆盖读者超 3 亿。野马财经在线下定期举办财经、金融领域的行业活动，探索行业发展趋势，推动行业规范发展。

摘　要

互联网金融创新蓝皮书以"金融回归本源、服务实体经济、防范金融风险"为研究目标，以互联网金融创新和监管科技发展为主题，从理论创新、技术创新、模式创新和治理创新四个层面论述互联网金融的发展和治理，强调和突出理论性、实证性和实践性，区别于已有的关于互联网金融的蓝皮书。

《中国互联网金融创新与治理发展报告（2019）》分为七个部分。总报告分析 2018 年互联网金融创新与治理发展的总体情况、存在的问题和发展趋势，突出技术创新、模式创新和治理创新。理论篇综述了互联网金融研究的总体情况、互联网金融回归本源的研究、数字普惠金融研究和监管科技研究。技术创新篇梳理了 2018 年大数据、云计算、区块链和人工智能在互联网金融领域的应用情况、存在的问题和发展建议。模式创新篇分析了互联网金融模式创新、小微企业融资模式创新、金融科技创新与发展，以及传统银行数字化转型。治理创新篇研究了互联网金融与监管科技协同创新、自律创新、P2P 专项治理、合规经营和互联网金融数字化监管系统建设等情况。案例篇对北京市的互联金融创新与治理情况进行研究，分析了技术创新、模式创新、业态创新和治理创新的案例。附录总结和梳理了 2018 年互联网金融创新与治理大事记。

互联网金融创新蓝皮书由中央财经大学中国互联网经济研究院联合国内高校和行业知名研究机构共同打造，既有理论高度，又对实践进行了深入剖析。本蓝皮书资料丰富、数据准确、逻辑清晰，对互联网金融行业的现状和发展趋势进行精准的分析，具有权威性、全面性、系统性、前瞻性和实用性等特点，是研究和指导数字经济时代我国金融行业发展的重要文献，具有较高的参考价值。

Abstract

Blue Book of Internet Financial Innovation takes a research objective of "Making finance return to the origins, serving the real economy, and preventing financial risks", which is based on the theme of Internet finance innovation and regtech development. It discusses Internet finance development and governance from four dimensions-theoretical innovation, technological innovation, model innovation and governance innovation, which emphasizes and focus on the theoretical, empirical and practical property and differs from the existing blue book of Internet finance.

Annual Report on the Development of China's Internet Financial Innovation and Governance (2019) includes six parts. The General Report analyzes the overall situation of Internet finance innovation and governance development, existing problems and development trends in 2018, which also highlights technological innovation, model innovation and governance innovation. The Theory Reports summarizes the overall situation of Internet finance research, back-to-basics of Internet finance research, digital inclusive financial research and RegTech research. The Technology Innovation section combs the application situations, existing problems and development proposals of big data, cloud computing, blockchain and artificial intelligence in the field of Internet finance in 2018. The Model Innovation section analyzes the modes of finance lifelization, small and micro enterprise financing, FinTech innovation, financial intelligence and traditional bank digital transformation. The Governance Innovation section studies the status of coordinated development between Internet finance and RegTech, self-discipline innovation, P2P special governance, compliance management and the construction of digital financial supervision system. The Cases Study section studies on Internet finance innovation and governance in Beijing, and analyzes the cases of technological innovation, model innovation, business innovation and governance innovation. The Appendix summarizes and sorts out the 2018 Internet Finance Innovation and Governance Events.

Blue Book of Internet Financial Innovation is jointly developed by China Center for Internet Economy Research (CCIE) in Central University of Finance and Economics, domestic colleges and universities and well-known industry research institutions, which has both theoretical heights and in-depth analysis of practice. This Blue Book is rich in data, accurate in data, and clear in logic. It has an accurate analysis of the status quo and development trends of the Internet financial industry, which has authoritative, comprehensive, systematic, forward-looking and practical characteristics. Therefore, It is an important literature on the development of China's financial industry and has a high reference value in the digital economic era.

目 录

Ⅰ 总报告

Ⅱ 理论篇

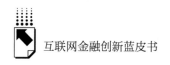

Ⅲ 技术创新篇

Ⅳ 模式创新篇

Ⅴ 治理创新篇

Ⅵ 案例篇

Ⅶ 附录

皮书数据库阅读 **使用指南**

CONTENTS

I General Report

II Theory Reports

Ⅲ Technology Innovation

Ⅳ Model Innovation

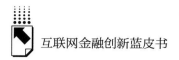
V Governance Innovation

VI Cases Study

VII Appendix

总 报 告

General Report

B.1

2018年中国互联网金融创新与
治理回顾与展望

中央财经大学中国互联网经济研究院课题组*

摘 要： 2018 年，我国互联网金融行业发生了巨大变革，合规备案、
化解风险、深度调整是行业发展呈现的重要特征。本报告在
回顾 2018 年互联网金融发展状况的基础上，总结我国互联网
金融在技术创新、模式创新及治理创新方面取得的成效，并
就当前我国互联网金融发展面临的挑战，对未来互联网金融

* 课题组成员：欧阳日辉、赵宣凯、李二亮、王珊君、何毅。欧阳日辉，博士、教授，中央财
经大学中国互联网经济研究院副院长、清华大学电子商务交易技术国家工程实验室互联网经
济与金融研究中心主任、桂林旅游学院数字经济研究院院长、永州众智数字经济研究院院长，
主要研究领域为数字经济、金融科技、电子商务；赵宣凯，博士，中央财经大学中国互联网
经济研究院助理研究员；李二亮，博士，河南工程学院讲师，主要研究领域为电子商务、互
联网金融；王珊君，博士，北方民族大学商学院副教授，主要研究领域为电子商务、互联网
经济、互联网金融；何毅，博士，中央财经大学中国互联网经济研究院助理研究员。

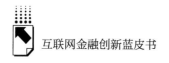

创新和治理提出若干对策建议。

关键词： 互联网金融　合规备案　技术创新　模式创新　治理创新

回望 2018 年，互联网金融行业加快了制度重构和完善。支付行业在政策护航下稳健发展，基础设施更加稳固；P2P 网贷行业在经历整改、备案、检查后，基础设施建设和规范体系建设持续推进；百行征信横空出世，国家与市场征信机构错位发展、功能互补；资产管理行业在"资管新规"的重塑之下，进入规范发展的"元年"；消费金融行业在"政策红利"下快速发展；人工智能行业告别了往日的喧嚣，发展规划、行业标准制定稳步推进；区块链行业，加密资产相关领域的清理整治工作取得积极进展，技术应用日趋广泛；监管科技行业从概念走向实施，开始了制度化和具体运用的尝试，进入"探索"阶段。

一　2018年互联网金融发展总体情况

2018 年是互联网金融历经蜕变的一年，互联网金融风险专项整治工作深入开展，相关法律规范逐步完善。互联网金融行业经过 2018 年的洗礼，呈现去伪存真的局面。随着合规的推进与清退工作的开展，行业的发展日趋规范，合规稳健的平台将脱颖而出。

（一）行业规模

国家统计局官方数据显示，2018 年，中国国内生产总值（GDP）达900903 亿元，同比增长 6.6%；全年社会消费品零售总额 38 万亿元，同比增长 9.0%，全国网上零售额 9 万多亿元，同比增长 23.9%，互联网消费贡献突出。居民消费恩格尔系数下降，网络消费市场已逐步进入提质升级阶段，供给与需求同时升级已成为行业增长的新一轮驱动力。

随着我国科技水平的不断提高，互联网在我国得到了更大范围的普及，网民基数逐步增加，其中网购用户群体规模也日渐庞大。数据显示，到2018年底我国网民总量达到8.29亿，2018年新增网民数为5653万，互联网普及率为59.6%，同比增加3.8个百分点，其中网民中使用手机上网的人数不断增加，到2018年底比重达到98.6%，同比增加1.1个百分点。到2018年底，我国网购用户群体总规模超6.10亿人次，实现了14.4%的增长，其中网民进行网购的比例达到73.6%。[①]

2018年既是我国贯彻落实党的十九大精神的开局之年，又是我国改革开放40周年，也是决胜全面建成小康社会、实施"十三五"规划的关键一年。这一年对我国互联网金融行业的发展既充满机遇又存在诸多挑战，是意义非凡的一年。

IT桔子相关研究显示，2018年互联网金融行业中股权融资的公司数量为566家，与2017年相比减少了18家，呈现小幅下降趋势，但2018年互联网金融行业所披露的人民币融资金额为877.46亿元，较2017年的融资金额300亿元相比，增幅较为明显。[②]

在经历了高速发展阶段之后，我国互联网金融行业发展呈现合规化趋势。近年来，在相关政策的支持以及有关机构的监管约束下，行业在各项业务领域也得到了更为规范的发展。

在第三方支付领域，自2017年第一季度至2018年第三季度，我国第三方综合支付交易规模虽然保持增长势头，但增长速度显著放缓。具体而言，2018年前三季度环比增长率分别为3.2%、−0.71%、7.99%，可见我国第三方综合支付交易规模逐步回升，进一步说明我国第三方支付市场趋于成熟。线下网络支付使用习惯持续巩固，网民在线下消费时使用移动支付的比例由2017年底的65.5%提升至67.2%。居民收入和就业的持续改善推动消费继续扩张，三、四线城市互联网红利促进新一轮在线购物热潮。在第三方移动支付市场中，支付宝和腾讯金融成为移动支付领域的两大巨头，所占市

---

① 中国互联网络信息中心：《第43次中国互联网络发展情况统计报告》，2019年2月。
② 数据来源于IT桔子。

场份额合计超过九成。① 在跨境支付方面，支付宝和微信支付已在 40 个以上国家和地区合规接入；在境外本土化支付方面，我国企业已在亚洲 9 个国家和地区运营本土化数字钱包产品。②

在 P2P 网络借贷领域，在严格监管叠加两轮 P2P 爆雷潮的冲击下，2018 年 P2P 网络借贷行业遭受了前所未有的信任危机。截至 2018 年末，全国 P2P 网络借贷行业中处于正常运营的平台数量为 1021 家，同比减少了 1219 家；2018 年全年 P2P 网络借贷行业中停业平台和问题平台总数量为 1279 家；全年 P2P 网络借贷行业成交量为 17948.01 亿元，同比下降 36.01%，行业贷款余额总量为 7889.65 亿元，同比降低 24.27%。③

在线上众筹平台领域，2018 年底我国共有 159 家正常运营的众筹平台，相比 2017 年的 169 家减少了 10 家，仅 2018 年 12 月，全国就有 6 家众筹平台选择转型，1 家众筹平台下线或链接失效。按众筹平台进行分类统计，2018 年我国共有 55 家股权型众筹平台、51 家权益型众筹平台、23 家物权型众筹平台、22 家综合型众筹平台和 8 家公益型众筹平台。④

在互联网理财领域，不同于前些年的高速发展，2018 年互联网理财指数出现了自 2013 年创建以来的首次下滑，下降为 563 点，同比降幅达 23.45%。财富管理市场总规模由 2017 年的 130 万亿元增长至 2018 年的 132 万亿元，但增长幅度与之前相比仍存在显著差距。具体而言，互联网信托规模同比减少 2 万亿元、互联网券商资管规模同比减少 1.2 万亿元、互联网基金专户规模减少 2.7 万亿元；而公募基金、私募基金和保险较 2017 年出现了增长趋势，增加规模分别为 1.5 万亿元、0.7 万亿元和 2.4 万亿元；互联网银行理财业务规模无显著变化。⑤

在互联网消费金融领域，在我国居民消费水平不断提升和普惠金融持续

---

① 资料来源于央行、易观报告、苏宁金融研究所。
② 中国互联网络信息中心：《第 43 次中国互联网发展状况统计报告》，2019 年 2 月。
③ 网贷之家：《2018 年全国各地 P2P 发展报告》，2019 年 1 月。
④ 资料来源于人创咨询。
⑤ 腾讯理财通、腾讯金融科技智库、国家金融与发展实验室：《2018 年互联网理财指数报告》，2018 年 12 月。

深入的背景下，消费金融业务也获得了巨大的发展空间，并在普惠金融发展中发挥着强有力的支撑作用。到 2018 年 10 月消费金融领域市场规模已达到 84537 亿元的高水平，占境内贷款比重增长至 6.3%。①

（二）主要特点

1. 金融科技加速开放

2018 年，互联网金融领域中的金融科技开放布局呈现不断加速的趋势，一方面，互联网金融行业巨头呈现较强的"去金融化"趋势，它们不断增强自身科技属性，努力成为传统金融机构技术输出的供应商。近年来，互联网金融领域各大巨头携手众多合作伙伴相继推出针对科技输出难题的解决方案，解决方案包含了金融云、人工智能、区块链、大数据风控等诸多关键技术。苏宁金融、蚂蚁金服、百度金融等互联网金融公司也纷纷提出具有特色的解决方案，苏宁金融提出的基于区块链技术的黑名单共享平台、蚂蚁金服提出的金融云科技输出解决方案、百度金融提出的基于区块链技术的 ABS 解决方案等都为同类公司制定解决方案提供借鉴，为互联网金融行业走向科技赋能之路迈出了关键性的一步。此外，不少细分行业头部机构基于自身业务实践，积极针对特定业务提出解决方案，实现科技赋能的目标，例如 51 信用卡公司提出的"光锥"风控大数据解决方案，大幅度提高了大数据时代下消费金融领域风险控制的整体迭代效率，从而更为高效地防范金融风险，推动自身业务的发展。在金融科技加速开放协作的背景下，互联网金融巨头依据自身资源禀赋的差异寻找合作伙伴共同搭建开放平台，这标志着互联网金融行业的竞争进入一个全新阶段。有效整合各个金融科技的差异化并以此为互联网金融客户提供优质金融服务将成为互联网金融行业未来的发展趋势，协同发展也将成为该阶段的主流模式。然而，科技开放之路注定不会一帆风顺，必会充满曲折，并且由于开放平台内部各方的核心诉求不同，差异和博弈也将逐渐增大。②

---

① 清华大学中国经济思想与实践研究院：《2018 中国消费信贷市场研究》，2019 年 1 月。
② 苏宁金融研究院：《2018 年 3 季度互联网金融行业报告》，2018 年 10 月。

另一方面，传统金融机构也积极投身金融科技领域，传统金融机构也开始创立金融科技子公司，对外提供技术输出，传统金融机构与金融科技的融合将改变传统金融机构的运营模式，提升金融机构服务效率。大型商业银行的科技投入也持续增加，金融科技的飞速发展不仅让商业银行转型成为可能，并且直接充当了银行金融科技转型的助推器，但目前银行业的金融科技转型大多采取跟随战略，尚未深入文化、机制等层面，产品体验存在明显差距，商业银行等持牌机构的金融科技转型任重道远。

2. 强监管成为行业主旋律

回顾 2018 年，互联网金融可谓发生了翻天覆地的变化，"强监管"依然是行业的主旋律。2018 年互联网金融行业发展的核心内容可以用"合规"和"备案"进行概括，互联网金融行业监管部门出台一系列法律法规强化对互联网金融行业的监管。《关于加大通过互联网开展资产管理业务整治力度及开展验收工作的通知》的正式下发从资产管理业务验收标准、验收流程和业务分类处置三方面对互联网资产管理业务领域的整顿提出要求，为互联网资产管理业务合规运行制定规范；2018 年 4 月 27 日，央行、银保监会、证监会与外汇局联合下发《关于规范金融机构资产管理业务的指导意见》，重点强调金融机构在开展资产管理业务时应遵循严控风险、有的放矢等原则，并对资产管理产品相关事宜进行详细说明，同时强调金融监管部门应加大对资产管理业务的监管力度，使得资产管理业务的开展更为合规。2018 年 6 月，网络借贷备案工作延期，网络借贷备案进入合规检查阶段。2018 年 8 月，P2P 网络借贷风险专项整治工作领导小组办公室正式下发《关于开展 P2P 网络借贷机构合规检查工作的通知》和《网络借贷信息中介机构合规检查问题清单》两份通知，这标志着全国统一的合规检查正式开启。一切关于网络借贷备案的工作有条不紊地进行，行业合规发展的道路也逐渐明朗。

3. P2P 网贷"寒冬"来袭

近年来，互联网金融在扶持小微企业、弥补传统金融不足、激活金融市场和金融产品创新等方面发挥了巨大的作用，从而得到了快速发展。但是，行业的飞速发展也带来了一系列发展乱象，自 2017 年开始国家拉开了整顿互联网金融行业的序幕。

在这一系列的监管措施中，2017 年 12 月 1 日颁布的《关于规范整顿"现金贷"业务的通知》（简称"141 号文"）和 2018 年 4 月初颁布的《关于加大通过互联网开展资产治理业务整治力度及开展验收工作的通知》对 P2P 行业的发展造成了沉重打击。其中，141 号文颁布以后，头部互联网金融机构积极响应政策要求，停止发放违规业务，大量借款人遭遇流动性危机，行业逾期率快速上升，一些尾部平台面临生存危机；此外，141 号文迫使部分消费信贷类平台进行转型，而随后发布的《关于规范金融机构资产管理业务的指导意见》又规定互联网机构只拥有理财产品代销资格，进一步阻断了财富管理类平台的盈利模式和空间。由此可见，在监管趋严的影响下，业内机构业务发展频频受挫，行业发展面临困境。以 P2P 业务为例，总体来看，2018 年 P2P 的大标业务彻底丧失藏身之处，存量违规业务的压降又加剧了借款企业的流动性紧张，导致 P2P 行业的爆雷事件接连发生，出借人加速出逃，流动性压力下，平台放贷能力下降，盈利能力下降，压降成本、裁撤业务线成为常态，进入"如假包换"的寒冬。

4. 互联网消费金融进入调整期

互联网消费金融行业在快速增长的同时也暴露了诸多问题，如过度授信、暴力催收等不合规经营方式。为进一步规范整顿行业，2017 年起，国家先后出台了各项资质、业务监管政策，如中国银监会、教育部等三部门联合印发的《关于进一步加强校园贷规范管理工作的通知》暂停了网贷机构开展在校大学生网贷业务；从 2017 年国家政策的密集出台来看，互联网消费金融行业从增长期进入整顿期，一年的整顿和规范化治理取得成效的同时，中国银保监会于 2018 年 8 月出台《关于进一步做好信贷工作提升服务实体经济质效的通知》，再次提到积极发展消费金融，增强消费对经济的拉动作用。创新金融服务方式，积极满足旅游、教育、文化、健康、养老等升级型消费的金融需求。通过规范调整，互联网消费金融发展前景向好。

5. 百行征信开启征信新时代

2018 年 1 月 4 日，央行发布《关于百行征信有限公司（筹）相关情况的公示》，宣布受理百行征信有限公司（筹）的个人征信业务申请。2月22日，央行发布"设立经营个人征信业务的机构许可信息公示表"，百行征信有限公司已由中国人民银行批准获得个人征信机构设立许可。5月23日，百行征信在深圳正式揭牌。自此，百行征信将与中国人民银行征信中心形成互补，银行及部分证券、保险公司的征信信息主要来自中国人民银行征信中心，而百行征信主要是针对非传统金融机构进行信息征集。经过一年多的筹备，目前"百行征信"已经签约接入了600多家机构的信用信息。2019年1月，百行征信已正式推出了个人信用报告等3款征信服务产品。[①] 2018年征信系统在互联网金融风险防范中的作用凸显。蚂蚁借呗、苏宁任性付、腾讯微粒贷等互联网信贷都纷纷接入中国人民银行征信系统。

6. 互联网金融平台掀起上市热潮

2018年国内大批互联网金融平台相继选择上市，2018年7月小米公司在香港交易所上市，小米公司作为全球明星科技公司和香港交易所首个同股不同权的试点企业，将2018年科技公司的IPO推向第一个高潮。2018年9月"美团点评"平台在香港交易所正式上市，上市首日收盘股价上涨超过5%，收盘时最终报价为72.65港元/股，公司总市值超过508亿美元，成为中国市值排行第四位的互联网上市公司。

在我国P2P网络借贷行业整改不断推进的背景下，不合规平台陆续选择良性出清，退出网络借贷领域，国内资本市场逐步趋于理性。然而不少互联网金融行业细分领域龙头企业仍然选择在境外IPO，小赢科技、金融科技解决方案提供商品钛、微贷网等在2018年纷纷选择境外上市，我国也迎来了互联网金融公司扎堆选择境外上市的小高潮。据艾瑞咨询的研究数据可知，到2018年12月14日我国共有64家互联网金融公司正式上市，其中有26家选择在香港交易所上市、27家选择在美国的纽约证券交易所或纳斯达克证券交易所上市，仅有11家选择在中国大陆上市。互联网金融平台扎堆上市的原因一方面是美国市场正处于高位，热情不减；另一方面，国内平台

---

① 京东数科研究院：《2018金融科技法律政策报告》，2019年1月。

的创始人与早期投资人早已做好上市需要的所有准备，但国内针对资本市场的监管日趋严格，企业出于对未来经营成本的担忧选择境外上市。互联网金融公司上市股价表明，互联网金融公司上市之后并未得到市场的认可，多家上市公司出现股价大跌的情况，这与我国金融监管机构实施的行业备案存在关系。

7. 普惠金融发展步入深水区

传统普惠金融模式存在覆盖率低、单户收益率低、风险控制难的问题，以农户和中小微企业为代表的普惠金融重点群体的融资需求尚未得到有效满足，市场发展潜力巨大，目前我国普惠金融发展已经步入深水区，亟须新型金融模式为普惠金融发展破局。金融基础设施覆盖范围扩张迅速，但仍需继续扩大，普惠金融目标群体多样化的金融服务需要进一步满足。风险控制是普惠金融服务的一大难题，而普惠金融的发展需要大量小微型金融机构提供支持，小微型金融机构由于具有交易金额小、交易范围分散的特点，其运营过程中的外溢性风险较小，金融风险控制较为简单，然而普惠金融的贷款主体通常是资金实力较弱、违约风险较高的农户及小微企业，因此总体而言普惠金融体系的整体风险应当得到重点关注。

P2P 网贷是中国普惠金融服务的重要提供者之一，它们能有效地补充银行资金的不足，满足下沉人群以及微型企业的融资需求。这极大地拓展了金融业务的服务范围，增强了普惠金融服务的可得性。从消费金融的角度看，中国国内市场有巨大的发展潜力，但是大型的商业银行以及消费金融服务公司更多关注金字塔顶端以及中间层面的高信用客户，P2P 则从满足低收入者的消费融资需求中盈利。在农村金融领域 P2P 表现出明显优势，由于我国农村金融市场相对空白，农村金融供给与需求严重不匹配，而 P2P 网贷涉农平台较好地应对弥补了这一部分空缺，因此近年来 P2P 在农村金融市场领域得到了较好的发展。结合当前 P2P 涉农平台的发展状况可以看出，P2P 涉农平台规模有待扩张，贷款规模也相对较小，市场规模的变化和交易规模的增长主要依托大平台的发展，大平台占据了行业绝大部分的市场份额，小平台发展受到了一定的限制，因此整个 P2P 网贷行业仍然具有较大的发展空间。基于网贷天眼研究院的数据，2018 年 P2P

网贷平台的消费金融成交额尽管呈现先增后减的变化趋势，但是其占总体网贷成交额的比重总体上升（见图1）。①

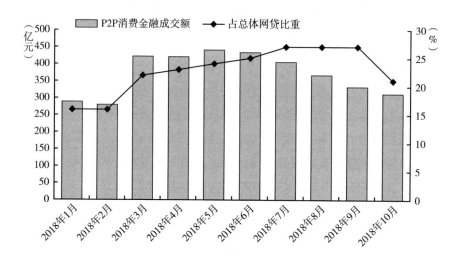

图1　2018年P2P消费金融贷款情况

　　普惠金融的数字化发展是整个普惠金融领域发展的大势所趋，数字普惠金融在处理普惠金融中"普""惠"以及提高金融业务服务质量和可持续发展等问题上存在优势。数字普惠金融本身在业务模式、科技应用、风险特征等方面都将面临挑战，但数字化的普惠金融改变了传统普惠金融的信贷逻辑，数字即信用的理念成为现实，同时数字普惠金融降低了传统普惠金融的服务成本，提高了运营效率。总体而言，数字普惠金融是普惠金融不可逆转的趋势。

二　互联网金融技术创新情况

　　2018年，我国在人工智能、云计算、大数据、5G、区块链、虚拟现实、物联网标识等领域发展势头迅猛。5G领域，核心技术研发取得突破性进展，

---

① 数据来源于网贷天眼研究院。

政企合力推动产业稳步发展；人工智能（AI）领域，科技创新能力得到进一步加强，地方规划及政策的相继推出，有效地推动人工智能与经济社会发展深度融合；云计算（Cloud Computing）领域，政府高度重视云计算信息产业发展，企业积极推动战略布局，云服务已逐渐被国内市场认可和接受。

（一）技术在互联网金融监管方面的应用创新

在风险预警与控制方面将大数据、云计算等高科技手段深入运用到监管领域当中。在风控领域，采用的技术手段主要有：在反欺诈方面能够运用到的技术包括人脸识别、指纹识别，目前，东南亚很多公司已经开始用到声纹分析做欺诈风险。风险预警的重要举措有：通过对"线上数据＋线下信息＋存证监管"的全面数据整合，形成了全方位、全覆盖、全过程的互联网金融企业的综合监测预警机制。其中，线上数据技术表现形式主要是对"互联网金融特征大数据"、"互联网金融企业项目存证大数据"以及"互联网金融企业银行资金存管大数据"进行 7×24 小时实时监测预警；线下数据信息来源主要有：社区综合管理网格员以及市民群众自发的信息收集，线下充分发挥政府网格化管理工作和人民自治的经验和优势；"存证监管"则是将 P2P 网贷平台的交易合同和标的信息进行实时电子化存证，同时与资金存管银行的数据进行实时匹配。

从当前国内互联网金融行业的运行情况来看，互联网金融监管方面的技术应用已经取得了很好的效果，并且随着 5G 时代的到来，VR ＋ AI 等技术在金融监管领域的应用将加快促进监管工作的有效开展。

（二）技术在互联网行业发展方面的应用创新

2018 年，金融机构纷纷借助金融科技在场景、客源、资产、风控等领域进行创新，以期达到企业效率和盈利的提升。

1. 量子计算在金融领域的应用探索

量子计算推进人工智能系统的小型化和轻量化，提升人工智能在实时反欺诈、交易风向控制、行为分析、高频交易等金融领域的应用水平。明特量化自主研发了全流程智能金融服务体系——"智能量子引擎"，通过输出精准用户画像、反欺诈模型、信用风险模型、催收评分卡模型、智能报表系统、资源最优配置模型、闭环风控体系等创新技术，赋能科技金融行业的裂变发展。这套针对智能信贷行业从获客、风控、贷后管理到催收全流程的技术支持系统，为明特量化吸引了众多的 B 端客户。

2. 大数据应用于金融领域

金融机构借助大数据技术广泛收集各种渠道信息进行分析应用与风险管理，运用大数据进行精准营销、风控，通过大数据模型为客户提供金融信用，进而辅助各项业务决策。近年来，我国大数据产业规模持续扩大，中关村互联网金融研究院提出预计到 2020 年，我国大数据产业规模将会超过 1 万亿元。① 目前大数据技术在金融领域主要应用于用户画像和建立客户知识图谱两大场景。在用户画像应用场景中，大数据技术基于用户标签的判定、分类和验证，为客户生成用户画像并进行用户分析，主要应用的业务领域包括信贷风险评估、金融反欺诈、精准营销等。在建立客户知识图谱的应用场景中，大数据技术基于行业、产品、企业和人的联系，为使用者绘制客户关系图谱，并依据客户关系图谱帮助其进行风险管理与控制，主要应用的业务包括供应链金融、保险公司核保、反洗钱等。

3. ABC 促互联网金融技术升级

在人工智能技术不断取得突破以及新兴技术手段的协同推进的背景下，智能投顾、金融预测与反诈骗、智能融资授信三个领域将得到长足发展。2018 年，人工智能行业进一步得到政策支持，应用更加广泛，但已告别往日的喧嚣，发展规划、行业标准制定稳步推进，相关立法也逐渐提上日程。这也是"确保新的技术从应用之初就不偏离航道"的必要保证。中商产业研究院数据显示，2017 年中国人工智能市场规模为 152.1 亿元，2018 年中国人工智能市场规模出现大幅增长，预计可达到 238.2 亿元。②

---

① 中关村互联网金融研究院：《中国金融科技与数字普惠金融发展报告（2018）》，2018 年 12 月。
② 数据来源于中商产业研究院。

互联网金融巨头在区块链技术应用上有一定突破。2018年9月蚂蚁金服启动支付宝小程序开放计划和区块链合作伙伴计划，推出区块链BaaS服务平台，帮助区块链中的中小创业者参与底层技术设局，进行多样化的应用场景的研发与创新。苏宁金融研究院的报告提出，2018年苏宁金融在区块链技术领域取得重大突破，并宣布正式上线区块链黑名单共享平台系统，该系统基于fabric联盟链技术最终实现国密算法，是区块链技术与密码技术完美结合的产物，在保护金融机构商业机密的前提下实现黑名单数据的共享，有效降低了金融机构的运营成本。[1] 凤凰金融目前以"区块链+人工智能+大数据"为矩阵，在财富管理、海外、网贷、基金、保险等细分业务场景中实现了金融科技的完美落地，推出了凤凰智保、魔镜智投、凤凰真准、凤鸣智能资讯等智能资产配置工具，为用户提供金融知识储备、准确的投资建议、私人定制配置方案等个性化、精准化、全面化的免费服务。

随着我国云计算、大数据以及人工智能等技术的快速发展和广泛应用。据预测，在未来五到十年内，银行业将会发生颠覆性的改变，金融科技与传统金融之间的界限越来越模糊。银行业在保留传统优势的同时，明显加大科技投入，积极拥抱先进科技，如网络安全、电子支付、大数据分析、区块链、物联网、人工智能、生物识别技术、智能穿戴设备、智能投顾等，银行业对数字化银行和金融科技的投入将会持续增加。

4.移动互联网技术和物联网技术得到广泛应用

随着移动互联网技术发展成熟，产业浪潮进入全新阶段，5G技术区域成熟并逐步走向商用，移动支付作为移动互联网领域和金融领域的革命性创新和代表应用，在促进电子商务以及零售市场发展、满足消费者多样化支付需求方面正发挥着越来越重要的作用，二维码支付、电子银行、直销银行业务等均体现了移动互联网技术在金融领域中的应用。在金融领域中，物联网技术针对金融产品定价、金融风险控制、金融监管等方面都具有明显的业务

---

[1] 苏宁金融研究院：《2018年3季度互联网金融行业报告》，2018年10月。

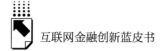
优势，并且能够在保险产品精准定价、抵押物和动产监控、供应链金融等领域得以应用。随着我国在物联网技术领域不断取得突破，物联网技术将在金融领域乃至其他领域有更多的场景落地。

5. 指纹识别、人脸识别、虹膜识别等生物识别技术也成为金融领域应用的主流

其中，指纹识别技术最为成熟且成本低、易普及，广泛应用于客户服务的业务领域；人脸识别使用方便且使用于公共安全等领域，增长迅速，第三方支付市场较为领先地区推出人脸支付的新型支付模式；虹膜识别安全性能高，但是成本过高，普及尚待时日。由此可见，生物识别技术的应用进一步为金融服务提供了安全保障，也为客户提供了更为优质的用户体验，在互联网金融行业中具有广阔的发展前景。

2018 年，在大数据、人工智能、区块链、5G 等创新技术发展的推动下，互联网金融行业正经历着制度化、规范化的革新发展。随着互联网金融模式创新、用户消费升级以及技术发展的逐步深入，互联网金融的发展将会进入更为创新的发展阶段。

三　互联网金融模式创新情况

在互联网逐步演变成为一种基础设施的时代，新概念、新模式不断涌现是一个比较明显的现象。尽管在移动互联网时代，互联网金融由于 P2P 网贷跑路、信贷乱象、数字货币陷阱等问题而饱受争议，但是这些新概念、新模式的出现也为互联网金融行业找到了打破当前困境的方式和方法。

（一）互联网支付领域

在互联网金融行业飞速发展的背景下，互联网支付领域也开始受到各方关注。互联网支付可划分为网银支付、移动支付和第三方支付三种形式，各种支付形式发展情况不尽相同。中国人民银行官方数据显示，2018年我国社会资金交易规模持续扩大，支付体系整体运行情况良好，支付业务总量稳中有进，移动支付业务规模继续保持高速增长，仅 2018 年第三

季度移动支付交易量同比增速就达到 74.19%，然而网银支付业务增速放缓。① 目前，我国移动支付在整体环境趋优、监管趋紧的市场背景下，交易规模不断扩大，增长趋于平稳，2018 年前两季度交易规模基本稳定在40 万亿元左右（见图 2）。②

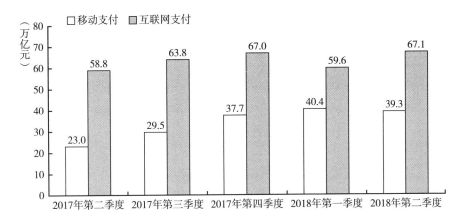

图 2　2017～2018 年中国互联网支付、移动支付交易规模

移动支付以其良好的发展态势显示出移动互联网将主导未来零售电子支付的发展。互联网时代的到来使得人们的生活趋于多元化，同时也提高了经济社会中随机性交易发生的可能性，移动支付作为一种新型支付模式更好地迎合了人们碎片化的支付需求，因此发展前景十分广阔。同时随着移动互联网技术的成熟和移动通信技术的完善，移动支付方式在未来将获得更好的技术支持，具有更大的成长空间。③

在所有的非银行支付机构中，腾讯公司研发的微信支付和阿里巴巴公司推出的支付宝在移动支付领域中占据着重要位置，易观调查数据显示，2018年第一季度，支付宝、微信和银联商务成为互联网支付领域的三大巨头，三者所占互联网支付交易市场份额总比重达到 57.5%，其中支付宝和微信支

---

① 中国人民银行：《2018 年第三季度支付体系运行总体情况》，2018 年 11 月。
② 数据来源于前瞻产业研究院。
③ 中国人民银行：《互联网时代的支付变革》，2015 年 4 月。

付在移动支付领域中所占市场份额综合达到 92.7%，两者在移动支付领域中占据了绝对主导地位。[1] 2018 年，支付巨头纷纷布局刷脸支付的商业化落地，银联正式对外宣布推出刷脸支付业务，支付宝发布全新刷脸支付产品"蜻蜓"，微信也在深圳、南京等零售商户上线刷脸支付终端。值得注意的是，2018 年华为公司与银联联合，推出一项全新的支付方式"碰一碰"，这种支付方式打破了扫码支付的常规，采用 NFC 支付技术直接进行支付，目前该模式尚未普及，但其发展前景被市场看好。

移动支付业务辐射范围逐步扩展已经成为一种不可逆转的趋势，该种支付模式已经渗透到消费生活中的每一个角落，并开始涉足教育、医疗和交通等其他领域。

（二）互联网消费金融：电商消费金融

我国互联网消费金融市场的参与主体主要有消费分期平台、电商、银行、P2P 和其他消费金融平台。其中，电商平台消费金融凭借其优越的平台销售、高客户流量以及支付等消费场景的快速发展，再加上其风控能力的优势从而使其在消费金融市场处于领先地位。

随着网络购物场景持续繁荣发展，电商消费金融领域，针对消费者最关注的价格因素，推出分期付款、30 天无责免息等产品，进一步分散了消费者的购物压力，从而刺激了网络消费增长，特别是中高端网络消费的增长。电商消费金融除了减轻消费者购物压力刺激消费增长以外，还帮助电商企业及商家进行其主营业务——商品营销。通过分期付、30 天免息等优惠的支付条件吸引用户，实现商品导购，同时增强了用户黏性。互联网消费金融在电商领域的应用，目前处于信用累积的过程，未来实现数据沉淀之后，基于个人账户的信用数据提供更多产品以外的增值服务，将成为其发展的一大趋势。[2]

---

[1] 易观：《中国第三方支付行业专题研究 2018》，2018 年 9 月。
[2] 前瞻产业研究院：《2018 年中国互联网消费金融发展现状与市场趋势分析》，2019 年 2 月。

（三）供应链金融：S2B 互金模式

目前，我国供应链金融的发展迎来了黄金时期，整个供应链金融行业正处于不断扩张的成长阶段，供应链金融各业务主体业务辐射范围不断扩张。2018年我国供应链金融主体依旧保持多元化特征，金融科技为供应链金融领域的科技赋能推动作用效果显著，金融科技运营平台在众多服务主体中占比最大，达到 19.7%，其次为供应链管理服务公司，占比为 17.3%。供应链金融服务涉及大宗商品、物流、消费品等众多领域，这也进一步表明供应链金融开始深入更多领域深耕细作，为各行业的相关企业提供多样化融资渠道。[①]

B2B 时代的互联网金融供应模式可能是基于平台逻辑产生的，这导致了诸多互联网金融平台的出现。这种基于 B2B 模式的发展模式尽管在互联网时代能够促进行业的发展，但是随着整个行业背景以及用户需求发生改变，这种模式已经无法再对行业的发展带来积极的促进作用。S2B 模式提出之后吸引了众多行业的关注，金融行业同样如此。同 B2B 模式建构了整个互联网时代的商业模式一样，以 S2B 为代表的全新模式将会重构新时代的商业模式，从而给我们的生活带来更大影响。按照 S2B 模式的逻辑，未来的金融将会由大 S 和小 B 组成，大 S 所做的不是直接面对用户，而是用庞大的数据、技术、资源等能量来助力小 B 的发展，而小 B 才是直接面对用户的存在。这样，互联网金融的运营逻辑将会从互联网时代的平台模式进入一个深度介入的发展阶段，从而给金融行业的发展带来更大、更加深刻的影响。

S2B 模式随之而来，它们在颠覆我们对于互联网原有认知的同时，同样为我们开启了一个全新的发展阶段，那就是以智能供给代替盲目供给，金融行业供给模式将会改变。

---

① 万联供应链金融研究院、华夏邓白氏、中国人民大学中国供应链战略管理研究中心：《2018中国供应链金融调研报告》，2018 年 11 月。

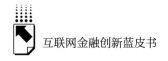
（四）数字普惠金融领域

数字普惠金融源于数字技术与传统普惠金融领域的融合，在通信、网络环境、支付体系、征信等基础设施支撑下，该行业积极采用大数据、人工智能、区块链等新型数字技术，与传统普惠金融行业相比更加具有智慧化和信息化特点。同时数字技术与普惠金融领域的结合能提升金融机构的金融服务质量、降低中小企业融资和交易成本，更有助于推动中国实体经济的发展。

在数字科技不断发展、传统普惠金融发展进入深水区的背景下，我国应加大力度推动数字普惠金融发展，鼓励数字科技与普惠金融的深度融合，不断完善与数字普惠金融发展相匹配的基础设施建设，建立数字普惠金融体系。"三农"问题作为我国社会主义现代化发展过程中的短板，一直受到党和国家的重点关注。推动乡村振兴战略实现、全面解决"三农"问题，这既是数字普惠金融发展的历史机遇，又是数字普惠金融发展的职责所在。传统金融机构与互联网金融企业相继推出解决方案，通过各种渠道和方法助力解决乡村振兴、精准脱贫、小微企业融资等难题。2018年中国农业银行正式上线"农银e管家"等多个助农产品，并针对"三农"用户推出二维码收付款、惠农缴费等惠农助农业务，同时积极与合作伙伴共同推出农村电商精准扶贫新模式。蚂蚁金服利用大数据和人工智能技术针对小微企业融资难问题提出多项金融创新，利用特有的"310"模式为无财务报表、无相关信用记录、无抵押资产的电商用户提供融资渠道。①

（五）消费金融

2018年我国消费信贷市场不断扩大，从事消费金融业务的市场主体发展良好，大数据营销、大数据风控和场景扩展对消费金融业务发展影响巨大。商务部公开的数据显示，从2015年到2018年，我国消费支出对于经济

---

① 中关村互联网金融研究院：《中国金融科技与数字普惠金融发展报告（2018）》，2018年12月。

增长的拉动作用一直维持在50%以上的水平，该数据进一步证实消费作为"拉动经济增长的三驾马车"能有效推动经济增长。2018年天猫购物平台"双十一"购物狂欢节全天成交量突破2135亿元，同比增长27%，可以看出中国消费市场存在巨大潜力。在我国消费规模不断扩大、消费水平不断提升的情形下，消费金融业务也迎来了迅猛发展的好时机，研究数据表明，截至2018年10月，我国消费金融总额达到8.45万亿元，远高于2010年1月6798亿元的水平，[①] 消费信用贷款在贷款中的比例不断上升，消费信贷对于经济发展的推动作用不断增强，消费金融公司开始在普惠金融领域占据更为重要的地位。为顺应公司扩大经营的发展需求和满足相关部门监管标准，2018年中邮消费金融公司、海尔消费金融公司等8家消费金融公司选择增资扩股。[②] 这一举动一方面能够提高消费金融公司的借贷额度，另一方面还能够扩大消费金融领域同业拆入资金总量，从而达到增加市场份额、提升企业地位的目的。

在强监管的趋势下，众多经营不善的互联网消费金融平台被淘汰，持有经营牌照的互联网消费金融公司更应当强化自身的规范意识，为整个互联网金融行业的发展树立标杆，发挥良好的示范效应。同时消费金融公司更要注重与新型科技技术的融合，实现利用科技手段提高行业风险控制能力的目标，逐步拓宽消费金融公司的获客渠道。

四　互联网金融治理创新情况

2017年是互联网金融合规规范年。2018年我国监管机构加大了对于互联网金融行业的监管力度，并且对于互联网金融行业的监管呈现多层次监管、监管配套设施多样化的特点，有效推动互联网金融行业规范化经营的进程。

---

① 清华大学中国与世界经济研究中心：《2018中国消费信贷市场研究》，2019年1月。
② 资料来源于零壹财经。

（一）政府监管方面

随着《国务院办公厅关于全面推进金融业综合统计工作的意见》和《"十三五"（2016～2020年）现代金融体系规划》的正式颁布，互联网金融行业被正式纳入金融业综合统计体系，互联网金融行业所开展的金融活动也被列入宏观审慎政策的框架之中，从而实现监管部门对互联网金融行业监督和管理的全覆盖，为整个行业的健康发展提供保障。2018年7月9日，中国人民银行官网发布了"人民银行会同相关成员单位召开互联网金融风险专项整治下一阶段工作部署动员会"的相关会议内容，互联网金融专项整治工作领导小组组长、中国人民银行副行长潘功胜对于下一阶段整治工作提出了"再用1～2年时间完成互联网金融风险专项整治"的目标。①

2018年监管部门继续强化对P2P网络借贷合规备案的强力监管；第三方支付全部业务转入网联标志着转接模式发生了根本的变化，网联的中心化作用为加强支付行业监管提供了契机；互联网金融资产管理作为游离于监管边缘的互金业务，央行也纳入了专项整治；互联网保险也受到了监管部门的关注。

在P2P网贷领域，国务院及各部委、各地方政府纷纷出台了关于P2P网络贷款的各项规范，有力地防范了P2P网贷领域的风险。2017年12月，国务院P2P网络借贷风险专项整治工作领导小组办公室下发《关于做好P2P网络借贷风险专项整治整改验收工作的通知》，要求2018年4月底之前完成P2P网贷机构的备案登记工作，6月底之前全部完成。2018年5月4日，中国银保监会、公安部等四部委联合发布《关于规范民间借贷行为维护经济金融秩序有关事项的通知》，要求规范民间借贷行为，其中校园贷和现金贷、暴力催收等问题再次被要求明令禁止；同时，北京、上海、广东、深圳、江西、河南等20个省区市相继出台了备案登记管理办法、整改验收工

---

① 中国人民银行：《乘势而为坚定不移坚决打赢互联网金融风险专项整治攻坚战——人民银行会同相关成员单位召开互联网金融风险专项整治下一阶段工作部署动员会》，2018年7月。

作表等备案相关细则，许多地区备案的基本思路是只求质量、不求数量，合规一家、备案一家，P2P网贷的监管日益规范。2018年8月，全国P2P网络借贷风险专项整治工作领导小组办公室先后下发《关于开展P2P网络借贷机构合规检查工作的通知》和《P2P合规检查问题清单》，这一系列政策的颁布表明我国网络借贷行业的整改验收工作正式进入实质性的启动阶段。

在第三方支付领域，2018年6月，按照央行的统一部署，根据《关于将非银行支付机构网络支付业务由直连模式迁移至网联平台处理的通知》要求，各第三方支付机构完成了向网联平台业务转接，标志着直联模式的终结，第三方支付机构将实行资金统一清算。2017年央行开始要求第三方支付上缴一定比例备付金，在整个2018年，央行监管部门要求备付金在2019年1月实行100%比例上缴，将完全实行备付金集中式管理，为第三方支付监管的加强提供了根本的保障。此外，2018年，第三方支付行业的违规处罚力度无论是数量还是金额均达到了历史之最。

对于互联网金融资产管理，2018年4月，央行互联网金融风险专项整治工作领导小组下发文件《关于加大通过互联网开展资产管理业务整治力度及开展验收工作的通知》，其中明确规定，实行准入牌照制是未来开展互金资产管理的方向，对于未获得牌照，依托互联网发行各种资管产品均是非法金融活动，在很大程度上防止了名义上打着创新旗号，实为有较大金融风险的伪创新互联网金融业务。

互联网保险方面，2018年6月，银保监会针对《中国保险服务标准体系监管制度框架》第二次征求意见，"数字化、网络化、智能化导向"成为未来我国保险业转型升级的总体方向，着力推进保险服务的供给侧改革。

（二）行业协会方面

围绕国务院互联网金融风险专项整治工作部署，以中国互联网金融协会为代表的行业协会在自律建设、行业信息基础设施、平台从业经营等方面开展了卓有成效的工作。

为进一步规范互联网金融平台的经营活动，中国互联网金融协会牵头，分别于 2018 年 3 月和 6 月出台了《互联网金融逾期债务催收自律公约》和《互联网金融营销和宣传活动自律公约》。这两个公约主要对互联网金融逾期债务催收行为和业务宣传进行了规范，进一步提升了行业协会自律建设的内涵。同时，克服了互联网金融领域的信息孤岛、用户认证问题。

2018 年 4 月 23 日，中国互联网金融协会发布《互联网金融个体网络借贷电子合同安全规范》，从电子签名合法性要求、电子合同订立、电子合同存储和司法举证要求四个部分，对互联网金融领域中个体网络借贷合同的电子签名的合法性，以及电子合同订立、存储、举证，做出了进一步详细的规定。2018 年 6 月，中国互联网金融协会互联网金融统一身份核验平台一期工程上线运行，该平台通过整合各身份核验渠道主流数据资源，为从业机构提供客户身份核验的一站式接入，可以为接入系统的支付机构、P2P 网贷平台、商业银行等，提供多渠道交叉验证客户身份信息，解决不同类型支付账户外部认证渠道少等问题，为注册、实名验证等多种场景提供身份核验服务。未来的二期工程，还将融合大数据思维，多维度将社保、工商、学历、护照、生物识别等个人信息纳入体系，在更大程度上完善用户的认证。

中国互联网金融协会于 2018 年 9 月建立银行存管白名单制，在全国互联网金融登记披露服务平台发布首批银行存管白名单，在未来的管理中将对所有平台进行测评，实行通过一家就公布一家的政策，严防无痕存管的发生，即无开通存管账户提醒、无跳转到银行页面、无银行电子账户、无银行短信提醒等，从而最大限度地保证互金平台用户资金的安全。

我国积极学习国际互联网金融行业发展经验并立志进军国际市场，2018 年 1 月 31 日，中国互联网金融协会与英国创新金融协会签署备忘录，旨在加强双方在金融科技领域的深入合作。这是继与卢森堡互联网金融之家、德意志交易所集团签署备忘录之后，协会对外又一重要成果。备忘录的签署充分印证了中国互联网金融在国际上的影响力日益增强，英国丰富的金融和科技资源将为我国互联网金融企业发展及进军国际市场提供有利条件。[①]

---

① 资料来源于中国互联网金融协会官网。

（三）互联网金融企业方面

2018年互联网金融行业发展的整体态势是政府监管层面合规备案高压，行业协会风险防控手段频出加强自律进行风险防范；而在互联网金融平台企业层面，优势企业强化科技服务金融能力趋势明显。

金融与科技的跨界融合已成为新时代发展的主旋律。2018年6月中国农业银行与腾讯共同签订了全面合作协议，双方共同展开金融科技深度合作，携手创建一体化的综合式金融创新平台。2018年7月苏宁金融与浪潮集团一同签署了战略合作协议，双方将在大数据服务、金融服务等领域展开多维度、多层级、多角度合作，实现优势互补、共赢发展，以"金融＋科技"的模式提高金融服务水平，加快智慧城市建设，推动普惠金融的落地发展，重构数字经济时代的智慧金融业态。

2018年，互金巨头纷纷表示"去金融化"，强化科技属性，争做向传统金融机构输出技术的服务商；2018年4月，百度对外宣布，百度金融已经进行分拆，不谋求全金融牌照和控股权，而将专注于提供金融科技服务能力；2018年9月，京东金融将官方微博、官方头条号等更名为"京东数科"，标志着京东金融正向服务型金融机构转型。

同时，互联网金融企业也与政府机构、相关行业协会合作，加强行业的风险防控能力建设。2018年7月，深圳市金融办联合腾讯，宣布双方共建的灵鲲金融安全大数据平台正式上线运行，灵鲲平台在对互联网金融平台企业进行分析的基础上，对风险平台进行预警提示。2018年2月，国内首个"保险智能风控实验室"正式成立，金融壹账通将依托其"智能保险云"技术，运用大数据、人工智能、云计算等建立保险欺诈的早期预警问题，为整个行业提供专业化、智能化的保险反欺诈解决方案，解决国内保险风险控制的难点和痛点。

企业平台借助自身掌握的数据优势，对于互联网金融行业展开进一步的洞察分析，并发布行业报告，这也为互联网金融行业发现自身问题、开展治理工作提供参考。众多研究机构纷纷发布互联网金融行业研究报告，中关村

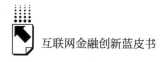

互联网金融研究院发布的《中国金融科技与数字普惠金融发展报告（2018）》、苏宁金融研究院互联网金融研究中心发布的《互联网金融2018年度报告及2019年展望》、京东数科研究院发布的《智能金融白皮书》等都为互联网金融行业发展提供了不同分析视角与观点，有效洞察行业发展的缺陷，为互联网金融行业的更好发展和政策制定提供帮助。

五 互联网金融创新与治理面临的挑战

（一）网贷行业风险整体仍处高位，存量风险仍有待化解

2018年，整个互联网金融领域开展了以合规备案为主线的行业整顿，不合规的平台或是备案困难的平台在高压政策之下，纷纷退出市场，整个网贷行业风险得到一定的降低。但由于过往积累平台太多，仍有近千家平台面临备案大考，爆雷仍然时有发生，2018年4月，善林金融的爆雷引发了行业的多米诺骨牌，唐小僧、联璧金融、牛板金、投融家、钱爸爸等平台不断传出"雷声"。作为互金行业曾经的翘楚的P2P网贷，化解存量风险仍然任重而道远。

（二）金融网络及信息安全仍然是行业发展过程中痛点

金融安全和信息安全是互金行业长足发展的基石，虽然在发展的过程中，政府部门和行业协会对此问题高度重视，然而由于互金领域发展模式众多，从业者金融安全意识水平参差不齐，许多平台企业网络安全系统、金融安全管理机制建设、用户信息的保密方面仍然存在不足，极易带来系统故障从而直接引发业务中断，平台漏洞被利用引发金融风险，违规使用敏感信息导致数据滥用使金融消费者权益受到不法侵害。

（三）互联网金融创新易触发次生风险

互联网金融行业作为数字技术和金融行业融合的全新行业，其创新面临

着互联网和金融两方面的挑战。大数据、人工智能、区块链等技术在互联网金融领域应用场景的不断扩展，大大降低了金融服务中信息采集、获客、风险识别和管理的成本，数字普惠金融应运而生。数字普惠金融通过全新的征信风控模式，将传统金融机构无法触及的群体纳入金融服务体系中，同时也将传统金融机构不曾涉及的风险带到普惠金融体系中。互联网金融创新除了原有的流动性风险、结算风险、操作风险、融资风险以及数据隐私保密风险之外，还将面临技术性风险、平台风险等。[①] 互联网金融带来的新型风险将与金融风险交叉、叠加，形成更为多样的金融风险。除此之外，数字技术应用于金融，将极大地解决金融领域中由于信息不对称所引发的一系列问题，但是新的诈骗形式和手段也不断衍生，欺诈事件层出不穷不仅不利于互联网金融的发展，同时也给传统金融业务带来了诸多消极影响。

（四）互联网金融创新发展面临伦理悖论

在人工智能等智能算法不断深入应用于互联网金融领域的背景下，互联网金融开始向智能金融方向发展，这也将引发伦理上的挑战。当智能体逐渐取代理财师、交易员和客户代表，当人工智能理所当然接管人们的理财任务时，智能金融带来了"人"和"物"之间的模糊地带，互联网金融的创新也将面临更多技术和社会伦理的要求。另外，随着越来越多地引入金融算法应用于互联网金融领域，基于深度学习的智能金融的过程和原理不透明的问题更为突出。互联网金融发展中人工智能黑箱问题是一个实际成本问题，由于算法的混沌自我决策机制无法针对错误性和歧视性算法进行分析和纠偏，这也使得金融算法始终伴随黑箱悖论。

（五）互联网金融伪"创新"、假宣传，给监管带来巨大挑战

2018年，互联网金融"创新"仍然纷繁复杂，但更多的"创新"是跨

[①] 京东金融研究院、中国社会科学院中小企业研究中心：《普惠金融数字化转型的行业实践》，2018年8月。

界甚至是打政策擦边球的伪创新。以虚拟币传销、非法集资传销、商城返利传销等为名头的互联网传销频繁出现，互联网外汇、期权、期货、贵金属、大宗商品、文化产权、基金、证券、虚拟币等交易平台种类多样，此类产品经过多个通道，最终投资者难以认证，很多是没有经过合规备案的伪创新交易形式；此外，许多非法金融平台利用监管漏洞，夸大广告宣传，非法开展金融业务，形成了自己独特的推广方式和骗钱套路，这些都给行业发展带来巨大隐患。

（六）金融投资者权益仍然缺乏有效的保护机制

当前，在政府监管部门主导，行业协会积极协调，互金企业有效参与的情况下，互金领域的消费者权益保护正实现多方参与共治的有效治理格局，行业基础信息设施的不断优化也为金融投资者的权益保护奠定了坚实的基础，但对于目前的市场格局，现有的技术对于金融投资者来说，在金融产品或服务的甄别上，仍然缺乏主动的鉴别机制，即如何有效鉴别某个金融平台或金融类 App 的合法合规性，如 2018 年 3·15 晚会曝光的 714 高炮软件，其在相关手机平台随意上线，再配以夸大宣传，很容易使金融消费者陷入圈套。

（七）法律制度完善成为创新的新挑战

在机器学习等智能金融不断自我迭代的背景下，智能金融产品的所有权分配问题面临挑战，这也需要互联网金融公司配合监管和立法机构更好地界定所有权。在发生权益亏损时，如何保护投资者和公司的合法权益，如何维护市场公平，如何明确责任归属也将成为互联网金融创新的挑战。互联网金融发展过程中众多算法和数据的应用也为金融监管带来了诸多挑战。在竞争与垄断方面，金融算法可能会被人为设置或自我做出合谋决策，从而损害竞争、构成垄断；在隐私保护方面，个人投资者信息或金融机构敏感数据可能会因为各种原因造成泄露。面对诸多挑战，监管部门应当监督企业在发展互联网金融的同时注重防范风险，并要求企业进行负责任的业务创新。

六　互联网金融创新与治理趋势与政策建议

互联网金融天然具有创新属性，该行业势必会进一步开展包括交易场景在内的金融创新业务，逐步扩大市场占有率。随着新一轮的科技变革和产业革命席卷全球，以数字化、网络化、智能化为特征的信息化时代正悄然到来，金融科技在提高金融服务效率、降低金融服务成本、拓展金融服务边界方面的优势将进一步显现，为积极应对这一趋势，互联网金融相关协会和部门应以国家规制为底线，打造更为全面、审慎、严格的行业规范。

（一）金融科技与传统金融深度合作成为必然趋势

互联网金融行业未来的发展趋势更加可能会采用金融科技携手传统金融机构的形式。传统金融机构的优势在于拥有相关业务的金融牌照和健全的网络体系，具备先天的获客优势，金融科技公司的优势在于其强大的技术实力和数据资源，具备降低服务成本和优化风险控制的特点。金融的本质是信用，有效合理的风险控制是金融的核心，金融科技亦是如此，技术赋能使金融机构更加主动、高效、精准地获取信用，帮助金融机构提升对风险的感知判断与处置能力，从而使互联网金融企业运营效率不断提升。借助金融科技手段，金融服务可以延伸到任何角落，这不仅有助于金融服务实现便利化，更有助于将金融资源合理分配到经济社会发展的薄弱环节和重点领域。

（二）强化科技监管在监管体系中的作用

数字化金融时代中，金融风险具有数量庞大且更新速度快的特点，监管层应当利用大数据、人工智能等科技手段创新监管模式，坚守不发生系统性金融风险的底线。科技监管可以通过规范的应用程序接口获取监管信息并实现自动化监管，依托海量、多样的大数据，建立科技监管的数据标准和使用机制，使监管变得可穿透、可回溯，有迹可循，减少监管盲区。首先，监管部门应该合理利用远程或者其他相关数字技术，加强金融从业人员与监管部门的数据沟通，减少部门之间的信息不对称；其次，监管部门应当全面梳理并整合征信评估系统、反欺诈系统以及监控预警系统等数字金融风险控制体系，做到提前识别并化解重大风险，防止风险蔓延；最后，通过更先进的监管科技来实时管理错综复杂的资本市场，强化监管科技能力，以更有效地提升宏观和微观监管水平。

（三）坚持合规经营导向，有效化解存流量风险

2017 年以来，互联网金融领域特别是 P2P 网贷行业受到重拳监管，合规备案成为行业整顿的主线，强制性的备案降低了全行业存量风险，同时，还要有效管控新增的流量风险。金融业是一个特殊行业，存在高风险性、强关联性和内在脆弱性等特点，从近十年我国互联网金融快速发展的经验可以看出，在当前我国金融治理体系、社会信用体系不健全的情况下，线下各种非正规甚至非法金融活动，容易披上互联网金融的外衣，变成所谓的互联网金融创新，引发并积累金融风险。应当采取审慎监管措施，抛弃过去对待互联网金融偏向于鼓励创新、加强监管、害怕遏制创新的观点，要充分认识到"合规也是效益""合规也是生产力"，对于所有各类互联网金融模式，无论是 P2P 网贷、第三方支付还是互联网保险及其他各个领域均应坚持合规备案许可制，只有合规备案才是行业风险把控的第一关，也是有效治理行业风险的基础。

（四）构建健全的信息数据平台，注重运用科技力量助力行业发展

当前我国互联网金融行业体现出"无网络不金融""无移动不金融"的重要特征，金融科技力量应当在行业发展过程中起到重要作用，2018 年以来，无论是政府监管部门、行业协会，还是互联网金融平台，通过金融科技力量加强互联网金融治理都取得了可喜的进步，一方面，这些信息化力量在促进行业信息共享、业务开展、用户认证等方面提供了重要支撑，另一方面，也在风险披露、欺诈联查等方面起到了关键性的作用。但应当看到的是，目前的信息数据平台建设仍有待改进，在全网数据监控、信息共享、平

台运营等方面还存在不足，未经报备的金融类 App、金融平台上线比比皆是，通过夸大宣传误导金融消费者，从而进入金融陷阱。全社会应当形成金融科技合力，在统计监测、信息披露、产品登记、信息共享等方面加强平台系统建设，使非法金融活动没有生存的空间。

（五）加大行业整顿力度，形成产业良性互动发展

金融行业是高风险行业，同时，金融行业也是规模经济行业，金融深化、普惠金融的推进要求金融服务的获得性更高、成本更低。当前我国互联网金融领域呈现畸形的发展态势，最为典型的就是网络小额贷款平台、第三方支付平台、P2P 平台计千余家，尚存的第三方支付业务许可证仍达 238 张，基于当前我国信用体系、互联网金融消费投资水平，整个行业是无法承受如此多的经营者的，而形成这种行业状况的原因在于互联网金融发展初期的"无门槛、无标准、无监管"。因此，当前及今后的一段时期，应当加大行业整顿力度，加快优胜劣汰节奏，使不合规、风险大的平台退出市场，让有限的行业资源相对集中，对于整个互联网金融市场的发展、模式的经营提升都将起到关键性的作用。

（六）加强金融消费者教育，保障消费者权益

互联网金融本质上仍是金融，互联网金融投资与消费也应当遵循基本的经济规律，2018 年发生的案例显示，追求高收益、盲从夸大宣传、对相关产品和服务疏于鉴别等，是互联网金融风险积累的第一步。近几年我国不断加大金融风险的提示教育，各类互联网金融事件仍时有发生，并呈上升趋势，因此，金融消费者教育是一项长期的任务，事关行业发展，也关系到金融消费者的权益保护。政府监管部门、各互联网金融行业协会应当发挥金融消费者教育的主渠道作用，主动发声，加强对互联网金融的正面舆论引导，及时开展行业培训、风险提示和金融消费者教育，强化从业人员职业素养和金融消费者风险意识，使互联网金融经营者和消费者都能正确理性地参与互联网金融活动。

理论篇[*]

Theory Reports

B.2

2018年互联网金融研究综述

赵 杨[**]

摘　要： 现阶段学界对互联网金融的研究不仅关注个体和平台行为，而且延展到行业特征及其对金融体系乃至宏观经济的影响。基于此，本报告从微观、中观、宏观层面分别对2018年国内外互联网金融的研究进展进行回顾，对比分析了过去两年互联网金融研究视角、研究内容的变化，并提出了未来的研究方向。

关键词： 互联网金融　研究现状　研究展望

---

* 理论篇由中央财经大学中国互联网经济研究院负责组织撰稿，负责人为欧阳日辉。
** 赵杨，管理学博士，中央财经大学中国互联网经济研究院副研究员，研究方向为互联网金融、互联网经济。

2018年，互联网金融依然是我国金融领域最具热度的话题。继网络借贷频繁爆雷引发社会关注之后，互联网保险和数字货币也先后出现惊险的过山车行情，给宏观经济和金融监管带来严峻挑战。在此背景下，学术界对于互联网金融议题的探讨进一步深化，尤其是《金融研究》和《经济学（季刊)》两本权威期刊先后筹划了有关互联网金融的两期专刊，彰显主流学术界对互联网金融理论和实践的高度重视。本报告拟从微观、中观和宏观三个层面系统梳理2018年国内外学术界对于互联网金融相关议题的讨论，厘清研究脉络和学术前沿，并在最后给出研究评价和研究展望。

一　微观层面的互联网金融研究

从微观视角看，互联网金融活动呈现为一系列的交易行为。各个行为主体的参与动机存在异质性，导致互联网金融活动表现出不同的特征和结果。因此，在微观层面，相关研究主要聚焦于揭示交易特征和交易结果的潜在影响因素及其作用机理，主要研究内容包括参与决策、违约行为、羊群行为、歧视行为等。

（一）参与决策

在参与决策方面，相关研究主要从资金需求方、资金供给方和互联网金融平台三个视角探讨互联网金融参与行为的影响因素。

1. 基于资金需求方的研究

（1）借款陈述与融资成功率。为了吸引利益相关者的关注，企业在管理实践中向外界释放的信号既有实质性的，又有修辞性的，如发布新闻稿、展示新产品、雇用知名经理人等。但是，对于不同类型信号之间的关系缺乏深入研究。基于此，Steigenberger 和 Wilhelm 提出了"信号组合"的概念，并运用这一概念来解释在高噪声环境下，这两类信号如何相互作用并影响企业金融资源的获取。[①] 基于股权众筹的分析表明，修辞信号补充了实质性信

[①] Steigenberger N., Wilhelm H., "Extending Signaling Theory to Rhetorical Signals: Evidence from Crowdfunding", *Organization Science* 29 (3), 2018, pp. 529 – 546.

号，增强了它们对企业财务资源获取的影响。但是在特定条件下，修辞信号也可能削弱实质性信号的影响。因此，两者并非简单的线性关系，而是存在复杂的作用机制。陈霄等考察了借款描述的可读性对借款成功率的影响，发现可读性的提高有助于减少信息噪音和投资者的信息处理成本，从而提高借款成功率。[①] 彭红枫和林川发现，P2P平台中借款人对于借款事项的文字描述方式会显著影响贷款人的投资决策，具体地，金融类词语和积极类词语占比与借款成功率显著正相关，而消极类词语和语气词占比则与借款成功率显著负相关。同时，上述关系还会因借款人年龄和收入水平的差异存在异质性。[②]

（2）借款人特征与融资成功率。张海洋和蔡航考察了借款人的头衔所具有的信息价值，研究发现，如果借款人使用华丽头衔而非朴实头衔，借款成功率会显著提升，这一效应在借款人所属公司的规模较小时更加显著。[③] 但进一步的分析发现，投资人对于头衔的价值存在认知偏差，来自小公司的具有华丽头衔的借款人的违约率往往更高。与投资人不同，平台往往能够更准确地判断头衔背后的信息，事后违约率更高的头衔使用者会被设定更高的利率。信息互动以公共科学平台上的众筹项目作为分析对象，王伟等考察了项目内容和交互信息对融资决策的影响，研究发现，跨领域的科研项目更容易融资成功；相比于大学老师，学生和民间科学家发起的众筹项目更可能融资成功；此外，及时更新项目进度，也有利于提高投资者的投资倾向。[④]

（3）社会资本与融资成功率。周冬梅等以众筹平台为例，考察了内部社会资本对创新资源获取的影响，研究发现，在众筹过程中，创始人身份、产品质

① 陈霄、叶德珠、邓洁：《借款描述的可读性能够提高网络借款成功率吗》，《中国工业经济》2018年第3期。
② 彭红枫、林川：《言之有物：网络借贷中语言有用吗？——来自人人贷借款描述的经验证据》，《金融研究》2018年第11期。
③ 张海洋、蔡航：《头衔的价值——来自网络借贷的证据》，《经济学》（季刊）2018年第7期。
④ 王伟、郭丽环、王洪伟：《融资人、项目内容和交互信息对融资的影响——基于公众科学平台的实证研究》，《科学学研究》2018年第5期。

量和社区利益在不同阶段对内部社会资本的产生、扩展和维护有着显著作用，进而对不同类型的创业资源获取产生影响。[1] Piva 和 Rossi-Lamastra 考察了企业家的人力资本信息在众筹过程中的作用。基于 284 个众筹项目的分析表明，只有企业家的商业教育经历和创业经验两项人力资本指标能够很好地预测众筹项目的成功。[2] Anglin 等考察了积极的心理资本信号（包括乐观、希望、韧性、信心等）对众筹项目成功率的影响。基于 Kickstarter 上 1726 个众筹项目的分析发现，传达积极心理资本的企业家获得了卓越的筹资表现，人力资本缓调节这种关系，而社会资本却没有，这表明有成本信号有时会增强无成本信号的影响。[3]

（4）市场结构与参与决策。奖励型众筹是一种特殊的营销方式，它有助于创业者及时获得市场的反馈信息；但这一方式也存在风险，一旦在众筹竞赛中筹集资金不足，创新项目可能面临终止。此时，设置适当的众筹目标就显得尤为关键。基于此，Schwienbacher 提出了创业者设置较高众筹目标的边界条件；同时，其还指出，平台中大量的专业投资者降低了创业者的参与激励（因为他们不像个体消费者那样有效地反馈产品信息），这导致众筹平台上筹资项目更多，但金额普遍偏小的现象。[4] 此外，袁峰等基于前景理论和 VIKOR 方法分析了互联网情境下保险消费者的最优投保决策问题。[5]

2. 基于资金供给方的研究

（1）正式制度与非正式制度。王秀为等分析了贷款人对 P2P 平台的初始信任产生机理，提出贷款人对制度有效性的感知是产生初始信任的主要诱

---

① 周冬梅、赵闻文、何东花、鲁若愚：《众筹平台上内部社会资本对新创企业资源获取的影响研究》，《管理评论》2018 年第 4 期。

② Piva E., Rossi-Lamastra C., "Human Capital Signals and Entrepreneurs' Success in Equity Crowdfunding", *Small Business Economics* 51 (3), 2018, pp. 667–686.

③ Anglin A. H., Short J. C., Drover W., Stevenson R., McKenny A., Allison T., "The Power of Positivity? The Influence of Positive Psychological Capital Language on Crowdfunding Performance", *Journal of Business Venturing* 33 (4), 2018, pp. 470–492.

④ Schwienbacher A., "Entrepreneurial Risk-taking in Crowdfunding Campaigns", *Small Business Economics* 51 (4), 2018, pp. 843–859.

⑤ 袁峰、刘玲、邵祥理：《基于前景理论和 VIKOR 的互联网保险消费决策模型》，《保险研究》2018 年第 3 期。

因，并影响其对平台质量的感知。[1] 王雪莉和董念念考察了众筹交易中初始信任的影响因素，发现筹资者关系网、第三方保障和媒体报道三种机制均对初始信任具有显著影响；同时，筹资者与投资者的互动有助于提升投资者初始信任，而身份导向发挥调节作用。[2] 罗兴等重点考察了农村地区的网络借贷市场，发现农村地区网络借贷能够顺利开展的前提是嵌入当地的线下社会网络，并通过"社会网＋"缓解信息不对称，解决契约执行难题，因此农村地区网络借贷的发展必须遵循技术逻辑和社会逻辑的融合。[3] Yan 等基于大量 P2P 平台爆雷的事实，探讨了如何重建投资者信任的问题。基于中国70 多个 P2P 平台数据的实证分析表明，P2P 平台的财务和信用状况是建立投资者信任和影响其投资决策的关键因素。其次，社会资本、风险管理水平、运营期限为增加平台投资者数量提供了必要的支持。最后，平均利率与投资者数量的关系不是线性的，而是呈倒 U 形关系。[4]

（2）行业信息与个人信息。Kgoroeadira 等重点考察了 P2P 借贷市场与传统信贷市场在关注要点方面的差异，研究发现，在传统借贷市场，投资人往往更看重借款人所在行业的信息；但 P2P 借贷市场上，投资人反而更关注借款人个人信息，如个人信用评分、个人雇佣状况、是否提供个人照片等。[5] Shahab 等进一步扩展了 Cecere 等[6]的研究，实证检验了影响奖励型众筹中投资决策相

---

[1] 王秀为、胡珑瑛、王天扬：《基于制度信任的出借方对网贷平台初始信任产生机理研究》，《管理评论》2018 年第 12 期。

[2] 王雪莉、董念念：《中国式众筹的信任如何构建和演化？——基于水木客众筹行为的案例研究》，《管理评论》2018 年第 1 期。

[3] 罗兴、吴本健、马九杰：《农村互联网信贷："互联网＋"的技术逻辑还是"社会网＋"的社会逻辑》，《中国农村经济》2018 年第 8 期。

[4] Yan Y., Lv Z., Hu B., "Building Investor Trust in the P2P Lending Platform with A Focus on Chinese P2P Lending Platforms", *Electronic Commerce Research* 18 (2), 2018, pp. 203 – 224.

[5] Kgoroeadira R., Burke A., André van Stel., "Small Business Online Loan Crowdfunding: Who Gets Funded and What Determines the Rate of Interest?", *Small Business Economics* 52 (1), 2019, pp. 67 – 87.

[6] Shahab Y., Ye Z., Riaz Y., "Individual's Financial Investment Decision-Making in Reward-Based Crowdfunding: Evidence from China", *Applied Economics Letters* 26 (4), 2019, pp. 261 – 266.

关因素，研究发现，反馈分数、社会资本（微博关注人数、社交媒体上的项目分享数量）和项目质量（更新次数）是投资决策的关键激励因素，同时也是众筹项目成功或失败的关键因素。[①]

（3）综合视角的研究。Lagazio 和 Querci 对研究众筹行为的理论视角进行了系统梳理，并提出一个包含多个理论的框架以解释众筹项目成功的关键要素。第一，与利他主义的理论预期相反，那些社会公益性众筹项目的成功率更低。第二，与目标设定理论观点相一致，固定性、小规模和长周期的众筹活动更容易获得成功。第三，大规模的创业团队非常重要，支持了资源基础观。第四，详细的文字描述要比单纯的音频和视频资料更重要，支持了有关说服和信息处理的理论假设。第五，基于社会认知和信号理论，文章提出社会网络和社交互动对于建立众筹项目的口碑至关重要。[②]

3. 基于互联网金融平台的研究

（1）本地偏好。基于"空间—制度"耦合嵌入视角，邵祥东考察了公益众筹的参与决策，发现公益众筹具有显著的属地特征，省际配置的非均衡差异显著。同时，项目完成率和人均捐赠额均不高，长尾特征明显。上述结论在不同类型的众筹项目间还存在异质性。[③] 基于信号理论和本地偏误理论，Zhang 等检验了地理距离和质量信号对众筹平台发布众筹项目决策的影响，研究发现，众筹平台在遴选众筹项目过程中具有明显的本地偏好，即倾向于发布本地区的项目；研究还发现初创企业的信用评级及媒体评价会正向影响项目被众筹平台发布的概率；此外，涉及战略性信息产业的众筹项目更可能被平台发布。[④]

① Shahab Y. , Ye Z. , Riaz Y. , "Individual's Financial Investment Decision-Making in Reward-Based Crowdfunding: Evidence from China", *Applied Economics Letters* 26 (4), 2019, pp. 261 – 266.

② Lagazio C. , Querci F. , "Exploring the Multi-sided Nature of Crowdfunding Campaign Success", *Journal of Business Research* 90, 2018, pp. 318 – 324.

③ 邵祥东：《公益众筹特征识别与决策参考——"空间—制度"耦合嵌入视角》，《公共管理学报》2018 年第 3 期。

④ Zhang D. R. , Li Y. K. , Wu J. , Long D. , "Online or Not? What Factors Affect Equity Crowdfunding Platforms to Launch Projects Online in the Pre-Investment Stage?", *Entrepreneurship Research Journal* 9 (2), 2019, pp. 176.

（2）媒体情绪。王靖一和黄益平考察了媒体情绪对 P2P 网络借贷市场活动的影响，发现对于正常经营的平台，媒体关注度和净情感可以很好地解释其成交量的增长；但是对于问题平台，媒体净情感的影响显著增强，关注度的影响与正常平台情况下基本相似。[①]

（3）社会环境。Hsieh 等重点考察了社会环境因素对众筹项目成功率的影响，研究发现，与社会运动相关的众筹项目的成功率要显著高于一般项目；尤其是在社会运动期间，普通项目的众筹成功率显著降低，而与社会运动相关的众筹项目的成功率则会进一步提升。[②]

（4）页面设计。采用实地研究和实验研究相结合的方法，Mahmood 等考察了低效度视觉线索是否以及如何影响众筹平台上的投资决策；具体地，文章作者将商标作为低效度视觉线索的代理指标，考察了商标复杂度对投资决策的影响。作者提出，商标的复杂度可被视为创新的信号，因为复杂性越高，设计难度越大，从而给投资者带来新颖、独特的感觉，而这一判断会进一步转化为对于该项目的资金支持。[③]

（二）违约行为

有关违约行为的研究可以进一步划分为融资人违约和平台违约两类。

1. 融资人违约研究

（1）利率与信贷违约。王靖一考察了现金贷的高利率对贷款数量和逾期风险的影响，在采用断点回归设计控制内生性问题后，发现借款人对利率具有稳定的敏感性，并且道德风险问题并不突出。[④] Hu 等基于人人贷平台

---

① 王靖一、黄益平：《金融科技媒体情绪的刻画与对网贷市场的影响》，《经济学》（季刊）2018 年第 7 期。

② Hsieh HC., Hsieh YC., Vu THC., "How Social Movements Influence Crowdfunding Success", *Pacific-basin Finance Journal* 53（2），2019，pp. 308 – 320.

③ Mahmood A., Luffarelli J., Mukesh M., "What's in A Logo? The Impact of Complex Visual Cues in Equity Crowdfunding", *Journal of Business Venturing* 34（1），2019，pp. 41 – 62.

④ 王靖一：《现金贷果如洪水猛兽？——来自断点回归设计的证据》，《金融研究》2018 年第 11 期。

的研究发现，借贷利率与借款人违约风险之间存在不对称关系，特别是相同利率的订单可能存在不同的违约风险。一个违反直觉的结果是，借款人的收入越高，违约风险就越大。此外，投资者可能不知道借款人的某些信息（收入、年龄、受教育程度等）与违约风险之间的关系，但他们更关注借款人的信用度、贷款金额和贷款期限，这是借款人违约风险的关键因素。[①]

（2）违约风险评估模型。基于非均衡模糊近似支持向量机，张卫国等构建了新的网络借贷信用风险评估方法，并基于人人贷平台的真实数据进行了验证，发现该模型能够有效减少样本非均衡性对分类结果的影响，显著提高负类样本的分类准确率。[②] 马晓君等基于LightGBM算法提出创新型的P2P信用风险评价模型，并采用Lending Club的真实数据进行了模型检验，发现新模型可以帮助平台将平均履约率提升1.28个百分点，即减少约1.17亿美元的违约损失。[③]

此外，杨立等提出了基于社交网络的P2P借贷信用风险缓释方法，指出社交网络的事前信息获取机制、事中连带责任机制和事后违约约束机制是缓释信用风险的主要路径，而连带责任、监督强度、动态激励、违约约束强度以及对社交信息的挖掘则决定缓释效应的大小。[④]

2. 互联网金融平台违约研究

在既往研究中，大量文献探讨借贷活动中的个人违约问题，平台违约现象却遭到忽视。但是在2018年，学界对这一问题的探讨有所深入。

（1）信息披露与平台违约。李苍舒和沈艳重点考察了P2P平台的信息

---

① Hu R., Liu M., He P., Ma Y., "Can Investors on P2P Lending Platforms Identify Default Risk?", *International Journal of Electronic Commerce* 23 (1), 2019, pp. 63 – 84.

② 张卫国、卢媛媛、刘勇军：《基于非均衡模糊近似支持向量机的P2P网贷借款人信用风险评估及应用》，《系统工程理论与实践》2018年第10期。

③ 马晓君、沙靖岚、牛雪琪：《基于LightGBM算法的P2P项目信用评级模型的设计及应用》，《数量经济技术经济研究》2018年第5期。

④ 杨立、赵翠翠、陈晓红：《基于社交网络的P2P借贷信用风险缓释机制研究》，《中国管理科学》2018年第1期。

披露程度是否会影响其违约概率和违约水平，结果表明，信息披露水平越高，平台爆雷的可能性越低，且抵抗同行爆雷风险的能力越强。① 这意味着投资者重视平台的信息披露行为，并具有一定的信息识别能力。

（2）交易特征与平台违约。朱家祥等基于利率偏离视角考察爆雷网贷平台的识别问题，研究发现，投资利率长期脱离行业基准、投资利率波动水平高、网络口碑较差的平台，有更高的违约概率，进而提出了脱离正常域指标的数字监管思路。② 基于实物期权理论，刘红忠和毛杰对 P2P 平台爆雷的机理和原因进行了考察，发现平台融资人还款金额的波动率、增长率以及平台的风险准备金规模对平台爆雷的理论概率具有很高的解释力。③

（3）市场情绪与平台违约。张皓星和黄益平考察了市场情绪对网络借贷违约率的影响，发现行业情绪与新增订单的违约率和还款订单违约率均存在反向关系，印证了网络借贷市场的"反向挤兑"现象。④ Yoon 等系统研究了影响 P2P 平台违约的相关因素，发现平台之间的过度竞争可能降低借款人的准入门槛，进而通过风险积累增加平台违约风险。在这一过程中，常见的风险管理措施并不总是有效。此外，研究还发现，宏观经济状况（如股票市场的波动、投资机会的增加等）也会显著影响平台违约率。⑤

此外，姚前提出了基于法定数字货币创新治理网络借贷平台交易风险的新构想：一方面，可以借助法定数字货币钱包的应用服务打造可信的交易环

① 李苍舒、沈艳：《风险传染的信息识别——基于网络借贷市场的实证》，《金融研究》2018年第 11 期。

② 朱家祥、沈艳、邹欣：《网络借贷：普惠？普骗？与监管科技》，《经济学》（季刊）2018年第 7 期。

③ 刘红忠、毛杰：《P2P 网络借贷平台爆发风险事件问题的研究——基于实物期权理论的视角》，《金融研究》2018 年第 11 期。

④ 张皓星、黄益平：《情绪、违约率与反向挤兑——来自某互金企业的证据》，《经济学》（季刊）2018 年第 7 期。

⑤ Yoon Y., Li Y., Feng Y., "Factors Affecting Platform Default Risk in Online Peer-to-peer (P2P) Lending Business: An Empirical Study Using Chinese Online P2P Platform Data", *Electronic Commerce Research* 19 (1), 2019, pp. 131 – 158.

境，通过联合签名机制管理资金用途；另一方面，基于法定数字货币中的智能合约保障交易公开透明、安全可控。[1]

（三）羊群行为

在互联网金融市场羊群效应的存在性已经得到大量验证。[2] 但投资者的这一羊群效应究竟是简单的非理性从众，还是积极观察、学习的结果，学界尚缺乏深入的探讨。但是在 2018 年，这一问题开始受到学界的关注。廖理等考察了 P2P 借贷市场上的羊群行为对违约率的预测，发现羊群效应程度越高，借款违约率越低。[3] 这一发现意味着网络借贷市场的投资人具有群体智慧，而且群体智慧能够提供预测违约率的增量信息。胡金焱和宋唯实也发现，网络借贷中的羊群行为可以提升投资者的投资效率，具体表现为更高的投资成功率以及更低的违约风险。[4] 廖理等进一步考察了网络借贷平台中的投资者学习行为，研究发现，具有角色转换经验的投资者（从事过借款的投资者）其投资业绩会显著提升；而进一步的分析表明，只有主动地换位思考才能产生学习效应，而被动的角色互换不能带来投资业绩的提升。[5] 刘志迎和彭宝安则发现，奖励型众筹中也存在投资者羊群行为，但羊群行为对投资的影响呈边际递减。[6]

---

[1] 姚前：《法定数字货币在互联网投资借贷的应用研究》，《中国科学：信息科学》2018 年第 9 期。

[2] Herzenstein M., Dholakia U. M., Andrews R. L., "Strategic Herding Behavior in Peer-to-Peer Loan Auctions", *Journal of Interactive Marketing* 25 (1), 2011, pp. 27 - 36；Ceyhan S., Shi X., Leskovec J., "Dynamics of Bidding in a P2P Lending Service: Effects of Herding and Predicting Loan Success", In Proceedings of International Conference on World Wide Web, 2011, pp. 547 - 556；Zhang J., Liu P., "Rational Herding in Microloan Markets", *Management Science* 58 (5), 2012, pp. 892 - 912.

[3] 廖理、向佳、王正位：《P2P 借贷投资者的群体智慧》，《中国管理科学》2018 年第 10 期。

[4] 胡金焱、宋唯实：《网络借贷中羊群效应的存在性、驱动机制与投资者投资效率》，《经济理论与经济管理》2018 年第 3 期。

[5] 廖理、向佳、王正位：《网络借贷的角色转换与投资者学习效应》，《中国工业经济》2018 年第 9 期。

[6] 刘志迎、彭宝安：《奖励型众筹中投资者存在羊群行为吗？——一个实证研究》，《科学学与科学技术管理》2018 年第 6 期。

（四）歧视行为

经济学研究认为，歧视产生的主要原因是广泛存在的竞争压力、个人偏好差异和严重的信息不对称。不同的学者曾深入探讨了非经济个人特征所引起的劳动者在就业、薪酬、借贷等方面的不公平待遇。[①] 具体到互联网金融领域，相关研究主要在身份歧视、种族歧视、行业歧视、地域歧视等几个方面进行拓展。

1. 身份歧视

田秀娟和张智颖探讨了网络借贷市场的职业身份歧视现象及其潜在的认知偏差问题，研究发现，投资人对私营企业主的信贷歧视属于"理性歧视"，对于网商的信贷歧视则属于"非理性歧视"，而这种非理性歧视根源于投资者对网商身份借款人的认知偏差。[②] 祁让坤和冯兵兵进一步考察了信息披露在缓解身份歧视方面的作用。研究表明，我国网络借贷市场存在明显的身份歧视，但通过提高包括借款成功概率、历史借款成功率和借款订单利率在内的信息披露有助于缓解身份歧视现象，进而提高金融市场运营效率。[③]

2. 种族歧视

少数族裔企业家越来越受到媒体的关注，但对于其创业过程的学术研究相对匮乏。基于7617个众筹项目提供的详细数据，Younkin 和 Kuppuswamy 考察了非洲裔美国人在融资过程中是否遭到了歧视，以及这一歧视是否反映了捐赠人在统计层面的无意识偏见。研究发现，非裔创始人获得支持的概率

[①] Blanchflower D. G., Levine P. B., Zimmerman D. J., "Discrimination in the Small-Business Credit Market", *Review of Economics & Statistics* 85 (4), 2003, pp. 930 – 943; Cavalluzzo K., Wolken J., "Small Business Loan Turndowns, Personal Wealth, and Discrimination", *Journal of Business* 78 (6), 2005, pp. 2153 – 2178.

[②] 田秀娟、张智颖：《P2P 网络借贷职业身份的信贷歧视：基于投资者认知偏差视角》，《改革》2018 年第 5 期。

[③] 祁让坤、冯兵兵：《英雄须问出处？网络借贷市场中的信息披露质量与身份歧视》，《经济管理》2018 年第 11 期。

明显低于相似的白人创始人；当捐赠人认为创始人是非裔时，他们普遍认为创业项目的质量更低。① 进一步的研究发现，有三种机制可以缓解上述歧视：可靠的第三方认证、非裔创始人先前创业成功的证据、删除反映创始人种族的信息。

3. 行业歧视

P2P借贷市场的利率定价具有动态性，但是针对不同借款人的定价是否合理？彭红枫和徐瑞峰的研究发现，总体而言，网络借贷市场超过85%的贷款定价不合理，其中，低信用等级借款人的利率大多被低估，高信用等级借款人的利率大多被高估；同时，利率被低估的借款人大多来自低端服务业及其他人员流动性较高的服务业，而利率被高估的借款人大多来自农业、制造业等劳动密集型产业。②

4. 地域歧视

胡金焱等基于农民和低收入群体的研究发现，在网络借贷活动中，农民的信用评分普遍较低，贷款利率和贷款违约率则普遍较高，而低收入人群的潜在违约风险和实际违约风险均低于中、高收入者，却面临融资贵的问题。③ 丁杰等的研究也发现，在人人贷平台中，低收入借款者具有更高的融资成本和更低的融资可得性，但其事后违约风险并不显著大于中、高层收入者。④ 综合来看，现阶段P2P借贷并没有为遭受信贷配给的金融贫困人口提供平等的金融服务。上述研究表明，目前的互联网金融尚未有效发挥普惠金融的作用。

---

① Younkin P., Kuppuswamy V., "The Colorblind Crowd? Founder Race and Performance in Crowdfunding", *Management Science* 64 (7), 2018, pp. 3269 – 3287.

② 彭红枫、徐瑞峰：《P2P网络借贷平台的利率定价合理吗？——基于"人人贷"的经验证据》，《金融论坛》2018年第9期。

③ 胡金焱、李建文、张博：《P2P网络借贷是否实现了普惠金融目标》，《世界经济》2018年第11期。

④ 丁杰、李悦、雷曾燕：《网络贷款具有贫民属性吗？谁在嫌贫爱富？——基于"人人贷"的实证证据》，《国际金融研究》2018年第6期。

二 中观层面的互联网金融研究

在中观层面，学者主要从行业视角探讨互联网金融的业务模式、技术支持、法律规范等问题。

（一）基于业务视角的互联网金融研究

经过近几年的快速发展，互联网金融的主流业务及其模式趋于稳定。在此背景下，学界的关注焦点主要集中于运营机制的优化设计，并从资金供给动态特征、业务分布的空间特征、模式变革和运营效率等方面考察行业运行质量。

1. 机制设计

（1）众筹的机制设计。邓万江等探讨了众筹模式下新产品定价和质量设计策略，通过构建众筹和销售两阶段模型，研究发现，当高估值购买者占比较低时，众筹发起人应制定较低的众筹价格和较高的销售价格，反之应将众筹定价高于销售定价，这样才能带来更多的利润。[1] 进一步研究还发现，只有当高估值购买者占比较高时，众筹发起人才有动力提高新产品质量设计以提高利润。基于德国四个股权众筹平台的交易数据，Hornuf 和 Schwienbacher 考察了股权众筹平台的机制设计对融资动态特征的影响。研究发现，在先到先得机制下，德国股权众筹项目的融资呈现 L 形，而在二次拍卖机制下则呈现 U 形，这与基于 Kickstarter 平台的发现有所不同。[2]

（2）法定数字货币的机制设计。法定数字货币有助于解决货币政策传导不畅、货币"脱实向虚"、逆周期调控困难、政策预期管理不足等现代货币政策困境，基于上述数字货币的特点，姚前提出包含"时点条件触发"、

---

[1] 邓万江、李习栋、马士华：《预付款众筹模式下新产品定价与质量设计》，《系统工程理论与实践》2018 年第 7 期。

[2] Hornuf L., Schwienbacher A., "Market Mechanisms and Funding Dynamics in Equity Crowdfunding", *Journal of Corporate Finance* 50, 2018, pp. 556 – 574.

"流向主体条件触发"和"信贷利率条件触发"、"经济状态条件触发"的法定数字货币发行机制。① 姚前还基于公共选择理论，利用一致同意规则重新解释了交易媒介由商品货币、金属货币、信用货币到数字货币的演化机理，指出私人数字货币的局限性，并探索性地提出了法定数字货币的智能化发行方法。②

2. 资金供给的动态性

Crosetto 和 Regner 主要研究了众筹融资过程中的动态特征，与既往研究大多发现成功的众筹项目具有路径依赖特征不同，本研究基于德国最大的众筹平台 Starnext 的研究发现，大多数众筹项目在其项目周期达到 75% 时并不成功，而是在最后 25% 的时间内通过大量的信息披露推动项目实现扭转，即众筹项目仅有不完全的路径依赖特征。③ 基于网络外部性理论，方兴考察了明星众筹项目对同类别项目以及不同类别项目的溢出效应及其持续效果，研究发现，明星众筹项目对平台上同类型及不同类型的项目均具有显著的正外部性，且这一溢出效应具有持续性并随时间递减，而明星项目外部性的来源是投资者的羊群行为。④

3. 业务的空间差异

李闻一等系统考察了网贷成功率及其影响因素的城市间差异现象，发现在欠发达城市，房贷和车贷对借款成功率具有显著的负向影响；而在发达城市，房贷和车贷的影响不显著，信用认证的作用则显著增强。⑤ 同时，进一步的分析发现，上述差异主要源于借款人特征差异而非城市特征差异。此

① 姚前：《法定数字货币对现行货币体制的优化及其发行设计》，《国际金融研究》2018 年第 4 期。
② 姚前：《共识规则下的货币演化逻辑与法定数字货币的人工智能发行》，《金融研究》2018 年第 9 期。
③ Crosetto P., Regner T., "It's Never Too Late: Funding Dynamics and Self Pledges in Reward-based Crowdfunding", *Research Policy* 47（8），2018，pp. 1463 – 1477.
④ 方兴：《互利共赢还是以邻为壑——"明星"众筹项目的外部性研究》，《财贸经济》2018 年第 5 期。
⑤ 李闻一、王宇、谌仁俊：《基于城市视角的 P2P 网贷地域差异研究》，《国际金融研究》2018 年第 5 期。

外，上述差异还因借款类型的不同而具有异质性：在欠发达城市，影响周转型借款成功率的因素主要包括性别、学历、房贷、车贷和信用报告；影响消费型借款成功率的因素主要是学历、车贷和信用报告；但在发达城市，影响消费型借款成功率的因素主要是学历和车贷。

4. 模式变革

保险科技对保险业务的颠覆具有阶段性，其表层是渠道变革和产品创新，中层是业务管理模式的变革，而底层则是经营理念的变革。[①] 针对近两年不断涌现的互联网保险销售平台，宋占军和郭心洁将其与传统的保险代理人营销模式进行了对比分析，进而评估了网销平台模式对保险公司和代理人的影响，并从合规、财务、业务差异化等方面对网销平台的未来走向进行展望。[②]

此外，姜琪研究了网络借贷平台的运行效率及其影响因素，发现 P2P 行业不具有规模经济特征，规模的大小对全要素生产率的影响比较有限，而技术进步才是提高全要素生产率的关键。[③]

（二）基于技术视角的互联网金融研究

从技术视角看，2018 年最火爆的金融科技无疑是区块链。与之相对，学界的研究主要集中于探讨区块链的技术本质及其在互联网金融尤其是数字货币领域的应用。

1. 区块链的技术本质

基于学者关注侧重点的差异，区块链有多种定义：从数据视角看，区块链被定义为一种智能数据结构；从记账视角看，区块链被定义为分布式记账技术；从协议视角看，区块链被定义为互联网协议；从技术视角看，区块链

---

① 王和、周运涛：《我国保险科技发展展望》，《中国金融》2018 年第 5 期。
② 宋占军、郭心洁：《互联网保险销售服务平台的探索和展望》，《保险职业学院学报》（双月刊）2018 年第 10 期。
③ 姜琪：《中国 P2P 网贷平台效率差异及成交量影响因素研究》，《数量经济技术经济研究》2018 年第 6 期。

被定义为由多种技术组成的新技术方案；从经济视角看，区块链则被定义为一种价值互联网。① 范忠宝等则认为，区块链技术的本质是去中心化的数据库，其主要价值在于对网络中的每一个节点充分赋能，提供一种可信、共赢的机制。②

2. 区块链的技术应用

区块链是构建数字货币的技术基础，它能实现货币的 3 种基本职能：价值度量、交换载体和价值储存。③ 姚前基于现代密码学的演进回顾了数字货币的发展历程，揭示了数字货币的基本原理和创新路径，剖析了数字货币加密技术的优势、缺陷和研究重点，并对监管应对和法定数字货币发行提出了相关对策。④ 姚前还进一步构建了法定数字货币发行的原型系统，设计了央行数字货币的加密字符串表达形式、通过存款准备金等额兑换的发行回笼机制以及央行数字货币在转移过程中的转换机制，并进一步探讨了增强其可用性的改进方法。⑤ 付烁等重点探讨了数字货币的匿名性问题，指出其关键在于权衡隐私保护和违法犯罪掩体两者之间的关系。⑥ 朱俊生提出，保险科技正在重塑保险业生态，其作用路径由场景创造、渠道变革转变为通过科技赋能提升保险供给效率，推动保险业的潜在需求向现实需求转化。⑦

（三）基于法律视角的互联网金融研究

从法律视角看，相关研究主要针对当前互联网金融市场存在的种种乱

① 王元地、李粒、胡谍：《区块链研究综述》，《中国矿业大学学报》（社会科学版）2018 年第 3 期。
② 范忠宝、王小燕、阮坚：《区块链技术的发展趋势和战略应用——基于文献视角与实践层面的研究》，《管理世界》2018 年第 12 期。
③ 赵刚：《区块链技术的本质与未来应用趋势》，《人民论坛·学术前沿》2018 年第 7 期。
④ 姚前：《数字货币的前世与今生》，《中国法律评论》2018 年第 6 期。
⑤ 姚前：《中央银行数字货币原型系统实验研究》，《软件学报》2018 年第 9 期。
⑥ 付烁、徐海霞、李佩丽、马添军：《数字货币的匿名性研究》，《计算机学报》2018 年第 9 期。
⑦ 朱俊生：《互联网保险发展转向：从渠道变革、场景创造到科技赋能》，《清华金融评论》2018 年第 5 期。

象，提出相应的法律规制建议。

在互联网金融整体层面，杨东认为，以功能监管、审慎监管、行为监管为核心的传统监管体系难以有效应对去中心化、去中介化的互联网金融发展，因此建议依托大数据、云计算、人工智能等技术构建科技驱动型监管体系，具体工具包括分布式的平等监管、智能化的实时监管和试点性的监管沙盒等。[①] 申嫦娥和魏荣桓则基于国际经验提出了我国未来实施监管科技的对策建议，具体包括建立针对金融科技风险的动态监控系统、采取友好型而非管控型监管方式、遵循技术先行与监管跟进的监管原则、加强全球范围的合作协调等。[②]

在互联网保险场景下，由于交易双方缺乏当面的沟通，契约不完备性问题更加突出，而大量的合同纠纷和诉讼正是互联网保险契约不完备的具体表现。针对这一问题，谭嫒嫒和孙蓉基于裁判文书资料，系统梳理了互联网保险契约不完备的表现形式及其在现行法律框架中的适用困境，进而从行业自律和行业监管两个方面提出建立和完善契约不完备利益冲突防范机制的构想。具体包括：建立免责条款说明义务的行为规范；建立投保人适格性审核的操作规范；明确定义说明义务的主体范围；建立电子保单信息的储存规范等。[③] 展凯莉从法律视角对互联网保险业务中的风险进行了单独分析，提出消费者不仅面临信息安全风险，还面临知情权风险、区域监管模糊化风险和求偿权风险。基于此，其提出要完善信息披露机制、健全多元化纠纷救济机制、提升互联网保险监管水平等建议。[④] 李华提出，展业方式由线下到线上的迁移给保险消费者的权益保护带来新的挑战；要健全互联网保险消费者的权益保护机制，需要紧密结合保险科技的特点，规范保险人的说明义务，构建多元化纠纷解决机制，并以消费者权益保护为中心完善相

① 杨东：《监管科技：金融科技的监管挑战与维度建构》，《中国社会科学》2018年第5期。
② 申嫦娥、魏荣桓：《基于国际经验的金融科技监管分析》，《中国行政管理》2018年第5期。
③ 谭嫒嫒、孙蓉：《互联网保险契约不完全性的利益冲突及其防范机制》，《保险研究》2018年第1期。
④ 展凯莉：《互联网保险消费者的法律风险及防范》，《保险职业学院学报》（双月刊）2018年第4期。

关立法。①

法定数字货币是金属货币到信用货币之后的又一次重大变革，各国政府都在积极研究法定数字货币的发行问题。刘少军重点探讨了法定货币发行过程中中央银行、商业银行和社会公众的权利义务分配问题。② 杨东和陈哲立则基于日本经验的剖析，提出完善我国虚拟货币立法的对策建议。③

针对P2P平台持续不断的爆雷事件，廖天虎探讨了网络借贷的刑事法律风险及其防范对策，研究指出，P2P网贷的主要法律风险体现为："资金池"引发的非法集资风险、信用缺失引发的诈骗风险以及大量资金流动引发的洗钱犯罪风险；而对于上述风险的治理，需要秉持宽严相济的刑事政策和依法治理的正确路径，在金融自由和金融安全之间谋求平衡。④

三 宏观层面的互联网金融研究

随着互联网金融的规模与范围持续增长，其对金融体系乃至宏观经济的影响日益受到重视。而不断积累的业务资料也为开展规范的实证检验提供了数据支撑。2018年，从宏观层面探讨互联网金融的相关研究主要集中于如下几个方面。

（一）基于金融体系视角的研究

互联网金融是国家金融体系的有机组成部分，其业务发展和业务风险势必与宏观金融体系产生联动效应。现阶段，相关研究主要集中在货币政策有效性、宏观金融稳定、传统金融消费三个方面。

---

① 李华：《金融科技创新中保险消费者权益保护机制之完善》，《南京社会科学》2018年第11期。
② 刘少军：《法定数字货币的法理与权义分配研究》，《中国政法大学学报》2018年第3期。
③ 杨东、陈哲立：《虚拟货币立法：日本经验与对中国的启示》，《证券市场导报》2018年第2期。
④ 廖天虎：《论P2P网贷的刑事法律风险及其防范》，《中国政法大学学报》2018年第1期。

1. 互联网金融发展与货币政策有效性

以第三方支付中的电子货币作为分析对象，周光友和张逸佳通过构筑理论模型，揭示了电子货币替代对货币供给的影响，而进一步的实证研究发现，电子货币使用量和现金漏损率会内生影响广义货币乘数，两者对广义货币乘数冲击反馈的贡献度分别为4.92%和1.18%。[①] 潘长春和李晓利用互联网金融发展解释 M2 失效现象，提出互联网金融的快速发展是导致 M2 指标失效的重要原因，进而建议通过常态化的流动性管理建立价格型货币政策调控体系。[②] 战明华等指出互联网金融的发展改变了家庭部门的储蓄决策和企业部门融资决策的经济环境，从而改变了货币政策通过银行信贷渠道发挥作用的传导介质。[③]

2. 互联网金融发展与宏观金融稳定

易宪容认为，以比特币为代表的数字货币与历史上私人货币一样存在根本性缺陷，其广泛发展会动摇国家主权货币及社会价值基础，带来极大的金融风险，因此建议坚决取缔 ICO 交易并发展法定数字货币。[④] 陈享光和黄泽清提出，货币价值尺度和流通手段职能的矛盾运动影响了货币的品质，而货币品质的维护依赖于有效的货币锚定机制。建立在国家权力基础上的现行信用体系难以保证货币品质，而法定数字货币可以依赖大数据、区块链等数字技术和对一揽子锚定物资源的锚定重塑现行信用体系以维护货币的品质。[⑤] 邱晗等研究了金融科技对银行经营行为的影响，发现金融科技的发展会发挥类似利率市场化的作用，带来银行负债端结构（对同业拆借等批发型资金的高度依赖）和资产端结构（风险承担水平的上升）的显

[①] 周光友、张逸佳：《持币动机、电子货币替代与货币供给》，《金融研究》2018 年第 11 期。

[②] 潘长春、李晓：《M2 指标失效与货币政策转型——基于货币创造渠道结构分解的视角》，《经济学家》2018 年第 2 期。

[③] 战明华、张成瑞、沈娟：《互联网金融发展与货币政策的银行信贷渠道传导》，《经济研究》2018 年第 4 期。

[④] 易宪容：《区块链技术、数字货币及金融风险——基于现代金融理论的一般性分析》，《南京社会科学》2018 年第 11 期。

[⑤] 陈享光、黄泽清：《货币锚定物的形成机制及其对货币品质的维护——兼论数字货币的锚》，《中国人民大学学报》2018 年第 4 期。

著改变。[1] Buchak 等发现，2007～2015 年，影子银行在住房抵押贷款市场的份额几乎翻番，其中金融科技类贷款增长迅猛。他们进一步考察了金融科技类贷款的特点，发现与其他影子银行相比，金融科技贷款机构倾向于为信誉更高的借款人提供服务，并在再融资市场更为活跃。金融科技贷款机构往往收取 14～16 个基点的溢价，因此它们更像是为借款人提供便利而不是成本节约。此外，金融科技贷款机构进行利率定价的参考信息也不同于其他贷款机构。[2]

3. 互联网金融发展与传统金融消费

基于北京大学数字普惠金融指数和中国家庭金融调查数据，傅秋子和黄益平考察了数字金融发展对农村金融需求的影响，结果发现其作用具有异质性：一方面，数字金融的发展会抑制农村生产性信贷需求，这一结论在拥有智能手机的村民群体中更显著；另一方面，数字金融的发展会刺激农村消费性信贷需求，且在受教育水平较高、有网购习惯的村民群体中更显著。[3] 基于家庭信贷约束视角，尹志超和张号栋考察了互联网金融发展和金融可及性的影响，研究发现，在正规金融不可得的情况下，互联网金融可以显著提高家庭信贷需求，并有效降低家庭信贷约束水平，这意味着加快推进互联网金融发展对于缓解家庭信贷约束、提高家庭消费水平具有积极意义。[4] 贺达检验了网络借贷市场与传统金融市场之间的动态关系，发现网络借贷利率与 10 年期国债收益率、沪深 300 指数收益率和上海铜业拆借利率均存在相互影响，但考虑到不同市场的异质性响应后，网络借贷综合利率对于整体金融市场的响应趋于零。[5]

---

① 邱晗、黄益平、纪洋：《金融科技对传统银行行为的影响——基于互联网理财的视角》，《金融研究》2018 年第 11 期。

② Buchak G., Matvos G., Piskorski T., Seru A., "Fintech, Regulatory Arbitrage, and the Rise of Shadow Banks", *Journal of Financial Economics* 130（3），2018，pp. 453 –483.

③ 傅秋子、黄益平：《数字金融对农村金融需求的异质性影响——来自中国家庭金融调查与北京大学数字普惠金融指数的证据》，《金融研究》2018 年第 11 期。

④ 尹志超、张号栋：《金融可及性、互联网金融和家庭信贷约束——基于 CHFS 数据的实证研究》，《金融研究》2018 年第 11 期。

⑤ 贺达：《基于 VAR 模型 P2P 网络借贷与传统金融市场之间的动态变化》，《北京理工大学学报》（社会科学版）2018 年第 9 期。

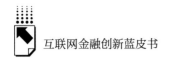

（二）基于宏观经济视角的研究

除了探讨互联网金融与国家金融体系的关系外，还有学者将研究视角进一步扩展到整个宏观经济体系，探讨互联网金融对居民消费乃至区域创新的影响。

易行健和周利研究了具有普惠性特征的互联网金融队居民消费的影响，结果表明，数字金融的发展显著提升了居民消费水平，且这一效应在中西部地区、农村地区以及中低收入家庭更为明显，而其作用机制是缓解流动性约束和提升支付便利。[①] 王栋和赵志宏考察了金融科技对区域创新的影响，研究发现，金融科技的发展通过规模扩大、结构优化和效率促进区域科技创新，并通过激发区域贸易和投资开放提高研发效率。[②] 此外，吴雨等考察了房价这一宏观因素与 P2P 借款行业的联动效应，研究发现，房价上涨会显著提高 P2P 市场的成交利率，且这一效应在三、四线城市更加显著。[③]

四　研究总结与研究展望

互联网金融实践的持续创新为学术研究的深化提供了丰富的素材。基于多样化的研究场景，国内外学者从微观、中观、宏观三个层面对相关研究做出进一步拓展。与 2017 年相比，相关研究呈现如下特点。

第一，基于中观和宏观层面的研究更加丰富。在 2017 年及之前的研究中，学界主要从微观视角探讨互联网金融交易主体的行为特征、行为动机和行为机理；但是在 2018 年的研究中，国内外学者在进一步深化微观视角研究的同时，进一步拓展了中观和宏观视角的研究，尤其是将互联网金融与金

---

① 易行健、周利：《数字普惠金融发展是否显著影响了居民消费——来自中国家庭的微观证据》，《金融研究》2018 年第 11 期。

② 王栋、赵志宏：《金融科技发展对区域创新绩效的作用研究》，《科学学研究》2019 年第 1 期。

③ 吴雨、李洁、尹志超：《房价上涨对 P2P 网络借贷成本的影响分析——来自"人人贷"的经验证据》，《金融研究》2018 年第 11 期。

融体系乃至宏观经济体系统筹考虑，进一步深化了各界对于互联网金融作用和影响的认知，这对互联网金融的业务发展和监管变革提供了富有远见的启发。

第二，基于微观视角的研究重点出现转变，研究进一步深化。在参与决策方面，除了研究市场主体人口学特征的影响外，还进一步引入了社会学（社会资本、社交关系）、心理学（心里资本、媒体情绪）、修辞学甚至计算机视觉等相关理论，进一步深化对于市场主体行为动机和行为机理的认知。在违约行为方面，除了探讨个人违约行为之外，还进一步结合市场热点加大了对于平台违约行为的研究力度。而在羊群行为方面，基于羊群效应客观存在的现实，进一步拓展了对于投资者学习效应的检验。

第三，具有中国特色的互联网金融指数的研究和应用。在这一方面，北京大学数字金融中心做了大量开拓性工作，包括基于蚂蚁金服用户数据构建的地市级数字普惠金融指数；基于逾1700万条新闻文本数据构建的金融科技情绪指数；以及利用和讯网新闻数据编制的互联网金融情绪指数。这些研究为考察、评价我国互联网金融发展规模和发展质量提供了扎实的数据基础，也为考察互联网金融微观主体行为与宏观经济影响提供了新的工具。

展望2019年，互联网金融相关研究可以从以下三个方面进一步拓展。第一，加强监管科技方面的分析。应对金融科技带来的挑战，监管科技势在必行。但现有研究在监管思路、监管原则、监管范式和监管方法等方面尚未达成共识，需要进一步深化。第二，继续拓展在中观和宏观层面的分析。虽然相关研究在近年来有所丰富，但互联网金融对金融系统乃至宏观经济体系作用路径、作用机理的理论框架尚未完成，有必要进一步深化。第三，继续加强包括互联网金融指数在内的具有中国特色的互联网金融议题的研究。

参考文献

陈霄、叶德珠、邓洁：《借款描述的可读性能够提高网络借款成功率吗》，《中国工业经济》2018 年第 3 期。

陈享光、黄泽清：《货币锚定物的形成机制及其对货币品质的维护——兼论数字货币的锚》，《中国人民大学学报》2018 年第 4 期。

邓万江、李习栋、马士华：《预付款众筹模式下新产品定价与质量设计》，《系统工程理论与实践》2018 年第 7 期。

丁杰、李悦、雷曾燕：《网络贷款具有贫民属性吗？谁在嫌贫爱富？——基于"人人贷"的实证证据》，《国际金融研究》2018 年第 6 期。

范忠宝、王小燕、阮坚：《区块链技术的发展趋势和战略应用——基于文献视角与实践层面的研究》，《管理世界》2018 年第 12 期。

方兴：《互利共赢还是以邻为壑——"明星"众筹项目的外部性研究》，《财贸经济》2018 年第 5 期。

付烁、徐海霞、李佩丽、马添军：《数字货币的匿名性研究》，《计算机学报》2018 年第 9 期。

傅秋子、黄益平：《数字金融对农村金融需求的异质性影响——来自中国家庭金融调查与北京大学数字普惠金融指数的证据》，《金融研究》2018 年第 11 期。

贺达：《基于 VAR 模型 P2P 网络借贷与传统金融市场之间的动态变化》，《北京理工大学学报》（社会科学版）2018 年第 9 期。

胡金焱、李建文、张博：《P2P 网络借贷是否实现了普惠金融目标》，《世界经济》2018 年第 11 期。

胡金焱、宋唯实：《网络借贷中羊群效应的存在性、驱动机制与投资者投资效率》，《经济理论与经济管理》2018 年第 3 期。

姜琪：《中国 P2P 网贷平台效率差异及成交量影响因素研究》，《数量经济技术经济研究》2018 年第 6 期。

李苍舒、沈艳：《风险传染的信息识别——基于网络借贷市场的实证》，《金融研究》2018 年第 11 期。

李华：《金融科技创新中保险消费者权益保护机制之完善》，《南京社会科学》2018 年第 11 期。

李闻一、王宇、谌仁俊：《基于城市视角的 P2P 网贷地域差异研究》，《国际金融研究》2018 年第 5 期。

廖理、向佳、王正位：《P2P 借贷投资者的群体智慧》，《中国管理科学》2018 年第 10 期。

廖理、向佳、王正位：《网络借贷的角色转换与投资者学习效应》，《中国工业经济》2018 年第 9 期。

廖天虎：《论 P2P 网贷的刑事法律风险及其防范》，《中国政法大学学报》2018 年第 1 期。

刘红忠、毛杰：《P2P 网络借贷平台爆发风险事件问题的研究——基于实物期权理论的视角》，《金融研究》2018 年第 11 期。

刘少军：《法定数字货币的法理与权义分配研究》，《中国政法大学学报》2018 年第 3 期。

刘志迎、彭宝安：《奖励型众筹中投资者存在羊群行为吗？——一个实证研究》，《科学学与科学技术管理》2018 年第 6 期。

罗兴、吴本健、马九杰：《农村互联网信贷："互联网＋"的技术逻辑还是"社会网＋"的社会逻辑》，《中国农村经济》2018 年第 8 期。

马晓君、沙靖岚、牛雪琪：《基于 LightGBM 算法的 P2P 项目信用评级模型的设计及应用》，《数量经济技术经济研究》2018 年第 5 期。

潘长春、李晓：《M2 指标失效与货币政策转型——基于货币创造渠道结构分解的视角》，《经济学家》2018 年第 2 期。

彭红枫、徐瑞峰：《P2P 网络借贷平台的利率定价合理吗？——基于"人人贷"的经验证据》，《金融论坛》2018 年第 9 期。

彭红枫、林川：《言之有物：网络借贷中语言有用吗？——来自人人贷借款描述的经验证据》，《金融研究》2018 年第 11 期。

祁让坤、冯兵兵：《英雄须问出处？网络借贷市场中的信息披露质量与身份歧视》，《经济管理》2018 年第 11 期。

邵祥东：《公益众筹特征识别与决策参考——"空间—制度"耦合嵌入视角》，《公共管理学报》2018 年第 3 期。

申嫦娥、魏荣桓：《基于国际经验的金融科技监管分析》，《中国行政管理》2018 年第 5 期。

宋占军、郭心洁：《互联网保险销售服务平台的探索和展望》，《保险职业学院学报》（双月刊）2018 年第 10 期。

谭媛媛、孙蓉：《互联网保险契约不完全性的利益冲突及其防范机制》，《保险研究》2018 年第 1 期。

田秀娟、张智颖：《P2P 网络借贷职业身份的信贷歧视：基于投资者认知偏差视角》，《改革》2018 年第 5 期。

王栋、赵志宏：《金融科技发展对区域创新绩效的作用研究》，《科学学研究》2019 年第 1 期。

王和、周运涛：《我国保险科技发展展望》，《中国金融》2018 年第 5 期。

王靖一：《现金贷果如洪水猛兽？——来自断点回归设计的证据》，《金融研究》2018 年第 11 期。

王靖一、黄益平：《金融科技媒体情绪的刻画与对网贷市场的影响》，《经济学》（季刊）2018 年第 7 期。

王秀为、胡珑瑛、王天扬：《基于制度信任的出借方对网贷平台初始信任产生机理研究》，《管理评论》2018 年第 12 期。

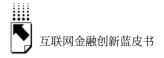
王伟、郭丽环、王洪伟：《融资人、项目内容和交互信息对融资的影响——基于公众科学平台的实证研究》，《科学学研究》2018 年第 5 期。

王雪莉、董念念：《中国式众筹的信任如何构建和演化？——基于水木客众筹行为的案例研究》，《管理评论》2018 年第 1 期。

王元地、李粒、胡谍：《区块链研究综述》，《中国矿业大学学报》（社会科学版）2018 年第 3 期。

吴雨、李洁、尹志超：《房价上涨对 P2P 网络借贷成本的影响分析——来自"人人贷"的经验证据》，《金融研究》2018 年第 11 期。

杨东：《监管科技：金融科技的监管挑战与维度建构》，《中国社会科学》2018 年第 5 期。

杨东、陈哲立：《虚拟货币立法：日本经验与对中国的启示》，《证券市场导报》2018 年第 2 期。

杨立、赵翠翠、陈晓红：《基于社交网络的 P2P 借贷信用风险缓释机制研究》，《中国管理科学》2018 年第 1 期。

姚前：《法定数字货币对现行货币体制的优化及其发行设计》，《国际金融研究》2018 年第 4 期。

姚前：《法定数字货币在互联网投资借贷的应用研究》，《中国科学：信息科学》2018 年第 9 期。

姚前：《共识规则下的货币演化逻辑与法定数字货币的人工智能发行》，《金融研究》2018 年第 9 期。

姚前：《数字货币的前世与今生》，《中国法律评论》2018 年第 6 期。

姚前：《中央银行数字货币原型系统实验研究》，《软件学报》2018 年第 9 期。

易宪容：《区块链技术、数字货币及金融风险——基于现代金融理论的一般性分析》，《南京社会科学》2018 年第 11 期。

易行健、周利：《数字普惠金融发展是否显著影响了居民消费——来自中国家庭的微观证据》，《金融研究》2018 年第 11 期。

尹志超、张号栋：《金融可及性、互联网金融和家庭信贷约束——基于 CHFS 数据的实证研究》，《金融研究》2018 年第 11 期。

袁峰、刘玲、邵祥理：《基于前景理论和 VIKOR 的互联网保险消费决策模型》，《保险研究》2018 年第 3 期。

展凯莉：《互联网保险消费者的法律风险及防范》，《保险职业学院学报》（双月刊）2018 年第 4 期。

战明华、张成瑞、沈娟：《互联网金融发展与货币政策的银行信贷渠道传导》，《经济研究》2018 年第 4 期。

张皓星、黄益平：《情绪、违约率与反向挤兑——来自某互金企业的证据》，《经济学》（季刊）2018 年第 7 期。

张海洋、蔡航：《头衔的价值——来自网络借贷的证据》，《经济学》（季刊）2018年第 7 期。

张卫国、卢媛媛、刘勇军：《基于非均衡模糊近似支持向量机的 P2P 网贷借款人信用风险评估及应用》，《系统工程理论与实践》2018 年第 10 期。

赵刚：《区块链技术的本质与未来应用趋势》，《人民论坛·学术前沿》2018 年第 7 期。

周冬梅、赵闻文、何东花、鲁若愚：《众筹平台上内部社会资本对新创企业资源获取的影响研究》，《管理评论》2018 年第 4 期。

周光友、张逸佳：《持币动机、电子货币替代与货币供给》，《金融研究》2018 年第 11 期。

朱家祥、沈艳、邹欣：《网络借贷：普惠？普骗？与监管科技》，《经济学》（季刊）2018 年第 7 期。

朱俊生：《互联网保险发展转向：从渠道变革、场景创造到科技赋能》，《清华金融评论》2018 年第 5 期。

Anglin A. H., Short J. C., Drover W., Stevenson R., McKenny A., Allison T., "The Power of Positivity? The Influence of Positive Psychological Capital Language on Crowdfunding Performance", *Journal of Business Venturing* 33 (4), 2018, pp. 470 – 492.

Blanchflower D. G., Levine P. B., Zimmerman D. J., "Discrimination in the Small-Business Credit Market", *Review of Economics & Statistics* 85 (4), 2003, pp. 930 – 943.

Buchak G., Matvos G., Piskorski T., Seru A., "Fintech, Regulatory Arbitrage, and the Rise of Shadow Banks", *Journal of Financial Economics* 130 (3), 2018, pp. 453 – 483.

Cavalluzzo K., Wolken J., "Small Business Loan Turndowns, Personal Wealth, and Discrimination", *Journal of Business* 78 (6), 2005, pp. 2153 – 2178.

Ceyhan S., Shi X., Leskovec J., "Dynamics of Bidding in a P2P Lending Service: Effects of Herding and Predicting Loan Success", In Proceedings of International Conference on World Wide Web, 2011, pp. 547 – 556.

Crosetto P., Regner T., "It's Never Too Late: Funding Dynamics and Self Pledges in Reward-based Crowdfunding", *Research Policy* 47 (8), 2018, pp. 1463 – 1477.

Herzenstein M., Dholakia U. M., Andrews R. L., "Strategic Herding Behavior in Peer-to-Peer Loan Auctions", *Journal of Interactive Marketing* 25 (1), 2011, pp. 27 – 36.

Hsieh HC., Hsieh YC., Vu THC., "How Social Movements Influence Crowdfunding Success", *Pacific-basin Finance Journal* 53 (2), 2019, pp. 308 – 320.

Hornuf L., Schwienbacher A., "Market Mechanisms and Funding Dynamics in Equity Crowdfunding", *Journal of Corporate Finance* 50, 2018, pp. 556 – 574.

Hu R., Liu M., He P., Ma Y., "Can Investors on P2P Lending Platforms Identify Default Risk?", *International Journal of Electronic Commerce* 23 (1), 2019, pp. 63 – 84.

Kgoroeadira R. , Burke A. , André van Stel. , "Small Business Online Loan Crowdfunding: Who Gets Funded and What Determines the Rate of Interest?", *Small Business Economics* 52 (1), 2019, pp. 67 – 87.

Lagazio C. , Querci F. , "Exploring the Multi-sided Nature of Crowdfunding Campaign Success", *Journal of Business Research* 90, 2018, pp. 318 – 324.

Mahmood A. , Luffarelli J. , Mukesh M. , "What's in A Logo? The Impact of Complex Visual Cues in Equity Crowdfunding", *Journal of Business Venturing* 34 (1), 2019, pp. 41 – 62.

Piva E. , Rossi-Lamastra C. , "Human Capital Signals and Entrepreneurs' Success in Equity Crowdfunding", *Small Business Economics* 51 (3), 2018, pp. 667 – 686.

Schwienbacher A. , "Entrepreneurial Risk-taking in Crowdfunding Campaigns", *Small Business Economics* 51 (4), 2018, pp. 843 – 859.

Shahab Y. , Ye Z. , Riaz Y. , "Individual's Financial Investment Decision-Making in Reward-Based Crowdfunding: Evidence from China", *Applied Economics Letters* 26 (4), 2019, pp. 261 – 266.

Steigenberger N. , Wilhelm H. , "Extending Signaling Theory to Rhetorical Signals: Evidence from Crowdfunding", *Organization Science* 29 (3), 2018, pp. 529 – 546.

Yan Y. , Lv Z. , Hu B. , "Building Investor Trust in the P2P Lending Platform with A Focus on Chinese P2P Lending Platforms", *Electronic Commerce Research* 18 (2), 2018, pp. 203 – 224.

Yoon Y. , Li Y. , Feng Y. , "Factors Affecting Platform Default Risk in Online Peer-to-peer (P2P) Lending Business: An Empirical Study Using Chinese Online P2P Platform Data", *Electronic Commerce Research* 19 (1), 2019, pp. 131 – 158.

Younkin P. , Kuppuswamy V. , "The Colorblind Crowd? Founder Race and Performance in Crowdfunding", *Management Science* 64 (7), 2018, pp. 3269 – 3287.

Zhang D. R. , Li Y. K. , Wu J. , Long D. , "Online or Not? What Factors Affect Equity Crowdfunding Platforms to Launch Projects Online in the Pre-Investment Stage?", *Entrepreneurship Research Journal* 9 (2), 2019, p. 176.

Zhang J. , Liu P. , "Rational Herding in Microloan Markets", *Management Science* 58 (5), 2012, pp. 892 – 912.

B.3
2018年互联网金融回归本源研究综述

刘澜飚　邸超伦*

摘　要： 21世纪以来，互联网金融行业飞速发展，网络借贷、第三方支付等业态相继出现，互联网金融在经济发展中的地位越来越突出。在这一大环境下，关于传统金融与互联网金融关系的讨论开始出现。部分学者的观点为互联网金融对传统金融业发展形成了巨大的冲击，未来可能从根本上颠覆金融业的发展，而另一部分学者的观点则是互联网金融只是改变了传统金融的运作模式，其本质仍为金融。本报告基于这一讨论，从互联网金融自身的概念出发，整理回顾了其发展历程，并从理论基础、核心功能、主要业务、服务目的、运行风险以及监管逻辑等方面，就互联网金融回归本源这一问题展开讨论，实现了对互联网金融的本质为金融这一观点的论证。

关键词： 互联网金融　回归本源

一　引言

金融作为现代经济的核心，其发展对国民经济健康稳定意义重大，特别是21世纪以来，大数据、云计算等技术的出现与运用，使得互联网与金融之间的联系越来越密切。金融业发展过程中互联网科技与互联网思维的运

---

* 刘澜飚，南开大学金融学院教授，博士生导师；邸超伦，南开大学金融学院硕士生。

用，使得其对实体经济的贡献程度也越来越高。① 在这一大环境下，各类新兴的互联网金融服务和互联网金融产品不断出现。互联网企业充分利用自身在信息收集、处理、分析等方面的优势，扩大自身的业务范围，将传统业务与金融业务相结合。金融机构则在传统的借贷、支付等业务中引入更多的互联网部分，推进金融业务的创新与发展。与此同时，中国不断增长的移动用户数量和智能终端规模，以及中小企业存在的融资问题，也为互联网金融的发展提供了广阔的空间，然而，互联网金融回归本源，其在本质上仍为金融。

二 互联网金融的发展历程

"互联网金融"这一概念出现较早，但被正式提出是在 2012 年。② 2012年 8 月 24 日，由中国平安、阿里巴巴和腾讯策划的互联网金融公司的建立，拉开了我国互联网金融的序幕。同年，谢平首次实现了对互联网金融的定义，他认为互联网金融为一种新型融资方式。③ 随后，互联网金融这一概念得到了广泛重视。2013 年 4 月，国务院部署了"互联网金融发展与监管"这一课题，由中国人民银行牵头完成，这体现了国家对于这一领域的高度重视。④ 同年，中国人民银行在货币政策执行报告中也提到"互联网金融"的概念，⑤ 报告指出互联网金融为金融领域的资金配置提供了一个新的途径，它使资金得以在供给方和需求方之间更好的流通传递，优化了资金配置，提高了资金融通效率。2013 年 8 月，《关于金融支持中小企业发展的实施意见》和《关于促进信息消费扩大内需的若干意见》中再次提到互联网金融这一概念。⑥ 同年 12 月，互联网金融专业委员会成立，互联网金融被正

① 张小明：《互联网金融的运作模式与发展策略研究》，山西财经大学博士学位论文，2015。
② 李鑫、徐唯燊：《对当前我国互联网金融若干问题的辨析》，《财经科学》2014 年第 9 期。
③ 韩壮飞：《互联网金融发展研究》，河南大学硕士学位论文，2013。
④ 谢平：《互联网金融的现实与未来》，《新金融》2014 年第 4 期。
⑤ 张明哲：《互联网金融的基本特征研究》，《区域金融研究》2013 年第 12 期。
⑥ 张小明：《互联网金融的运作模式与发展策略研究》，山西财经大学博士学位论文，2015。

式纳入自律监管这一框架。2014 年，在国务院政府工作报告中，这一概念进一步得到重视。在接下来的两年中，互联网金融始终是政府工作的重点。可以说，互联网金融越来越重要，其对经济发展的影响和作用也越来越突出。回顾互联网金融这一发展历程，我们不难发现从概念的首次提出到日渐发展成熟，互联网金融为金融的本质从未发生改变，其发挥金融功能、提供金融服务、促进金融创新、推动经济发展的作用也从未改变。

三　互联网金融的概念

目前，关于互联网金融的概念，虽不同主体对其定义的侧重有所不同，例如作为监管主体的金融管理部门的定义，主要侧重于其对金融业务产生的影响；互联网企业的定义，侧重于强调互联网技术与互联网思想的应用；金融机构的定义，则更侧重于强调互联网元素与金融元素的发展配合，[1] 但总体而言，互联网金融尚未脱离金融实质上为一种资产配置这一定义，互联网金融改变的只是金融的表现形式，[2] 在实际上仍为金融。

从定义上看，互联网金融是将互联网元素和借贷、支付等业务领域进行融合的新型金融模式，其以云计算等互联网技术为基础，[3] 综合运用互联网技术、移动通信技术，实现了对传统金融业务的升级与补充。[4] 2014 年的《中国金融稳定报告》中，中国人民银行对互联网金融这一概念进行了明确定义。报告认为，互联网金融是加入互联网技术实现资金融通等金融职能的

---

[1]　霍学文：《新金融新生态》，中信出版集团，2015。

[2]　霍学文：《新金融新生态》，中信出版集团，2015。

[3]　芮晓武、刘烈宏：《中国互联网金融发展报告》，社会科学文献出版社，2014。

[4]　龚明华：《互联网金融：特点、影响与风险防范》，《新金融》2014 年第 2 期；郑联盛：《中国互联网金融：模式、影响、本质与风险》，《国际经济评论》2014 年第 5 期；陆岷峰、刘凤：《互联网金融背景下商业银行变与不变的选择》，2014 年第 1 期；何文虎、杨云龙：《我国互联网金融风险监管研究——基于制度因素和非制度因素的视角》，《金融发展评论》2014 年第 10 期；李克穆：《互联网金融的创新与风险》，《管理世界》2016 年第 2 期。

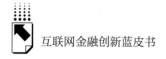
新型金融模式。① 2015 年 7 月，《关于促进互联网金融健康发展的指导意见》中也对这一概念进行了类似的定义。②

互联网金融作为一种新型金融模式，并不是互联网与金融两者的简单相加，而是传统金融与互联网意识及精髓的紧密融合，其实现了金融模式和金融服务的发展创新。③ 互联网金融借助移动互联网等信息工具，将互联网元素应用到传统银行业务中，④ 形成新的服务体系，⑤ 使各类金融机构可以依靠互联网技术，分析运用海量数据，提供借贷、融资、理财等金融服务⑥和各类新型金融产品，⑦ 其跨时空、低成本、方便快捷等特点，使金融服务的范围逐渐扩大，服务的主体更为多样，⑧ 实现了对传统金融"短板"的帕累托改进，⑨对于加速我国金融市场，特别是资本市场的发展，具有重大的促进作用。⑩

但回归本源互联网金融实质上仍为金融，其资金融通、支付手段、信息中介等传统金融职能并未改变。互联网金融的核心依旧是资源配置问题——如何实现跨时空、跨区域的优化配置，如何对金融资产进行合理定价以及如何对金融风险进行有效防控，⑪ 其改变的只是金融产品与服务的运作形式，金融的本质尚未改变。⑫

---

① 翁蕾：《传统商业银行与互联网金融融合研究——以中国建设银行为例》，华东交通大学硕士学位论文，2018。
② 田鑫：《互联网金融模式及其本质研究——基于功能与影响的分析》，《中国物价》2019 年第 5 期。
③ 刘英、罗明雄：《互联网金融模式及风险监管思考》，《中国市场》2013 年第 43 期。
④ 周华：《互联网金融对传统金融业的影响》，《南方金融》2013 年第 11 期。
⑤ 费玄淑：《互联网金融发展及其对传统金融体系的影响研究》，《科教文汇》（上旬刊）2019 年第 5 期。
⑥ 董昀、李鑫：《互联网金融的发展：基于文献的探究》，《金融评论》2014 年第 6（5）期。
⑦ 文小娜：《互联网金融对传统金融的挑战研究》，《中国商论》2019 年第 8 期；李鑫、徐唯燊：《对当前我国互联网金融若干问题的辨析》，《财经科学》2014 年第 9 期。
⑧ 李博、董亮：《互联网金融的模式与发展》，《中国金融》2013 年第 10 期。
⑨ 贾甫、冯科：《当金融互联网遇上互联网金融：替代还是融合》，《上海金融》2014 年第 2 期。
⑩ 李博、董亮：《互联网金融的模式与发展》，《中国金融》2013 年第 10 期。
⑪ 霍学文：《新金融新生态》，中信出版集团，2015。
⑫ 陈志武：《互联网金融促进民间金融发展》，《广东经济》2014 年第 7 期。

四　互联网金融的本质

目前，关于什么是互联网金融本质这一问题的观点较为统一。国内外文献均对互联网金融的本质是金融这一观点进行了论述。李鑫、徐唯燊曾明确指出，理解互联网金融的含义需要回归金融的本质，[①] 因为互联网金融的本质即为金融，[②] 互联网只是一种技术手段。[③] 虽然互联网金融的发展对传统金融产生了很大影响，但是传统金融仍是其得以发展的基础。互联网金融增加了金融服务和金融产品种类，延伸了金融服务的主体范围，但是这些金融服务本身与传统服务没有根本区别。[④] 与此同时，互联网金融环境下的金融产品和金融交易实质上仍然是市场参与者的价值互换。[⑤] 互联网金融依靠互联网大数据和云计算，收集整理金融信息、实现金融交易、促进金融领域资源的流动与配置，[⑥] 但其金融的实质没有发生变化，[⑦] 它是传统金融的发展与创新。[⑧] 其实现的互联网元素与金融元素充分融合，[⑨] 并不是对传统金融的破坏性颠覆。[⑩] 金融的本质是货币时间价值的优化配置及价格发现，解决的主要问题是资金供求方之间的不匹配、风险管理等一系列问题，[⑪] 这一点并没有变。互联网金融的发展深化，优化了金融环境，提高了金融业务的便

---

① 李鑫、徐唯燊：《对当前我国互联网金融若干问题的辨析》，《财经科学》2014年第9期。
② 莫易娴：《互联网时代金融业的发展格局》，《财经科学》2014年第4期。
③ 邱冬阳、肖瑶：《互联网金融本质的理性思考》，《新金融》2014年第3期。
④ 翁蕾：《传统商业银行与互联网金融融合研究——以中国建设银行为例》，华东交通大学硕士学位论文，2018。
⑤ 陈志武：《互联网金融促进民间金融发展》，《广东经济》2014年第7期。
⑥ 吴晓灵：《互联网金融应分类监管区别对待》，《IT时代周刊》2013年第21期。
⑦ 杨涛：《互联网金融不是大杂烩》，《IT时代周刊》2013年第22期。
⑧ 郑联盛：《中国互联网金融：模式、影响、本质与风险》，《国际经济评论》2014年第5期。
⑨ 郭建辉：《我国互联网金融发展的内生逻辑、驱动因素与金融功能效应》，《税务与经济》2018年第1期。
⑩ 田鑫：《互联网金融模式及其本质研究——基于功能与影响的分析》，《中国物价》2019年第5期。
⑪ 吴晓灵：《提高金融资源配置效率　促进经济创新发展》，国际货币金融每日综述选编，2015。

捷程度，但没有超越现有金融体系的范畴。[①] 在其中，互联网更多的发挥着工具性的作用，不管这种工具性在应用中表现得怎样多元或变化，互联网金融的金融本质属性从未改变。具体而言，互联网金融的金融本质主要体现在理论基础、基本功能、金融业务、服务目的、运行风险和监管逻辑等方面。

五　互联网金融的理论基础

互联网金融的经济金融理论根基尚未改变。互联网金融仍为金融。现有文献研究主要从信息不对称理论、声誉理论、规模经济和范围经济理论、长尾理论、金融中介理论等角度对互联网金融的理论来源进行阐释。[②]

（一）信息经济学

1. 信息不对称理论

所谓信息不对称是指市场参与者对市场信息收集处理程度有所不同。其中，掌握信息较多的一方在进行选择时具有相对的优势，而信息较少的一方则处于相对劣势的状态。信息不对称理论在为金融市场创造很多机会的同时，也带来了相应的风险，主要表现为逆向选择的出现和道德风险的加剧。互联网金融出现之后，依托其在数据收集、处理、分析等方面的优势，这一问题得到了较好的缓解，但依然存在。翁蕾指出，互联网金融的发展实际上就是充分借助互联网技术减少信息不对称现象以及由其产生的金融影响。[③]

---

① 霍学文：《新金融新生态》，中信出版集团，2015。
② 娜日娜：《互联网金融发展的经济学理论基础》，《现代营销》（信息版）2019 年第 6 期；樊淑虹：《关于互联网金融发展的经济学理论基础探讨》，《现代经济信息》2019 年第 2 期；赵月林：《互联网金融发展的经济学理论基础探讨》，《农村经济与科技》2018 年第 2 期；倪千惠：《互联网金融发展的经济学理论基础初探》，《中国国际财经》（中英文）2017 年第 23 期；房建甀、辛立秋：《互联网金融发展的经济学理论基础初探》，《金融经济》2017 年第 22 期；刘淑云：《互联网金融发展的经济学理论基础》，《环渤海经济瞭望》2017 年第 10 期；吕晓婷：《互联网金融发展的经济学理论基础》，《商》2016 年第 25 期。
③ 翁蕾：《传统商业银行与互联网金融融合研究——以中国建设银行为例》，华东交通大学硕士学位论文，2018。

因此，这一金融业发展的理论基础并未改变，只是对于这一问题的应对处理能力不断提高。

2. 声誉理论

声誉主要反映了市场参与者的内在特点和交易倾向，[1] 通常与博弈论等内容相联系，[2] 可以用来预测市场主体未来可能的交易与行为。对于互联网金融而言，其对声誉理论的应用主要体现为其利用自身的信息采集和处理优势，对市场主体的声誉进行测算，从而实现对市场主体未来可能交易的预测，降低金融风险。

（二）产业经济学

1. 规模经济与范围经济理论

规模经济主要包括两大部分，供方规模经济和需方规模经济。供方规模经济下，供方成本与规模呈现反向变化趋势，规模增大，成本下降。需方规模经济下，需方价值与规模呈现正向变化趋势，规模越大，价值越高。范围经济揭示的是产品种类与成本之间的关系，种类越多，成本越低。对于互联网金融而言，以上两种经济效应清晰可见。互联网金融在一定程度上减少了在信息收集和处理上的限制，使信息成本大大降低。当投入增加时，互联网金融的产出增加，此时的处理成本降低，处理收益上升。对于供方规模经济，这一应用体现为保险销售平台的发展，对于需方规模经济，应用则体现为互联网货币基金的发展。[3]

2. 长尾理论

长尾理论主要是指利用自身的成本优势不断扩展产品与服务，从而进一步扩展所服务的利基市场，[4] 在这一理论下，其共同市场份额可能等于或超

---

① 刘江会：《我国承销商声誉与承销服务费用关系的研究》，《财经研究》2004 年第 4 期。
② 汪炜、郑扬扬：《互联网金融发展的经济学理论基础》，《经济问题探索》2015 年第 6 期。
③ 汪炜、郑扬扬：《互联网金融发展的经济学理论基础》，《经济问题探索》2015 年第 6 期。
④ 赵月林：《互联网金融发展的经济学理论基础探讨》，《农村经济与科技》2018 年第 2 期。

过主流产品的市场份额。[1] 互联网金融中长尾理论的运用体现为其对短缺经济学假设的冲击,其作为"二八定律"的补充,能超越传统的可能性边界,创造更多的"交易可能性集"。[2] 与传统金融相比,一方面互联网金融拥有更为强大的信息收集和处理能力,可以收集和掌握更多与服务对象需求相关的信息,同时,互联网金融通过字节进行判断,具有可复制性,从而能够有效地降低服务成本,提供更有针对性的产品,增强竞争力。另一方面,互联网金融的普适性特点,使更多的消费群体被吸纳进来,这为互联网金融的持续性发展奠定了良好的基础。[3]

(三)金融中介理论

对于金融市场而言,如何连接起资金供给方与需求方,加速资金的合理流动,形成合理配置,是传统金融和现代金融都必须面对和解决的核心问题。在这一资金的配置和流转过程中,金融中介发挥着重要的作用。[4] 在我国,金融中介主要包括商业银行、证券公司和保险公司等。回顾现有文献,早在古典金融中介理论中,金融中介的关键性作用便被提出证实,其支付和信用创造等职能被进一步明确。[5] 随后,费雪以家庭的效用与福利作为研究对象,进一步证明了金融中介的作用,可以说金融中介就是金融交易全过程的桥梁和纽带。[6] 在互联网金融快速发展的今天,金融中介的作用与重要性尚未发生改变,其主要表现为信息的处理以及交易成本的控制。[7] 虽然互联网金融的发展使信息不对称的问题得到大大缓解,但是尚不能完全解决,因

① 汪炜、郑扬扬:《互联网金融发展的经济学理论基础》,《经济问题探索》2015 年第 6 期。
② 汪炜、郑扬扬:《互联网金融发展的经济学理论基础》,《经济问题探索》2015 年第 6 期。
③ 赵月林:《互联网金融发展的经济学理论基础探讨》,《农村经济与科技》2018 年第 2 期。
④ 刘永新:《金融中介理论的演化及其对我国金融业发展的启示》,《经济视角》2012 年第 3 期。
⑤ 张小明:《互联网金融的运作模式与发展策略研究》,山西财经大学博士学位论文,2015。
⑥ 刘永新:《金融中介理论的演化及其对我国金融业发展的启示》,《经济视角》2012 年第 3 期。
⑦ 娜日娜:《互联网金融发展的经济学理论基础》,《现代营销》(信息版)2019 年第 6 期。

此仍需要金融中介解决信息不对称问题。与此同时，金融中介的存在也在某种程度上提高了信息收集的准确性和可信性，节约了交易成本。[①] 因此，对于互联网金融而言，这一根基尚未发生变化。

六 互联网金融的核心功能

博迪、莫顿、克利顿认为金融的核心功能包括以下六个方面，资金在时空上的转移、支付结算与清算、风险和财富管理、价格发现、资本和股份分割以及激励问题。[②] 从这六个方面来看，互联网金融这一新的金融形式并没有增加金融的基本功能要素，换句话说，其核心功能并没有发生变化，[③] 金融固有的特性和规律依旧发挥决定性的作用。[④] 互联网金融通过互联网技术，运用互联网思维使得上述基本职能的发挥更为充分，实现了资金的跨主体、跨时空优化配置，[⑤] 金融的投融资功能得以更好的发挥。[⑥] 具体而言，对于以上金融基本职能的优化主要体现为以下四方面。第一，时空转移上，互联网金融依靠云计算等技术实现更好的数据挖掘，使资金的供给方和需求方得以更好地联系和匹配在一起，缓解信息的不对称性。同时，利用大数据对借贷双方的信誉进行评估，在一定程度上降低了交易的信用风险，增强了金融交易和体系的稳定性。第二，交易清算上，互联网金融的数据处理速度远远超过传统金融，提高了支付清算的速度，使金融市场的流动性水平得以提高。第三，在风险和财富管理上，AI 技术的发展与运用。智能投顾通过对海量信息的收集和分析，得出投资者的风险偏好，进

① 翁蕾：《传统商业银行与互联网金融融合研究——以中国建设银行为例》，华东交通大学硕士学位论文，2018。

② 田鑫：《互联网金融模式及其本质研究——基于功能与影响的分析》，《中国物价》2019 年第 5 期。

③ 谢平：《互联网金融的现实与未来》，《新金融》2014 年第 4 期。

④ 霍学文：《新金融新生态》，中信出版集团，2015。

⑤ 莫易娴：《互联网时代金融业的发展格局》，《财经科学》2014 年第 4 期。

⑥ 吴晓求：《互联网金融：成长的逻辑》，《财贸经济》2015 年第 2 期。

而采用人工智能的算法构造合理的投资方式，有效降低成本，分散风险。第四，在价格发现方面，互联网金融大数据的运用使对价格形成和发展的把握更为准确。①

因此，互联网金融的本质是金融，其只是结合自身互联网的元素对金融的基本职能进行合理优化，使金融服务对象能够更为广阔，金融服务能够更为深入。②

七　互联网金融的主要业务

互联网金融的主要业务尚未改变。在我国，互联网金融主要业务分互联网支付业务和网络借贷业务两大部分。③ 从这两大业务类型出发，我们不难发现其背后的金融业务本质尚未改变。互联网技术对金融业务的作用在于支持与优化，并非替代。④ 具体而言，一方面，在支付业务上，这一影响主要表现在第三方支付。帅青红认为互联网金融环境下，这一业务的实质仍为货币价值的转移。其互联网技术和思维的运用使支付服务的覆盖范围不断扩大，但其仍基于传统的支付清算体系。与传统支付清算体系相比，第三方支付在客户与商业银行间建立起联系，清算体系也由原来的三级发展成为四级，但是传统支付清算体系的基础地位尚未改变。因此，互联网金融仅仅是对支付清算体系的优化与补充，其本质上仅仅是对原有体系的完善，而非颠覆。⑤ 在网络借贷业务上，互联网金融一方面通过海量的数据分析，实现了对资金供给和需求方的把握，从而实现了供需两者的合理匹配，促进了资金融通。另一方面，其通过构建互联网交易平台等，顺利实现了金融脱媒，降

---

① 田鑫：《互联网金融模式及其本质研究——基于功能与影响的分析》，《中国物价》2019 年第 5 期。
② 吴晓灵：《从互联网金融看新金融的发展空间》，《清华金融评论》2014 年第 9 期。
③ 霍学文：《新金融新生态》，中信出版集团，2015。
④ 郑联盛：《中国互联网金融：模式、影响、本质与风险》，《国际经济评论》2014 年第 5 期。
⑤ 田鑫：《互联网金融模式及其本质研究——基于功能与影响的分析》，《中国物价》2019 年第 5 期。

低了交易成本，提高了交易的效率，[①] 使借贷业务得以优化。然而其资金借贷融通的本质并没有变化。[②] 因此，互联网金融仍是金融。

八　互联网金融的服务目的

互联网金融的服务目的尚未改变。互联网金融作为一种新型金融模式，其发展的目的与传统金融业一样，仍然为服务人民、服务实体经济。[③] 2014年，李耀东和李均明确了互联网金融的不同层次。他们认为互联网金融借助现代信息技术，使金融业务和金融交易涉及范围更广，可扩展性更强，服务主体更为多样，[④] 提高了交易的民主性和普适性。同时，充分借助金融平台提高交易效率，实现了交易的平等、开放、共享、自由选择精神。[⑤] 这在本质上，也是一种更好的为人民服务和实体经济服务的方式，因此，其服务的目的并未发生改变。

九　互联网金融运行风险

与传统金融一样，互联网金融发展的核心也是风险的处理。[⑥] 且因其拥有与传统金融业在本质上相同的金融服务功能，[⑦] 因此也具有相应的金融风险。[⑧] 虽然互联网金融中大数据等元素的加入，使其风险面更广，[⑨] 传染性

---

① 费玄淑：《互联网金融发展及其对传统金融体系的影响研究》，《科教文汇》（上旬刊）2019年第 5 期。
② 邱冬阳、肖瑶：《互联网金融本质的理性思考》，《新金融》2014 年第 3 期。
③ 霍学文：《新金融新生态》，中信出版集团，2015。
④ 霍学文：《新金融新生态》，中信出版集团，2015。
⑤ 孙梦鸽：《互联网金融发展的文献综述》，《金融经济》2016 年第 10 期。
⑥ 郑联盛：《中国互联网金融：模式、影响、本质与风险》，《国际经济评论》2014 年第 5 期。
⑦ 黎来芳、牛尊：《互联网金融风险分析及监管建议》，《宏观经济管理》2017 年第 1 期。
⑧ 郑联盛：《中国互联网金融：模式、影响、本质与风险》，《国际经济评论》2014 年第 5 期。
⑨ 费玄淑：《互联网金融发展及其对传统金融体系的影响研究》，《科教文汇》（上旬刊）2019年第 5 期；王汉君：《互联网金融的风险挑战》，《中国金融》2013 年第 24 期；闫真宇，《关于当前互联网金融风险的若干思考》，《浙江金融》2013 年第 12 期。

更强。[1] 但从根本上说，其面对的主要风险类型并未发生变化，互联网金融的本质仍是金融。[2]

（一）信用风险

互联网金融的信用风险是指借贷人无法履行义务，[3] 无法还本付息，从而造成经济损失的风险。[4] 信用作为经济金融市场运行的基本保证，[5] 市场参与主体信用的缺失会导致金融交易的混乱，对参与者和市场产生不利影响。谭天文、陆楠认为究其根源，这一信用风险的出现主要源于信息的不对称性。[6] 传统金融下统计数据的缺失和不足以及统计人员主观的隐瞒和互联网金融下大数据模型构建的不完善均会导致信息不对称情况的出现，[7] 从而导致信用风险。虽然两者不对称性的来源略有区别，但是其形成信用风险的传导机理并没有区别。因此，信用风险的本质没有变化，[8] 互联网金融仍为金融。

（二）流动性风险

流动性风险是指因无法及时变现造成财务损失的风险。[9] 回顾互联网金融和传统金融发展过程，其流动性风险的传导机理不尽相同，资金链条的被迫中断、期限错配、超预期资产损失的不断出现，造成市场恐慌，从而出现大规模集中提取或赎回等现象。然而，与传统金融企业相比，互联网金融企

---

① 李有星、陈飞、金幼芳：《互联网金融监管的探析》，《浙江大学学报》（人文社会科学版）2014 年第 4 期。

② 赵增强：《互联网金融及其风险防控》，《税务与经济》2018 年第 1 期。

③ 刘英、罗明雄：《互联网金融模式及风险监管思考》，《中国市场》2013 年第 43 期。

④ 刘志洋、汤珂：《互联网金融的风险本质与风险管理》，《探索与争鸣》2014 年第 11 期。

⑤ 赵增强：《互联网金融及其风险防控》，《税务与经济》2018 年第 1 期。

⑥ 谭天文、陆楠：《互联网金融模式与传统金融模式的对比分析》，《中国市场》2013 年第 46 期。

⑦ 刘志洋、汤珂：《互联网金融的风险本质与风险管理》，《探索与争鸣》2014 年第 11 期。

⑧ 吴晓求：《互联网金融：成长的逻辑》，《财贸经济》2015 年第 2 期。

⑨ 刘英、罗明雄：《互联网金融模式及风险监管思考》，《中国市场》2013 年第 43 期。

业缺乏存款准备金、存款保险制度等相应的要求和措施，[1] 导致其对短期负债和预期外的资金外流缺乏应对能力，加剧了流动性风险发生的概率。

（三）操作风险

操作风险主要是指由交易系统自身的不完善、交易各方主观的操作不当或者外部事件造成的潜在经济损失。[2] 与传统金融业相比，互联网金融的操作风险主要表现在对大数据的处理、互联网金融账户的授权以及网络系统和算法等的运用。[3] 一方面，系统设置的不完善、参数设置的不合理提高了操作风险发生的概率。另一方面，交易主体对于互联网交易规则把握的不准确也会导致操作风险的出现，造成不必要的损失。[4] 与此同时，互联网的高覆盖性使这一风险产生的后果更为严重，风险扩散的速度更快。[5] 此外，互联网金融对电子技术的应用，使其易受黑客、病毒等的影响，造成信息不安全等问题。[6]

（四）法律风险

法律风险是指由于法律的缺失或者参与者对法律的误解而造成的损失。一方面，相关法律法规的出台速度与互联网金融的发展速度尚不匹配，存在着时间上的滞后性。与传统金融业相比，目前互联网金融的法律法规监管尚且不足，存在较大的监管空白，例如金融机构的风险评级等。[7] 这导致了法律风险的出现。另一方面，现有的相关法律法规，仍然存在阐释不清、规范

① 姚国章、赵刚：《互联网金融及其风险研究》，《南京邮电大学学报》（自然科学版）2015年第2期。
② 刘英、罗明雄：《互联网金融模式及风险监管思考》，《中国市场》2013年第43期；许荣、刘洋、文武健、徐昭：《互联网金融的潜在风险研究》，《金融监管研究》2014年第3期。
③ 洪娟、曹彬、李鑫：《互联网金融风险的特殊性及其监管策略研究》，《中央财经大学学报》2014年第9期。
④ 杨群华：《我国互联网金融的特殊风险及防范研究》，《金融科技时代》2013年第7期。
⑤ 赵增强：《互联网金融及其风险防控》，《税务与经济》2018年第1期。
⑥ 魏鹏：《中国互联网金融的风险与监管研究》，《金融论坛》2014年第7期。
⑦ 杨群华：《我国互联网金融的特殊风险及防范研究》，《金融科技时代》2013年第7期；闫真宇：《关于当前互联网金融风险的若干思考》，《金融科技时代》2013年第7期；黄旭等：《互联网金融发展解析及竞争推演》，《金融论坛》2013年第12期；乔海曙、吕慧敏：《中国互联网金融理论研究最新进展》，《金融论坛》2014年第7期。

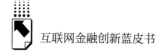
不明确等问题，造成了法律的运用风险。① 因此，其在发展过程中，市场参与者应该做什么，不应该做什么，尚且需要法律法规加以进一步的约束。

总体而言，虽然在每一个具体的风险层面，互联网金融所面临的风险均较传统金融业的风险更广更深，特别是技术元素较多的金融领域，② 因为目前市场参与者的技术防护能力还相对弱。③ 但互联网金融的风险来源与传染路径尚未改变。故互联网金融仍为金融。

十 互联网金融的监管逻辑

2013 年，刘英和罗明雄提出，与传统金融类似，互联网金融的监管逻辑并未发生变化。④ 依旧为从事前、事中、事后的角度出发，覆盖入市之前、入市之中和入市之后三个方面。

（一）市场准入监管

市场准入监管着眼于机构进入市场资格的审批。它是一种事前的监管。⑤ 审批机构利用互联网技术，对申请机构的情况进行全面的考量评估，并结合当前的金融市场情况，评估其进入市场的必要性和影响，从而对其设立资格做出合理判断。

（二）市场运作监管

市场运作监管着眼于机构经营和发展情况。它是一种事中的监管。⑥ 监

---

① 洪娟、曹彬、李鑫：《互联网金融风险的特殊性及其监管策略研究》，《中央财经大学学报》2014 年第 9 期。
② 阎庆民：《新金融发展对金融监管改策的挑战》，21 世纪经济报道，2013；狄卫平等：《网络金融研究》，《金融研究》2000 年第 11 期。
③ 王峥：《我国互联网金融的风险分析及防范措施》，《时代金融》2014 年第 8 期；黄海龙：《互联网金融的发展研究——以电商金融为例》，北京邮电大学硕士学位论文，2014。
④ 霍学文：《新金融新生态》，中信出版集团，2015。
⑤ 刘英、罗明雄：《互联网金融模式及风险监管思考》，《中国市场》2013 年第 43 期。
⑥ 刘英、罗明雄：《互联网金融模式及风险监管思考》，《中国市场》2013 年第 43 期。

管机构通过审阅定期上报的经营材料，把握审核期经营范围与经营业绩，从而对机构的资产质量、流动性等方面进行把握。

（三）市场退出监管

市场退出监管着眼于退市处理的决定与实施。它是一种事后的监管。[①] 目前，对于金融机构的退市处理拥有一套相对完整的法律体系。这一监管措施的实施从法律的层面形成约束，一定程度上增强了金融市场的稳定性。

与此同时，龚明华提出了"三道防线"。第一，增强企业自身风险管理意识，增强企业管理的自觉性。[②] 第二，完善行业自律。[③] 第三，完善发展我国监管体系，缓解监管在时间和内容上的滞后性。同时，对企业的不同发展阶段，以及不同的企业采取不同的监管措施，[④] 从而增强监管的有效性。与此同时，中国银监会研究局副局长张晓朴提出了 12 项监管原则，她认为金融监管应当更具开放性和包容性，创造一个公平的交易环境。[⑤]

十一　结论与建议

本报告就互联网金融本质这一问题进行了探讨。研究发现互联网金融是综合运用大数据、云计算等技术服务金融业务的一种新兴金融形式，其回归本源仍为金融。为论证这一结论，本报告首先就互联网金融的背景进行了简单介绍，紧接着从历史的角度回顾了这一新兴金融模式的发展历程。明确了互联网金融的概念，结合互联网金融的理论基础、核心功能、主要业务、服务目的、运行风险和监管逻辑等方面对互联网金融回归本源这一问题进行论

---

① 刘英、罗明雄：《互联网金融模式及风险监管思考》，《中国市场》2013 年第 43 期。
② 龚明华：《互联网金融：特点、影响与风险防范》，《新金融》2014 年第 2 期。
③ 霍学文：《新金融新生态》，中信出版集团，2015；魏鹏：《中国互联网金融的风险与监管研究》，《金融论坛》2014 年第 7 期。
④ 张晓朴：《互联网金融监管的原则：探索新金融监管范式》，《金融监管研究》2014 年第 2 期。
⑤ 霍学文：《新金融新生态》，中信出版集团，2015。

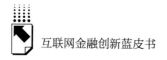
述。最终发现互联网金融改变的只是金融的表现形式，本质上仍为金融，研究结论真实可靠，具有一定的理论意义和现实意义。

参考文献

霍学文：《新金融新生态》，中信出版集团，2015。

李继尊：《互联网金融竞争力研究——争鸣、辨析与政策选择》，经济管理出版社，2015。

芮晓武、刘烈宏：《互联网金融蓝皮书：中国互联网金融发展报告》，社会科学文献出版社，2014。

兹维·博迪、罗伯特·C·莫顿、戴维·L·克利顿：《金融学》，曹辉等译，中国人民大学出版社，2013。

房建瓴、辛立秋：《互联网金融发展的经济学理论基础初探》，《金融经济》2017 年第 22 期。

陈志武：《互联网金融促进民间金融发展》，《广东经济》2014 年第 7 期。

狄卫平、梁洪泽：《网络金融研究》，《金融研究》2000 年第 11 期。

董昀、李鑫：《互联网金融的发展：基于文献的探究》，《金融评论》2014 年第 6 （05）期。

樊淑虹：《关于互联网金融发展的经济学理论基础探讨》，《现代经济信息》2019 年第 2 期。

费玄淑：《互联网金融发展及其对传统金融体系的影响研究》，《科教文汇》（上旬刊）2019 年第 5 期。

龚明华：《互联网金融：特点、影响与风险防范》，《新金融》2014 年第 2 期。

郭建辉：《我国互联网金融发展的内生逻辑、驱动因素与金融功能效应》，《税务与经济》2018 年第 1 期。

韩壮飞：《互联网金融发展研究》，河南大学硕士学位论文，2013。

何文虎、杨云龙：《我国互联网金融风险监管研究——基于制度因素和非制度因素的视角》，《金融发展评论》2014 年第 10 期。

洪娟、曹彬、李鑫：《互联网金融风险的特殊性及其监管策略研究》，《中央财经大学学报》2014 年第 9 期。

黄海龙：《互联网金融的发展研究——以电商金融为例》，北京邮电大学硕士学位论文，2014。

黄旭、兰秋颖、谢尔曼：《互联网金融发展解析及竞争推演》，《金融论坛》2013 年第 12 期。

贾甫、冯科：《当金融互联网遇上互联网金融：替代还是融合》，《上海金融》2014年第 2 期。

黎来芳、牛尊：《互联网金融风险分析及监管建议》，《宏观经济管理》2017 年第 1 期。

李博、董亮：《互联网金融的模式与发展》，《中国金融》2013 年第 10 期。

李克穆：《互联网金融的创新与风险》，《管理世界》2016 年第 2 期。

李鑫、徐唯燊：《对当前我国互联网金融若干问题的辨析》，《财经科学》2014 年第 9 期。

李有星、陈飞、金幼芳：《互联网金融监管的探析》，《浙江大学学报》（人文社会科学版）2014 年第 4 期。

刘江会：《我国承销商声誉与承销服务费用关系的研究》，《财经研究》2004 年第 4 期。

刘淑云：《互联网金融发展的经济学理论基础》，《环渤海经济瞭望》2017 年第 10 期。

刘英、罗明雄：《互联网金融模式及风险监管思考》，《中国市场》2013 年第 43 期。

刘永新：《金融中介理论的演化及其对我国金融业发展的启示》，《经济视角》2012 年第 3 期。

刘志洋、汤珂：《互联网金融的风险本质与风险管理》，《探索与争鸣》2014 年第 11 期。

陆岷峰、刘凤：《互联网金融背景下商业银行变与不变的选择》，《南方金融》2014 年第 1 期。

吕晓婷：《互联网金融发展的经济学理论基础》，《商》2016 年第 25 期。

莫易娴：《互联网时代金融业的发展格局》，《财经科学》2014 年第 4 期。

娜日娜：《互联网金融发展的经济学理论基础》，《现代营销》（信息版）2019 年第 6 期。

倪千惠：《互联网金融发展的经济学理论基础初探》，《中国国际财经》（中英文）2017 年第 23 期。

乔海曙、吕慧敏：《中国互联网金融理论研究最新进展》，《金融论坛》2014 年第 7 期。

邱冬阳、肖瑶：《互联网金融本质的理性思考》，《新金融》2014 年第 3 期。

孙梦鸽：《互联网金融发展的文献综述》，《金融经济》2016 年第 10 期。

谭天文、陆楠：《互联网金融模式与传统金融模式的对比分析》，《中国市场》2013 年第 46 期。

田鑫：《互联网金融模式及其本质研究——基于功能与影响的分析》，《中国物价》2019 年第 5 期。

汪炜、郑扬扬：《互联网金融发展的经济学理论基础》，《经济问题探索》2015 年第 6 期。

王汉君：《互联网金融的风险挑战》，《中国金融》2013 年第 24 期。

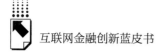

王峥：《我国互联网金融的风险分析及防范措施》，《时代金融》2014 年第 8 期。

魏鹏：《中国互联网金融的风险与监管研究》，《金融论坛》2014 年第 7 期。

文小娜：《互联网金融对传统金融的挑战研究》，《中国商论》2019 年第 8 期。

翁蕾：《传统商业银行与互联网金融融合研究——以中国建设银行为例》，华东交通大学硕士学位论文，2018。

吴晓灵：《互联网金融应分类监管区别对待》，《IT 时代周刊》2013 年第 21 期。

吴晓灵：《提高金融资源配置效率 促进经济创新发展》，国际货币金融每日综述选编，2015 年。

吴晓灵：《从互联网金融看新金融的发展空间》，《清华金融评论》2014 年第 9 期。

谢平：《互联网金融的现实与未来》，《新金融》2014 年第 4 期。

许荣、刘洋、武健、徐昭：《互联网金融的潜在风险研究》，《金融监管研究》2014 年第 3 期。

闫真宇：《关于当前互联网金融风险的若干思考》，《浙江金融》2013 年第 12 期。

阎庆民：《新金融发展对金融监管政策的挑战》，21 世纪经济报道，2013 年。

杨群华：《我国互联网金融的特殊风险及防范研究》，《金融科技时代》2013 年第 7 期。

杨涛：《互联网金融不是大杂烩》，《IT 时代周刊》2013 年第 22 期。

姚国章、赵刚：《互联网金融及其风险研究》，《南京邮电大学学报》（自然科学版）2015 年第 2 期。

张明哲：《互联网金融的基本特征研究》，《区域金融研究》2013 年第 12 期。

张小明：《互联网金融的运作模式与发展策略研究》，山西财经大学博士学位论文，2015。

张晓朴：《互联网金融监管的原则：探索新金融监管范式》，《金融监管研究》，2014 年第 2 期。

赵月林：《互联网金融发展的经济学理论基础探讨》，《农村经济与科技》2018 年第 2 期。

赵增强：《互联网金融及其风险防控》，《税务与经济》2018 年第 1 期。

郑联盛：《中国互联网金融：模式、影响、本质与风险》，《国际经济评论》2014 年第 5 期。

周华：《互联网金融对传统金融业的影响》，《南方金融》2013 年第 11 期。

2018年数字普惠金融研究综述

尹振涛　王志坚[*]

摘　要：　普惠金融有着风险高、成本高、收益低的特点，因此在推行
普惠金融发展时，其中一个大的难点是如何平衡政策支持和
市场发展。在2016年9月G20杭州峰会中，国际上第一次提
出了"数字普惠金融"这一概念，数字金融、金融科技在提
高金融行业的获客效率和风险评估能力、降低管理和运营成
本等方面有着明显的优势，发展数字普惠金融也成为国内外
共识，相关理论研究日益增多。本报告梳理了2018年国内外
学界关于数字普惠金融的研究成果，从数字普惠金融的源起、
概念界定、数字金融对普惠金融存在的价值、数字普惠金融
发展中的风险与监管、传统金融机构对于数字普惠金融的应
对等方面展开综述和分析，以期为数字普惠金融的进一步研
究提供参考。

关键词：　数字普惠金融　金融科技　文献综述

一　数字普惠金融概述

（一）数字普惠金融的源起

2005年"国际小额信贷年"首次提到普惠金融（Inclusive Finance），

---

* 尹振涛，中国社会科学院金融研究所与金融研究室副主任，博士，副研究员，研究方向为金
融监管与金融风险；王志坚，上海大学金融学硕士研究生，研究方向为金融科技风险。

2013 年党的十八届三中全会第一次引入普惠金融，发展普惠金融逐渐成为推动传统金融变革、激发新金融活力、推进金融业务创新、为多主体提供全方位配套金融服务的有力保障。① 但是普惠金融的发展面临着成本高、效率低、服务失衡等全球性难题，在 2016 年 9 月 5 日杭州 G20 峰会上，峰会正式通过了由中国倡导并与世界各国共同编制的《G20 数字普惠金融高级原则》，标志着数字普惠金融第一次在国际上亮相，为各国促进数字普惠金融的发展指明了方向。陈卫东指出在发展普惠金融的过程中，传统金融机构需要下沉，进入普惠金融领域，而随着移动互联网、信息技术与金融的融合创新，新型的普惠金融是建立在科技基础之上的，即所讨论的数字化普惠金融。②

黄益平从我国普惠金融的发展历程出发，认为从 2006 年以来，我国积极提高普惠金融的覆盖度经历了两个阶段，第一个阶段，我国主要在各地设立小额信贷公司，致力于推动普惠金融的部门也开始在各种类型的金融机构中诞生，对于较难获得金融服务的农村，推进落实了"两权"抵押贷款试点政策，但第一阶段的种种措施从商业角度看缺乏可持续性。2013 年，余额宝开张标志着中国数字金融发展的元年，此后数字技术为克服普惠金融的天然困难提供了一种可能的解决方案，普惠金融进入数字普惠金融新阶段。③ 尹优平也提出随着消费者使用数字新技术（特别是移动数字技术）成为一种全球化的趋势时，普惠金融就已经进入了"数字新时代"。④ 贝多广、李焰则是把数字普惠金融的发展分成两个阶段。在早期阶段，传统金融机构借助互联网传递信息，在线办理业务，简化、替代市场网店及人工服务；在现阶段，数字普惠金融则是通过技术驱动金融服务创新，解决场景实际需求。⑤ 从金融科技角度出发，学者的普遍意见是将其发展划分为三个阶段，

① 吴金旺、顾洲一：《数字普惠金融文献综述》，《财会月刊》2018 年第 19 期。
② 陈卫东：《金融推动现代经济体系形成》，《中国金融》2018 年第 11 期。
③ 黄益平：《中国的数字金融发展：现在与未来》，《经济学》（季刊）2018 年第 4 期。
④ 尹优平：《金融科技助推普惠金融》，《中国金融》2017 年第 22 期。
⑤ 贝多广、李焰：《数字普惠金融在全球的发展阶段》，载于《数字普惠金融新时代》，中信出版集团，2017，第 4~5 页。

即金融科技1.0、金融科技2.0、金融科技3.0。在2008年之后，金融科技进入3.0时代，强调了数字金融的民主化，新型初创公司和成熟技术公司向企业和公众直接提供金融产品和服务。[1]

（二）数字普惠金融的含义

从形式上说，可以把数字普惠金融理解为数字金融和普惠金融的结合，意为以互联网及信息技术手段与传统金融服务业相结合从而为社会各阶层提供金融服务。对于"数字普惠金融"的界定，目前并没有统一的定义。

1. 数字普惠金融概念

首先，"普惠金融"这一概念由联合国在2005年提出，是指以可负担的成本为有金融服务需求的社会各阶层和群体提供适当、有效的金融服务，小微企业、农民、城镇低收入人群等弱势群体是其重点服务对象。贝多广又指出，中国在2007年之后，逐渐进入普惠金融发展阶段，各类中小微企业开始层出不穷，在中国兴起了世界上的微型金融模式浪潮，于是一个热门话题——普惠金融成为我国政府的重点关注对象。[2]

数字金融作为一种新颖的金融产物，结合了传统金融机构与科技公司各自的特点和优势，利用科技公司的数字技术对传统金融业的融资、支付等业务完成了创新。[3] 董玉峰等认为数字普惠金融是普惠金融的持续深化，而推进普惠金融健康发展的关键，在于解决成本可负担与商业可持续这一对矛盾问题。在金融科技创新潮流到来的背景下，数字金融革新了传统金融业务模式，为解决普惠金融的商业可持续性与成本可负担这一难题开辟了新的道路，因此数字普惠金融可以理解为"一切通过使用数字金融服务促进普惠金融的行为"。[4] 在G20杭州峰会通过的《G20数字普惠金融高级原则》中

---

[1] 道格拉斯·阿纳、罗斯·伯克利、詹娜·巴博：《金融科技的发展：金融危机后的新模式》，《新金融》2018年第5期。

[2] 贝多广：《洞晓普惠金融大格局》，《中国金融》2018年第11期。

[3] 黄益平：《中国的数字金融发展：现在与未来》，《经济学》（季刊）2018年第4期。

[4] 董玉峰、赵晓明：《负责任的数字普惠金融：缘起、内涵与构建》，《南方金融》2018年第1期。

也给出了"数字普惠金融"的具体内容：涵盖各类金融产品和服务，通过数字化或电子化技术进行交易。[①]

第三方支付是数字普惠金融的一种重要形式。第三方支付对助推普惠金融发展起到了较大的作用。冯彦明指出中国的第三方支付已经历了两个阶段，即银联模式阶段和直联模式阶段，前者的银行卡支付可以称为"传统第三方支付"，后者的诸如支付宝等非银行支付机构的互联网支付可以称为"新型第三方支付"。[②] 第三方支付机构真正成为一个平台，平台不仅提供基础支付服务，并且不断扩大自身的业务范围，如用户转账、信用查询等一系列金融服务。[③] 危怀安认为第三方支付机构是准金融机构，机构业务与商业银行的中间业务是高度重合的，会存在如同金融机构一样的风险，因此监管机构应该监督第三方支付流动性和信用风险。[④] 修永春则从监管的角度分析了目前国内第三方支付的发展现状，市场规模和客户基数不断扩大，业务领域持续拓宽，已成为新时代互联网金融发展的根基，并构建了第三方支付三元监管模式。[⑤] 张婧对第三方支付所面临的法律困境进行了论述，分析了经济法对第三方支付的推动作用，并提出了经济法推动第三方支付的途径。[⑥]

电子货币也是数字金融快速发展之中的产物，目前对电子货币的研究主要与货币政策相联系，但作为数字金融的重要组成部分，仍然梳理了部分文献。电子货币作为一种信用货币，它的产生也不断改变着传统的货币供给量结构，而第三方支付则是持有这种货币的表现方式，本质上可以看作电子货币的流转。[⑦] Christine Lagarde 从普惠金融的角度解释了发行数字货币的理由，并阐述了数字货币的不利因素。[⑧] 史新鹭通过研究表明第三方支付电子

① 尹应凯：《数字普惠金融的发展逻辑、国际经验与中国贡献》，《学术探索》2017 年第 3 期。
② 冯彦明：《第三方支付与商业银行关系的演进》，《银行家》2018 年第 9 期。
③ 李直：《第三方支付对传统银行业带来哪些挑战》，《银行家》2018 年第 7 期。
④ 危怀安：《我国第三方支付信息安全监管政策框架及对策》，《中国行政管理》2018 年第 11 期。
⑤ 修永春：《"网联"时代第三方支付的三元监管模式探析》，《上海金融》2018 年第 11 期。
⑥ 张婧：《经济法对第三方支付实现维度的探究》，《经济问题》2018 年第 11 期。
⑦ 杨胜刚：《电子货币发展、基础货币供应量与货币政策有效性》，《湖南科技大学学报》（社会科学版）2018 年第 5 期。
⑧ Christine Lagarde，"Winds of Change：The Case for New Digital Currency"，IMF，2018.

货币能够对现金产生完全替代。[①] 李直也指出第三方支付提升了传统金融服务的效率，带动了普惠金融的发展，但其同时也会冲击原先只能在商业银行等金融机构才能办理的业务，对商业银行的经营情况造成波动。[②] 英格兰银行行长 Mark Carney 探讨了货币和支付技术的发展如何能从好的和坏的方面改变我们的经济。[③] Agustin Carstens 提到了数字货币中的特殊货币——加密货币，并认为加密货币不稳定的估值使得它们作为一种常见的支付手段和稳定的价值储存手段变得不安全，也很难成为可持续的货币形式。[④] Christine Lagarde 指出，关于如何正确处理包含加密资产的洗钱活动和非法融资活动，金融行动工作队已经制定了一套全球标准措施，并对成员进行了指导，并评估得到加密资产目前不会对金融稳定构成威胁，但认为，可能会在未来某个时期构成威胁。[⑤]

数字普惠金融旨在为金融需求者提供普惠性的产品服务，促使传统金融转向开放、包容、普惠的"人本主义"经营理念。[⑥] 林艺娜则将数字普惠金融称为包容性金融，本身具有对群体广阔的覆盖性。[⑦] 在上述对于数字普惠金融的梳理与分析中，涉及许多"金融科技""互联网金融""数字金融"这一类词汇，为更清晰理解该类词汇的异同，以下整理了区分其相互之间关系的部分文献。

2. 数字金融、金融科技和互联网金融

对于金融科技和互联网金融这两个均涉及"金融"和"信息技术"的概念，从形式上看两个概念非常相似，但两者仍存在一定的区别。沈伟认为

---

① 史新鹭：《电子支付发展、电子货币替代对货币需求的影响研究》，《中央财经大学学报》2018 年第 12 期。

② 李直：《第三方支付对传统银行业带来哪些挑战》，《银行家》2018 年第 7 期。

③ Mark Carney, "The Future of Money", Bank of England, March 2018.

④ Agustin Carstens, "Money in the Digital Age: What Role for Central Banks?", BIS, February 2018.

⑤ Christine Lagarde, "FinTech Regulatory Approach", IMF, June 2018.

⑥ 梁双陆、刘培培：《数字普惠金融与城乡收入差距》，《首都经济贸易大学学报》2019 年第 1 期。

⑦ 林艺娜：《数字普惠金融的机会与风险》，《现代营销》（下旬刊）2018 年第 12 期。

可以从"金融"与"科技"的侧重点区分这两个概念，其中金融科技更侧重于"科技"，并且金融科技的重点在于运用技术提升金融机构、企业的运营效率，即以科技带动金融发展，模式更像"To B"；而互联网金融的重点则在"金融"，通过金融服务在线上进行运作，提高消费者享受金融服务的效率，模式更像"To C"。① FSB 把金融科技定义为"以技术为支撑的金融服务创新"，典型的 P2P 平台、区块链、算法交易、InsurTech、RegTech、SupTech 等都是金融科技快速增长的标志。② 黄益平则认为，对于数字金融这一概念的参与者，既包括一些新兴的从事金融交易的互联网公司，同时也包括利用数字技术来支持金融交易的传统金融机构。③ "数字金融"这个概念相比于"金融科技"与"互联网金融"更加中性，所涵盖的面也相对能更广泛一些。④

从金融科技与普惠金融的角度看，孙娜认为金融科技的核心是科技在金融领域的应用，通过金融创新，丰富金融产品的内容、改进提供金融产品的渠道和方式，实现更好客户体验、更高服务效率、更低交易成本的经营目标。⑤ 修永春认为金融服务的覆盖广度在金融科技的发展下不断扩大，偏远地区的居民也能便捷地享受到金融服务。⑥

二 数字金融对普惠金融存在的价值

（一）数字金融的优势

刘晓春认为，中小微企业和低收入人群作为普惠金融的重点服务对象

---

① 沈伟：《金融科技的去中心化和中心化的金融监管》，《现代法学》2018 年第 3 期。
② Svein Andresen，"Cambridge Centre for Alternative Finance-Regulatory and Supervisory Issues from Fintech"，FSB，June 2017.
③ 黄益平：《数字普惠金融的机会与风险》，《金融发展评论》2017 年第 8 期。
④ 黄益平：《中国的数字金融发展：现在与未来》，《经济学》（季刊）2018 年第4 期。
⑤ 孙娜：《新形势下金融科技对商业银行的影响及对策》，《宏观经济管理》2019 年第 4 期。
⑥ 修永春：《金融科技与普惠金融：征信业的变革与挑战》，《新金融》2018 年第 10 期。

（这类群体有高昂的获客成本，也很难控制风险）是中国普惠金融工作推进困难重重的主要原因。而数字科技是提高普惠金融获客效率和风险评估能力、降低管理和运营成本的有效手段。① 从第三方支付的角度，黄益平认为，一方面，第三方支付平台通过建立诸如淘宝这类"场景"吸引上亿消费者；另一方面，第三方支付平台又通过大数据分析消费者的日常信用状况，并给出相应的信用评估，如蚂蚁金服推出的芝麻信用。在线上完成的支付到信用评估模式，降低了获客成本与风控成本，提高了金融业的效率。② 尹优平则从金融产品和服务的角度出发，认为金融科技的创新让线上的金融服务与多元化的场景相结合，拓展出更多的消费方式和服务方式，带来更好的金融服务。③

（二）数字普惠金融对实体经济的效应

国家金融与发展实验室、中国社会科学院金融研究所和宜信宜人贷联合分析了在我国经济处于"三期叠加状态"、经济发展不平衡不充分的背景下，金融科技如何更好地服务实体经济的问题。④ 对于数字普惠金融对实体经济的效应，现有文献主要研究了扶贫、城乡收入差距、创业等问题。

1. 数字普惠金融对城乡收入差距的效应

张子豪运用空间面板计量模型进行实证分析，旨在推断数字普惠金融与中国城乡居民收入差距的相关性，并得出数字普惠金融对城乡收入差距的缩小具有显著促进作用的结论。⑤ 陈啸等基于 2011～2015 年省级面板数据，同样实证分析了普惠金融与城乡居民收入差距的相关性，并检验普惠金融数字化进程中潜在的空间溢出效应，研究得出较高的普惠金融覆盖水平可以有

---

① 刘晓春：《普惠金融的未来》，《现代商业银行》2018 年第 13 期。
② 黄益平：《中国的数字金融发展：现在与未来》，《经济学》（季刊）2018 年第 4 期。
③ 尹优平：《金融科技助推普惠金融》，《中国金融》2017 年第 22 期。
④ 国家金融与发展实验室、中国社会科学院金融研究所、宜信宜人贷：《Fintech 视角下金融服务实体经济研究报告》，2018 年 8 月 20 日。
⑤ 张子豪：《数字普惠金融与中国城乡收入差距——基于空间计量模型的实证分析》，《金融理论与实践》2018 年第 6 期。

效拉近城乡居民的整体收入水平，且数字普惠金融在短期内存在全局溢出效应。[①] 张贺等提出了数字普惠金融对城乡收入的收敛机制，并通过构建面板线性回归、非线性门槛回归模型，证实了数字普惠金融能够缩小城乡收入差距。[②] 梁双陆等同样基于 2011 ~ 2015 年省级面板数据，测算 31 个省、自治区、直辖市的泰尔指数，在此基础上使用面板回归模型验证了数字普惠金融可以有效收敛城乡收入差距，并且数字普惠金融对城乡收入的收敛效应存在教育门槛，数字普惠金融对城乡收入的收敛效应呈现区域性差异。[③]

2. 数字普惠金融对扶贫、促进经济增长的效应

龚沁宜、成学真利用我国西部地区 12 个省份 2011 ~ 2015 年面板数据，研究了不同经济发展水平下数字普惠金融的减贫效应，并得出结论：西部地区数字普惠金融对于农村贫困率的影响存在显著的非线性关系，且存在单一的门槛特征值，总体而言数字普惠金融对于贫困的减缓作用十分显著，尤其是针对经济发展水平不高的甘肃等 4 省份。[④] 郝云平等使用省域的空间面板数据，以 CD 生产函数为研究的理论框架，实证研究了数字普惠金融对经济增长的贡献，研究发现数字普惠金融有助于推动经济增长。[⑤] Catherine Elding 调查了欧元区大公司对数字技术的采用情况，研究数字转型如何影响企业所感知的宏观经济增量，发现数字金融对经济增长有促进作用。[⑥] 南非储备银行行长 Francois Groepe 从中央银行的角度对金融科技现象进行了评

[①] 陈啸、陈鑫：《普惠金融数字化对缩小城乡收入差距的空间溢出效应》，《商业研究》2018年第 8 期。

[②] 张贺、白钦先：《数字普惠金融减小了城乡收入差距吗？——基于中国省级数据的面板门槛回归分析》，《经济问题探索》2018 年第 10 期。

[③] 梁双陆、刘培培：《数字普惠金融、教育约束与城乡收入收敛效应》，《产经评论》2018 年第 2 期；梁双陆、刘培培：《数字普惠金融与城乡收入差距》，《首都经济贸易大学学报》2019 年第 1 期。

[④] 龚沁宜、成学真：《数字普惠金融、农村贫困与经济增长》，《甘肃社会科学》2018 年第 6 期。

[⑤] 郝云平、雷汉云：《数字普惠金融推动经济增长了吗？——基于空间面板的实证》，《当代金融研究》2018 年第 3 期。

[⑥] Catherine Elding, Richard Morris, "The Impact of Digitalization on the Economy", ECB, November 2018.

估，通过回顾几个国家的经典案例，反思金融科技在推动南非向数字金融转型方面的潜力，认为金融科技会对经济增长有积极的促进作用。①

3. 数字普惠金融对创新创业的效应

数字普惠金融支持创新创业，谢绚丽等运用北京大学数字普惠金融指数研究了数字金融的发展程度与企业创业之间的关系，并得到了数字金融的发展有助于推动创业这一结果。② 曾之明等参照已有研究关于影响农民工创业融资渠道选择因素中的 Logistic 模型定义，利用二元 Logistic 回归估计了农民工创业融资渠道意愿选择因素的影响效果，发现了数字普惠金融支持农民工创业的可行性及功能优势。③

此外，傅秋子、黄益平基于中国家庭金融调查和数字普惠金融指数，研究了各种类型的农村正规金融需求与数字金融水平的相关性，研究结果显示，数字金融整体水平的提升一方面降低了农村生产性正规信贷需求概率，另一方面提高了农村消费性正规信贷需求概率，反映出数字金融提升效率、促进消费的多维度效应。④

（三）数字普惠金融对传统金融市场的效应

随着数字金融浪潮的到来，金融服务模式日新月异，传统以线下为主的金融服务已经逐渐被更高效的线上金融服务取代。

一方面，刘晶等提出数字金融以大数据、云计算、区块链、人工智能为代表的发展和应用，不仅降低了金融服务运行的成本，还提高了用户在享受金融服务时的效率。⑤ 窦荣兴认为，金融与科技的融合发展，为

---

① Francois Groepe, "Fintech-Reflections on the Phenomenon and Its Future Potential", BIS, November 2018.
② 谢绚丽、沈艳、张皓星、郭峰：《数字金融能促进创业吗？——来自中国的证据》，《经济学》（季刊）2018 年第 4 期。
③ 曾之明、余长龙、张琦、汪晨菊：《数字普惠金融支持农民工创业机制的实证研究》，《云南财经大学学报》2018 年第 12 期。
④ 傅秋子、黄益平：《数字金融对农村金融需求的异质性影响——来自中国家庭金融调查与北京大学数字普惠金融指数的证据》，《金融研究》2019 年第 11 期。
⑤ 刘晶、温彬：《银行金融科技转型之道》，《中国金融》2018 年第 24 期。

金融行业带来了更丰富的业态与运营模式，其中，互联网、云计算让服务更"可得"，人工智能技术让银行更"聪慧"，大数据技术让风控更"可控"，区块链技术让业务更"可信"。① Fabio Panetta 认为数字技术对当今海量数据的深入利用，将使银行和其他中介机构降低成本，提高服务质量，并预测，在未来 10 年银行和金融市场的结构将与现在大不相同，非银行运营商会扮演更重要的角色。② 张定法等通过对区块链技术、大数据、人工智能三项当前主要金融科技的分析，揭示了金融科技从底层金融数据的存储和传递、风险的控制和定价、最终的分析决策三个方面影响了金融业的发展。③

而在另一方面，商业银行所依赖的各项业务也会因为一些进入金融市场提供相应服务的科技公司的崛起而受到冲击，从而影响到商业银行的经营状况。④

1. 数字金融对传统商业银行的冲击

邱晗等使用 2011~2015 年 263 家银行的年报数据和数字普惠金融指数探究了商业银行受到数字金融发展的冲击，研究结果显示，数字技术在金融业中的不断发展，对商业银行负债端结构有着较强的影响，银行负债端开始越来越依赖于同业拆借等批发性资金，此外规模越大的银行受到金融科技的冲击越小。⑤ 战明华等则利用一般均衡模型进行实证探究，旨在研究数字金融的不断创新对货币政策的影响，研究结果发现，互联网金融对银行负债端会造成影响，从而由银行负债结构的变化对货币政策银行信贷渠道产生了显著影响。⑥ 刘晶等认为，在产品设计方面，

---

① 窦荣兴：《拥抱金融科技，打造敏捷银行》，《银行家》2018 年第 10 期。
② Fabio Panetta, "Fintech and Banking-Today and Tomorrow", BIS, May 2018.
③ 张定法、杨明月：《金融科技发展对金融行业的影响及监管应对》，《经济研究参考》2018 年第 48 期。
④ 黄益平：《中国的数字金融发展：现在与未来》，《经济学》（季刊）2018 年第 4 期。
⑤ 邱晗、黄益平、纪洋：《金融科技对传统银行行为的影响——基于互联网理财的视角》，《金融研究》2018 年第 11 期。
⑥ 战明华、张成瑞、沈娟：《互联网金融发展与货币政策的银行信贷渠道传导》，《经济研究》2018 年第 4 期。

金融科技改造了银行传统的业务和产品模式。在负债端，如余额宝等货币基金的产生，激发了普通民众的投资理财意识，增加了商业银行的负债端压力；在资产端，一些具有放贷牌照的网络小贷公司，如蚂蚁借呗，凭借自身效率高的优势，很容易与商业银行争夺贷款客户，此外 P2P 行业虽然在 2018 年出现过短暂爆雷，但随着监管机构出台相应的监管对策，整顿后的 P2P 行业也会对商业银行的资产端造成冲击；在中间业务端，商业银行原先的一些中间业务如支票结算、承兑汇票等，在第三方支付平台拓展其业务范围后，商业银行的这些中间业务也将受到一定程度的影响。[①] Lindsay Boulton 在商业银行峰会上从新支付平台、开放式银行业务以及数字身份三个方面出发，介绍了技术的进步对储备银行发挥政府的银行这个作用产生的影响。[②]

王应贵等从支付业务、信贷业务（中小企业）、理财业务等角度深入探讨了金融科技对传统银行业的巨大冲击力，并认为越来越多的科技公司凭借其技术优势进入金融领域提供相应的金融服务，金融业务市场的结构正在不断地重置，对于金融业的发展既是机遇又是挑战。[③] 汪可、吴青从行动者网络理论视角审视金融科技，归纳其对我国银行业系统性风险的影响机制并实证检验其影响程度，发现金融科技会在一定程度上加重我国银行业系统性风险。[④]

虽然金融科技对传统商业银行赖以生存的各项业务造成冲击，但数字金融同时也提高了商业银行的创新能力。廖戎戎等以我国 58 家商业银行为样本，采用动态面板模型，就互联网金融对商业银行创新能力的影响进行实证分析，发现互联网金融的发展，整体上显著提高了我国商业银行创新能力，

---

① 刘晶、温彬：《银行金融科技转型之道》，《中国金融》2018 年第 24 期。

② Lindsay Boulton, "The Reserve Bank's Government Banking Business", Reserve Bank of Australia, August 2018.

③ 王应贵、梁惠雅：《金融科技对商业银行价值链的冲击及应对策略》，《新金融》2018 年第 3 期。

④ 汪可、吴青：《金融科技对我国银行业系统性风险影响研究》，《管理现代化》2018 年第 3 期。

但这种影响会因银行规模不同而存在不同的"门槛"效应。[1] 陈孝明等考察了 2009～2015 年 18 家上市银行的年度数据，实证探究银行创新水平与数字金融发展程度的相关性，研究结果显示，数字金融有助于提高商业银行对于各项业务的创新水平。[2]

2. 传统金融机构应对数字金融发展的做法

陆岷峰等认为金融科技的出现使商业银行与小微企业之间的资金需求与供给全方位耦合成为可能，金融科技可以优化商业银行小微金融服务的流程，降低成本，有效控制风险。因此商业银行应该积极与金融科技企业合作，提高技术研发效率，构筑商业银行金融科技支撑体系。[3] 陈泽鹏等认为当前商业银行发展金融科技的最大短板是底层技术弱以及其对应的创新能力不足，因此商业银行可以通过投资相关高新技术项目研发、加强与先进的金融科技公司合作来弥补自身短板。[4] 巴曙松等分析提出银行业要充分利用金融科技所带来的机遇，创新服务方式和流程，整合传统服务资源，联动线上线下优势，充分地结合互联网技术、利用互联网思维进行转型，以提升整个银行业资源配置效率。[5] Barbagallo 介绍了意大利现有银行的发展情况，意大利央行正在建立与 Fintech 的良好互动机制，并认为今后的挑战是解决效益与风险之间的内在平衡问题。[6] Ravi Menon 在分析新加坡金融科技发展中，认为不仅商业银行要做出应对，而且需要政府、金融业界、研究机构和整个金融科技社区之间建立合作关系，创造一个全新的合作金融服务世界。[7]

---

[1] 廖戎戎、蒋团标、喻微锋：《互联网金融对银行创业能力的影响》，《金融与经济》2018 年第 9 期。

[2] 陈孝明、张伟、刘裕文：《互联网金融提升了商业银行的创新能力吗？——基于中国上市银行面板数据的实证研究》，《金融与经济》2018 年第 7 期。

[3] 陆岷峰、徐阳洋：《关于金融科技变革商业银行小微金融服务模式的研究》，《农村金融研究》2018 年第 9 期。

[4] 陈泽鹏、黄子译、谢洁华、李成青、肖杰：《商业银行发展金融科技现状与策略研究》，《金融与经济》2018 年第 11 期。

[5] 巴曙松、慈庆琪、郑焕卓：《金融科技浪潮下，银行业如何转型》，《当代金融研究》2018 年第 2 期。

[6] Carmelo Barbagallo, "Fintech and the Future of Financial Services", Bank of Italy, July 2018.

[7] Ravi Menon, "Singapore Fintech", *Monetary Authority of Singapore*, 2018 年 11 月 12 日。

汪可通过实证分析发现金融科技的发展会加速利率市场化进程，加剧银行价格竞争，从而提高其风险承担水平，因此商业银行应该发展平台金融模式和构建完整数据生态以及相关监管机构加强金融监管治理。[①] 罗勇认为商业银行要着手打造一个面向大众的新型银行体系，充分利用金融科技的优势，从场景生态化入手，以数据与技术生态化为改革方向。[②] 林磊明从深化供给侧改革的角度提出，银行等金融机构应该抓住新时代大型银行转型的机遇期，正确看待金融科技这一新产物，充分吸收学习其优点，并凭借自身在金融体系的核心地位带领金融科技发展。[③] 郇钰认为商业银行虽然面临着金融科技带来的转型压力，但商业银行自身具备转型优势，我国的商业银行受其业务资质完善、风险管理能力强、客户基数大等特点的影响，在融合科技改革时具备得天独厚的优势。[④] 德意志联邦银行已将机器学习应用于不同的细分领域，并发现所有用户的体验都很好。Joachim Wuermeling 认为商业银行应该充分利用人工智能优势，提高他们的金融体系稳定性能力。[⑤]

当然，商业银行发展金融科技也同样面临着复杂的环境并存在相关的问题。黎映桃等谈到尽管商业银行积极变革，促进金融与科技、互联网要素的深入融合，但是目前主要存在四方面的问题：发展金融科技动力不足、体制僵化降低市场灵敏度、技术运用仍处于起步阶段、智能投顾业务浮于表面。[⑥]

三 数字普惠金融发展中的风险与监管

金融科技在推行普惠金融发展、提升金融服务的可获得性的同时，也会带来很多潜在的风险。既然金融科技的进步是为了更好地推动普惠金融的发

---

① 汪可：《金融科技、利率市场化与商业银行风险承担》，《上海经济》2018 年第 2 期。
② 罗勇：《商业银行金融科技转型方向是构建开放式金融云平台》，《银行家》2018 年第 8 期。
③ 林磊明：《金融科技促转型的建行探索》，《中国金融》2018 年第 11 期。
④ 郇钰：《金融科技时代银行业发展与监管》，《现代管理科学》2018 年第 4 期。
⑤ Joachim Wuermeling, "Artificial Intelligence（AI）in Finance-six Warnings from a Central Banker", BIS, March 2018.
⑥ 黎映桃、王菲：《金融科技创新助力商业银行转型发展》，《银行家》2018 年第 11 期。

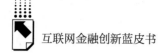
展，其面临的主要风险也应纳入相应的金融监管体系，但又必须考虑到科技的变化对现有金融监管思路的改变。

（一）金融科技发展中存在的风险

皮天雷等从三个方面概括了金融科技带来的潜在风险：新增的技术风险、强化的系统风险、变异的监管风险，并对该三方面风险提出了控制措施和监管方法。[①] 林楠认为信息技术风险是金融科技最为突出的新型风险，不论是在互联网业务运营流程还是在后台的网络维护、技术管理等环节，出现任何技术漏洞都可能会导致整个业务系统瘫痪。[②] Ben Gully 阐述了技术和数字化如何影响金融机构的运营风险，其中三个领域分别为：使用先进的分析技术、第三方服务提供商的扩张、网络威胁下的信息安全演变。[③] 周仲飞等将金融科技创新导致的风险称为"金融风险泛化"，即传统上必须依赖金融机构才能获得的金融服务，现在可以由非金融机构或个人提供，使相同的金融风险变得更加频发、严重，并以最典型的 P2P 平台为例，阐述了金融风险泛化。[④] Denis Beau 特别关注金融数字化里的两个风险：现有企业的战略独立性问题、网络风险问题，并且认为这些风险和收益本质上具有天生的不确定性。[⑤]

钟慧安从金融风险的外溢效应指出，金融科技在提供金融服务时，其覆盖面很广，在一定程度上加大了金融风险的波及广度。[⑥] 盛安琪等将金融科技自身发展所面临的难点概括为投资风险和信贷风险，其中投资风险包括研

① 皮天雷、罗垚森、吴鸿燕：《金融科技：内涵、逻辑与风险监管》，《财经科学》2018 年第 9 期。
② 林楠：《金融科技发展中的风险分析》，载于《中国金融科技运行报告》，社会科学文献出版社，2018。
③ Ben Gully, "Non-Financial Risk and Operational Resilience: The Rise of Machines", OSFI, February 2019.
④ 周仲飞、李敬伟：《金融科技背景下金融监管范式的转变》，《法学研究》2018 年第 5 期。
⑤ Denis Beau, "Digital Finance, Market Disruption, and Financial Stability", BIS, December 2018.
⑥ 钟慧安：《金融科技发展与风险防范研究》，《金融发展研究》2018 年第 3 期。

究开发风险、成果转化风险、产品市场化风险，而信贷风险则指金融机构偏爱向大企业提供贷款，向资产规模较小的科技企业贷款的愿望较低，科技企业面临信贷资金供给不足，融资难、融资贵的问题。①

（二）金融科技发展的相应监管对策

1. 金融科技与监管沙盒

金融科技的迅速发展对金融监管制度提出了新的要求，2015 年英国率先提出"监管沙盒"的概念，监管沙盒是为一些新出现的金融科技产品提供一个监管上的保留空间，在一定程度上放宽这类创新型产品的监管规则。郭丹、黎晓道认为监管沙盒对传统金融监管的最大突破，在于创设了全新的监管空间，体现了对效率的高度追求。监管沙盒能够调整和放宽现行监管规则，提升监管者与被监管者之间的关系，但全新的监管空间也为监管沙盒带来了潜在的局限性，需要现行金融监管制度的支撑。② 2017 年 10 月，FCA发布了《监管沙箱经验教训总结报告》，反映了自 2016 年 6 月监管沙箱启用以来，FCA 的收获和经验教训，并阐述了监管沙箱对市场的影响，对其他国家带来的积极的参考意义。③ 袁方认为，我国的监管当局应该充分学习思考英国监管沙箱的优势和不足，进一步完善金融科技监管的基础条件，并提出监管当局需要转变监管理念、提升监管能力、完善发展环境、拓展金融消费者保护内涵，并对以上四点给出了具体做法。④ 李新宁认为我国金融科技监管应借鉴监管沙箱模式的创新监管思维，通过大力发展监管科技、搭建金融科技产品测试平台、创新监管工作机制、完善金融消费者权益保护机制等方式来推进金融科技的高质量发展。⑤

---

① 盛安琪、韩俊华：《科技与金融融合风险对策研究》，《科学管理研究》2018 年第 6 期。
② 郭丹、黎晓道：《监管沙盒对金融监管的突破》，《哈尔滨商业大学学报》（社会科学版）2018 年第 1 期。
③ "Regulatory Sandbox Lessons Learned Report"，FCA，October 2017.
④ 袁方：《监管沙箱对我国金融科技监管的启示》，《金融发展研究》2018 年第 1 期。
⑤ 李新宁：《金融科技的高质量发展与监管创新——"监管沙箱"的思路借鉴》，《学习与实践》2018 年第 10 期。

2. 当前监管科技的发展建议

王宇认为原先的监管机制已经无法满足现阶段金融科技发展所带来的多样化的金融产品，从监管机制完善的角度提出今后监管应对工作的几点建议。具体包括：积极审慎把握监管制度选择，以防风险作为监管制度构建的底线原则，加强金融监管机构监管科技能力的建设，加强国内有关监管机构间的相互协调，注重加强对金融科技的跨境监管合作等。[①] 王雯等对金融科技与风险监管的影响进行梳理与探讨，面向监管部门，提出健全金融科技监管体系、以科技强化监管、构建多方合作监管平台、完善数据基础设施建设等建议；面向机构层面，建议借助金融科技实施差异化竞争策略。[②] 美国国会议员 Stephen Lynch、Ted Budd 提出《金融科技保护法》，并得到两党人士支持，该法案设立了一个"独立的金融科技工作组"，以打击利用金融科技（如数字货币）资助恐怖主义的行为。[③] Olli Rehn 认为监管机构需要在监管和创新之间找到适当的平衡。第一，监管者需要确认什么是创新，什么是炒作；第二，银行需要更具有弹性。[④] James Shipton 从行为监管机构的角度出发，谈到了在金融科技不断创新的新时代，银行业在重建信任方面的挑战和机遇，如何确定一个良好的金融服务业的特征。[⑤]

中国人民银行马鞍山市中心支行课题组在厘清金融科技业态特征、发展及监管现状的基础上，尝试构建进化动态博弈模型，并用定量分析法阐述解析该博弈模型，发现只有适度处理金融科技创新与监管部门之间的均衡关系，我国的金融市场才能实现持续稳定发展。[⑥] 毛茜等立足于金融科

---

① 王宇：《金融科技创新之监管对策分析》，《新金融》2018 年第 6 期。

② 王雯、李滨、陈春秀：《金融科技与风险监管协同发展研究》，《新金融》2018 年第 6 期。

③ https：//www.crowdfundinsider.com/2019/01/143797 – the – house – passes – the – financial – technology – protection – act – designed – to – combat – illicit – activities – that – use – fintech – such – as – digital – currencies/.

④ Olli Rehn, "Future Proofing Your Bank? Digital Transformation and Regulatory Reform in the Financial Sector", BIS, November 2019.

⑤ James Shipton, "Rebuilding Trust：A Conduct Regulator's Perspective", ASIC, April 2018.

⑥ 中国人民银行马鞍山市中心支行课题组：《博弈论视角下 FinTech 创新与监管问题研究》，《上海金融》2018 年第 9 期。

技平台、公司和企业发展的大资管视角，运用 IS-LM 模型对科技金融创新发展与科学监管平衡点分析，结合 Espinosa-Vega 模型及本国国情，构建了宏观上政府统一的审慎监管和微观上的行业自律共存的科学监管体系。[①] 费方域从生态的视角出发，认为金融科技和监管科技是相辅相成的，发展金融科技和监管科技的关键在于实施生态战略，根据市场和政府主要作用的不同，可以划分出三种不同的生态。[②] 许可概括了监管科技的逻辑与不足，将 Governance 和 Technology 合并发明了"治理科技"（GovernTech）这一概念，治理科技与监管科技最大的差异，在于强调了"治理"的核心定位。[③] 唐士亚利用互联网金融"目标—内容—工具"规制框架分析我国 P2P 网贷市场准入制度及案例，发现在规制目标选择、央行制度供给和规制工具运用方面存在不均衡状况，抑制了 P2P 网贷市场的金融创新，因此建议将监管机构和互联网金融企业纳入监管科技的框架中。[④]

四　结论与展望

（一）结论

从以上梳理的文献中可以看出，数字普惠金融的概念以及源起已经在学界得到相对统一的认定。数字金融对推动普惠金融发展的价值也得到证明，尤其是在推动实体经济，如缩小城乡差距、扶贫、促进创新创业等。在应对数字金融对传统金融机构的冲击上，也有许多学者已经开始应用实证研究方法并给出传统金融机构相应的建议。在数字普惠金融发展中存在的风险和监

---

① 毛茜、赵喜仓：《Fintech 创新发展与科学监管研究》，《科学管理研究》2018 年第 2 期。
② 费方域：《金融科技与监管科技：生态的视角》，《新金融》2018 年第 5 期。
③ 许可：《从监管科技迈向治理科技——互联网金融监管的新范式》，《探索与争鸣》2018 年第 10 期。
④ 唐士亚：《运用监管科技促进互联网金融均衡规制——以 P2P 网贷市场准入规制为例的研究》，《商业研究》2018 年第 12 期。

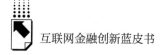

管问题，学者们通常把风险和监管两方面联系起来，给出了许多监管层面的新思路、新方法。

（二）展望

目前对于数字普惠金融的实证研究，文献中所使用的数字普惠金融指数以北京大学发布的数字普惠金融指数为主，该指数的空间跨度包含省级、城市和县域三个层次，时间跨度覆盖2011年至2015年。而随着近些年互联网金融、金融科技的飞速发展，完善数字普惠金融指标体系是一件非常有意义并值得期待的大事。

在大力发展普惠金融、推动精准扶贫的大背景下，相关学者可以在数字技术在普惠金融中的运用、构建有针对性的数字普惠金融监管体系、推行差异化数字普惠金融发展策略等方面进一步展开研究，关注数字普惠金融中的科技风险。在监管层面，加强监管科技的针对性研究，构建适合我国国情的数字普惠金融监管体系。同时，应该鼓励相关企业开放更多的数据资源，供研究领域使用，为更好地规范行业发展、防控金融风险提供支持。

参考文献

贝多广：《洞晓普惠金融大格局》，《中国金融》2018年第11期。

陈啸、陈鑫：《普惠金融数字化对缩小城乡收入差距的空间溢出效应》，《商业研究》2018年第8期。

傅秋子、黄益平：《数字金融对农村金融需求的异质性影响——来自中国家庭金融调查与北京大学数字普惠金融指数的证据》，《金融研究》2019年第11期。

郭丹、黎晓道：《监管沙盒对金融监管的突破》，《哈尔滨商业大学学报》（社会科学版）2018年第1期。

李直：《第三方支付对传统银行业带来哪些挑战》，《银行家》2018年第7期。

梁双陆、刘培培：《数字普惠金融与城乡收入差距》，《首都经济贸易大学学报》2019年第1期。

刘晶、温彬：《银行金融科技转型之道》，《中国金融》2018 年第 24 期。

黄益平：《中国的数字金融发展：现在与未来》，《经济学》（季刊）2018 年第 4 期。

黄益平：《数字普惠金融的机会与风险》，《金融发展评论》2017 年第 8 期。

王宇：《金融科技创新之监管对策分析》，《新金融》2018 年第 6 期。

尹优平：《金融科技助推普惠金融》，《中国金融》2017 年第 22 期。

袁方：《监管沙箱对我国金融科技监管的启示》，《金融发展研究》2018 年第 1 期。

中国人民银行马鞍山市中心支行课题组：《博弈论视角下 FinTech 创新与监管问题研究》，《上海金融》2018 年第 9 期。

B.5
2018年监管科技研究综述

张 磊 邓建鹏*

摘 要： 监管科技如今已成为热门议题，本文通过对监管科技有关文献的梳理做此综述，并对其概念厘定、崛起动因、应用价值及实施路径等问题进行回应。监管科技的实质即为在金融机构、金融科技公司以及监管机构共同参与下，以创新型技术为依托，实现合规与监管目的，并进而追求整个金融市场稳定发展的手段与理念。监管科技的崛起主要源于金融科技的发展以及监管机构的监管困境。监管科技的应用将会使监管机构的监管理念和监管方式发生转变，同时会降低监管成本。在对其实施路径探讨中，认为首先应当对监管科技保持正确认知，即监管科技不能取代人工判断，且应通过不断学习深化对其理解；除此之外还需进行必要的法律规制和建立相应的规范标准。

关键词： 监管科技 金融科技 实施路径

金融是现代经济的"血液"，金融监管的重要性则无须赘言。面对金融监管，监管模式、监管理念、监管能力的改进与提升，是实现有效金融监管的三个思考维度。尤其是当前信息科技高速发展，金融创新层出不穷，金融监管面临诸多挑战。在此过程中，有关监管科技（Regtech）的讨论近年成为热门话题。什么是监管科技？其特征、崛起的动因如何？监管科技在金融

---

* 张磊，中央财经大学法学院硕士研究生；邓建鹏，中央财经大学法学院教授。

监管领域应用将会带来怎样的效应？如何将其真正有效应用，发挥其积极一面？本文将对这些问题进行综述。

一 监管科技的概念与内涵

近两年监管科技（Regtech）的讨论成为热门话题，什么是监管科技？对此存在不同认识。就字面而言，Regtech 是 regulation 与 technology 两词的结合。此种表达方式最初源于英国政府科学办公室于 2015 年 3 月发布的"金融科技"优势的研究报告中，后被广泛使用。① 因此，国内研究者多有指出，监管科技（Regtech）一词滥觞于英国。此外，国外对于监管科技概念界定侧重于金融机构的合规应用。②

相较于国外，我国研究者对监管科技的讨论则更为广泛，不局限于金融机构的合规应用，还包括监管机构的监管应用。因此有研究者认为，"合规"与"监管"是监管科技的两个维度，"合规"适于金融机构，助力金融机构降低监管合规成本，提高效率；"监管"适于金融监管机构，在监管手段丰富的基础上，缓解监管压力，提升监管效率，进而实现监管职能和目标。③ 在此基础上，有研究者提出"科技驱动型监管"的概念，认为此是监管科技现阶段的应有之义，④ 这是不言而喻的。此外，亦有研究者提出，

---

① 国内诸多研究者在对"监管科技"一词来源的讨论中，均如是说，并指出此种表达方式此后逐渐被普遍接受。参见杨东《监管科技：金融科技的监管挑战与维度建构》，《中国社会科学》2018 年第 5 期；许多奇《互联网金融风险的社会特性与监管创新》，《法学研究》2018 年第 5 期。

② 英国行为监管局（FCA）认为，监管科技是"金融科技子集"，是"采纳新科技实现监管目标较目前更有效和高效的达成"。国际金融协会认为，监管科技是"能够高效解决监管和合规性要求的新技术"。这些表述中，更多侧重于"合规"意义上的监管科技。参见何海锋、银丹妮、刘元兴《监管科技（Suptech）：内涵、运用与发展趋势研究》，《金融监管研究》2018 年第 10 期；蔚赵春、徐剑刚《监管科技 RegTech 的理论框架及发展应对》，《上海金融》2017 年第 10 期。

③ 孙国锋：《发展监管科技构筑金融新生态》，《清华金融评论》2018 年第 3 期。

④ 科技驱动型监管，指向 Regtech2.0 阶段，侧重于监管者依靠科技手段获取信息，进行实时、动态的监管，从而解决监管信息不对称和缓解法律滞后性弊端。参见杨东《监管科技：金融科技的监管挑战与维度建构》，《中国社会科学》2018 年第 5 期。

"监管科技是监管与大数据、人工智能等现代科技结合的产物"，[①]"以数据驱动的监管科技"[②] 等概念或内容。

通过梳理现有研究可以发现，对于监管科技的理解，由于研究者思考维度的不同而存在差异，但他们的理解存在共同的关键要素。具体来看，其一，参与主体。无论是单指金融机构的合规应用，还是包含监管机构的监管应用以及在此基础上的发展，参与主体始终包括传统金融机构、新兴金融科技公司以及监管机构。其二，新技术的应用是监管科技的基础。这里的技术是人们常常提到的大数据、人工智能、云计算和区块链等。无论是金融机构的合规端还是监管机构的监管端，均有赖于对新技术的研发与应用，并构建适宜的应用逻辑与理论架构。其三，目的共识。资本追求效率，因此监管科技的最初应用，便是金融机构为了降低合规成本，这点也是监管科技发展的起点之一。此后面对金融监管困境，尤其是监管机构需要应对不断的金融科技创新以及新业态可能带来的监管套利行为，监管科技逐步演化为重要的监管手段。"合规"与"监管"成为监管科技追求的两重目标，并在此基础上，寻求提升金融效率与控制金融风险的兼顾与平衡。

综上，不难看出监管科技（Regtech）是在金融机构、金融科技公司以及监管机构共同参与下，以大数据、人工智能、云计算、区块链等创新型技术为依托，实现合规与监管目的，并进而追求整个金融市场稳定发展的手段与理念。而在具体形态上则表现出"合规科技"（Comtech）和"监管科技"（Suptech）等内容，对应着被监管端和监管端。[③] 相较于前者，后者的讨论更为激烈，本文的视角也将重点放在"监管科技"（Suptech）之上。若无提示，本文监管科技（Regtech）一词取"监管科技"（Suptech）之含义。

---

① 许多奇：《金融科技的"破坏性创新"本质与监管科技新思路》，《东方法学》2018年第2期。

② 周仲飞、李敬伟：《金融科技背景下金融监管范式的转变》，《法学研究》2018年第5期。

③ Comtech 即 Compliance-technology，Suptech 即 Supervision-technology。参见何海锋、银丹妮、刘元兴《监管科技（Suptech）：内涵、运用与发展趋势研究》，《金融监管研究》2018年第10期。

二 监管科技崛起原因

2018 年 8 月，中国证券监督管理委员会公布其监管科技总体建设方案；[①] 2017 年成立的中国人民银行金融科技（Fintech）委员会，在其 2019 年第一次会议中强调"持续强化监管科技应用"。[②] 在整个 2018 年，"监管科技"或运用大数据、人工智能等新技术进行监管等内容，频频被我国监管层提及。以此窥探，监管科技在我国不仅是理论讨论，而且将会逐步成为我国金融监管层未来监管改革的重要方向。此趋势的背后原因值得探讨，换言之，监管科技崛起的动因是什么？经对近期研究者的研究进行归纳，主要包括金融科技迅猛发展带来的冲击及传统金融监管不足两方面原因。前者可谓监管科技产生的催化剂，后者则可认为是监管科技的应用基础。

（一）监管科技产生的催化剂

金融科技（Fintech）与监管科技（Regtech）常常被同时提及。且与监管科技相似的是，对于金融科技也存在不同理解。[③] 综合来看，各种观点均认可金融科技是金融与科技之间的交融产物。有观点认为，金融科技的核心是金融与科技的相互影响与互动融合，并将金融科技定义为"以众多新兴科技为后端支撑，并给传统金融行业带来新的业务模式的金融创新"。[④] 亦

[①] 《证监会正式发布实施监管科技总体建设方案》，http://www.csrc.gov.cn/pub/newsite/zjhxwfb/xwdd/201808/t20180831_343433.html，2019 年 3 月 15 日。

[②] 《中国人民银行金融科技（FinTech）委员会召开 2019 年第一次会议》，http://www.pbc.gov.cn/goutongjiaoliu/113456/113469/3781959/index.html，2019 年 3 月 15 日。

[③] 对待"金融科技"的定义，主要存在如下观点：①金融科技是金融和科技相融合而产生的新业务模式，包含数字加密货币、P2P、众筹及智能投顾（Robo-Advisor）等；②金融科技是一种对金融产生重大影响的科学技术；③金融科技所包含的创新范围较广，既包含前端的产品、模式，也包含后端的技术。参见皮天雷、刘垚森、吴鸿燕《金融科技：内涵、逻辑与风险监管》，《财经科学》2018 年第 9 期。

[④] 皮天雷、刘垚森、吴鸿燕：《金融科技：内涵、逻辑与风险监管》，《财经科学》2018 年第 9 期。

有研究者认为，金融科技具有非竞争性、低端性、易获得性和对金融消费者的价值引领等特征，故而将其视为"破坏式创新"。① 如前所述，金融科技的产生与发展，必将给予金融市场剧烈冲击，并引起监管层的重点关注。

尤其当下，金融科技触及的领域极其广泛，囊括了消费金融、资金划转与支付、资产管理、互联网征信、互联网保险等诸多领域。更为重要的是，金融科技的科技属性，使当下的金融业务模式、业务流程、客户受众等诸多维度均发生了深刻变化，金融产品与服务变得广泛、便利、智能和高效。其已开始对传统金融机构和经营模式形成了冲击，且大有表现出对金融业务体系和结构进行重塑之势。事实上，已有研究者提出金融科技会重塑金融服务业的论断，② 而这注定是一个风险与机遇并存的过程。实际上，金融科技负面效应已有实例显现，较为典型且事件频出的互联网金融便是最佳印证。③ 互联网金融的一个显著特点是广泛连接，且不断延伸、跨界进而形成了独特的互联网金融生态。因此有研究者对互联网金融做出了"太多连接而不能倒"和"太快速而不能倒"的评价。④

金融科技的负面效应可能不仅如此。有研究者指出金融科技的风险包括技术性风险、操作性风险以及系统性风险等内容。⑤ 亦有研究者指出"金融科技创新导致了金融风险泛化"，在此基础上，金融风险的频次升高，后果将会更加严重，甚至影响整个金融系统的稳定。⑥ 此外，还有研究者认为金

① 许多奇：《金融科技的"破坏式创新"本质与监管科技新思路》，《东方法学》2018 年第 2 期。
② 苏治等编著《金融科技时代：冲击与变革》，经济科学出版社，2017，第 27～34 页。
③ 互联网金融与金融科技的界定存在争议，有观点认为，金融科技是互联网金融的一项"新帽子"，但细细探究，可以看出互联网金融与金融科技之间存在着极相似的逻辑，且更加成熟，据此互联网金融可视为金融科技的基础版，金融科技则是其升级版。参见杨松、张永亮《金融科技监管的路径转换与中国选择》，《法学》2017 年第 8 期。
④ 许多奇：《互联网金融风险的社会特性与监管创新》，《法学研究》2018 年第 5 期。
⑤ 杨东：《监管科技：金融科技的监管挑战与维度构建》，《中国社会科学》2018 年第 5 期。
⑥ 周仲飞、李敬伟：《金融科技背景下金融监管范式的转变》，《法学研究》2018 年第 5 期。

融科技的发展增加了金融监管的难度，带来了"变异的监管风险"。[1] 对此分析诸如此类，以不同维度观测自然结果会有差异，但也不乏共通之处。前述担忧既是对金融科技现实负面效应的总结，也是人们对于科技双刃剑性质的担忧。

综上，金融科技在繁荣金融市场的同时，也带来了隐藏的金融风险。因此实现对金融科技的有效监管自然成为热门话题。如何监管且做到有效监管？监管科技则被认为是一个有效解决方案，换言之监管科技便是在金融科技迅猛发展这一背景下提出的。乃至可以说，金融科技是监管科技的催化剂，金融科技的迅猛发展既是监管科技诞生的原因，也是监管得以诞生的基础。[2] 诚如有研究者所言，监管科技的产生是对互联网金融和金融科技内含的复杂金融风险和监管挑战的回应。[3]

（二）监管科技的应用基础

我国自2003年形成的"一行三会"监管模式，随着2017年金融稳定发展委员会成立及2018年的中国银行业监督管理委员会与中国保险监督管理委员会合并，转变成"一行两会 + 一委"的监管格局。有观点认为我国开始转向淡中心化的双峰监管模式。[4] 而这一转变也源于我国过去"一行三会"监管模式越来越明显的短板：监管协调差、监管真空大、风险溢口多。[5] 金融科技的发展使前述短板问题更加突出，对传统的分业监管模式构

---

[1] 金融科技的发展或将大幅增加金融监管的难度，金融科技的出现使信用的识别、获得、评估等方式产生颠覆性改变，必将使金融交易方式、金融产品设计逻辑及金融市场的运作机制等均发生根本性的变化。参见皮天雷、刘垚森、吴鸿燕《金融科技：内涵、逻辑与风险监管》，《财经科学》2018年第9期。

[2] 监管科技产生的直接动因与金融科技的繁荣有着密切关系，并且金融科技的技术基础也是监管科技的技术基础，存在共通之处。诚如有研究者所言，二者之间有着不解之缘。

[3] 许多奇：《互联网金融风险的社会特性与监管创新》，《法学研究》2018年第5期。

[4] 此观点认为：中国人民银行负责宏观审慎监管，是一峰；银保会和证监会进行微观审慎监管、行为监管和消费者权益保护，构成另一峰。但这一双峰模式具有中国特色，具体表现：一是"淡中心化"；二是监管组织之间的协调由"部际水平协调"升级为"上下级垂直协调"。参见许多奇《互联网金融风险的社会特性与监管创新》，《法学研究》2018年第5期。

[5] 吴晓求等：《中国金融监管改革：现实动因与理论逻辑》，中国金融出版社，2018，第26页。

成了极大的挑战。

有研究者指出，面对当下金融现状，存在监管者与被监管者之间信息不对称、监管者技术能力不足、监管法律的滞后性以及监管理念过时等问题，进而"传统金融监管应对乏力"。[①] 另有研究者指出，金融科技引起的金融风险泛化，传统金融监管范式无法有效应对，监管范式的转变势在必行，内容之一是引入监管科技，实现实时监管，探索出解决监管滞后性问题的方案。[②] 此外，有研究者认为现行监管缺乏激励性监管、监管者与被监管者之间缺乏协作、传统的审慎监管过于依赖准入门槛的设定，应当转变为合作治理并引入监管科技。[③] 由此可见，现行监管除了监管模式存在问题外，监管理念亦有不足。有鉴于此，监管科技引入的必要性被越来越多的人认可。因此，通过梳理各方研究可以看出，现行监管模式和监管理念的不足，为监管科技的应用提供了现实基础，换言之监管需求的存在促进了监管科技的发展。

事实上，我国的监管层也在拥抱这一趋势，中国证券监督管理委员会于2018 年公布的《中国证监会监管科技总体建设方案》便是最好的例证。但这依旧是一个过程，故而需要研究者不断研究，以演化出适宜我国现状的监管模式和监管理念。综上，在监管体制改革尚在进行，且在现行监管模式、监管理念以及监管能力均有不足的情形下，监管科技成为可行易行的方案。在一定程度上可以说，现行金融监管的不足，为监管科技的应用提供了可应用基础，其亟待监管科技进行补充和完善。

三 监管科技的应用价值

监管科技崛起的动因是当下金融实践的需要。面对需求，监管科技的应

---

① 杨东：《监管科技：金融科技的监管挑战与维度构建》，《中国社会科学》2018 年第 5 期。
② 周仲飞、李敬伟：《金融科技背景下金融监管范式的转变》，《法学研究》2018 年第 5 期。
③ 李有星、王琳：《金融科技监管的合作治理路径》，《浙江大学学报》（人文社会科学版）2019 年第 1 期。

用能给当下的金融监管带来怎样的积极影响？监管科技的应用究竟会产生怎样的影响？在一定意义上也可以说是人们期待监管科技发挥出怎样的作用，契合了哪些现实痛点。对此，角度不同，观点各异。

有研究者提出，针对非标资产业务应当引入监管科技，建立大数据监管平台，利用监管科技实现有效监管。① 亦有研究者在对互联网金融的研究中指出，应当利用监管科技，构建兼顾金融创新与金融稳定的风险防范机制。② 这可视作监管科技可以在具体监管中发挥价值的例证。通过梳理已有研究，监管科技的价值并不局限于此，其有着广阔的应用领域和现实价值。如有研究者指出，数据驱动下的监管科技可以实现实时或准实时监管，成为解决监管滞后的有效方案。③ 另有研究者对监管科技给予了高度评价，认为"唯有科技驱动型监管（Regtech）才是构建新金融监管的模式和维度的正道"。④ 经由对现有研究者研究归纳，监管科技的应用价值或影响归纳起来，主要包括如下三个方面。

其一，监管理念的转变。面对大数据、人工智能、区块链等技术应用于监管端的全球趋势，我国监管机构也在主动拥抱这一趋势。作为监管科技应用主体的监管机构，其监管方式与理念也逐步发生转变。监管手段更加注重科技化，并主动寻求科技手段来实现金融监管，追求监管的准确性、实时性和有效性。更为深层次的是，在这一趋势下，监管机构不再将科技仅视为手段与工具，而更加被看成一种思维方式和治理方式。

其二，监管方式的转变。以往金融监管以事后经验总结为主要形式。但在当下，随着金融科技的迅猛发展以及高频率的金融创新，事后监管难以对此形成有效监管，以至可能出现监管空白。监管科技的发展，使事中监管成为可能。在此前提下，通过监管科技能够实时、准确地了解金融业态，从而

---

① 张强、夏陈亮、隋学深：《非标准化债权资产业务的典型模式、风险特征及应对策略》，《南方金融》2019 年第 2 期。

② 唐士亚：《运用监管科技促进互联网金融均衡规制——以 P2P 网贷市场准入规制为例的研究》，《商业研究》2018 年第 12 期。

③ 周仲飞、李敬伟：《金融科技背景下金融监管范式的转变》，《法学研究》2018 年第 5 期。

④ 杨东：《监管科技：金融科技的监管挑战与维度构建》，《中国社会科学》2018 年第 5 期。

提前预判风险，对监管对象以及监管时机做出正确判断，实现事中监管。因此，未来监管层为了履行监管职能，实现监管目标，其监管方法将会由事后监管转向事中动态监管。监管方法的转变，大大提高了金融监管的效率和准确性，缓解了法律规制滞后的压力。

其三，监管成本的降低。监管科技的初衷是降低合规成本，随着监管机构开始应用监管科技，监管成本也将降低。这里的成本计算，不仅应当考虑现实成本，也应当将因监管科技的应用避免和挽回的损失计算进去。监管科技的应用，无疑会加快监管机构的数据收集和分析能力，进而提高了监管效率以及实现风险的及时、准确预判。效率提高（单位时间成本降低），提前预判并规避风险（损失减小或避免），监管科技的应用或将大大降低监管成本。

可以看出，监管科技的应用与发展承载着人们对于今后金融监管的期待，希冀借此实现有效金融监管，在促进金融创新、繁荣金融市场的同时，亦能控制风险，乃至防范系统性金融风险和维护金融秩序的稳定。事实上，其应用与发展也无疑将会给金融监管、金融市场注入诸多积极因素。此外，应当注意到监管科技的使用契合了当下金融发展的需求，也顺应了信息革命的时代变革。论及此处，另一个问题不禁引入：真的存在完美吗？答案是否定的。监管科技固然优点颇多，但其所带来问题也不会因此而被掩盖。故而，监管科技的实施路径如何？

四　监管科技的实施路径

新兴事物从出生、萌芽到成熟，总需经历一个过程。诚然我国监管层，乃至最高决策层都提到监管科技化建设，但这毕竟只是开始。因此，应该意识到监管科技实现路径仍需进行探索。换言之，在监管科技实践道路上，需要进行哪些规制？哪些又是我们应当注意到的未来方向并提早做规划？各方研究者借助自身研究，提出了不同的实施方案以及实施过程中亟待解决的问题。

有研究者认为，应给予监管科技相应的法律地位，并将监管科技纳入现有金融法律规范体系，[①] 以期发挥监管科技的作用，进而实现监管目标。有研究者将监管科技视为金融监管范式转变的重要内容，强调监管科技的数据收集、数据分析和数据储存能力，认为这将是监管科技的未来着力点。[②] 另有研究者认为应当建立"分布式的平等监管机制"、"智能化的动态监管机制"以及"试点性的监管沙箱机制"，即科技驱动型监管的三条路径。[③] 诸如此类，等等。

借助前述研究者的研究，可以窥测监管科技的实施路径应当在立法层面、技术层面以及理念方面协同推进。就立法层面而言，应当赋予监管科技相应的法律地位，使其真正成为现有监管规范体系中的一环。技术层面，加强研发能力，掌握核心技术，促进监管科技的基础——新型科技，如大数据、人工智能、区块链等技术的发展，为监管科技的应用提供坚实的现实基础。相较于立法层面和技术层面，理念层面则有着更深层次的意味。新事物的发展自然会有着螺旋式上升的轨迹。监管科技亦是如此。诚如有学者所言，"在学习型社会中将监管科技应用于金融科技合规的全过程。"[④] 这要求无论是金融机构还是监管机构，都需要对此进行持续、动态学习，除技术学习外，也应深化对监管科技的理解。在此过程中，监管者与被监管者之间的彼此了解与学习亦不可忽视。综上可见，监管科技纵然已成为趋势，但其实施过程依旧存在诸多不确定性，需要在实践中借助现有理论进一步探索。

需要注意的是，在这一过程中，应当关注监管科技的负面效应。科学技术的双刃剑性质，以及科技在漫漫历史长河中的诸多负面案例，警醒着当下的人们对监管科技应当有着清醒和全面的认识。有研究者提出了监管科技实

---

① 吴燕妮：《金融科技前沿应用的法律挑战与监管——区块链和监管科技的视角》，《大连理工大学学报》（社会科学版）2018年第3期。
② 周仲飞、李敬伟：《金融科技背景下金融监管范式的转变》，《法学研究》2018年第5期。
③ 杨东：《监管科技：金融科技的监管挑战与维度构建》，《中国社会科学》2018年第5期。
④ 许多奇：《金融科技的"破坏性创新"本质与监管科技新思路》，《东方大学》2018年第2期。

施过程中的数据治理及其在决策中的角色扮演问题;① 有研究者认为应当意识到监管科技法治化问题,主张建立数据驱动型监管科技制度,同时强调人工判断不可取代;② 亦有学者提出了监管科技中的算法问题、提供技术支持的第三方规制问题等③。经由对现有研究者的研究梳理,概括而言,监管科技主要面临的挑战,包括科技固有的技术风险、监管科技第三方服务机构的规制、监管科技运用过程的数据安全与隐私保护问题等。这亦是研究者今后需要探讨的问题,也需要对监管科技的应用进行进一步的观测。结合现有研究,对待前述问题,不妨从如下角度进行认知。

其一,树立监管科技的正确认知理念。首先应当厘清监管科技的角色定位问题。诚如有研究者所言,监管科技带来的数据信息报告在监管决策中的角色,是辅助参考还是必要参考?④ 对此需要进一步明确。但有一点则是被越来越重视的,也应当被认为是对监管科技的正确认识,即监管科技不能取代人工判断。⑤ 此外,对待新生事物,应当树立持续学习的理念,以便对新事物有更加深刻的认识,对待监管科技即应如此。

其二,监管科技应用的法律规制。此与金融科技是一致的,监管科技亦需要被规制,规制内容至少应当包括数据收集与应用规制、算法规制等内容。有关数据问题的法律规制研究已经成为学界的热门话题。作为监管科技基础的大数据技术、人工智能技术、区块链技术等的应用基础均是数据。数据来源于主动获取和被动获取两种方式,即参与者主动提供(如注册账户

---

① 何海锋、银丹妮、刘元兴:《监管科技(Suptech):内涵、运用与发展趋势研究》,《金融监管研究》2018 年第 10 期。
② 杨松、张永亮:《金融科技监管的路径转换与中国选择》,《法学》2017 年第 8 期。
③ 周仲飞、李敬伟:《金融科技背景下金融监管范式的转变》,《法学研究》2018 年第 5 期。
④ 何海锋、银丹妮、刘元兴:《监管科技(Suptech):内涵、运用与发展趋势研究》,《金融监管研究》2018 年第 10 期。
⑤ 对观点的认知,可以从多个维度认识。例如,一方面监管主体需要监管自由裁量;另一方面这种自由裁量的判断需要依赖多样的、复杂的数据信息,并进行数据跟踪和推理,这就需要借助科技之力,使监管者能够依据其专业知识做出更有效的监管判断。但是监管科技终究无法完全取代监管自由裁量,监管者基于经验和市场整体判断的监管决策仍然起着关键作用。参见杨松、张永亮《金融科技监管的路径转换与中国选择》,《法学》2017 年第 8 期。

时的信息提交）和对行为者行为记录转化而成的数据。数据的获取诚然价值巨大，但信息保护（比如涉及个人隐私、商业秘密的信息等）亦是重要问题。这不仅体现对个体权利的尊重，也对维护社会稳定和国家安全有着重要意义。因此需要对数据的获取途径、获取范围等做出界定，以免出现伦理风险增加风险因素。进一步延伸，数据应用也是需要进行规制的，以免出现数据泄露和数据滥用的风险。另外，监管科技所使用的技术底层逻辑是算法。而算法陷阱则是需要警惕的。算法具有输入、输出、有效性、有限性的特征，因此是一种刚性逻辑。但是现实生活中，具有诸多不能被量化的因素，故而算法存在逻辑前提和应用边界，此即算法陷阱。对此问题应当予以关注。

其三，监管科技应用规范建立。此举有着更为长远的考虑，或许将成为各国监管科技国际合作的基础，也是未来关于监管科技的研究重点之一。规范内容应当包括数据规范和流程规范。在数据规范方面，如前所述，数据的价值巨大，但为使其发挥最大效力，应当建立数据规范，树立数据标准。换言之，建立数据的"通用语言"，以使数据质量有保证，促进数据在不同监管平台之间的流动，在提高利用效率的同时也能挖掘出数据背后的价值。在流程规范方面，具体的监管科技应用并不是一蹴而就的过程，而应当是一个循序渐进的过程，因此流程规范十分重要。应用之前的实验，到小范围的试点，再到全面推广应用阶段，同时配套建立及时反馈机制。监管机制应当在一定的规范流程完成推广应用，并成为成熟的监管手段。以此避免监管科技可能带来的负面效应，并在不断反馈当中进行完善。

综上，人们已经认可了监管科技的巨大作用，但对其负面效应仍在评估并进行关注，以期进行有效应对。而这注定需要一个过程，本文亦只是对研究的梳理总结，其未来则有待于继续深化研究。

五 小结

可以预见，关于监管科技的争鸣还将继续下去，尤其是 SupTech。与

Regtech 相比，SupTech 的发展相对滞后，[1] 但基于其在宏观应用的位置上且未来发展潜力巨大，加之监管机构越来越重视，对其研究可能在很长一段时间都会是热点。通过对现有研究的梳理可以发现，学界对于监管科技的概念与内涵存在共识。对于监管科技的产生动因，纵然探析的维度存在差异，但均认可金融科技的促进作用以及现行金融监管对监管科技的需求。正因为如此，监管科技的作用开始被重视，监管科技也被寄予厚望。但十全九美，总有问题需要进一步探析和反思。监管科技的实施路径问题便是其中重中之重，这并不是简单的技术运用问题，而是应当结合我国现行金融监管模式和金融现状进行探索的过程。对于这一问题，学界亦给予了积极回应，其中科技的负面效应则需要被警惕。而这些负面效应亦是新一轮监管科技的研究方向，学界也尚无较为统一的应对方案，值得进一步深究。例如，由于监管机构的科研能力限制，监管机构使用监管科技多依赖于第三方机构，而金融监管则是关系国计民生的职能，若第三方机构违背承诺义务时如何处理？如何确保第三方机构不窃取、泄露监管数据？诸如此类，等等。监管科技目前依旧在发展中，有观点认为其是诱发金融科技和金融监管发生深刻变革式转换的关键变量，[2] 也许事实可能不止如此。因此，对于监管科技拭目以待。

参考文献

Clayton M. Christensen, *The Innovator's Dilemma*, Harper Collins Publisher, 1997.

Douglas W. Arner, Janos Barberis & Ross P. Buckey, "FinTech, RegTech, and the

---

[1] Regtech 此处指金融机构使用科技创新解决合规问题意义上的监管科技；参见 Tech 此处指监管机构使用科技创新解决监管问题意义上的监管科技。参见 Douglas W. Arner, Janos Barberis & Ross P. Buckey, "FinTech, RegTech, and the Reconceptualization of Financial Regulation", *Northwestern Journal of International Law and Business* 37, 2017。

[2] Douglas W. Arner, Janos Barberis&Ross P. Buckey, "FinTech, RegTech, and the Reconceptualization of Financial Regulation", *Northwestern Journal of International Law and Business* 37, 2017, pp. 395 - 414.

Reconceptualization of Financial Regulation", *Northwestern Journal of International Law and Business* 37，2017.

杨东：《监管科技：金融科技的监管挑战与维度建构》，《中国社会科学》2018 年第 5 期。

许多奇：《互联网金融风险的社会特性与监管创新》，《法学研究》2018 年第 5 期。

何海锋、银丹妮、刘元兴：《监管科技（Suptech）：内涵、运用与发展趋势研究》，《金融监管研究》2018 年第 10 期。

蔚赵春、徐剑刚：《监管科技 RegTech 的理论框架及发展应对》，《上海金融》2017 年第 10 期。

孙国锋：《发展监管科技构筑金融新生态》，《清华金融评论》2018 年第 3 期。

许多奇：《金融科技的"破坏性创新"本质与监管科技新思路》，《东方法学》2018 年第 2 期。

周仲飞、李敬伟：《金融科技背景下金融监管范式的转变》，《法学研究》2018 年第 5 期。

皮天雷、刘垚森、吴鸿燕：《金融科技：内涵、逻辑与风险监管》，《财经科学》2018 年第 9 期。

苏治等编著《金融科技时代：冲击与变革》，经济科学出版社，2017。

杨松、张永亮：《金融科技监管的路径转换与中国选择》，《法学》2017 年第 8 期。

吴晓求等：《中国金融监管改革：现实动因与理论逻辑》，中国金融出版社，2018。

周仲飞、李敬伟：《金融科技背景下金融监管范式的转变》，《法学研究》2018 年第 5 期。

李有星、王琳：《金融科技监管的合作治理路径》，《浙江大学学报》（人文社会科学版）2019 年第 1 期。

张强、夏陈亮、隋学深：《非标准化债权资产业务的典型模式、风险特征及应对策略》，《南方金融》2019 年第 2 期。

唐士亚：《运用监管科技促进互联网金融均衡规制——以 P2P 网贷市场准入规制为例的研究》，《商业研究》2018 年第 2 期。

吴燕妮：《金融科技前沿应用的法律挑战与监管——区块链和监管科技的视角》，《大连理工大学学报》（社会科学版）2018 年第 3 期。

技术创新篇[*]

Technology Innovation

B.6

2018年大数据在互联网金融领域的
发展报告

易　观^{**}

摘　要：　2018 年，大数据在互联网金融领域的应用继续加深，大
　　　　数据应用已经渗透到互联网金融领域的多个方面，包括客
　　　　户细分、精准营销、风险管理、产品管理、投资管理、征
　　　　信、反洗钱等。同时，不同企业间合作频繁，大数据的应
　　　　用广度及深度继续拓展，大数据的投入也不断增加。但
　　　　是，大数据在互联网金融领域也存在很多的问题，如数据
　　　　安全问题、数据质量问题、大数据人才及资源限制、大数
　　　　据合作中存在的问题等。未来，大数据治理将更加规范，

＊　技术创新篇由易观集团负责组织撰稿，负责人为李子川。

＊＊　执笔人：王细梅，供职于易观，主要从事金融科技、商业银行领域的研究，重点关注大数据、
　　　人工智能等技术在金融领域应用。

机构间合作也将进一步加强，同时开放化及生态化将日益明显，监管部门及互联网金融从业机构应该强化数据安全及隐私保护，加强数据治理、应用以及创新，还应积极加速生态圈构建。

关键词： 大数据　互联网金融　发展

大数据在互联网金融领域已经得到广泛应用，2018年有很多成熟的应用案例，互联网金融从业机构通过内外部资源整合、开放与联接，构建合作共赢的生态圈已成为业界共识，但大数据在互联网金融领域的应用仍然存在很多问题。本报告基于对2018年大数据在互联网金融领域的发展情况、发展特点、存在的问题进行分析，探讨大数据在互联网金融领域的发展趋势及对策。

一　2018年大数据在互联网金融领域的发展情况

2018年，大数据在互联网金融领域的应用场景日益丰富，包括精准营销、风险管理、产品管理、投资预测及管理、征信、反洗钱等方面（见图1）。

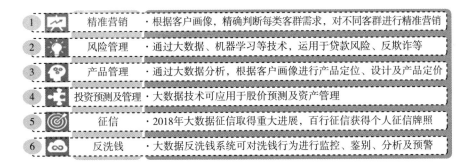

图1　大数据在互联网金融领域的应用场景

（一）精准营销

目前，互联网金融从业机构纷纷发力大数据精准营销。首先，构建客户画像，数据源方面依据客户的基本属性、金融资产情况以及消费行为等数据，技术方面通过大数据技术分析细分客群，从而提供用户画像。其次，针对客户细分，做到精确判断每类客群的需求，并对不同的客群进行精准营销，提供个性化的产品及服务营销方案，从而提升营销转化率。再次，大数据还可以实现预测营销，该营销模式更具前瞻性，根据客户基本属性、交易数据、互联网行为数据等，综合预测目标客户潜在的金融需求，并提供客户预期需求的金融产品及服务。最后，还可以针对新客户、存量客户、流失客户制定差异化、个性化的营销策略，如针对流失客户建立召回方案，可以利用互联网金融从业机构后台数据精准定位流失客群，建立流失召回模型，据此测算流失召回概率，分析流失客户特征，挖掘流失客户的潜在需求。

2018 年，腾讯与中国银行的合作在大数据营销层面取得进展，促进双方共同发展。通过整合双方的数据，在对客户进行多维度分析的基础上细分客户，以此对客户更精确地匹配相关产品。在大数据精准营销层面的合作，对中国银行而言，不仅提高了产品销售额，还降低了营销成本，而且给客户提供了个性化服务，助力提高客户的满意度及忠诚度。

保险机构和商业银行也逐步加强大数据营销。如中国人保财险通过以下措施实现大数据精准营销：数据源方面充分运用该公司电子渠道的用户数据，以及用户在其他方面的行为数据，并进行有效整合；数据分析方面提供精准的用户画像，同时构建营销场景；营销应用方面围绕用户触点提供精准的内容，达到精准营销。又如广发手机银行从多方面发力实现大数据精准营销：数据源方面基于体量非常大的客户多维度数据，通过大数据及机器学习技术实现针对不同客群的个性化推荐；渠道推广方面通过算法实现对不同渠道的推荐内容、广告栏内容的精准呈现，从而提高客户触达率及营销效果。

（二）风险管理

对于互联网金融从业机构来说，风险管理尤为重要。大数据风险管理其实是数据驱动的风险管控，通过大数据、机器学习等技术，运用于贷款风险、反欺诈等方面。互联网金融从业机构可以根据客户的基本信息、贷款数据、互联网行为数据等，有效识别客户风险。同时，基于大数据风控体系，一方面可以通过大数据模型，发现借款人是否有欺诈行为；另一方面通过丰富的内外部数据源优化信用模型，可以识别优质客户，也可以发现多头借贷行为，从而有效进行风险控制。

2018年3月，苏宁金融推出了"幻识"反欺诈情报图谱。该图谱是在苏宁多维度数据的基础上，通过数据挖掘、关系推理以及图形学等技术，构建的一个可及时预警潜在风险的反欺诈方案。目前，该图谱已经达到10亿级数据规模，在辨别黄牛账号、骗取拉新补助等方面已有应用。如通过查验一个被反欺诈系统拦截的账户，可以发现其登录过多个设备，每个设备上又有其他账户登录等异常行为，则可以认定该账户具有控制多个账户的黄牛特征，因此可以对这些账户及设备进行拦截；若一个被反欺诈系统拦截的账户，其绑定的身份证注册了许多其他账号，则该账户具有养号或骗取拉新补助的嫌疑，则可以对这些账户进行拉黑。

光大银行"随心贷"是大数据风险管理的一个较为典型的案例。该产品是基于该行内部及外部数据实现的一款互联网贷款产品，因此如何进行风险管理对于该产品的发展是非常重要的。该行从多方面发力实现大数据风控。一是数据源方面分析大数据的种类，将数据种类分为信用类数据、社交类数据、政府类数据等，在每一种类下又对数据进行细分，实现对数据的深入分析。二是风控环节的把控方面充分应用大数据，贷前营销环节基于大数据寻找到目标客户，进行精准营销，还充分整合银行内各渠道客户，针对目标客户进行预授信；贷后环节根据贷款模型及对客户行为的实时跟踪，做到对客户还款能力的分析，对可能出现的风险实时预警，从而有效实现风险控制。

（三）产品管理

基于大数据技术，互联网金融从业机构可以全方位分析互联网金融产品的客群，有利于其进行产品定位、设计及产品定价。

在产品定位方面，在产品设计之前，互联网金融从业机构可以根据客户画像进一步分析产品的定位、适用场景，筛选适用人群，从而做到"有的放矢"。

在产品设计方面，通过大数据技术，有助于互联网金融产品设计。以贷款产品为例，在产品设计阶段，大数据可以分析客户的特征、资信情况、贷款需求等，设计差异化的贷款产品；在产品审批阶段，结合客户中国人民银行征信、公积金、收入等数据，通过大数据模型分析进行快速审批，在提升效率的同时节约成本；在贷后管理阶段，通过大数据分析，可以帮助互联网金融从业机构进行贷款监控，及时发现客户的异常信息，并且进行处理。

在产品定价方面，通过大数据分析，互联网金融从业机构可以精准识别客户资质，并对不同资质的客户实行差异化定价。以贷款为例，通过大数据技术，互联网金融从业机构可以根据客户资信情况等对贷款产品进行定价，同时可以基于客户还款情况、资信等动态调整贷款额度及贷款利率。如度小满金融基于用户的多维度数据信息，基于其自身研发的模型，可以针对不同类型的客群提供差异化的贷款额度以及贷款利率。

（四）投资预测及管理

证券市场存储了庞大的历史交易数据、经济数据等，随着技术的发展和数据源的日益扩大，更多数据在证券市场得以应用，大数据在证券市场的应用范围也逐步扩大。

一是股价预测。基于大数据技术，通过分析公司的基本面、历史股价走势、历史成交情况等数据，通过模型预测股价的走势。

二是资产管理。通过了解各投资市场的风险及收益情况，同时结合客户的风险偏好、资产规模、持仓情况、交易频次、投资经验等情况，为用户量身定制资产管理组合。

（五）征信

随着大数据技术的发展，通过分析海量数据，能够综合考量用户的信用情况，从而可以有效支撑大数据征信的发展。2018 年，大数据征信取得重大进展。2018 年 2 月，百行征信获得了牌照，即人民银行发放的个人征信牌照，从此，中国个人征信进入新的发展期，形成"央行征信 + 百行征信"的格局。

百行征信主要从事的服务包含多个方面，首先是信息的搜集、保存，即对个人各个维度的信用信息进行收集，并采取有效的手段进行整理和保存；其次是提供服务，即对外提供信用报告服务、信用评分服务以及反欺诈等多种服务。百行征信已经与近 400 家机构签署了信用信息共享合作协议，既包含消费金融公司、汽车金融公司，也包含网络小额贷款公司、金融科技公司、P2P 等，进行多维度信息采集。

（六）反洗钱

2018 年，监管机构加大反洗钱监管力度。2018 年 10 月，中国人民银行、银保监会、证监会联合发布《互联网金融从业机构反洗钱和反恐怖融资管理办法（试行）》，在机制、身份核验、交易、处罚等方面提出了很多的要求，如要求构建反洗钱内控机制、采取切实有效的措施对客户的身份进行核验、对大额以及可疑交易的监测应该有效果、相关信息保存应该行之有效等，同时对相关违法处罚也有相应规定。

在强监管下，相关互联网金融从业机构在强化反洗钱的力度时，不偏离法规的原则，严格执行反洗钱规定。同时需要运用包含大数据、人工智能在内的金融科技技术，助力反洗钱工作更加高效。基于大数据技术，互联网金融从业机构可以杜绝片面地获取客户信息，使掌握的客户信息更加全面，因此可以综合判断客户是否存在可疑交易，从而提高可疑交易的准确性。并

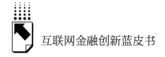

且，通过大数据反洗钱系统，如果客户的账户与反洗钱系统模型相匹配，则会立即自动预警，从而提升反洗钱效率。

2018年，腾讯推出了智能反洗钱系统，基于腾讯体量非常大的客户以及交易数据，运用大数据、人工智能等技术，建立反洗钱监控系统，该系统能够对洗钱行为进行监控、鉴别、分析，从而对洗钱行为做到实时预警，并进行精准打击。

二 2018年大数据在互联网金融领域的发展特点

（一）应用广度和深度继续拓展

在应用广度方面，2018年，大数据在互联网金融领域的应用范围越来越广，涉及互联网金融的前、中、后台各方面，包括客户细分、精准营销、产品设计及定价、风险管理、内部管理、征信、反洗钱等。

在应用深度方面，以阿里巴巴、腾讯、百度、京东为代表的互联网企业在大数据方面起步较早，并且这些公司拥有强大的金融应用场景，大数据应用日渐成熟。同时，传统商业银行也积极推进大数据平台建设，大数据应用也日益成熟。

如中国工商银行推荐平台基于客户金融资产、金融产品持有及交易情况、融e购购物情况等数据对客户进行精准画像，再通过推荐算法实现融e行金融产品推荐、融e联资讯推荐、融e购商品推荐。

中国农业银行互联网营销中心可以实现活动策划、定向推荐、推广管理等功能。定向推荐功能即基于大数据应用，细分农行客群，从而支撑其掌上银行等服务渠道向不同客群推送不同的产品、活动。中国农业银行在其掌上银行渠道还推出了"嗨豆乐园"营销模式，客户通过签到、完成任务等方式获得"嗨豆"奖励，再通过活动、游戏等方式使用"嗨豆"，以赢取相关礼品，该营销模式的亮点在于基于大数据分析模型，对参与的不同客户推送差异化的活动（见图2）。

活动策划

运用二维码签到、线上中奖/线下核销等互联网互动营销玩法，借助营销与场景的融合，提升掌上银行客户的活跃度和使用黏性

 定向推荐

通过大数据应用，对客户进行细分，支持掌上银行向不同客户推送其可能感兴趣的产品、服务和活动

 推广管理

对线上广告位资源和投放流程进行梳理，推出智能化的在线广告推送系统，实现了基于地理位置推荐、智能广告位管理等

图 2　中国农业银行互联网营销中心功能

（二）不同企业间合作频繁

2018 年，不同企业间合作频繁，商业银行与互联网企业及其他第三方企业合作不断增强。如 2018 年 3 月，花旗银行（中国）与上海联通携手，共同推进在客户、大数据等方面的合作，上海联通将基于其大数据、人工智能等方面的能力，助力花旗银行业务发展。[①] 2018 年 10 月，南京银行与度小满金融携手达成合作，彼此将在金融科技、消费金融等方面共同赋能、共同发展。

通过内外部资源的整合、开放与联接，以此构建合作共赢的生态圈已成为互联网金融从业机构的共识。合作中各方可以充分利用自身优势，如银行具有资金优势、产品优势、风控优势等，互金企业具有场景优势、流量优势、技术优势等。但在合作过程中仍存在资源整合不够充分、组织与文化存在一定的冲突等挑战。

（三）大数据投入不断增加

2018 年，互金企业及商业银行在大数据领域的投入力度都比较大。如

---

① 蒋佩芳：《"运营商＋银行"模式继续　上海联通与花旗在大数据领域展开合作》，《每日经济新闻》2018 年 3 月 5 日。

京东集团投建了京东云（东盟）云计算大数据产业基地，投入金额达 30 亿元。银行方面，包括中国建设银行、中国民生银行在内的多家银行成立了金融科技子公司，不断加大对大数据等金融科技的投入和创新。这些银行系金融科技子公司在为本行服务的同时，将逐步输出到同业，赋能同业共同发展。预计未来会有更多的银行设立金融科技子公司。相比较而言，银行系金融科技子公司更基于银行的业务，从银行的业务出发，因此变现能力也更强，银行自身的贷款、理财、支付等业务都利于其变现。

而且，目前已经有很多的互联网金融从业机构开发了自身的大数据平台。如光大银行创建的大数据平台，数据源方面不断整合本行内及本行外的数据，既包括结构化的数据，也包括非结构化的数据，同时，不断强化数据收集、管理。技术方面充分利用数据挖掘技术、机器学习技术等多种技术。应用方面已在多个点有应用实践，既包括前端的客户画像及细分，也包括偏中后台管理的数据管理、授信管理等方面，如在客户画像应用中通过整合电子渠道的互联网数据，提升了客户画像标签的丰富性，为该行电子银行业务提供了更细致的客户画像，有利于该行进一步实现更精准的市场营销；在数据管理应用中不断将本行外数据整合到大数据平台中，同时对本行外数据进行统一的管理，包括接入、整合、储存以及运用的统一。

三　大数据在互联网金融领域存在的问题

大数据在促进互联网金融发展的同时，也存在很多问题，如数据安全问题、数据质量问题、大数据人才及资源限制问题、大数据合作中存在的问题等。

（一）数据安全问题

2018 年，包括 Facebook 在内的多家互联网公司发生了用户数据泄露事件，也产生了一定的负面影响，反映了当前很多互联网金融从业机构在数据方面存在安全隐患，亟须加强数据管理，确保数据安全。大数据应用过程中，会涉及客户的个人隐私数据，可能由于互联网金融从业机构自身存储不当、网络、黑客攻击等原因，造成客户隐私数据泄露，导致个人隐私存在暴露风险，因此数据安全尤为重要。

（二）数据质量问题

互联网金融从业机构自身数据分散在不同的部门，数据整合及利用率存在一定的不足。同时，在与外部企业合作的过程中，数据也不能完全共享，导致整体数据有所缺失，如银行缺乏客户互联网行为数据、社交数据等，互金企业缺乏客户在银行体系的交易数据、金融资产数据等，导致互联网金融从业机构的数据丰富度不够，存在不同程度的数据缺失。同时，数据质量也存在一定的问题，有些数据源并不真实。另外，互联网金融从业机构在数据获取、存储、分析等过程中，可能由于技术及人为等因素，影响数据源的时效性、准确性。

（三）大数据人才及资源限制问题

互联网金融从业机构对大数据人才的需求呈现越来越多的态势，要求也越来越高，金融科技领域的复合型人才的需求将越来越强烈，而当前，我国大数据专业人才还比较匮乏。因此，互联网金融从业机构亟须加大对大数据人才的培养力度，提高其专业素质，更好地促进互联网金融业务的发展。

同时，对一些小型互联网金融从业机构而言，由于其本身体量有限，对包括大数据在内的金融科技投入不足，而且数据沉淀相对欠缺，数据收集、分析和挖掘的能力也较为落后。因此，更需要与外部机构加强合作，赋能其发展。

（四）大数据合作中存在的问题

不同互联网金融从业机构在合作中，如商业银行与互金企业合作中，会在不同程度上存在一些问题。

首先是体制上的问题。互金企业的理念更开放，而银行则相对保守，因

此在合作中比较容易产生沟通不顺、发展理念不一致等问题。

其次是数据开放程度的问题。对于互联网金融从业机构而言，数据、客户都是非常重要的资源，合作方会担心自身失去主导权，资源优势逐渐被合作方所占领，因此，数据开放程度会有所限制。

再次是风险容忍度的问题。一般而言，互金企业风险容忍度较高，鼓励创新的力度较大，而银行则相对追求稳健，因此在合作中对相关领域的发展创新可能会产生分歧。

最后是盈利及变现能力的问题。合作中，对合作方的大数据等金融科技输出、流量导入等需要支付费用，但费用支付后可能存在流量导入不到位等问题。因此有些机构在接受金融科技输出及流量导入时更愿意采取利润分成模式。因此，平衡合作方的盈利模式及变现方式也非常重要。

四 大数据在互联网金融领域的发展趋势

（一）数据治理将更加规范

2018年5月，银保监会发布了《银行业金融机构数据治理指引》，要求提高数据质量、加强数据应用、提升数据价值、监管机构要加强监管等。[①]且要求数据治理时要遵循"全覆盖"原则，即应该覆盖机构的全部数据生命周期。未来，银行业金融机构及其他互联网金融企业都将进一步加强数据治理。

（二）合作将进一步加强

从全球来看，各国政府和企业都逐渐认识到数据共享带来的社会效益和商业价值。大数据的发展需要不同机构间进一步加强合作，将个人、企业、政府的数据进行整合，把私有大数据变为公共大数据。

---

① 钱箐旎：《银行业金融机构数据治理指引》，《经济日报》2018年5月22日。

在国内合作方面，金融机构发展对数据依赖程度高，预计互联网金融行业与其他行业的数据将不断融合，金融机构将可以获取更多电信、电商、医疗、出行、教育等数据，数据资源将日趋丰富。

在国际合作方面，中国金融机构还将加强与国外公司的合作，通过成立试验室、合资公司、并购等方式，在大数据创新和应用等方面加强合作，提升市场竞争力。同时，中国领先的金融机构还将进一步输出自身大数据能力及服务，积极开拓国际市场。

（三）开放化及生态化日益明显

目前，不管是互金企业还是商业银行都在积极构建或融入生态圈，在生态圈中开放金融产品及服务、数据能力、技术能力等。

2018 年，已有多家银行推出了开放银行模式。浦发银行推出了 API Bank 模式，以 API 方式将该行的产品及服务向合作伙伴开放，该行已发布的 API 服务达 180 多个，生态圈合作伙伴包括银联、携程、蚂蚁金服等。中国建设银行也推出了开放银行模式，将服务和数据能力以 SDK、API 的方式向外界开放，同时，该行还强调科技驱动及创新文化，已成立建信金融科技公司，加大科技创新投入。

未来，互联网金融行业中，开放化及生态化将日益明显，积极构建开放生态圈的企业将进一步增强自身竞争力，反之则可能面临冲击。

五 大数据在互联网金融领域发展的对策建议

（一）加强数据安全及隐私保护

大数据挖掘会涉及客户隐私数据，可能会造成客户隐私数据泄露，导致数据存在暴露风险。因此，应该从立法加强数据保护、建立大数据安全标准、加强大数据安全指数普及等方面确保数据安全。

首先，通过立法加强对隐私数据的保护。逐步建立或完善数据保护的法

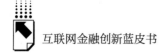

律体系，明确各类型数据之间的界限和保护措施。同时，也要对数据使用不当的行为有所惩戒，有效防范数据滥用的情况。

其次，构建大数据安全标准。需要针对数据的限定范围、数据隐秘建立安全标准；针对数据保障、数据处理等设立安全规范，从而保证大数据的健康应用。金融机构也要加强自身的安全建设，利用多种技术和管理措施加强对隐私数据的保护。

最后，加强大数据安全知识普及。加强对个人信息及数据的安全指导，提高个人的安全意识，提升个人的防范能力。同时，健全大数据维权渠道，降低个人维权门槛，鼓励个人、机构等监督大数据违法行为。

（二）加强数据治理、应用与创新

首先，加强数据治理。企业管理层应该高度重视，建立完善的数据治理体系以及人才队伍，完善数据团队的组织结构与管理方式，在数据处理的过程中，要体现专业性、创新性及实用性，同时，也要注重专业人才和团队的引进和后备人才的培养，打造结构合理、专业的数据分析组织。数据治理要达到整合企业内外数据，形成统一的数据资产，从而实现数据资产的有效管理。

其次，加强数据应用以及创新。通过对数据进行多维度的整合与分析，充分挖掘数据资产价值，强化数据在不同场景中的应用，如强化在产品创新、精准营销、运营优化、风险防控等领域的应用以及创新。

（三）积极构建生态圈，助力大数据加速发展

目前，开放生态圈在中国还处于起步阶段，未来互联网金融从业机构客户入口将会更加多元化，合作企业间客户会相互导流，数据开放程度也将加大，助力大数据发展。开放生态圈的壮大，对小型互联网金融从业机构存在一定冲击。

对不同从业主体而言，大中型互联网金融从业机构凭借资金、技术、数据、人才、合作伙伴等优势，应该采取主导或合作等方式加快构建开放生态

圈，以进一步增强自身竞争力，扩大市场份额。小型互联网金融从业机构由于自身体量、技术等因素制约，面临的市场竞争将加大，因此，应该强化与金融科技企业、互联网企业、银行等合作，积极参与开放生态圈的建设，但是一些小型互联网金融从业机构凭借成熟的合作模式及资源整合，也有可能实现弯道超车。

参考文献

程一楠：《对互联网金融大数据的几点思考》，《经济师》2018年第10期。

刘世平：《大数据技术在金融行业中的应用与趋势展望》，《清华金融评论》2017年第8期。

高建辉：《大数据时代互联网金融发展对策研究》，《经贸实践》2017年第20期。

王伟丞：《浅析大数据在证券公司业务中的应用》，《时代金融》2018年第8期。

赵博：《大数据在金融领域的应用研究》，《信息通讯技术》2018年第6期。

朱大磊：《传统银行大数据发展之路》，《清华金融评论》2018年第8期。

B.7
2018年云计算在互联网金融领域的
发展报告

易　观*

摘　要：　云计算是计算机技术和网络技术相结合的产物，在我国实现
广泛应用，各个领域的专家学者也对云计算的基础设施建设、
资源的有效利用等进行大量研究。随着云计算技术（特别是
安全技术）的不断完善，互联网金融将广泛普及和发展。本
报告主要阐述了云计算的基本概念及原理、体系结构、技术
框架等相关技术，并探讨了2018年云计算技术在互联网金融
领域中的应用。

关键词：　云计算　互联网金融　安全措施

　　2018年云计算的产业规模保持稳步上升。云计算在金融领域的应用稳
步推进，加速金融行业"互联网化"。各大银行纷纷成立金融科技公司，开
始向"银行云"发展探索。因为金融行业对数据完整性、内容真实性、操
作可问责性的要求较高，安全性和可持续性成为金融机构应用云计算技术的
主要关注点。

---

　*　执笔人：王蓬博，易观分析师，长期重点跟进金融科技创新技术应用、第三方支付、消费金
融、投资理财等多个细分领域研究。

一 2018年云计算在互联网金融领域的发展情况

（一）云计算基本概述

云计算（Cloud Computing）是一种分布式计算技术。从狭义层面来理解，能够提供资源的网络就是"云"。从用户角度出发，"云"里面的资源不仅具有无限扩展的特性，还具有在任意时刻获得、根据需要使用、任意时刻扩展，以及按照使用次数计费等特性。而从广义层面上说，服务的范围更加宽泛，可以是IT软件、Internet相关或任何其他服务。云计算是SaaS软件服务、IaaS基础设施服务、效用计算、PaaS平台服务以及虚拟化等多种科技概念混杂演化而来的。

（二）云计算产业规模稳步上升

近年来，云计算市场规模快速增长，厂商数量逐渐增加，服务的应用场景增加。面对不断增加的差异化需求，云计算厂商针对具体行业特点，推出了垂直行业解决方案，进而帮助不同垂直行业的企业用户通过云服务快速部署业务。

2018年云计算的产业规模保持稳步上升，市场规模监测为861亿元。其中，约四成为公有云的规模，私有云的规模占比约为六成。云计算市场仍处于高速发展阶段，未来产业结构进一步优化，产业链条趋于完善后，相信市场规模会继续攀升。

（三）云计算加速金融行业"互联网化"

金融领域是云计算的重要应用场景之一，云计算是加速金融行业"互联网化"的有力支撑。大约有90%的金融企业已经或者即将应用云计算。金融云技术输出方面，各大银行纷纷成立起金融科技公司，比如兴业数金、民生科技、建信金融等银行系金融科技公司开始向"银行云"发展探索。

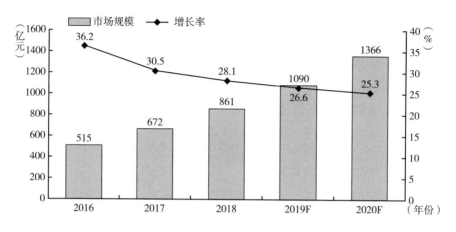

图1　2016～2020年中国云计算市场规模

资料来源：易观根据市场公开数据和行业访谈以及相关数据模型估算。

（四）企业达成开源共识，安全可持续成为焦点

大部分云计算厂商投入开源技术的怀抱。开源逐渐成为各个企业之间的共识。由于金融行业对数据完整性、内容真实性、操作可问责性的要求较高，安全性和可持续性是金融机构应用云计算技术的主要关注点。"注重安全、降低风险"是云计算在互联网金融领域发展的关键。以P2P网贷为例，企业将合格的网站作为中介平台，然后借款方在该平台进行贷款竞价、借贷给借款方、投资者竞价等。未来更好地降低风险，需要"中介平台云"详细地考察借款方，从而帮助有资金并且有金融投资想法的个人提供信用贷款给其他有借款需求的人。

二　云计算在金融领域的发展特点

（一）金融行业云化逐步迁移、逐层推进

金融行业IT系统建设的历史较长、复杂性强，实现云化集中迁移仍需逐步进行。金融机构使用云计算技术通常采取从外围系统开始逐步迁移的实

施路径。在部署顺序上，优先部署开发测试环境，其次部署生产环境。互联网金融、辅助性业务优先使用云计算架构，强一致性核心业务最后考虑上云。

金融机构选择从渠道类系统、客户营销类系统和经营管理类系统等辅助性系统开始尝试使用云计算服务，因为这些非金融的辅助性业务系统安全等级较低，不涉及核心业务管控风险。此外，互联网金融系统优先应用云计算架构，包括网络支付、P2P网贷、网络小贷、消费金融等业务，这些系统基本全部需要重新建设，历史包袱相对较轻。

（二）中大型金融机构更加倾向于混合云

机构在私有云上运行核心业务的系统存储重要敏感信息数据。企业采购硬件产品、集装解决方案、虚拟管理方案、数据库软件以及运维系统，建立企业的私有云平台。在企业生产过程中，实施外包运行和维护以及自主运行和维护。在公共云上运行一个基于通道、面向互联网的营销管理系统。

小型金融机构倾向于将全部系统放在公有云上，通过金融机构间基础设施领域的资源合作共享，在金融行业内形成公共基础设施、公共接口、公共应用等一批公共云服务。小型金融机构一般购买云主机、云存储、云数据库、容器 PaaS 服务、金融 SaaS 应用等服务。

三 云计算在互联网金融领域发展存在的问题

（一）缺少与云计算相匹配的具体监管细则

近几年来，随着技术的日益成熟和产业的较快发展，云计算开始向金融领域延伸拓展，重塑了金融业的服务模式和行业格局。金融行业虽然已经出台了一系列政策规范金融行业建设发展 IT 系统，但是仍然缺少能够与云计算相匹配的细则。另外，回顾 2018 年云计算在金融领域的不断探索，应用

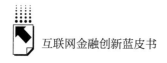

过程中出现了诸如业务中断、技术外包和新老系统不适配等风险，相关监管规则和标准体系亟待建立和完善。

表1　互联网金融的云计算风险

风险种类	引发原因
业务中断风险	云计算技术通过冗余备份的方式能实现系统资源的充分利用,但金融机构核心系统不适合采用多副本备份,当云平台因容灾备份技术不到位发生服务器宕机时,可能导致服务中断
技术外包风险	公有云主要由云服务供应商提供,第三方服务商可能存在操作不当行为、安全防护漏洞、数据混淆储存等问题,导致金融机构业务安全、网络安全、数据安全受到威胁
新老系统不适配风险	传统金融机构IT系统普遍建立时间较长、复杂程度较高,与分布式云计算系统融合在一起存在困难

（二）数据安全意识不足，数据管理存在难度

云计算的市场需求还未得到完全释放。金融行业对于云计算是否安全可靠仍持怀疑态度。全球云计算安全事故频发，数据安全问题愈演愈烈。2018年开始实行的欧盟《一般数据保护条例》（GDPR），要求数据处理者需要对数据有较强的保护能力。云服务提供商能否以及如何向用户提供安全有效的数据保护服务引发个人、企业、政府以及社会各界的广泛关注。

云计算系统与传统信息系统中用户的信息数据安全在本质上是不一样的。首先，传统IT系统的数据并不是完全安全的，尚且存在安全问题。其次，由于数据并不直接涉及用户的切身利益，云服务提供商很容易忽视在运营过程中的确存在但未知的潜在安全问题。最后，云服务提供商为了满足自身利益而去损害用户利益，造成用户数据不安全，比如擅自使用用户数据，对用户数据进行机器学习、大数据分析等，或者在用户不知情的情况下没有完全删除用户数据，再或者未经用户同意在用户不知情的情况下将数据信息交给第三方。

云计算金融平台的建设主要以外包的形式交由服务商，这使大部分金融

数据由外包的服务商存储，金融数据存储不在本地，造成金融数据的管理愈发困难，从而作用于金融企业，企业更加缺乏数据安全感。

（三）安全服务能力不足，安保工作处于被动状态

云服务提供商在安全服务能力方面的表现参差不齐。一些制造商普遍存在"发展重于安全"的思想。虽然根据国家相关法律法规和上级监管部门要求，云服务提供商在基础安全方面从网络层面到系统层面再到应用和数据层面进行了落地实施。比如在管理方面制定了安全管理制度和安全运维流程，确保安全工作开展合规；在技术方面严格控制运维人员的访问权限，定期开展对宿主机、应用软件、数据库软件的安全扫描及加固，确保安全风险可控。但是，目前云服务商提供的安全服务尚不能完全满足用户要求，部分厂商存在数据备份机制不完善进而造成用户数据泄露的风险，密钥管理缺陷导致用户私钥泄露的风险，业务安全风险控制能力不足导致非法数据传输的风险等。

因此，安全服务能力的建设应结合自身业务的发展与规划，从规划到建设再到运营方式做到同步进行，形成配套的安全服务能力，提升防护效果。

四 云计算在互联网金融领域的发展趋势

云计算技术经过不断迭代已经发展到成熟阶段，在金融云方面的应用也迈向尤为关键的发展阶段。据调研信息，将近过半的金融机构使用OpenStack及其他开源云计算技术。从银监会发布的"十三五"规划来看，到第十三个五年规划末的时候，云计算架构平台将承载所有面向互联网场景的信息系统以及不低于60%的其他系统。基于此预测未来云计算在互联网金融领域的发展趋势如下。

（一）"注重安全、降低风险"是云计算在互联网金融领域发展的关键

2019年，云计算在互联网金融领域的应用过程能否安全平稳以及能否

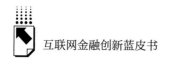

防控运行过程中出现的风险将成为关注的焦点。尤其是金融行业具有特定的业务特性，这决定了其对于云计算应用的稳定性、安全性和业务连续性有更加严格的要求，金融企业在未来云计算的应用过程中，更加需要建立完善的灾难备份和灾难恢复体系。同时，专门针对云计算技术应用风险管理的"云保险"业务正处于快速发展阶段，金融行业将是重要的需求方。

（二）云计算之下，赛道界限融合、企业竞争升级

2019 年，5G 时代将要来临，不确定的市场加速了企业的竞争转移，方向转为人工智能、大数据、云计算等。2020 年是 2B 市场竞争最为激烈的一年，越来越多的供应商进场，使原本不是一个赛道的互联网公司与传统 IT 企业产生正面交锋。预计混战之下会逐渐形成一批标杆企业。

（三）未来时代关于云计算的较量更趋向于"价值战"

《云计算发展三年行动计划（2017～2019 年）》中提到，预计至 2019 年，中国云计算将迎来产业规模突破四千亿元人民币。在云计算突破一系列核心技术之后，服务能力更将领先国际水平，这将显著带动新一代信息产业的发展。我们可以预见，未来时代关于云计算的较量更趋向于"价值战"。对于企业来讲，谁在技术、服务方面更创新，谁就会更领先，为成为强者的下一阶段打下重要基础。

五　云计算在互联网金融领域发展的政策建议

针对当前云计算发展状况，我们从行业应用、政策标准、安全险、技术能力、市场自律等方面提出几点建议。

（一）以需求为导向促进云计算行业应用普及

云计算技术不断发展成熟并深入垂直产业，云服务应用的触角逐渐从互联网行业向其他传统行业延伸扩展，以教育、医疗、金融、政务等行业为典

型。建议各行业监管部门和各地经信委加大政策扶持力度，在各地树立一批诚信规范，有代表力、影响力的企业。以标杆企业为起点，更好地帮助云计算在标杆企业所属行业落地，帮助传统产业向创新型产业升级转型，更好地服务社会发展。

（二）建立健全安全风险管理体系

当前云计算仍然存在诸多风险，比如数据的丢失，用户数据的泄露，用户隐私保护不到位以及服务器不安全、不稳定等风险。云服务提供商需要提高安全风险管理能力从而增强用户对于云计算风险管理和数据保护的信心；大力鼓励安全厂商以及第三方组织积极创新，创新云安全服务模式、加强云计算安全风险应对能力；积极探索云计算的创新型保险模式，借助新型的保险模式进一步分散潜在的安全风险；加快云计算服务与工业应用结合创新研究，加快安全产品的开发，加快安全服务专业团队建设。

（三）提升云计算关键核心技术能力

目前，我国云计算骨干企业数量较少，在技术等方面与国外一流厂商仍存在一定差距。以开源为例，虽然我国云服务商对社区的代码贡献在持续增加，但整体上处于技术跟随状态，国内厂商需不断增强技术创新能力。云服务商应积极发展容器、高性能计算、微服务、DevOps 等技术，深入研究边缘计算、云网融合等领域。加强云计算领域的核心专利布局，提升企业对于知识产权的重视程度以及知识产权管理水平。

（四）促进云服务市场自律、规范、有序发展

当前，我国云计算产业进入群雄争霸时期，资本市场也非常关注云计算产业动态，投资并购频频发生，市场产品存在同质化严重、低价竞标等问题，经营资质违规行为时有发生。因此，重点在于促进云服务市场自律、规范、有序发展。

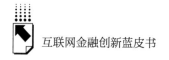
参考文献

孙其博等：《物联网：概念、架构与关键技术研究综述》，《北京邮电大学学报》2010 年第 3 期。

王保云：《物联网技术研究综述》，《电子测量与仪器学报》2009 年第 23（12）期。

房安：《人工智能在金融行业的应用及风险分析》，《电子技术与软件工程》2019 年第 4 期。

兰虹、熊雪朋、胡颖洁：《大数据背景下互联网金融发展问题及创新监管研究》，《西南金融》2019 年第 3 期。

王艳、李凤娇、薛怡：《人工智能在金融领域的应用研究》，《中国集体经济》2019 年第 5 期。

孙春广：《金融科技、互联网金融及监管探析》，《金融科技时代》2019 年第 2 期。

焦卢玲：《借力云计算夯实 IT 基础，助推城商行数字化转型——西安银行科技部总经理胡博访谈》，《中国金融电脑》2018 年第 12 期。

刘彦梓：《大数据时代的经济走势预测和分析》，《现代营销》（经营版）2019 年第 1 期。

伍旭川：《人工智能发展趋势、挑战及对金融安全的影响》，《财经智库》2018 年第 6 期。

姚玉安：《浅谈云计算技术下的互联网金融应用》，《河南科技》2015 年第 2 期。

李柏：《云计算技术在中小企业信息化建设中的应用分析》，北京邮电大学硕士学位论文，2018。

B.8
2018年区块链在互联网金融领域的发展报告

易　观*

摘　要： 区块链是可以被广泛应用于互联网金融丰富业务场景中的新兴创新技术，是对计算机、密码学、数学等技术整合的结果，是一种新的数据记录、存储技术。当前区块链技术已经过三个阶段的发展，在互联网金融领域已经有一些实际的应用案例，2018年是区块链技术备受关注以及创新应用落地的一年。目前仍旧处于区块链技术应用于互联网金融领域发展的初期，也面临诸多的挑战，未来将会更加深入地应用于互联网金融的核心业务场景之中。

关键词： 区块链　去中心化　存储技术　互联网金融

区块链技术已经广受市场关注，同时出现了一些应用的风险（例如ICO问题），互联网金融业务创新和发展过程中也暴露了一些风险。区块链技术对于金融场景的适用具有天然优势，目前在互联网金融领域的应用逐渐被引入正途。当前区块链应用市场广受关注，资本注入热情高涨，行业应用取得初步进展，呈现一些发展特点，同时面临诸多技术本身以及应用层面的问题和挑战。以下对2018年区块链在互联网金融领

---

* 执笔人：陈毛川，主要从事金融科技、互联网保险、供应链金融、期货的研究，重点关注移动互联、云计算、区块链等技术在金融领域的应用。

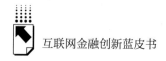

域的发展情况、特点、挑战的阐述可以揭示当前的应用现状和未来的趋势。

一 2018年区块链在互联网金融领域的发展情况

区块链技术是一种通过去中心化的方式按照一定的时间顺序集体记录、维护一个可靠交易数据库的技术，即按照一定的时间顺序借助分布节点将数据区块以顺序相连的方式组合成的链式数据结构的公开交易数据记录技术。2009年比特币的问世把区块链技术带入大众视野，2017年被称为"区块链应用元年"，之后区块链技术迅速成为金融科技中备受关注的前沿技术之一，原因是其去中心化的可信价值交换方式、不可篡改的数据记录形式、稳定的分布式网络系统等特性与解决当前金融市场价值交换过程的痛点高度契合，其在互联网金融领域的应用价值得到了广泛的认可。2018年是区块链市场关注度较高的一年，如图1所示，据百度指数统计数据，区块链的关注热度在2018年达到峰值，特别是2018年上半年，市场普遍关心的内容是区块链的概念、应用进展以及在金融领域应用的现状，说明2018年市场对于区块链在金融领域的应用关注度较高，也从侧面印证了区块链在金融领域的应用场景和空间广阔。

2018年区块链市场相关投融资热情同样很高涨，全年共发生融资事件552起，涉及金额约385.74亿元，其中第二、三季度融资事件和融资额分别创新高，第二季度融资事件共191起，融资总额突破100亿元人民币，达到108.82亿元人民币，第三季度融资事件共179起，融资总额达163.97亿元人民币（见图2）。从融资的企业类型来看，资本更倾向于区块链在金融、媒体等相关领域的应用创新，说明当前资本对于区块链技术的应用前景，尤其是区块链在金融领域的应用前景普遍看好。从近几年区块链融资的轮次来看，天使轮、A轮、Pre-A轮、种子轮的融资占比较高，说明目前区块链市场仍处于创新创业的初期，区块链技术应用仍需要一定时间的探索；从区块链创业企业区域分布来看，北京、上海、深圳、广州等

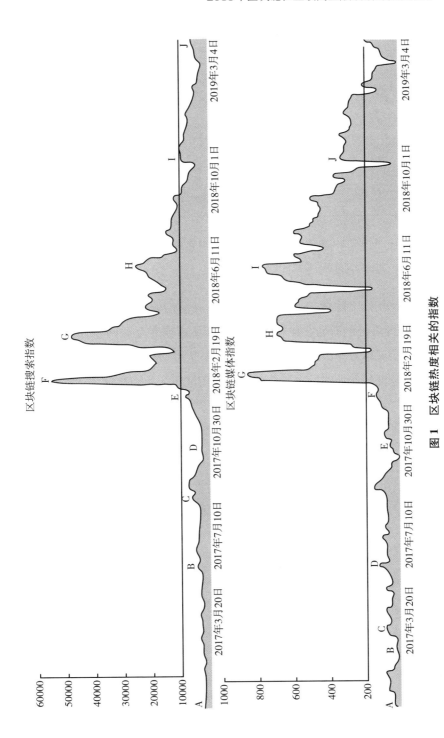

图 1　区块链热度相关的指数

资料来源：百度指数，易观整理。

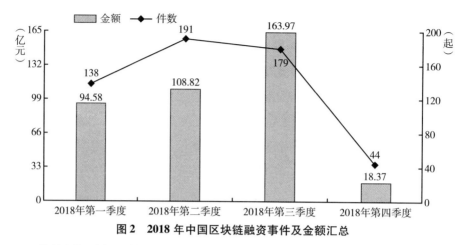

图2 2018年中国区块链融资事件及金额汇总

资料来源：市场公开资料，易观整理。

一线城市占比较高，除此之外，杭州也是区块链创业企业聚集的城市（见图3），说明区块链创新创业比较集中于一线城市或者互联网企业相对集中的城市。这些城市对于区块链创新相关资源、人才吸引具有天然的优势，这种现象为同样汇集在一线城市的金融行业应用区块链技术奠定了一定的发展基础。

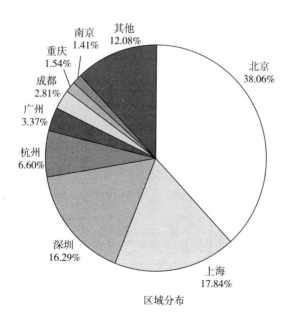

区域分布

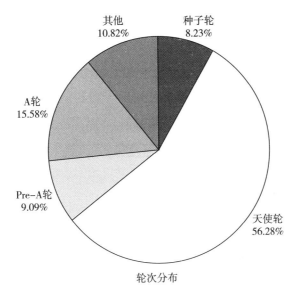

图3 2014~2018年中国区块链融资区域以及轮次分布

资料来源：市场公开资料，易观整理。

从区块链在金融行业的应用场景来看，数字货币场景当然是经过实践验证并且得到广泛认可的方向。但目前市场中存在的非法定数字货币存在诸多弊端和风险，因此各国对于非法定数字货币的"流通"基本保持抵制态度，早在2016年央行就开始论证数字货币的可行性和实现方法，2017年央行开始探索法定数字货币的应用研究。公开数据显示，央行在2017年公布了32项数字货币专利，2018年又对外公布了14项数字货币专利，央行在数字货币领域的研究、应用取得了一些进展。当前的中国在第三方支付的冲击下，非现金支付形式逐渐渗透到各个行业的"零售"交易中，不知不觉中逐渐培养了人们的支付习惯，其便捷性得到了充分的验证，同时面临安全性的考验，法定数字货币的流通同样面临安全性、稳定性、技术性等诸多方面的考验。毕竟货币在经济社会中扮演着重要的角色，其发行权及发行量对经济社会生活的稳定起决定性作用，所以对于法定数字货币的创新研究应予以鼓励，但其应用落地需要反复论证和实验。无论怎样，区块链技术在数字货币方面的应用潜力不容忽视。

表 1　部分国家政府对当前运行的数字货币的态度

国家	地区
中国	持谨慎、抵制态度,认为目前的数字货币不具有法偿性、强制性,风险高
美国	持谨慎、抵制态度,认为目前的数字货币不具备法定货币地位
英国	持谨慎态度,呼吁谨慎投资加密数字货币交易,认为其是不受监管的金融工具
韩国	持抵制态度,认为目前的数字货币不具有资产特性
法国	持谨慎态度,提醒投资者小心对待数字货币

资料来源:市场公开资料,易观整理。

除了数字货币场景,区块链在互联网金融还存在诸多的应用场景,例如保险、众筹、公益管理、供应链金融、电子票据等方面均具有较大的应用空间。在区块链基于互联网金融市场的应用层面,一些互联网巨头公司以及金融科技领先的金融机构如平安集团一直走在最前列,这些公司均成立了相应的研究机构从事专门的区块链技术研究,同时结合自身的业务场景,将区块链技术付诸创新实践;除了将自身的区块链技术应用于自身的业务场景,平安集团还承接了一些大型的合作项目。阿里巴巴在区块链研究方面成果显著,申请专利数领先,在天猫国际、支付宝等多款产品及服务平台的诸多场景中开始应用区块链技术,同时向外部输出其区块链应用场景解决方案,腾讯、百度、京东也成立了区块链的研究机构并将该技术应用于其自身的业务场景之中。

表 2　部分区块链应用领先企业应用现状

企业	应用现状
平安集团	2016 年 3 月开始探索研究区块链并正式成立团队,2016 年 5 月加入了 R3 区块链联盟,区块链产品 FiMAX(壹账链)BaaS 平台在 2017 年 6 月上线;除此之外,2018 年 6 月专门成立了区块链研究院。[①]截至目前已经有一些区块链项目应用落地,例如:平安区块链团队与香港金融管理局的合作项目"香港国际贸易融资网络"已上线,平安与福田汽车联合发布了"福金 all-link 系统"

① 时间信息来源于平安官网对外披露信息。

续表

企业	应用现状
阿里巴巴	截至目前,已申请的区块链专利达90个[1],专利数居于全球领先地位,旗下的蚂蚁金服已经探索将区块链应用于许多场景,例如:将区块链应用于进口商品的溯源并在天猫国际上实践,与信美相互保险合作将区块链应用于"相互保"(现称"相互宝")、"会员爱心救助账户"、"理赔档案室"、"陪审团"等项目中,蚂蚁金服还将区块链应用于支付宝公益板块,将区块链技术应用于香港跨境汇款
腾讯	对于区块链技术的应用处于国内领先地位,并在多个场景中实践和落地,例如:腾讯将区块链存储技术应用于工商银行联合推出的"微黄金"交易过程,开发"微企链"应用区块链解决企业供应链金融问题,将区块链技术应用于"一起来捉妖"游戏
百度	专门成立区块链实验室,在区块链创新实践方面也有一定的突破,区块链技术已经在其自有业务场景中有一定的应用,例如:基于区块链技术的"超级链"已经在度宇宙、百度百科、百度图腾等产品中应用,除此之外,在金融领域,百度金融也探索着基于区块链的ABS产品[2](汽车金融方向)
京东	2018年10月,与中科院软件所、新泽西理工学发起成立了区块链联合实验室,专注于区块链底层基础技术的科学研究和应用创新;在区块链的技术应用层面有比较好的实践,例如:基于自身业务场景下的创新项目"跑步鸡""全球购跨境追溯体系""京东ABS云平台"等都运用了区块链技术,其中ABS云平台实现了ABS底层资产的不可篡改性

资料来源:公司官网、市场公开资料,易观整理。

在区块链在互联网金融上的具体应用方面,多数是利用区块链作为数据存储方案,利用其信息的不可篡改性以及信息透明性等特征,例如阿里和京东将区块链技术应用于商品追溯、蚂蚁金服将区块链应用于支付宝公益以及保险信息存储、腾讯将区块链应用于黄金投资等。以腾讯与工商银行的合作项目——"微黄金"为例,用户的资产购买、转让、提现等信息由FIT[3]执行恢复和备份被存储在云端区块链上,用户可以查询相关交易的链上信息,这些信息基于区块链方案存储,可以保证信息的不可篡改性,如图4所示。

---

[1] 数据来源于蚂蚁金服"蚂蚁区块链官网",采集数据时间为2019年3月。

[2] 产品名称为"百度—长安新生—天风2017年第一期资产支持专项计划",原始权益人为长安新生,计划管理人为天风证券。

[3] 英文为"Financial Technology",是腾讯集团旗下为用户提供互联网支付与金融服务的综合平台。

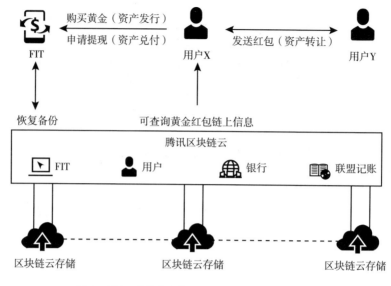

图4 腾讯"微黄金"红包区块链解决方案示意

在区块链应用方面，除了互联网巨头和金融科技龙头企业的参与，许多创新、创业企业也参与其中，例如复杂美科技、唯链等企业在区块链的应用层面取得了不错的进展，申请的专利数处于创新、创业企业领先地位，复杂美科技提供区块链在供应链金融上的解决方案，唯链基于不同行业的应用场景设计不同的行业区块链整体解决方案。创新、创业企业的参与使中国的区块链市场发展充满活力，虽然当前在互联网金融领域并未有发展相对成熟的应用方向，但在创新、创业初期的当前可以预料，区块链技术在互联网金融的应用空间和对互联网金融的改造深度很大。

二 2018年区块链在互联网金融领域的发展特点

区块链在互联网金融领域具有较多的应用场景，从区块链在互联网金融领域具体应用方向的探索来看，当前经过三个应用阶段的探索，区块链的应用方向逐渐在人们的视野里清晰起来，从数字货币扩展到其他金融、医疗健康、物联网、公共事务管理等各个行业。2018 年，区块链在互联网金融领域的应用方向也逐渐转向"正规"① 发展道路上来，从目前区块链在互联网金融的应用情况来看具有如下发展特点。

图5 区块链在互联网金融领域应用探索的三个阶段

注：区块链在互联网金融应用探索阶段的划分，并非真正成熟的应用阶段，仅代表当前主要应用场景的探索或研究方向，区块链的真正落地应用目前正处在应用探索的初期。

（一）从公有链视角逐渐转向私有链、联盟链

当前，社会现有的中心化经济组织模式短期内难以被打破，企业存在隐私保护、权限管理等现实需求，完全去中心化在企业层面和个人用户层面应用受限。从监管考虑，互联网金融是一个需要严格监管的行业，监管机构对于区块链应用需要有相应的合规、合法性要求，因而区块链在应用过程中的安全性及监管机构的可介入程度可能会影响政策层面是否支持其发展，这就需要一定程度的中心化，而不是完全去中心化。在技术落地层面，私有链和联盟连相对于公有链更有发展优势。目前中国的区块链应用发展现状也映射了这个突出的问题：从公有链视角更多地转向私有链和联盟连。无论是私有链、联盟链，还是公有链，均具有各自的应用优势和适用场景（见表3），但在相当长时期内，私有链、联盟链比公有链更具有商业落地应用优势。

---

① 所谓正规渠道是指逐渐摒弃非合规的应用方向的发展，例如非法定数字货币、ICO 业务等。

表3   私有链、公有链和联盟连的应用优势

区块链类别	应用优势
私有链	能够实现较好的控制,能够较好实现隐私保护,适用于公司的内部管理、审计,政府事务管理等
联盟链	控制权可以设定,多个控制中心,有较好的扩展性,隐私保护、权限管理均较好,适用于国家的清算系统、金融机构管理、征信管理等
公有链	灵活性大,完全去中心化,但隐私保护、权限管理不理想,监管难以介入,适用于金融交易等

（二）发展呈多技术融合应用特点

区块链与其他金融科技结合才能最大限度地优化其自身的实际应用，区块链可以与人工智能技术融合，区块链去中心化、分布式存储结构可以优化人工智能数据的存储方式，甚至可以大幅提升人工智能的算力，通过不同授权可以个性化的人工智能产品服务于不同人群，例如基于区块链的人工智能平台"深脑链"；区块链还可以与云计算融合，将区块链场景应用系统嵌入云计算的生态环境中，降低应用企业本地化部署的成本，实现强技术能力企业的区块链技术输出落地，为中小企业应用区块链技术提供基础条件，例如上文提及的腾讯"微黄金"中区块链与云计算的结合；区块链也可以与物联网技术结合应用，去中心化的分布式物联网结构，实现大量设备联网的自我治理，能够避免因不断增长的联网设备带来的中心化管理模式在基础设施和维护成本上的巨额投入，麦肯锡研究报告指出[①]，2019 年全球机器与机器之间的联通将覆盖 43% 的全球服务与连接，物联网的发展将势不可当，区块链可以优化物联网管理；区块链还可以与大数据结合，区块链本身就是一套数据存储解决方案。

综上所述，当前中国区块链的应用呈现了多技术融合应用的发展特点。

---

① 数据来源于 2017 年麦肯锡关于数字化方面的研究报告。

（三）一线城市占据绝大部分区块链创新应用

大企业的引领，加上一线城市在资源、人才方面的优势，众多创新创业企业集中于一线城市或特大发达城市。从创新创业企业数量分布来看，北京、上海、广州、深圳、杭州五个城市占比达 80% 以上，说明一线城市是区块链创新最活跃和最核心区域。一线城市也是互联网金融企业聚集的区域，从这个方面来看，这将有利于区块链在互联网金融领域应用的创新、发展。

（四）互联网巨头应用探索领先，中小企业创新活跃

BATJ 等互联网巨头依托其强大的资源整合、技术沉淀、资金优势，在区块链技术的应用层面取得很好的突破。它们不仅基于自身业务场景试水区块链应用，同时将自身的区块链技术能力向外输出，提供解决方案，在对外合作上也取得一定的突破。

中小企业由于资源、资金、技术积累的限制，在区块链应用实践上缺少场景支撑，但是创新活跃度和热情高涨，部分中小企业获得许多区块链专利技术，这对于未来企业将技术对外输出并实践落地提供了一定的基础条件。

三　区块链在互联网金融领域发展存在的问题

区块链在互联网金融领域的应用落地已经取得了一些初步成果。从当前来看，金融行业在技术赋能的过程中大致经历了五个阶段：第一阶段是信息化阶段，主要借助 IT 技术对互联网金融完成信息化改造，这个时候的主要标志是 ATM、电子交易系统等形式的金融服务的普及；第二阶段是互联网金融发展阶段，主要是借助互联网技术对金融产品和服务模式进行创新或升级，主要标志是 P2P、网络众筹、网银等金融服务的出现；第三阶段是移动金融发展阶段，主要是借助移动互联网技术完成金融的移动化，主要标志是移动支付、手机银行等金融服务形式的出现；第四阶段是智慧金融阶段，人

工智能、大数据以及云计算等技术将会推动金融与科技产业内的市场结构、资源和要素深度融合，使金融服务更加智能；第五阶段将会是区块链技术或者其他新兴技术主导下的金融服务的大变革，改变金融服务中现有的价值交换模式、重构现有的网络组织形式、创新数据存储方式等。从技术对金融的服务发展过程来看，无论哪个阶段，技术应用初期都会面临诸多问题，区块链在互联网金融领域的应用发展也不可避免存在很多挑战，具体可以分成如下几类。

（一）技术风险问题

目前正处于区块链应用于互联网金融的初期，区块链的应用实践尚缺乏统一的规范、监管和法律保护，这给市场带来极大的潜在风险，也对监管提出了严峻的挑战。同时，区块链技术的研究、开发、成果转化等存在高度不确定性，而互联网金融本身尚面临巨大风险挑战，并且金融行业的试错成本普遍较高。

（二）资源分配问题

互联网巨头企业凭借资源优势占据着研究、创新和实践的最前沿，中小型创业企业处于较为劣势的竞争地位，导致行业的竞争格局相对不健康。中小型企业会快速被淘汰掉，不利于区块链技术应用成熟期的创新发展，使之后的发展创新活力不足。

城市间资源的不均衡导致区块链创新应用相对集中，其他地区得不到均衡的发展。长期来看，这不利于相关的人才、资源和信息等充分流动，阻碍区块链在互联网金融应用层面的大范围推广。

（三）后备人才问题

区块链在互联网金融领域的发展取决于区块链方面的专业技术人员、互联网金融领域的人才，更需要区块链和互联网金融的复合型人才。虽然当前多数领先的互联网巨头和金融科技领先企业均建立了区块链相关的研究部门或机构，但在高校或者专门的研究机构中尚未形成完善的教育、研究、实践探索体系。因此随着未来区块链技术应用的不断深入，人才储备必然面临很大的挑战。

（四）商业模式问题

如何解决区块链技术投入商业应用带来的网络外部性问题、找到适当的应用场景和具体的商业模式，并权衡投资成本与潜在收益之间的关系，成为区块链技术应用商业模式运行的障碍。区块链技术在投入互联网金融应用的过程中，现有的商业模式必然需要做出适当的调整，这对于尚且未完全发展成熟和规范的某些互联网金融业务而言是一个很大的挑战，例如网络借贷业务、众筹业务。

（五）应用标准问题

区块链技术发展时间短，国内尚缺少统一的行业应用技术标准和规范，当前的发展呈现多样性和创新性局面。当前统一技术规范和标准会导致区块链在互联网金融领域应用时，信息共享机制畅通和链与链间的良好兼容性的发展存在一定的障碍。

四 区块链在互联网金融领域的发展趋势

（一）短期看，部分互联网金融场景将得到优先发展

从目前区块链在互联网金融领域的应用方向看，相互保险、供应链金融、金融交易信息溯源等方面有比较好的应用落地。无论是相互保险，还是社会公益项目管理，都需要一定的透明监督机制和不可篡改的交易信息记录，这一点为区块链应用提供了较好的空间。对于供应链金融而言，区块链是解决当前融资成本高昂、融资效率低下、融资风险频发的有效手段，金融交易信息溯源成为反欺诈交易的有效手段，区块链在商品溯源信息方面的应

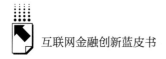

用案例为其在金融信息溯源、查询方面的应用提供了参考。因此短期来看，这三个方向仍旧是优先发展的主要互联网金融应用场景。

（二）区块链将逐渐助力互联网金融生态开放、数据开放

金融行业数字化趋势的发展势不可当，不仅催生了新的互联网金融业务（如众筹、移动支付等），更加推动传统金融向互联网金融①服务形式迈进。在金融行业数字化的发展进程中，生态圈和数据资源成为机构间角逐竞争的关键抓手，但生态圈建设越来越需要不同类型服务机构的广泛参与，以发挥各自的专业水平，生态开放、数据开放的价值已经在 BATJ②企业的身上窥见，所以生态开放、数据开放成为当前互联网金融的重要趋势。

区块链技术与物联网技术的融合应用可以使数字资产与实物资产建立映射关系，以推动和扩展互联网金融的数据边界和数据资源，同时区块链技术能够在一定范围内使数据保密和数据共享达到平衡，有利于行业的数据开放，从而推动互联网金融逐渐走向更加深度的生态开放。

（三）长期看，跨链互联③将有助于互联网金融的数字化升级

区块链在互联网金融领域的应用不断落地将推动不同业务场景下区块链网络的建立，孤立的区块链系统只能实现单一场景功能，无法实现多种场景的互联互通或综合应用。跨链互联可以实现多链协作、完成更综合的功能，构建多种区块链系统的互联，实现价值在多种区块链中自由流通，而价值的跨链流通不仅能够推动价值互联网的建设，而且能够破解信息孤岛问题，促进数据资源充分、自由流动，有效降低交易信息成本，全球的数字化趋势越来越明显。预计 2019 年全球每月将产生 168EB 的数据流量，跨链互联能够

---

① 此章节中述及的互联网金融是广义的互联网金融，是指传统金融机构与互联网企业利用互联网技术和信息通信技术实现资金融通、支付、投资和信息中介服务的金融业务服务模式。

② BATJ 此处指百度、阿里巴巴、腾讯、京东等公司。

③ 当前主要的跨链互联网技术有公正技术、侧链技术、哈希锁定、分布式密钥控制等。

利审查、专利保护层面注重引进具有专业背景的人才参与，在应用层面，监管机构应注重引导互联网金融企业加强专利保护，防范专利技术成果的侵权和恶意使用。

参考文献

鲁南希、姚宇：《区块链技术在金融领域的运用及监管应对》，《法制博览》2018年第9期。

Dorri A., Kanhere S. S., Jurdak R., et a1. "Blockchain for IoT Security and Privacy: The Case Study of a Smart Home", IEEE International Conference on Pervasive Computing and Communications Workshops. IEEE, 2017.

Turkanovi6 M., H61bl M., Kosic, et a1. EduCTX, "A Blockchain-based Higher Education Credit Platform", IEEE Access 2017. PP (99): 1. 1.

张增骏：《深度探索区块链：Hyperledger技术与应用》，机械工业出版社，2018。

许闲：《区块链与保险创新：机制、前景与挑战》，《保险研究》2017年第5期。

郭永珍：《区块链对互联网金融发展的重塑与挑战分析》，《商业经济研究》2017年第2期。

陈立、李然：《中小微企业融资方式创新：纳税信用贷款》，《财会通讯》2017年第2期。

赵亮、程静、范斌：《区块链是"互联网＋金融"的战略性机遇》，《银行家》2016年第7期。

蔡钊：《应用区块链技术改进金融体系业务模式》，《中国金融电脑》2016年第2期。

葛健、郭慧馨：《企业在未来区块链技术上的战略选择》，《计算机科学》2018年第（10A）期。

Sveinlnes, Jolien Ubacht, Marijn Janssen, "Blockchain in Government: Benefits and Implications of Distributed Ledger Technology for Information Sharing", *Government Information Quarterly*, 2017, 34 (3).

宋爽、刘东民：《法定数字货币与网络虚拟货币的区别》，搜狐网，2017。

冯钰宸：《互联网、相互保险、商业保险创新发展模式探析》，《金融发展研究》2016年第8期。

姚走：《刍议区块链技术及在金融领域的应用》，《科技展望》2017年第1期。

张秋子：《区块链技术在金融行业的应用构想》，浙江大学硕士学位论文，2017。

Castilla R., Zadek R., "Fintech and Sustainable Development, Assessing the Implications", United Nations Environment Programme, 2016.

B.9
2018年人工智能在互联网金融领域的发展报告

易　观[*]

摘　要：　2018年，头部金融机构进入人工智能军备竞赛阶段，各机构
着力投入机器学习、知识图谱、自然语言识别等基础学科，
生成了智能投顾、智能客服、智能风控等智能产品，广泛应
用于银行、证券、保险和支付机构中。金融领域天然存储着
海量数据，涵盖范围广且对智能化要求更高，各金融机构在
加大投入力度的同时，也在寻求外部机构合作，力求在整个
金融流程实现智能化服务。

关键词：　人工智能　智能风控　智能理赔

　　人工智能技术在互联网金融领域已经得到广泛应用，2018年有很多成
熟的应用案例。金融从业机构加大研发投入，推动智能产品落地，整合内外
部资源，以创新产品降低服务成本、加大用户剩余价值挖掘力度已是行业共
识，但人工智能在互联网金融应用中仍然存在很多问题，现在仍属于发展早
期阶段。本报告基于对2018年人工智能在互联网金融领域的发展情况、特
点、存在的问题的分析，探讨人工智能在互联网金融领域的发展趋势及
对策。

---

　*　执笔人：田杰，易观分析师，长期重点跟进金融科技创新技术应用、移动证券、信用服务、
投资理财等多个细分领域研究。

一 2018年人工智能在互联网金融领域的发展情况

（一）人工智能在金融领域融资现状

人工智能拥有三个明显的特征：①能快速吸收非结构化信息、将信息转化为知识；②在固定模型规则之下，自我优化博弈策略；③能够实现自我更新，在建模与分析的基础上通过大数据预测未来。三者结合，是人工智能减少跨越时间的价值交换带来的优势，可以更充分地学习所有公开数据，能够更加充分地运用闲暇时间，采用自我升级来增强学习策略，规避人类面对利益考量时所带来的个体局限性。

作为当下最热门的创新技术之一，人工智能在各个领域都受到了资金的追捧。IT桔子的数据显示，截至2018年底，人工智能领域全年共发生312项投资，投融资金额频繁创新高，投资金额保持逐年上升趋势。其中商汤科技分别在2018年4月、5月以及9月先后完成C轮6亿美元、C＋轮6.2亿美元、D轮10亿美元的融资，以三轮超22亿美元的融资，晋升为全球总融资额最大、估值最高的人工智能独角兽。除了商汤之外，还有许多人工智能企业在2018年的融资成绩亮眼，如旷视科技在7月完成了由阿里巴巴领投的D轮6亿美元融资，优必选科技在5月完成由腾讯领投的C轮8.2亿美元融资，极链科技Video＋＋完成由阿里巴巴、优必选科技、旷视科技投资的逾10亿元融资等。在金融领域，人工智能相关企业融资额同样较大，其中京东金融获得130亿元人民币投资，百融金服、蚂蚁金服、金融壹账通、"度小满"金融、百融金服都获得高额战略投资。

（二）人工智能行业产业链发展现状

随着资本投入增多，人工智能产业链逐步成型，从产业链形态来看，主要分为底层硬件、通用AI技术及平台、应用领域三个层次。在底层硬件方面，主要分为AI芯片和视觉传感器方面，视觉传感器领域主要分为图像传感器及视觉解决方案提供商和软件解决方案提供商。目前市场中 AI 芯片主要提供商包含谷歌、Intel、IBM、Cambricon 等，视觉传感器主要提供商有 QUANERGY、米赛科技、智波科技、苹果、微软等，它们主要为需求方提供用来加速深度神经网络、机器视觉和其他机器学习算法的微处理器。

在通用 AI 技术及平台方面，视觉提供商通过计算机视觉算法及软硬件，为客户解决图像识别、视频分析和人脸识别等方面的问题，市场中主要提供商有腾讯优图、阿里云、海康威视、商汤科技、图普科技、苹果、极限元等；智能语音提供商通过语音识别算法、硬件为客户提供语音算法识别、语音合成、语言交互等软件，包括识别解决方案及智能硬件产品的厂商，主要机构有搜狗、百度、科大讯飞、阿里云、腾讯云、思必驰、出门问问、普强信息等；自然语言处理提供商通过自然语言处理/语义分析等技术提供智能聊天、对话、问答、客服机器人的技术及软件服务，市场中的主要机构有搜狗、百度云、追一科技、来也、小 i 机器人、智言科技、三角兽等；机器学习、知识图谱提供商为企业和个人提供大数据分析、辅助决策服务，主要机构有腾讯云、阿里云、搜狗等。

在应用领域，人工智能目前已广泛应用于金融、安防、医疗、教育、视频、社交、零售电商、建筑、招聘、新闻资讯等领域。目前人工智能技术进入了高速发展期，市场中不断有创新产品落地，带来巨大的商业价值，人工智能领域的企业也在快速增多。

（三）人工智能在金融行业发展现状

金融领域是互联网程度最高、数据积累最多的领域，天然是孕育人工智能技术的最佳场所。2018 年，蚂蚁金服、中国平安、工商银行、华泰证券等所有金融领域的头部机构，都重金投入金融智能领域，做技术研发和产品研发。从科技对金融的改变来看，整个金融行业经历了信息金融、互联网金融、移动金融，现在已经迈入智慧金融，而智慧金融领域中人工智能起了决定性作用，将成为基础构架，贯穿每一个金融领域，银行、证券、保险机构都将发力人工智能技术。

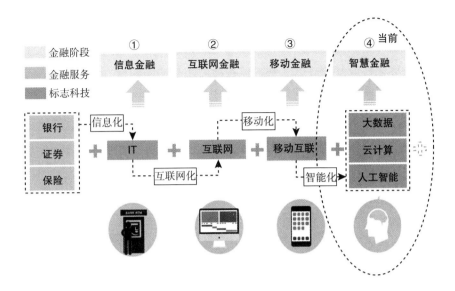

图1 科技对金融变革路径示意

注：证券类金融业务包含公募基金。

目前，人工智能主要应用于智能风控、智能理赔、智能营销等领域。

1. 智能风控

近几年，智能风控大幅度扩张了消费金融的业务空间和服务范围，直接催生了消费金融的行业风口。相较传统消费金融业务模式，互联网消费金融线上程度高、用户隐蔽性强，用户信息验证和用户风险把控的难度大幅度提高，为了提高信息审批的便捷性，传统的面签、人工追踪等风控手段完全失效，欺诈风险发生概率大幅度大增；在风险上升的同时，消费金融的用户使用体验与使用场景更加密切，用户对审批流程和等待时间的要求更高，传统的人工审批和人工授信手段不再适用。在行业爆发式增长的背景下，智能风控开始受到广泛关注和应用，在应用中不断迭代升级，反过来促进了消费金融行业的发展，将消费金融行业服务人群从3亿央行征信人群扩展到10亿互联网用户，大幅度扩大消费金融服务范围。2018年，以智能风控为主要技术手段的互联网消费金融企业共有5家机构挂牌上市，其中4家赴美IPO，1家在香港上市，其中赴美上市的机构分别是爱鸿森、点牛金融、小赢理财和微贷网，51 信用卡在港股挂牌上市。在智能风控领域，2018 年融资企业数量和金额都明显下降，一方面是因为过去两年消费金融行业发展速度过快，导致行业乱象频发，智能风控被应用到错误的地方；另一方面是舆论压力增大，监管趋严，违规机构逐渐离场，市场集中度提高。总体来看，智能风控在 2018 年以前以消费金融为主，2018 年以后将更多地应用于银行、证券、保险机构的内部风险核查，粗犷式的风险控制将向细分领域发展，应用场景也将逐步细化。

2. 智能理赔

传统理赔是通过人工手段现场勘查事故现场、查询事故原因、判定事故责任、划定理赔金额，具有权责不明确、主观性强、耗时长等缺点；智能理赔则是以人工智能相关技术取代人工操作，简化理赔流程，提高理赔效率。

以车险理赔为例，车险智能理赔主要包括身份核查、精准识别、一键定损、自动定价、科学推荐、智能支付 6 个流程，用户在出险后仅需通过移动应用端上传现场事故照片，申请理赔流程，系统就能快速精准地判断理赔结果。传统理赔中出现的欺诈骗保、周期过长、现场等待时间长堵塞交通、理赔纠纷、权责不明等情况被有效避免，智能理赔能够减少工作人员 50% 以上的工作量，将原本数天的审核流程缩短至 30 分钟，用户理赔体验明显改善。

2018 年，平安保险、众安保险、新华保险、太平洋保险等互联网程度较高的保险机构均已在移动端上线智能理赔功能，人工智能 + 保险理赔已经是行业发展趋势，在高用户体验的口碑效应之下，智能理赔还将获得更大的发展。

3. 智能营销

对于金融行业来说，营销一直是短板，一方面因为监管合规限制，部分风险过高的金融产品无法规模化营销；另一方面金融机构营销渠道弱，大多数通过线下网点营销，营销精准度不足。这些落后的营销方式带来市场供需困境，投资者无法找到适合自己的产品，投资机构找不到精准用户。智能营销则是通过用户社交网络浏览行为、购买行为、网络属性偏好等行为，运用人工智能相关技术判断用户的风险偏好、投资需求以及最合适的金融产品，再判断是通过自有渠道还是外部渠道深度触达用户。在互联网高度发达的当下，用户的行为数据与互联网时代之前相比有翻天覆地的变化，即使在互联网领域中，用户对线上应用的使用偏好、使用时长、信息浏览需求也不断变化，例如2018年抖音、头条系的兴起，互联网流量正在向新兴应用不断倾斜，用户触达的精准度和及时性就显得格外重要。智能营销在金融领域的重要性快速提升，目前，华夏基金、蚂蚁金服、京东白条、招商银行、东方财富等金融领域的头部机构都在加大对智能营销领域的研发投入，并寻求外部机构合作，力求了解用户更多、更精细的互联网行为，做到精准营销。

二　2018年人工智能在互联网金融领域的发展特点

（一）入场壁垒高

尽管金融行业在人工智能领域起步较早，但目前仍处于探索阶段，中小型企业想要入局将面临数据、资金、人才三方面的壁垒。数据方面，人工智能需要大量数据资源训练模型，数据资源越丰富，模型有效性越高，金融领域确实是天然的人数据储存地，但各机构因为成本较高和技术条件不足，数据积淀不够，大多需要外部数据资源合作，能收集到的数据也是市场中已经公开使用多次的，无法构建适用自身发展的人工智能产品；资金方面，创新领域的研发初期，需要投入大量资金在硬件设施和软件设施上，且研发周期漫长，落地效果不明确，产品收益难以保障，只有中大型机构能够持续投入；人才方面，人才构成决定技术积淀，人工智能属于前沿应用，需要机器学习、知识图谱、生物识别等底层技术的支持，极度考验企业的技术支撑能力，没有多年的人才积累难以实现技术跨越。

（二）商业价值高

人工智能技术大幅扩大金融服务范围：以智能风控为例，相较于传统风控,智能风控的优势明显。第一,智能风控可实现自动决策,实时审批;第二,风险判断基于算法、模型和规则,智能风控更容易做到客观公正;第三,能够实时跟追标的现状,更有效地进行贷中和贷后控制;第四,学习速度快,发展空间大。

人工智能风控产品,不仅能有效降低信用风险,而且能扩大服务范围和深度,释放信用的潜在商业价值。在过去的交易中,信用是中国互联网交易的缺失物,如今当信用数字化后,押金已不再是必选项。互联网金融平台出现大量押金被违规挪用、变相非法集资通道,对社会造成了不小的影响,信用正在取代资金担保。越来越多的企业开始进入信用免押模式。2019 年 3 月,飞猪发布了《2019 信用住旅行报告》,其中蚂蚁金服是飞猪旅行的重要合作伙伴,主要通过芝麻信用分做风险控制,在信用分的细分应用场景信用住中,现已帮助 2000 万用户,节省了 1400 万小时排队等待时间,累计免除 360 亿元的住宿押金,芝麻信用截至 2018 年底共为用户减免超过 1000 亿元押金。

高商业价值缘于实时、精准的信用风险控制,在芝麻信用分的支持下,网络 P2P 借贷、小额小贷等领域的风险控制都有明显的改善。2018 年,趣店等多家依附于芝麻信用分做风控的网络借贷机构赴美上市。

(三)应用优势明显

人工智能能够帮助各类服务和产品实现千人千面的个性化定制。以智能投顾为例,智能投顾具有覆盖群体广,投资额度要求低,智能化配置、自动化投资,高效、实时监控,平均成本低等众多优点。

目前,包含银行、券商、保险机构、基金在内的所有金融类头部机构,都在重点研发智能投顾。智能投顾十分重视应用场景,一般会将用户分置于不同的场景需求中,从不同的场景角度分解用户的投资需求,结合用户的基础画像、市场、组合运行等情况为用户提供"差异化"的智能投顾服务。

以中欧基金智能投顾产品——水滴智投为例,水滴智投分为用户分析、标的分析、策略研究、实时监控、一键式操作五大模块,其中用户分析结合

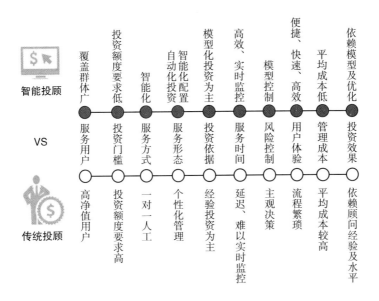

图2　智能投顾优势

用户的投资偏好、目标、精准的客户画像，得出客户的风险收益需求；标的分析在全市场多只基金中经多轮筛选，形成资产配置的优选基金产品池，并定期增减；实时监控系统会实时监控投顾系统的最新运行情况，并根据市场的变化，进行动态资产配置调整；一键式操作提供一键购买、一键调仓、一键加仓、一键赎回等智能交易功能。水滴智投开启了中欧基金在智能投顾上的探索之路，用户体验得到很大程度的提升，在与用户深度互动、投资端配置策略研究上的智能化程度还存在优化空间，中欧基金将通过对功能模块的升级逐步优化用户深度互动和投资策略研究。

　　智能客服现已广泛应用于各类金融服务机构。以银华基金智能客服体系为例，银华智能客服体系从2016年6月开始搭建，目前已经投入使用，通过接入电话、网站、微信、App、短信等自有服务入口，同时接入蚂蚁财富等第三方入口，前端具有较强扩展性，能够实现高效快速新增服务，后端人工平台与底层数据统一，客户穿透智能服务层平均为20%～40%，智能客服问题回答率达90%以上。对人工服务内容采用人工抽检和机器质检方式全量质检评价服务效果，人工服务数据作为智能机器人自主学习素材，优化智能服务层。

在智能客服入口端，用户可以通过电话、微信及蚂蚁财富应用端接入智能 IVR 系统和智能客服系统，智能客服基于大量数据进行自主学习升级，有效反馈用户需求，进而解决问题或者转人工服务，大幅度降低服务成本，提高服务效率。银华基金凭借对所有客户服务入口的整合实现客户服务效率提升，这是多渠道资源及能力组合探索的一个缩影，启发基金公司实现多渠道资源整合。

（四）产品正在快速落地

以智能选股为例，智能选股指基于人工智能、大数据、云计算等科技手段，收集、处理海量金融数据，生成选股方案。多数科技公司是以平台的方式提供图谱展现、线索发现、主题搜索、自动化投研报告等智能投研服务。智能选股因为需要投顾牌照，一般应用于证券公司和投资银行，主要面向 B 端用户，同时，因为其覆盖面广和策略多样，被应用于 C 端用户。目前，证券类移动端应用涨乐财富通、平安证券和广发证券易淘金都已上线智能选股。

表 1　证券类应用功能覆盖

App 名称	功能性应用			科技应用								投资者娱乐教育			
	开户	一键申购	智能选股	智能盯盘	相似K线	成本分析	数据分析	智能投顾	可视化	智能圈谱	直播	跟牛人	社区	小游戏	模拟炒股
涨乐财富通	√	√	√	√	√	√	√	√	√	√	√	√	√		√
平安证券	√	√	√	√	√	√	√								√
国泰君安君弘	√	√	√												√
广发证券易淘金	√	√	√	√	√	√		√							√
安信手机证券	√	√	√												√

资料来源：易观智库《2018 年中国互联网证券市场年报》。

平安证券认为，券商在业务中嫁接人工智能技术，就是让客户炒股变得更简单，切实解决客户的痛点需求。目前，大部分高净值人群仍是在 PC 端交易和选股，移动端仍存在交易策略不足、策略难以实施、无法使用量化交易模型等缺点。平安证券正是基于这些痛点，推出智能选股以帮助投资者在移动端实现系统化的选股。

平安证券的智能选股提供多维度的选股策略，投资者能够根据自己的喜好使用不同的选股方法，其中技术面选股还分析了 A 股历史数据并判断此方案的成功率，量化组合选股还可以通过 PC 端自行设置量化模型并在移动端展示，大大提高了投资者的选股效率和便捷度。

三 人工智能在互联网金融领域发展存在的问题

（一）数据获取难

传统金融机构除通过自身采集的部分数据信息外，还需要从行业垂直信息平台、综合搜索平台、公司年报、招股说明书、咨询公司等机构获取业务数据、市场信息和用户数据，数据渠道多且收集的数据难以快速、准确、高效整合。而人工智能技术本身无法解决数据来源难题。

（二）数据监管难

除数据采集能力是难点之外，信息采集的合法性也是一大难点。据公开信息不完全统计，仅新闻媒体曝光的信息泄露，就突破 61 亿条，其中多条信息被转让销售，甚至有以倒卖数据为主营业务的新三板上市企业。各大互联网机构在扩大经营规模的同时通过各个渠道获取用户数据，市场普遍存在使用一项功能就要获取全部个人隐私信息的 App，据统计，有 89.62% 的人认为手机 App 存在过度采集个人信息的情况。在数据信息的保护方面，我们亟须学习欧美的先进经验，从立法和市场约束两方面保障个人信息安全。

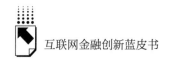
（三）安全风险高

任何智能产品和工具，都要借助互联网和云平台，其风险因素较多，网络黑客、网络黑产、硬件故障、软件漏洞随时可能对平台和服务器造成较大损害，损害客户信息和产品功能，进而产生经济损失。2018 年到 2019 年 3 月之前，阿里云、腾讯云等国内大型数据云平台出现多起宕机事件，给多个人工智能平台造成了不小的影响。互联网普及的当代，个人隐私信息泄露非常严重，仅 2017 年，就爆出多起大型信息泄密事件：作为美国三大征信局之一的 Equifax 泄露了 1.43 亿消费者数据，美国社交平台 Facebook 泄露了超过 5000 万用户信息，打车平台 Uber 泄露了 5700 万名客户和司机个人信息。

人工智能算法模型中的数据处理环节将基于人工智能对海量的初步处理过的数据进行再加工，建立各项关键要素的知识图谱，并分析知识图谱中关键相关主题信息，最终生成各个结果。人工智能技术需要对标的直接、间接以及关联数据进行提取和处理，构建动态知识图谱。金融领域是国家核心行业，掌握着经济命脉和市场公平制度，随着人工智能在互联网金融领域的深入，黑箱事件似乎已经是一个必然事件。

（四）研发能力不足

在底层硬件方面，AI 芯片主要提供商包含谷歌、Intel、IBM、Cambricon，视觉传感器主要提供商有 QUANERGY、米赛科技、智波科技、苹果、微软，市场基本被国外大型机构给垄断了；国内企业基本聚焦在应用技术层面，处于人工智能产业链的中游，受制于基础产业的发展。而金融行业又属于国家命脉，基础设施的自主研发能力是其拓展人工智能服务边界和创新能力的基石。我国在人工智能领域与发达国家差距不大，但也该认识到我国在人工智能产业布局、品牌打造、基础研究和认证体系方面有较大的短板。在国务院《新一代人工智能发展规划》中，我国人工智能技术计划在 2020 年前后达到世界先进水平，在 2030 年前后达到世界领先水平。只有我国人工智能产业不断掌握核心算法和基础设施硬件的制造实力，才有底气在国际市场中取得足够的竞争优势。

（五）监管态度保守

金融行业具有影响力大、重要性高、风险行为突出等特点，监管方面会相对谨慎，但是，过度保守的监管态度会阻碍创新决策的速度和推进力度。以智能投研和智能投顾为例，是否应当如传统金融监管一样，需要持有相关牌照才能进行相关研发；是否能对普通用户开展服务；是否能够对智能投顾等新兴业务发放执业许可牌照；这些问题仍在讨论之中，也成为金融机构对人工智能业务创新持观望态度的理由之一。

四　人工智能在互联网金融领域的发展趋势

（一）从技术为王到变现为王

金融领域人工智能的发展路径基本是以创造价值为导向。技术实力固然是核心和生命线，但技术为王的阶段已经过去，人工智能已经发展到需要将技术产品化变现的阶段，如何能够找到场景、理解场景逻辑、融入技术、落地产品并规模化铺开才是重中之重。从各类智能产品的研发规划和落地现状来看，各类人工智能产品都在基于现有业务模式做变现升级和成本降低，技术水平趋同要求 AI 企业横向拓宽规模、纵向下沉业务：人工智能企业各家基础技术趋同化，图像语音识别率相差不大，且越来越多的公司聚集在几个相同的行业和赛道上，谁能够更早、更快、更好地利用新技术解决传统金融行业的痛点问题、补齐短板，寻找差异化竞争道路，谁就能够在残酷的竞争中占据有利地位，赢得更多红利。

大数据＋云计算＋人工智能三位一体。互联网金融机构将会越来越重视线上线下数据收集、打通和分析，云计算为大数据提供存储和分析，AI 芯片放置在云端和边缘侧，实现云端智能和边缘计算，提高介入效率和响应速

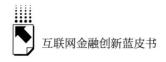

度。人工智能技术作为一种工具，基于海量数据为企业提供预测和判断，帮助企业创新产品和服务，未来将在云端用人工智能处理大数据。

科技赋能 B 端的 T2B2C 时代到来。移动互联网时代，科技赋能 C 端消费，随着银行、证券、财富管理类 C 端创新空间不断缩小，流量入口集中获客成本提高，未来商业模式将转变到科技赋能 B 端并向 B 端服务 C 端的 T2B2C 模式转变。"AI + Bigdata + Cloud"将赋能 B 端企业，提高金融行业的数字化和智能化水平，成为像企业发展中的水和电一样的存在。

（二）AI 企业平台化趋势加速

人工智能是一种底层技术，需要和各行业相结合发挥作用，单个 AI 企业的技术能力、数据、资本等行业资源有限。金融领域内技术实力较强和资源充足的企业平台化发展，一方面连接开发者，让懂行业的人来进行 AI 开发，另一方面连接企业，搭建行业生态。

竞争激烈马太效应明显。银行、券商、保险机构和 BAT 的人工智能平台入选国家队，越来越多的人才、资金、客户资源等向头部 AI 企业汇聚，一些专注垂直领域的 AI 独角兽也在向平台化发展，通过投资和孵化等形式不断扩大自己的生态。AI 独角兽也开始孵化自己的小独角兽企业，商业化过程中不断向上、下游产业链延伸，软硬件相结合，增大自己的话语权。预计 2020 年，将会出现一批经过市场验证的优秀 AI 金融平台。

五　人工智能在互联网金融领域发展的政策建议

（一）完善数据信息监管，增加监管事项

对于人工智能技术应用的基础数据监管，我们亟须学习欧美的先进经验，从立法和市场约束两方面保障个人信息健康、安全地使用，如扩大数据监管范围、增设隐私保护要求、设定隐私保护原则等。

企业研发过程中需要保障用户隐私保护要求、隐私影响分析、被遗忘权

和可转移权等各种权利，可参照欧盟各国数据保护体系，设立侵权赔偿及集体诉讼机制，针对隐私保护专员加大处罚力度，最大罚款额达年收入的4%（设置上限）。提升透明度要求，明示条款、保护者两种不同角色及对应责任，公开隐私政策、泄露事件72小时报告监管机构。

（二）制定人工智能在金融交易领域中的法规

建立完善的法律制度需要循序渐进，应从顶层设立监管单位。中国在法律制定方面的周期较长，缺乏及时性，当下人工智能产品快速落地，功能不断创新，目前没有一部相对完善的法律规范人工智能，金融领域具有金额大、容易引发系统性危机、涉及范围广等特点，而人工智能的稳定性还有待增强。在法律相对更加健全的美国，在《国家证券交易所规则》中明确规定，当交易设备出现部分故障导致交易出现漏洞或者违反规定等，监管机构可以提出质疑并申请重置交易，并宣布该类情形下的交易结果无效。与之相比，中国法律在这些细节问题上还不够明确，需要更细致的法规政策加以约束，预防意外情形发生。

（三）推动人工智能在监管领域的产品开发和场景应用

在监管高科技产品方面，监管机构也应该与时俱进运用人工智能技术生成相应监管产品。美国证监会正在打造基于人工智能技术的交易监管系统，用以监管资本交易市场中的程序化交易、高频交易、内幕交易、股价操纵等行为。2018年中国证券交易监管力度加大，查处的违规交易次数和罚没资金大幅增多，但市场中仍存在许多违规交易的行为，在作案手法科技水平越来越高的情况下，监管机构也应该拥抱科技，推出更智能化的监管工具。

参考文献

房安：《人工智能在金融行业的应用及风险分析》，《电子技术与软件工程》2019年

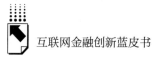
第 4 期。

　　王艳、李凤娇、薛怡：《人工智能在金融领域的应用研究》，《中国集体经济》2019年第 5 期。

　　裴立公：《人工智能技术在我国金融行业的应用现状探讨》，《金融科技时代》2019年第 1 期。

　　戴晦明：《人工智能对金融行业的影响分析》，《时代金融》2018 年第 36 期。

　　霍娜：《人工智能加持金融数字化转型》，《中国信息化周报》2018 年 12 月 3 日。

模式创新篇*

Model Innovation

B.10

2018年基于金融生活化的互联网
金融模式创新

零壹财经**

摘 要： 2018年国家多次提出"促消费"政策，通过扩大内需、丰富生活场景来促进中国经济增长。借助金融科技，基于金融生活化而形成的创新金融模式，呈现为场景化金融的发展特征，重点以互联网消费金融业务为主，因此兴起了一批金融科技公司。通过大数据、云计算、物联网、人工智能与区块链等技术研发，提高消费贷款的审批效率，并拓展信用卡代偿、房屋租赁等细分场景的零售客户群体。从发展趋势来看，未来基于金融生活化的互联网金融业务，将朝开放式平台、拓

---

* 模式创新篇由零壹财经组织撰稿，负责人为柏亮、于百程。

** 执笔人：李薇，零壹财经分析师，研究领域为金融科技、互联网金融。

展资金来源、发展海外市场与注重征信体系建设等领域迈进。然而，作为新兴的金融业态，互联网消费金融业务在发展中仍存在一些制约因素，譬如个人征信体系不完善、非持牌机构合规意识不足、监管法律法规不健全等。整体来看，围绕各类生活场景的互联网金融发展模式，需要监管部门与行业从业者共同探索，寻求创新与风险管理之间的平衡点。

关键词： 生活场景　消费升级　模式创新　个人征信

一　2018年金融生活化服务场景发展情况

（一）促进居民消费各项鼓励政策相继发布

金融生活化服务场景是指在我国移动互联网的发展浪潮下，用户的缴费、网购、休闲娱乐等消费需求，通过线上渠道来获取一站式服务。回顾2018年，政府部门强调经济增长点在于扩大内需、刺激居民消费，密集出台了表1所示的多项政策，加速了各类场景与金融相结合的互联网金融业务的发展。

表1　2018年我国政府出台鼓励居民消费相关政策文件

时间	主体	文件	内容/意义
3月7日	中国银保监会	《关于调整商业银行贷款损失准备监管要求的通知》	拨备覆盖率监管要求由150%调整为120%～150%，贷款拨备率监管要求由2.5%调整为1.5%～2.5%。此举可看作鼓励商业银行发放贷款，本质是促进消费，通过宏观调控来刺激经济增长
8月18日	中国银保监会	《关于进一步做好信贷工作，提升服务实体经济质效的通知》	大力发展普惠金融，提出支持、鼓励消费金融发展，增强消费对经济的拉动作用。要适应多样化、多层次的消费需求，提供和改进差异化金融产品与服务。支持消费信贷发展，满足人民群众日益增长的美好生活需要

续表

时间	主体	文件	内容/意义
9月20日	国务院	《关于完善促进消费体制机制 进一步激发居民消费潜力的若干意见》	将构建更加成熟的消费细分市场,促进居民消费率稳步提升,具体包括促进实物消费与服务消费的七大领域。其中,实物消费包括吃穿用消费、住行消费、信息消费与绿色消费等四方面,服务消费包括文化旅游体育消费、健康养老家政消费以及教育培训托幼消费
10月11日	国务院	《完善促进消费体制机制实施方案(2018~2020年)》	对2018~2020年将要实施的六项重点任务进行了详细阐释。2018~2020年,要进一步放宽服务消费领域市场准入,要完善促进实物消费结构升级的政策体系,要加快推进重点领域产品和服务标准建设,要建立健全消费领域信用体系,要优化促进居民消费的配套保障,要加强消费宣传推介和信息引导
10月17日	中国银行业协会	《关于审议中国银行业协会消费金融专业委员会第一届常委单位的议案》	公布了22家持牌消费金融公司作为会员单位,目的在于加强消费金融市场的风险违规问题管制,促使我国消费金融业务符合监管规定,实现健康有序发展。其中,中银消费金融当选为主任单位;捷信消费金融、苏宁消费金融、招联金融、马上消费金融、中邮消费金融、兴业消费金融6家公司当选为副主任单位;其余15家消费金融公司为成员单位

资料来源:零壹财经·零壹智库。

(二)互联网用户线上生活服务场景快速拓展

根据 CNNIC(中国互联网络信息中心)披露的数据,截至 2018 年末,我国网民规模达 8.29 亿人,全年新增网民 5653 万人,互联网普及率为 59.6%,较 2017 年底提升 3.8 个百分点。其中,手机网民规模达 8.17 亿人,全年新增手机网民 6433 万人。从图 1 看出,2008~2018 年的网民人数与互联网普及率呈现逐年递增的高速发展趋势。

互联网普及率这一指标是指基于抽样调查,互联网用户数占常住人口总数的比例,在国际上用于衡量一个国家或地区的信息发达程度。伴随技术进

图1　2008～2018年我国网民人数与互联网普及率

资料来源：CNNIC：《第43次中国互联网络发展状况统计报告》，零壹财经整理制图。

步与智能手机的普及，移动设备终端已经使个人用户群体改变了支付行为习惯，由原先的线下支付（现金、刷卡）转变为线上支付（手机App、二维码支付）。用户在移动端各类场景下的消费习惯养成后，获取的金融服务也由支付领域逐步向信贷、理财等方面拓展。

伴随通信基础设施与金融科技的快速发展，互联网用户获取的线上生活服务场景日益增多，涵盖了餐饮、网购、租房、出行、医疗与教育等众多领域。表2以六类主要生活场景为例，阐述消费者的需求偏好与年龄结构特征，从中可发现数字经济正在深刻改变着多个行业的商业模式。

表2　线上生活服务场景的消费者需求偏好与年龄结构特征分析（以六大场景为例）

生活场景	需求偏好	年龄结构	布局机构
餐饮	能满足点餐与外卖需求,通过浏览其他用户的评价,筛选性价比最优的商家	"80后""90后"为主,学校与办公楼周边的年轻一族占比较大	饿了么、美团外卖、到家美食会等
网购	定期选购化妆品、服装、家居用品等物品,寻找限时秒杀与特价类商品,支持送货上门并安装	从"80后""90后"年轻客群,拓展至中老年与农村地区。据CNNIC数据,截至2018年末,网购用户规模达6.1亿	阿里巴巴、京东、苏宁、国美、乐信、趣店等

生活场景	需求偏好	年龄结构	布局机构
租房	快速寻找交通便利、租金适中的出租房屋,减轻一次性按季缴纳房租与押金的资金压力,信赖大品牌	"80后""90后"为主,刚步入社会或组建家庭,收入水平整体偏低	自如、贝壳、安居客等
出行	能够满足打车、高铁与飞机票、加油卡与汽车购买、交通违章等生活服务搜索需求,并实现在线购买	"70后""80后"人群为主,个人收入稳定,有购车、旅游的购买力	滴滴、美团、携程、阿里飞猪
医疗	医院挂号与缴费、牙医预约、医疗美容、养老服务等,迫切需要电子化手段来提升办理效率	各年龄层的需求分化,年轻客群偏向美容,中老年偏向就医	米么金服、民生易贷等
教育	学校学费、课外辅导班、职业技能培训等相关费用的线上支付,最大限度地节约时间成本	包括两类人群:①"70后""80后"作为父母,负责子女教育的费用支付;②"80后""90后"在职场中的职业教育培训费用	百度、乐信、玖富等

资料来源:零壹财经·零壹智库。

(三)零售客群呈现碎片化、综合化场景金融需求

身处移动互联网时代,我国上亿规模的零售客群更加注重用户操作体验,这一诉求与以BATJ为首的互联网巨头的发展理念不谋而合,由此掀起了"场景在前、金融在后"的全新发展浪潮。目前,一批领先的金融科技公司与传统商业银行纷纷布局场景化金融服务,从"用户为王"的视角出发,打破必须将用户留在自身生态圈的思维局限,不断拓展生态合作伙伴,共建全新的场景生态服务体系。

整体来看,零售客群借助移动设备终端连接各类生活服务场景时,呈现碎片化、综合化的发展特征。碎片化是指用户最开始并未意识到自己真正的需求,通过浏览界面信息、交互体验来激发潜在需求,最初并非金融服务,而是社交互动、电商购物与饭票影票购买等,由移动支付逐渐拓展至网络借贷、在线理财等服务领域;综合化是指借助大数据挖掘、人工智能等金融科

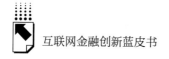
技手段，基于用户的浏览行为习惯，智能推荐匹配的金融产品与服务，满足用户全方位的金融服务需求。

二 基于金融生活化的互联网金融主要模式特点

（一）激活城市客群与"小镇青年"消费需求

"消费升级"一词可作为我国 2018 年经济关键词之一，政策利好与"90 后""00 后"成为消费主力军双重因素，促使消费成为拉动经济增长的新动能。从我国城乡二元经济结构的划分角度来看，城市与农村两类客群的消费需求均被激发起来，在各类消费分期购物商城中，可快速购买手机、笔记本电脑等商品，实现提前消费。同时，个人消费支出正在由物质层面转为精神层面，譬如文学阅读、音乐动漫、视频会员与在线教育等领域。此外，在农村地区，2018 年随着各省份推进乡村振兴与精准扶贫战略，加速金融基础设施在"三农"领域的布局，金融监管部门也提出要改善农村移动支付环境，由此带动了农村电商平台与"小镇青年"的消费需求。

专栏1 "小镇青年"消费偏好与线上生活场景的贷款特征

"小镇青年"从定义来讲，是指年龄在 15～26 岁的青年，生活在三线到六线、欠发达（县级）城市地区的人群。此处所指的"小镇"并非绝对意义的乡镇，而是代表了与一、二线城市存在较大差异的生活状态和消费偏好。根据市场调研机构的抽样统计，超八成的小镇青年家庭月收入低于 1 万元，但独居现象要显著低于一、二线青年，因此生活成本也更低。小镇青年喜欢高性价比的产品，不过于追求品牌和潮流。以手机消费为例，小镇青年更偏好 OPPO 和 VIVO，购买手机价位略低。从小镇青年日均投入时长"2 小时以上"的渗透率来看，泛娱乐项目从高到

低依次是：网络游戏、阅读、影视、音乐、直播和动漫。其中，影视与网络游戏是小镇青年付费比例最高的两项娱乐项目。

从小镇青年使用贷款的比例来看，在信用卡消费、房贷和车贷的人数占比上，要显著低于一、二线青年。据抽样调查的不完全统计数据，无贷款的人数占比39.4%，分期付款/延期付款（如京东白条、花呗等）的人数占比31.0%，个人消费贷的人数占比16.3%，信用卡消费的人数占比14.8%，房贷的人数占比8.1%，车贷的人数占比6.2%，P2P网贷的人数占比4.1%。由于青年群体的收入较低，因此贷款主要用于日常消费，具有交易频率高、单笔金额小的特征。

（二）信用卡代偿、房屋租赁成为重点生活场景

2018年，围绕C端客群的各类线上、线下生活服务场景，传统金融机构和一批新兴的金融科技公司纷纷加大零售金融转型的投入力度，重点发展消费金融业务。其中，有两个最为重要的生活服务场景：第一是以信用卡作为载体的日常购物娱乐消费，并由此兴起了专门从事信用卡代偿业务的公司；第二是个人住房租赁的刚性需求场景，帮助用户缓解按季或按年一次性缴纳租金的压力。

1. 信用卡代偿：新兴金融科技公司瞄准账单分期场景

在国家提倡"扩大内需""刺激消费"的总基调下，以"80后"、"90后"乃至"00后"作为主力军，信用卡消费成为年轻客群的主流生活方式。近年来，新兴的金融科技公司成立信用卡代偿平台，这种行为本质上是与传统银行争抢客户，但也是对信用卡业务的一种创新。这种业务模式的核心在于由代偿机构为用户一次性还清信用卡贷款，之后用户按照代偿机构规定的利率，将本息分期偿还给代偿平台，具体操作步骤如图2所示。

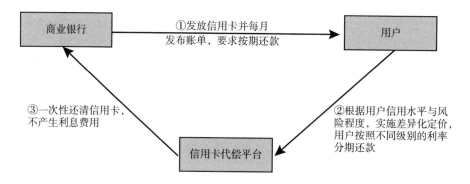

图2 信用卡代偿平台业务模式简介

资料来源：零壹财经。

依托账单分期场景形成的信用卡代偿业务，在 2018 年凭借获客成本低、不良率可控与定价水平高等优势，获得了较高的盈利。截至 2018 年末，我国已有表 3 所示的四家信用卡服务公司披露了其登陆资本市场的情况。

表3 四家信用卡服务公司上市与拟上市情况（截至 2018 年末）

公司名称	成立时间	上市/发布招股书时间	注册地点	上市地点	公司定位
维信金科	2006 年	2018 年 6 月 21 日（上市时间）	上海	港交所	重点发展信用卡代偿产品"卡卡贷"，作为独立线上消费金融服务提供商
51 信用卡	2012 年	2018 年 7 月 13 日（上市时间）	北京	港交所	在线信用卡管理平台
萨摩耶金服	2015 年	2018 年 9 月 29 日（招股书时间）	深圳	美国	主营信用卡代偿产品"省呗"，作为纯线上跨机构信用卡账单分期服务商
小赢科技	2016 年	2018 年 9 月 19 日（上市时间）	深圳	纽交所	发展信用卡代偿产品"小赢卡贷"，作为纯线上的个人金融服务平台

资料来源：零壹财经·零壹智库。

2. 住房租赁："租金贷"风险引发监管关注

长租公寓在 2018 年快速发展，自如、相寓及蛋壳等平台流量迅速崛起，由此推动了金融机构关注零售客群刚需的租房场景，创新推出"租金贷"。然而，各省份对于"租金贷"的投诉量也日益增多，涉及押金退还不及时、贷款误导严重、形成资金池和期限错配、变身"套路贷"等问题。2018 年下半年，作为持牌金融机构的商业银行与消费金融公司，逐步收缩并退出"租金贷"业务。

从 2018 年 7 月、8 月的租房旺季开始，北京、深圳、杭州、上海等地均对"租金贷"等融资业务开展集中专项检查。譬如，深圳市互联网金融协会发布的《关于防范"长租公寓"业态涉互联网金融的风险提示》，严禁诱导租客与互联网金融平台签署贷款合同，将原本用于向房东支付租金的贷款资金截留，涉嫌非法侵占他人财物，造成租客、房东合法利益的重大损失。从租房金融业务的长期发展角度来看，尽管目前审批更严格、业务进入停滞状态，相信未来更多的监管条例和违规乱象管制要求出台后，将迎来新的发展机遇。

3. 汽车金融："80 后""90 后"偏向于二手车租赁，互联网玩家纷纷入场

伴随国民整体收入水平的提升，人们对于汽车购买与租赁的需求逐渐增多，尤其是在汽车融资租赁领域，"80 后""90 后"已成为主要消费群体。市场调研结果显示[①]，新生代年轻一族并不十分在意汽车的所有权，而是更加看重"占有和使用权"以及"服务体验"，因此他们更倾向于租赁二手车。与此同时，汽车金融服务需求正在向四、五线城市及乡村地区拓展，"小镇青年"对于汽车租赁的消费能力得到提升。

从发展汽车金融业务的市场主体来看，截至 2018 年末，除了拥有汽车金融公司牌照的 25 家之外，也涌现了互联网汽车金融的新兴玩家（融资租赁公司、互联网汽车平台等）。互联网金融巨头在汽车金融业务

[①] 《〈2018 中国汽车消费金融发展报告〉：场景重构，资金成为核心竞争力》，金融界，2019 年 1 月 24 日。

上的动作，①改变了直接布局的策略，而是采取扶植代理人、开放生态资源的战略，主要源于汽车交易的互联网化程度不高，在自建门店、招募加盟商、管理 SP 渠道商等方面，均需要投入大量的人力、物力。金融科技在汽车金融领域也得到了广泛应用，借助数字化、智能化技术，在一定程度上解决了汽车金融的风控难题，即运用大数据的自动化审批与风险监控技术，实现精细化的风险管理。

举例来看，腾讯战略投资灿谷集团，助推其成功上市，并且领投车好多集团（瓜子二手车和毛豆新车网的母公司）C 轮融资；阿里巴巴在 2018 年对于大搜车，特别是"弹个车"这款产品给予了巨大的生态资源支持；滴滴也在 2018 年与人人车建立战略合作关系，共同发展新车金融和二手车金融两大汽车金融生态；苏宁 2018 年发布了汽车智慧零售计划，并且与毛豆新车网等新兴平台建立了战略合作关系。

（三）持牌消费金融公司"申请热"与"增资潮"

"强监管"是 2018 年我国金融业的关键词，因此众多互联网玩家都在谋求消费金融公司牌照，力求借助持牌经营来符合监管层合规经营的要求。在零售金融转型的趋势下，消费金融服务机构在 2018 年呈现两大特征：第一，互联网玩家热衷获取牌照的"申请热"；第二，已开业的消费金融公司为了拓展资金来源、拓展更多客户而形成"增资潮"。

1. 互联网玩家：谋求消费金融牌照"申请热"

从银保监会披露的牌照批复文件来看，除了已开业的 22 家消费金融公司，仅 2018 年一年又新增了 1 家——厦门金美信消费金融有限责任公司。截至 2018 年末，国内获批开业的持牌消费金融公司已增至 23 家。另外，还有 4 家处于申请设立、筹建两种形态，表 4 列明了 2018 年新增的消费金融公司申请进展情况。

---

① 赵一洋：《互联网汽车金融的2018：开放、洗牌与新大陆》，2018 年 12 月 29 日。

表4   2018年我国消费金融公司申请设立的进展情况

单位：亿元

时间	名称/暂定名	注册资本	出资人及持股情况	状态
6月19日	永赢消费金融有限公司	5	宁波银行60%，宁波富邦家具30%，宁波城市广场开发经营10%	拟发起设立
9月13日	中信消费金融有限公司	3	中信集团35.5%，中信信托34.5%，金蝶集团30%	获批筹建
9月14日	北京阳光消费金融股份有限公司	10	光大银行60%，中青旅20%，王道银行20%	拟发起设立
10月9日	四川省唯品会富邦消费金融有限公司	—	唯品会持股比例未披露，富邦华一银行25%	拟发起设立
10月22日	厦门金美信消费金融有限责任公司	5	中国信托商业银行34%，国美控股集团33%，厦门金圆金控33%	开业

资料来源：零壹财经·零壹智库。

2. 持牌消费金融公司：一场扩大市场占有率的"增资潮"

同样是在2018年，面对争抢消费金融公司这块牌照的新兴机构日益增多，为了赢取竞争优势并扩大品牌知名度、提升市场占有率，近10家消费金融公司在这一年进行了增资扩股。表5列明了相关消费金融公司的增资时间与股东构成情况，增资后将进一步提高借贷额度，更好地满足各类监管合规要求。

表5   2018年我国持牌消费金融公司的增资情况

单位：亿元

序号	消费金融公司	增资前注册资本	增资后注册资本	增资时间	部分股东及持股情况
1	马上消费金融	22.10	40	8月9日	重庆百货31.06%，北京中关村科金技术公司29.51%，物美控股17.26%，重庆银行15.53%，成都市趣艺文化传播公司4.99%，阳光财产保险0.9%，浙江中国小商品城0.75%
2	招联消费金融	20	28.59	4月8日	中国联合网络通信有限公司50%，永隆银行34.97%，招商银行15.03%

续表

序号	消费金融公司	增资前注册资本	增资后注册资本	增资时间	部分股东及持股情况
3	海尔消费金融	5	10	7月13日	海尔集团30%,红星美凯龙25%,海尔集团财务有限责任公司19%
4	兴业消费金融	5	12	6月21日	兴业银行66%,另外三家未披露股权占比,即福诚(中国)有限公司、福建泉州市商业总公司、特步(中国)有限公司
5	锦程消费金融	3.2	4.2	10月22日	成都银行38.36%,周大福25%,凯枫融资租赁19%,丰隆银行12%,浩泽净水国际控股5.14%
6	哈银消费金融	5	10.5	10月10日	哈尔滨银行75.71%,上海斯特福德置业9.05%,苏州同程软件7.14%
7	中原消费金融	5	8	3月20日	中原银行65%,上海伊千网络信息技术35%
8	中邮消费金融	10	30	3月16日	邮政储蓄银行70.50%,DBSBANKLTD.15%,广东三正集团4.50%,渤海国际信托3.67%

（四）技术创新应用于多项金融生活化服务

金融科技正在与各类生活场景、线上金融服务有机融合,使金融机构触客、营销以及风控等作业环节,均发生了巨大的变革。借助大数据、云计算、物联网、人工智能与区块链等技术,提高信贷审批效率,并降低授信风险。尤其是针对过度消费、恶意欺诈、重复授信等行业乱象问题,监管层在2018年将合规内控要求摆在了首位,因此技术创新对于基于生活场景的消费金融业务的发展十分重要。

围绕生活场景的线上金融业务,从目前我国发展情况来看,技术赋能的关键领域在于大数据处理,众多的消费金融头部平台纷纷强调构建数据能力,将用户数据转化为真实的生产力。根据机器学习、算法模型等技术,提升反欺诈能力,严防骗贷、信用卡诈骗等高风险事件的发生。此外,各类新技术也展现相互融合的发展特征,未来将拓展征信、反欺诈、智能客服、贷后管理等领域的发展空间,从而推动整个行业的平稳健康发展。

（五）基于金融生活化的互联网金融创新模式

金融生活化的服务主体从传统的商业银行逐步拓展至电商平台、流量较高的互联网公司，在业务模式上主要划分为三类：一是银行系消费金融；二是基于电商购物分期的消费金融；三是依托互联网金融平台的现金贷。

1. 银行系消费金融

商业银行是发展消费金融业务最悠久的一类传统金融机构，拥有丰富的产品开发与业务管理经验，并且部分领先银行已成立了银行系消费金融公司。随着互联网金融在我国的发展，商业银行的消费金融业务也在向"互联网＋"方向转型，通过自建电商平台或采用与互联网公司战略合作的方式，推广创新型消费金融产品，譬如工商银行"逸贷"、建设银行"快 e 贷"、招商银行"闪电贷"等。

2. 基于电商购物分期的消费金融

电商购物平台挖掘出众多的消费分期场景，包括手机、电脑、租房、教育、旅游与医美等领域，形成了电商的分期消费金融模式，行业竞争日趋激烈。同时，从事分期消费的电商平台公司也涌现"上市潮"，趣店与乐信分别在 2017 年 10 月 18 日、12 月 21 日在美国纳斯达克正式上市。2018 年，尽管趣店出现了裁撤汽车金融、分期平台投诉居高不下等问题，但仍不断涌入众多新进入者，未来这一模式的规模将继续扩大。

3. 依托互联网金融平台的现金贷

流量巨大的互联网巨头，近年来依托线上平台，促使"现金贷"实现爆发式增长，譬如蚂蚁金融"借呗"、京东金融"金条"与度小满金融"满易贷"等。2018 年，金融监管部门对于无特定场景与用途的"现金贷"业务严格监管，这一业务模式引发的风险将会被逐步清理整顿，严防非持牌机构的违规放贷行为。

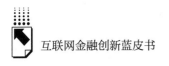
三 依托生活场景的互联网金融发展存在的问题

（一）供给端

场景化金融驱动着越来越多的互联网公司进入消费金融领域，但其中大量的平台企业仍游离在监管之外，处于"监管真空"状态，其中潜藏着较大的金融风险，具体表现为：第一，非持牌机构容易产生大量的逾期贷款，在客户准入标准、贷款利率定价与贷后催收管理等方面，存在违规操作问题；第二，竞争白热化导致全行业信用风险加剧，包括商业银行、消费金融公司以及各类互联网平台在内，纷纷争抢C端市场的线上流量，容易导致很多缺失征信记录、多头借贷行为的用户信用风险暴露；第三，技术创新应用于征信与风控仍具局限性，尽管借助技术能够提升放款效率，但反欺诈、个人征信等方面仍不完善，有待进一步创新落地。

面对场景化金融这个大风口，从供给端的服务主体角度来看，参与机构数量正处于成倍扩张的态势。尤其是众多非持牌机构参与其中，加剧了整体金融风险，需要在贷款审批与不良贷款管理上，构建有效、可持续的约束机制。

（二）需求端

从需求端来看，在国家提出"促消费""乡村振兴"的政策导向下，以"80后""90后"乃至"00后"为主的年轻客群，逐步培养起超前消费的行为习惯。但与此同时，从居民债务压力的视角来看，也要考虑居民杠杆率这一指标，2018年银保监会多次强调要控制居民杠杆率过快增长。基于国际可比性和数据可得性，在此选取图3所示的国际清算银行（BIS）与社科院两个口径的居民杠杆率。① 其中，国际清算银行公布的最新统计时间到

---

① 李奇霖、张德礼：《深度解析居民杠杆》，国家金融与发展实验室官网，2019年3月11日。

2018 年第二季度，为 50.3%；社科院国家资产负债表研究中心在 2017 年之前按年公布居民杠杆率，2017 年开始按季度发布，最新数据是 2018 年第三季度的 52.2%。

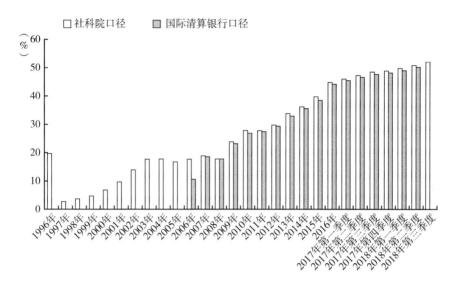

图 3　两个口径的中国居民杠杆率

资料来源：互联网公开资料。

从国际货币基金组织 2017 年 10 月发布的《全球金融稳定报告》观点来看，住户部门债务与 GDP 的比值低于 10% 时，该国债务的增加将有利于经济增长；比值超过 30% 时，该国中期经济增长会受到影响；而超过 65%，会影响到金融稳定。由此可见，我国居民杠杆率超过 50% 的发展态势，应当引起适度关注，防止居民债务的过度增长。

基于各种高频率的线上生活服务场景，个人客户群体在获取线上贷款服务时，目前暴露了以下问题：第一，年轻客群对于法律合同、贷款利率的认识欠缺，对于还款周期的敏感度不够，往往冲动消费后缺乏按期还款的能力，衍变为多头借贷；第二，缺乏筛选合规贷款平台的能力，易陷入"套路贷"；第三，贷款逾期不还，甚至联合其他借款人绝不还款，以老赖的心态面对上门催收人员，认为不在银行贷款就不会影响个人征信记录。

（三）其他风险因素

基于金融生活化的互联网金融业务，在国内发展仅几年时间，仍缺乏成熟的运营管理经验，下述三方面问题也是制约业务发展的重要因素：第一，用户个人隐私数据存在暴露风险，手机号、身份证与家庭住址等个人信息很可能被平台方泄露贩卖，用户对于平台的信赖感不强，容易造成客户流失；第二，缺乏足够吸引人的消费场景，目前竞争最为激烈的网购、教育、医美等领域的经营模式相对成熟，但缺乏满足不同行为偏好客群的细分场景，导致行业同质化竞争严重；第三，消费金融行业监管机制、资金来源等有待完善，相关法律法规也一直处于探索阶段，未来在制度立法方面还需要不断完善。

四 依托生活场景的互联网金融发展趋势与建议

（一）打造开放式平台已成为行业共识

注重"开放连接"与"平台战略"，已成为行业从业者的共识，未来各参与主体将在搭建网络平台的基础上，通过开放 API 与拓展生态合作伙伴，为个人客群提供多元化的生活场景，从而提升用户黏性。在运营模式上，平台企业要注重构建金融生态圈，首先为用户展现平台的生活服务场景，其次再推动消费金融业务发展，实现场景与金融业务两者的相互促进。

开放式平台强调数字经济的共享理念，即平台企业与合作伙伴共享用户数据，发挥各自优势，进行用户精准营销。通过数据挖掘，寻求垂直细分市场的刚需场景，形成平台规模效应并使参与各方实现"多赢"。

（二）消费金融 ABS 成为主要资金来源

在互联网技术与消费升级的双重因素作用下，我国消费金融业务迎来了发展规模的迅速增长。统计数据显示，截至 2018 年末，我国住户消费性贷款余额达 37.8 万亿元，同比增长 19.9%，增速比 2017 年末低 5.9 个百分点，全年增加 6.27 万亿元，同比少增 1991 亿元。考虑数据可得性，尚未包含互联网平台企业的消费贷款规模，可见消费贷款发放金额的扩张，亟须补充资金来源。

根据零壹财经统计，截至 2018 年 12 月中旬，消费金融领域共发行 ABS 类产品 115 支，合计金额 3039.68 亿元。而 2017 年消费金融领域 ABS 发行总量为 154 支，同比增长 175%，产品总额为 4396.11 亿元。整体资金规模的下滑，与 2018 年初监管部门整治"现金贷"业务关联较大，此后呈现逐步复苏转暖态势。今后，围绕大数据、人工智能等技术手段的持续创新，消费金融业务也将提升获客、融资、定价、风控等环节的专业度，整体行业发展规模将继续扩张，因此平台企业亟须拓展资金来源，其中消费金融 ABS 将成为促进行业发展的主要资金获取方式。图 4 展示了 2018 年我国消费金融 ABS 月度发行情况。

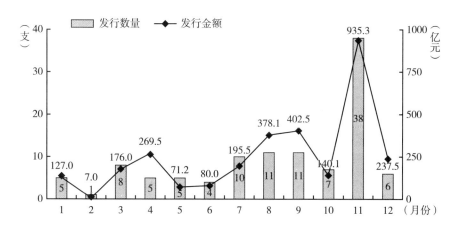

图 4　2018 年 1～12 月我国消费金融 ABS 发行情况

资料来源：零壹财经。

（三）消费金融服务机构拓展东南亚市场

在消费金融业务领域，面对国内"强监管"与日趋激烈的竞争格局，一批金融科技公司将视野转向了东南亚市场，看中的是印度尼西亚、泰国、马来西亚、越南等国与中国交往密切，并且移动互联网技术与中产阶层正在快速发展。与此同时，"一带一路"倡议的机遇，也吸引金融科技公司进行技术、产业、资本等方面的输出。

目前，我国已经在东南亚市场开拓消费金融业务的企业，主要包括宜信、百度、蚂蚁金服、陆金所、京东金融、凡普金科以及 PINTEC 等。这些行业内的头部平台企业在海外布局的重点在于先进技术和人才的输出，毕竟基于生活服务场景的消费金融业务发展主要依赖于先进技术研发。通过研发创新智能化金融技术，譬如反欺诈、个人征信与贷后行为检测等，将有助于"科技 + 场景"产品创新，极大地扩大东南亚国家的消费金融发展规模，并借助海外相对宽松的政策环境，快速做大规模、形成核心竞争力。

（四）加强消费者权益保护与征信体系建设

基于线上生活服务场景的消费金融平台，在发展过程中滋生了众多侵害消费者合法权益的事件。很多互联网用户在不知情的情况下，被平台窃取隐私信息、强制贷款或者贷款到期关闭还款渠道，导致很多用户被强行要求支付违约金并影响个人征信。针对这种情况，各省份还没有统一的归口管理部门，政府部门应当强化金融消费者的投诉反馈平台建设，对于行业从业者形成约束机制，加大对于违规企业的惩处力度。同时，及时对金融消费者投诉的问题给予反馈结果，并出台相应的法律法规加以规范，防止消费者权益受到侵害，从而保障整个行业的业务合规、平台运行各项信息公开透明，更好地满足用户的金融需求。

此外，我国应当加快推进具有中国特色的个人征信体系建设。这是发展消费金融业务的重要基础设施，但我国征信市场仍存在发展时间不长、征信维度不足等问题，2018 年 5 月，百行征信作为我国首家个人征信公司在深圳挂牌开业。因此，未来在防范借款人"多头借贷"与平台不良率攀升等严重问题方面，应当由政府部门建设征信共享机制，将非银行金融机构、网络贷款、小额贷款等数据信息全部纳入征信体系并实现数据信息共享。对于失信人名单进行公示，建立有效的失信惩罚机制，通过金融科技来促进民营征信机构发展，以作为央行征信系统的有益补充。

参考文献

《〈2018 中国汽车消费金融发展报告〉：场景重构，资金成为核心竞争力》，金融界，2019 年 1 月 24 日。

赵一洋：《互联网汽车金融的 2018：开放、洗牌与新大陆》，国家金融与发展实验室官网，2018 年 12 月 29 日。

企鹅智库：《2017 小镇青年泛娱乐白皮书》，国家金融与发展实验室官网，2017 年 11 月 22 日。

极光大数据：《2018 年 8 月小镇青年消费研究报告》，国家金融与发展实验室官网，2018 年 8 月 29 日。

李奇霖、张德礼：《深度解析居民杠杆》，国家金融与发展实验室官网，2019 年 3 月 11 日。

B.11
2018年B2B模式、S2b模式与
小微企业融资模式创新

零壹财经[*]

摘　要： 2018年，供应链金融政策频频发力，行业再次站在发展风口。商业银行、核心企业、物流企业、互联网巨头纷纷抢滩加码，抢占市场份额。互联网东风下，各类服务机构的业态模式悄然生变：传统银行开始进行数字化改革，发力金融科技、探索智慧服务；核心企业布局互联网金融，尝鲜P2P供应链金融；互联网巨头升级服务、延伸服务触角。互联网金融的独特属性，让金融科技影响了供应链金融服务的各类主体，也让大数据、云计算等各类技术手段能够更广泛地用于各类场景，触达小微企业。在信用体系建设尚不完善的基础上，如何整合资源、精准判断、量化风险服务长尾用户群是当前供应链金融服务小微的现实困境，电商模式的改变和革新让其逐渐成为可能。未来供应链金融势必会走线上化、数据化、精细化的平台模式，加速资源整合、产融结合，探索搭建供应链金融服务生态圈。

关键词： B2B模式　S2b模式　小微企业融资　模式创新

---

[*] 执笔人：马雪飞，零壹财经分析师，研究领域为金融科技、互联网金融。

一 2018年小微企业融资现状和供应链金融发展

（一）小微企业融资、供应链金融政策红利不断释放

国务院公布的数字显示，截至2018年5月21日，我国小微企业名录收录的小微企业已达8751.6万户；而央行的信贷数据显示，2018年末，金融机构对普惠口径小微主体授信1815万户，比上年末增加465万户，增长34.4%，但仍有大量的小微主体未被金融服务所覆盖。庞大的市场用户群，巨大的金融服务缺口蕴藏的是无限的成长空间。

2018年，政策的天平再次向小微企业倾斜，供应链金融服务的政策红利也在不断加码，加之金融科技的优化升级，低成本、高效率的资金活水正在向小微企业注入，焕发国民经济毛细血管的生机。

表1 2018年供应链金融及小微企业融资相关政策文件

时间	监管主体	文件	主要内容
1月2日	国务院	《关于推进电子商务与快递物流协同发展的意见》	强化标准化、智能化，提高协同运行效率，其中提到提高科技应用水平，鼓励信息互联互通、推动供应链协同，延伸物流仓储服务链条，优化电子商务企业供应链管理
4月10日	商务部等八部门	《关于开展供应链创新与应用试点的通知》	包含推进完善农业供应链、工业供应链、流通供应链等产业体系建设；推动供应链核心企业与银行等机构合作，创新供应链金融服务模式，为符合条件的中小微企业提供低成本、高效率的金融服务；支持和鼓励企业走出去，提高全球范围内供应链协同和资源配置能力等多项、多层次要求
5月24日	财政部、商务部	《关于开展2018年流通领域现代供应链体系建设的通知》	鼓励各城市结合实际情况围绕农产品、快消品、药品、电子、物流等行业领域，推进供应链体系建设，促进产业转型升级。认为主要包含涉及物流基础设施建设、单元流动标准化、智慧供应链、聚焦行业领域、推广绿色技术五大方面

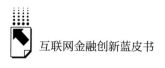
续表

时间	监管主体	文件名称	主要内容
6月25日	央行、银保监会等五部门	《关于进一步深化小微企业金融服务的意见》	要求加大货币政策支持力度，引导金融机构聚焦单户授信500万元及以下小微企业信贷投放；加大财税政策激励，提高金融机构支小积极性；加强贷款成本和贷款投放监测考核，促进企业成本明显降低等一系列小微企业融资服务优化措施
11月28日	工信部、国家发改委、财政部、国资委	《促进大中小企业融通发展三年行动计划》	鼓励大中小企业协同创新、共享资源、融合发展，提升中小企业专业化水平。其中提到深化供应链协同、推动创新能力共享、打造产业生态融通等多个行动计划，针对融资支持提出鼓励开展小微企业应收账款融资专项行动，发挥应收账款融资服务平台等金融基础设施作用，推动供应链核心企业支持小微企业供应商开展应收账款融资

资料来源：各部委网站，零壹智库整理。

（二）新老选手纷纷加码发力供应链金融

政策东风频现，2018年供应链金融再次占上风口，传统金融机构、核心厂商、互联网公司纷纷抢滩。民生银行、光大银行、中信银行、平安金融壹账通等纷纷入局供应链金融领域；海尔、格力、美的也在延伸互联网触角，成立供应链金融公司、网贷平台以瓜分市场；而互联网金融的早期玩家京东、阿里巴巴也在凭借其电商基因，早早布局供应链金融，不断升级服务模式。

据前瞻产业研究院预测，到2020年，国内供应链金融市场规模将接近15万亿元。作为亟待开发的蓝海市场，供应链金融遭各路玩家抢滩不足为奇。随着行业竞争加剧，产业升级、模式升级逐渐成为当前供应链金融发展关注的焦点。

（二）由B2B到S2b供应链服务模式优化升级

谈及互联网经济和电子商务，过去大家想到最多的是B2B、B2C、

O2O，而近两年 S2b[①]（Supply chain platform To business ）作为一种新型商业模式已经悄然出现并且迅速成长为经济增长的新引擎。

早期 B2B 的作用只是提供信息交互，解决企业间数据信息交换的不对称问题（B2B 1.0），而随着交易模式的升级，B2B 也被赋予了更多的含义，发展到管理加盟代理服务、撮合商品在线交易（B2B 2.0）以及提供企业竞争性情报服务等，并由此衍生出垂直市场、综合市场、社区模式等服务业态模式。

然而 B2B 应该做的既不是信息服务员，也不是单纯撮合贸易商，而是资源的整合和平台的构建（B2B 3.0）。互联网时代 B2B 服务不会仅仅停留在交易层面，而是利用数据提升服务效率，B2B 3.0 时代竞争的应该是服务。

随着服务需求的提升，侧重于给用户赋能的 S2b 模式开始走进用户视野。在曾鸣的定义中，S 是一个大的供应（链）平台，可以大幅提升供应端效率，以一个大平台对应万级、十万级甚至更多的小 b，让他们完成针对客户的服务、实现低成本的实施互动。[②] 它们之间是一种赋能的关系，S 不会承诺给 b 提供流量，但会提供支持性后台服务，充分发挥每个 b 的自主能力。相较于 B2B，S2b 解决的是从如何"卖出去"到如何能"更好卖"的转变。

无论是 B2B 还是 S2b，其服务体系的实质都是供应链管理，利用在供应链服务中的采购、物流、仓储、销售等环节的信息和资金流转，把握广大小微企业的动向和需求，实现供应链产业的优化升级。

二 供应链金融服务优化升级，S2b 有望成为主流

从宏观上看，供应链金融产生的背景是融资的结构性分化；从中观上

---

① 2017 年 5 月 25 日，曾鸣在天猫智慧供应链开放日的论坛演讲中提出 S2b，并指出在未来五年，S2b 是最有可能领先的商业模式。

② 曾鸣在天猫智慧供应链开放日的论坛演讲中对 S2b 的释义。

看，供应链金融的本质就是利用供应链上企业间的债权、物权进行融资。[①]
其核心都是基于核心企业管理上下游中小企业的资金流和物流，以控制金融
产品的风险，可分为预付款融资、货押融资、应收账款融资以及信用类等几
种方式。

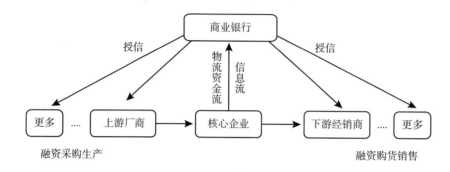

图1 传统供应链金融模式

从供应链金融涉及的主体看，大致可以分为资金的需求方、供给方以及
第三方服务商三类。具体而言资金需求方包含供应链节点上的各类企业，既
包含核心企业也包含其上下游的供应商、经销商以及产业链上的零散商户。
资金的供给方以商业银行为主体，涉及保理、小贷等机构，随着互联网金融
的发展逐渐扩大至互联网电商平台以及 P2P 机构等新型金融服务模式。

而供应链金融服务涉及的第三方服务也涉猎广泛，既包含物流服务商、
财务软件商等基础设施服务机构，也包含数据信息服务商、技术支持方等互
联网机构。供应链金融服务正在由线下向线上延伸、从单一的供应链向多元
的供应网扩张。

（一）各类主体供应链金融模式特点

1. 银行抢滩升级打造供应链生态圈

从银行来看，供应链金融的核心是上下游中小企业的应收账款和票据，

---

① 李奇霖：《联讯证券宏观专题研究供应链金融手册》，2018 年 5 月 28 日。

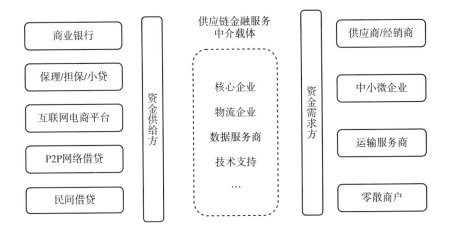

图2　供应链金融服务参与主体

作为典型的金融服务商，其在资金和风控上拥有天然的资源优势。供应链金融的概念最早由平安银行提出，业务模式也从最初的"1＋N"发展到现在的"N＋N"服务平台，经历数年的发展，当下各大银行的供应链产业已初具规模、各有特色。

进入 2018 年，供应链金融再次站上风口，民生银行、光大银行等一众机构纷纷抢滩，发力供应链金融领域，另外地方中小银行也跃跃欲试。

表2　2018 年部分银行供应链金融产品动向

时间	金融机构	动向
2 月	民生银行	组建供应链金融事业部
12 月		发布供应链金融品牌——"民生 E 链"。初步搭建完成"E 系列"线上化产品体系，包括应收 E、赊销 E、仓单 E、采购 E 等产品
10 月	中信银行	上线业内首个全流程线上供应链金融平台创新产品"信 e 链—应付流转融通"，借助标准化电子付款凭证的多级流转，向其上游 N 级供应商提供全流程、线上化服务
10 月	光大银行	发布"阳光供应链"系列产品，其中阳光融 e 链包含"e 网赢""e 企赢""e 共赢"三种业务模式

资料来源：零壹财经，零壹智库整理。

随着供应链金融的日益活跃，银行的角色也在悄然生变，由单纯的资金供给方延伸至供应链生态圈的塑造，实现产融结合。伴随着金融科技的推进，智慧银行、智慧供应链的理念也在改变银行供应链金融服务。

针对央行牵头印发的《小微企业应收账款融资专项行动工作方案（2017～2019年）》，作为应收账款融资发力的金融主体，商业银行也在延伸触角，拓展供应链末端的中小企业。

2. 核心企业依托产业优势抢占赛道

除银行瓜分市场外，核心厂商也在通过旗下财务、物流、科技公司进入供应链金融领域，凭借自身的产业信息积累和资源优势，打造综合性服务平台，即用平台替代核心企业，串联供应链上下游N家中小企业，利用物流、资金流、信息流提供信用支撑，实现预付款、货押、应收账款等转让和融资。

近几年，各行业巨头频频调焦，将目光瞄准供应链金融，包括国美金控、格力财务、富士康、美的集团、海尔在内纷纷发力。作为行业中绝对的焦点，龙头企业对于上下游中小微企业的商流、资金流拥有绝对的把控，在风控上具有天然优势。而随着产业的扩张，竞争已经不仅仅局限于企业，而且延伸至整个供应链的服务和效率。

表3　核心企业发力供应链金融

企业	供应链金融运作成果
国美金控	开发出账云贷、信云贷、货云贷、票云贷四款产品，向上游中小企业提供应收账款、存货质押借款、信用贷款等不同类型的融资服务。截至2018年6月，国美供应链金融共实现放款金额近百亿元，为近5000个中小微企业提供了企业融资服务，覆盖电器、化工、汽车等多个领域
格力财务	将信贷管理系统与格力电器供应链管理系统、企业资源计划管理系统实施对接，掌握了供应链上的信息流、货物流、资金流的全部信息，并能实时查询供应商和经销商的认证、考核、绩效、供货比例、合同、订单、应计负债、应收账款等信息，实现了保理业务一对多、跨区服务，满足了上游供应商的金融需求
美的集团	利用数字化支撑运营，计划生产采购、供应商协同、产出配送均通过数字供应链支撑。将生产制造向小规模、多批量转变，实现C2M的小批量生产

续表

企业	供应链金融运作成果
富士康	富士康为上下游供应链中的厂商提供金融服务,通过旗下保理、担保、贷款、基金、金服平台等建立供应链金融服务体系
海尔	基于多年积累的用户、品牌以及生态体系等资源,成立了互金平台海融易。通过生态圈供应商、经销商提供融资服务

在这一过程中,不少巨头开始跑马圈地,将供应链金融的触角延伸至 P2P 领域。海尔的海融易、新希望的希望金融、卓尔的嘉石榴都在通过集团打造的服务商圈拓展供应链金融服务。

3. 电商平台创新升级供应链金融服务

B2B 电商从最初的信息展示、撮合交易逐渐发展到资源整合的电商平台,沉淀了海量的用户信息、交易数据,以此评估商户的经营风险和盈利能力是发展供应链金融的核心优势。随着云计算、大数据的介入电商平台开始整合资源向细分垂直领域进发,供应链金融服务进入场景化阶段。

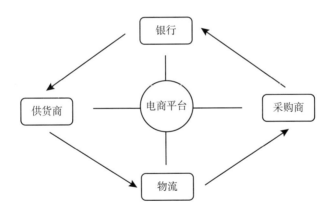

图 3   电商平台基本模式

以阿里巴巴、京东、苏宁为代表的大型电商平台,通过整合线上交易数据汇集了商流、物流、信息流和资金流,产生的交易闭环可以覆盖各个产业,对于打造供应链金融场景、纵向发展产业金融服务提供了有力支撑。

当下以互联网巨头为代表的电商平台纷纷发力金融科技、探索人工智

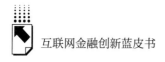
能、区块链等新型技术手段、做精服务，以高效率、低成本的服务业态为供应链节点中的小微企业提供金融支持。

（二）供应链金融服务领域不断拓展、产业细分化发展

随着大数据、云计算、人工智能等科技手段的覆盖，海量碎片化的信息、数据通过标签化的加工处理形成相互关联的信息链、信息网，打破了商户间的信息壁垒。日益成熟的服务业态也激发了汽车、商贸物流、三农等细分产业链的内生金融需求，供应链金融的服务领域不断扩大、用户不断下沉。

以汽车供应链金融为例，传统的供应链金融服务集中在厂商的配件供应和新车的流通销售环节，其中商业银行为汽车制造商和主要零配件公司提供订单融资、应收账款融资、票据贴现等服务；汽车金融公司则联合商业银行为经销商和消费者提供车辆仓储、物流以及汽车消费贷款等金融服务。

随着电商平台的切入，汽车供应链金融服务由新车拓展至二手车并向汽车后市场延伸，覆盖用户也从大型汽车供应商、经销商向零散汽配商和终端消费者延伸。部分供应链金融服务覆盖范围已经囊括了上游配件、中游汽车流通销售、下游汽车保养、维修以及汽车后市场的保险服务和二手车交易。

（三）金融科技加码，缓解小微企业金融服务僵局

供应链金融打破了金融机构对于单个主体授信的业务模式，批量提供链条节点中小微企业的金融服务，但覆盖范围也仅仅局限于核心企业的上下游，人工审核的处理效率也有待提升。随着"互联网＋"的深入发展，大数据、云计算、人工智能、区块链开始应用于供应链金融服务的各个环节，解决批量处置的风控审核难题。

1. 大数据、云计算成为供应链金融服务主流标配

物联网、移动互联网每天都在产生海量数据，通过云计算的方式对数据进行筛选，提取有效信息进行分析，由此建立数据模型，根据不断变化的数

据实时更新迭代。在金融领域，无论是传统金融机构还是第三方服务平台，都在通过互联网化的金融科技手段实现数字化的供应链金融服务，具体体现在以下三方面。

（1）数据积累量化。银行、电商、第三方机构在开展业务时都在积累海量用户数据，通过采集分析外来数据和自身交易数据，实现前期的标准化数据和身份认证，为后续产品和风险量化提供依据。

（2）产品定制化。基于海量的用户数据以及各行业小微用户群用款额度、周期的变化，供应链金融服务商的产品更加贴合消费场景，实现精准营销、定制化服务。

（3）风控体系。大数据、云计算以及人工智能技术的强大计算能力和先进的模型算法对分散化、碎片化的多维度信息进行整合、分析，能够改变事后分析的方式，建立主动、实时响应机制和风控模型，减少人为干预实现风险预测判断，提高风控效率。

2. 人工智能成为提升服务效率新风口

近几年，人工智能通过神经网络和深度学习在算法上在金融领域智能化方面取得了突破式进展。无论是前台的机器人客服还是中后台的授信审批，人工智能在金融领域的应用场景和应用范围都在扩大。

其中智能客服可以基于语音识别和自然语言处埋技术实现 7×24 小时咨询服务，也可以对人工客服的服务和催收进行品控。指纹识别、人脸识别等生物特征识别方式则可以代替人工进行全天候 24 小时面审，并通过行为动作特征进行综合判断，识别风险。

人工智能在获客、审核、风控、售后等环节的应用在提升金融服务效率的同时降低了人工成本和坏账率，在服务小微用户群方面具有一定普惠性，这也使之成为金融服务发展的新风口。

3. 区块链入局提升金融服务安全性

区块链的本质是去中心化的数据存储，其分布式的数据存储、点对点的数据传输以及加密算法构建了完整信息存储系统，解决了传统供应链运行过程中的信息孤岛问题。不可篡改的数据追溯系统也可以更加准确地评价企业

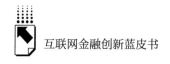

的真实运营情况，为高效、低成本的放贷决策提供辅助。

区块链技术可以为不信任的各方提供一种不存在中介机构的数据库，通过无人管理的分类账提供特定的金融服务。以银行为例，可以广泛应用于支付、清算、贸易融资等，其中去中心化的支付账本可以实现比银行更低的费用、促进更快的支付，实时更新的分布式账本可以降低运营成本，让金融机构间近乎实现实时交易。

（四）由 B2B 到 S2b，电商平台类供应链金融服务有望成为主流

传统的供应链金融的本质在于创新企业授信方式，由单一授信变为共享信用，将资源分享给产业链上下游的长尾小微用户企业。新型模式则是在技术升级和产业优化的基础上推动的数据化供应链金融服务，互联网平台所积累的数据和信息使电商模式在发展数据化供应链金融上具有先天优势。

B2B 平台侧重于服务企业，侧重点在于如何解决行业痛点、激发企业活力、提高产业效率。S2b 的转变则是要与企业形成协同，用一张供应网将 S 聚合产生的效能和技术赋予小 b 企业，小 b 则通过与 c 端的对接时刻反馈新需求，实现网络体系内的低成本、快速反应和定制化，建立供应链网络的服务生态圈。

当 S 与 b 的结合发展到足够强大，供应链网络的协同性和覆盖范围也将随之升级，整个网络从供应、运输、生产、销售到最后的广告、品牌将实现全网化覆盖，很可能在效能上超越 B2C，形成更具广度、深度和密度的供应链金融服务体系。

三 供应链金融与小微企业融资面临的问题

（一）小微企业融资难的内生因素

长期以来小微企业融资难、融资贵一直是世界性难题，尽管我国政府一再强调支持小微企业发展，政策也在不断向小微企业倾斜，但由于小微群体的先天内生性因素，金融服务发展一直处于瓶颈阶段，先天内生性因素主要

包括以下几点。

（1）数量多、分布广。小微企业在企业总数中占有绝对主体地位，广泛分布于各行各业的各个生产环节，企业结构差异性巨大，无法通过统一的标准和流程进行批量化操作处置。

（2）规模小、风险高。小微企业包含很多零散商户，资产规模小，无法形成规模经济。而小规模、单一的生产经营模式导致企业在产业链中处于弱势地位，没有议价能力和话语权，无法抵御市场波动带来的风险，生命周期普遍偏短。另外，由于资产规模小，小微商户多没有担保抵押措施，也难以形成约束。

（3）整体素质差、信用低。小微企业素质参差不齐，优质商户的发展如鱼得水而部分商户却频频失利，发展呈现两极分化。生命周期短也造成了大多数小微商户并没有信用意识，甚至对于债务能逃就逃、能躲则躲，信用记录的缺失也造成了传统金融机构发力小微不足的僵局。

（4）不规范、制度不健全。小微企业很多是家庭式生产制造企业、业务分工灵活但制度不规范，缺乏正规交易记录、财务记录，信息高度不对称，金融机构对于信息的真实性无从考证。

（二）融资难的外生环境因素

1. 供需不对称造成的服务缺失

长期以来，我国金融机构和小微企业在信息交互方面存在严重不对称，从而造成资金供需方的业务严重脱节。一方面，因为银行作为区域性金融机构覆盖地域范围有限，难以全面观测市场变化和需求、覆盖小微商户需求；另一方面，传统金融机构多倾向于大型、信誉良好的商户，缺乏对小微商户的服务意识，现阶段的产品多难以满足小微商户小额、灵活的金融需求。

对于供应链金融服务，一个完整的供应链多涉及产业上下游大量零散客户，覆盖范围往往涉及多个城市，单一的网点往往很难集中调研整个产业链，深入分析供应链末梢小微企业的资金流、物流、信息流和商流，而低额度、高频率、短期限的资金需求也让银行落实小微企业金融服务面临成本控

制的经营难题。一方是急需资金的小微商户，一方是难以覆盖小微用户群的金融机构，供需的脱节导致信息不对称造成的服务缺失，使小微企业的金融服务尤为艰难。

2. 供应链金融产品创新不足

尽管商业银行在提供金融服务中存在诸多壁垒，但当下仍是提供供应链金融服务的主要载体。通过核心企业的信用和资质为上下游小微商户提供信用支撑的业务模式，仅从服务链条覆盖的供应链环节看，其覆盖延伸的范围十分有限，而银行对于大企业的依赖，也使其局限于固定商圈拓展业务，缺乏金融产品的创新意识。

互联网金融作为后起之秀，正在有目的地扩展金融服务覆盖群体范围，提升供应链金融服务的专业化水平，尽管新型服务模式作为传统金融机构的有益补充，用户市场高度下沉，但金融服务的技术水平和创新程度依然不足，模式尚未成熟，供应链金融产品的活力还有待加强。

3. 金融科技手段应用覆盖面小、模式尚未成熟

当下金融科技手段层出不穷，但从商业银行制度、机构体量等方面考虑，落地程度、落地速度还亟待加大和加快。尽管金融科技已经成为金融服务的标配，但从模式到技术，到应用再到覆盖面距离成熟都有很长的一段路要走。

作为供应链金融的末梢神经，小微商户的金融服务起步晚、底子薄、基础差，传统金融机构金融科技服务的探索和应用还处于基础阶段，如何用技术为零散商户提供低成本、高效率、风险可控的金融服务是当下需要克服的难题。

4. 金融基础设施服务体系不健全

征信体系建设一直是小微企业融资难的根本问题。作为风险控制的核心，我国征信体制一直存在覆盖范围窄、监管体系不健全等问题，严重制约了金融服务效率的提高。而当下小微企业建设征信体系主要包含以下四个问题。

（1）小微企业缺乏信用意识。小微企业存活周期短、覆盖面小、流动

性大和体制建设不健全等导致虚假宣传、拖欠款项、逃废债现象时有发生，信用意识的缺乏普遍存在，严重影响其在金融机构的形象。

（2）征信法律体系不健全、监管体系不完善。现阶段我国《征信管理条例》对于小微企业群体的征信工作并未做出明确规定，而由于分散、差异化的集群特征，小微企业也并没有专门的立法监管，外部环境、法律环境建设的不完善，导致缺乏惩戒机制对其进行约束。

（3）征信机构缺乏公信力、发展缓慢。现阶段，我国征信机构大多是政府主导型，社会化机构较少，高度集中的征信市场导致服务差异化缺失、产品单一化；由于我国征信行业的准入标准和规范并不统一，社会征信机构水平参差不齐、缺乏公信力，目前的社会化征信机构的市场标准并不一致，服务建设秩序也比较混乱。

（4）除征信外，供应链金融的难点还在于实现高效的传导机制。信息流、物流、资金流逐级外向式的传递和信息交互，是金融机构对小微企业进行信用审核、风险控制的核心。在资金需求迫切的情况下，如何高效精准对接是当前供应链金融创新升级的难题。

四 供应链金融服务未来发展趋势

（一）产融逐渐结合共同打造供应链金融生态圈

供应链金融是立足于产业链的金融服务，从产业中来到金融中去是当下供应链金融服务的主要理念。一方面，只有深度挖掘产业运作模式和产业痛点，才能扎根场景，颠覆传统信贷的固有模式，以产业场景和业务模式控制金融服务风险。另一方面，金融服务需要顺应产业发展、扎根产业，服务不应单单局限在融资需求，账户管理、产业升级、现金管理、投资计划等都是融资需求的衍生服务，帮助客户提升产业效能，而产业发展好才能反哺，扩大金融服务需求、降低服务风险。产业＋融资相辅相成，才能实现共赢发展。

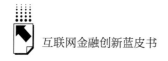

未来，产融结合的供应链生态圈，将产业中真实的贸易背景与交易中物流、资金流、信息流等相结合，打造生态闭环，实现资金高效流转、业务风险可控。

（二）线上化突破地域、规模、数量限制发展普惠供应链金融服务

供应链金融的线上化趋势将是提升金融服务效率、打破商业银行服务壁垒的主要手段。互联网线上化的服务借贷模式，使金融服务逐渐跳出地域限制，大大拓宽了传统供应链金融服务的网络边界，使其更加移动化、扁平化，触达更加广泛的长尾用户群体，提升普惠金融的可得性。

当下供应链金融线上化服务多以 P2P、电商平台为载体，搭建覆盖全国的信息交互、资源共享平台，通过大数据等技术的应用将"线下＋线上"的业务模式中非标准化的交易数据标签化处置，实现批量化处置。

当下许多银行也在尝试供应链金融线上服务，打造电商平台拓展线上服务领域。随着线上化金融服务的趋势愈发明显，更多金融服务主体将加入互联网阵营，拓展普惠金融覆盖的小微用户范围。

（三）垂直化、精细化服务逐步向小微用户渗透

行业千差万别，每个行业都拥有独特的属性和运作特点，供应链金融作用在不同行业，必然衍生不同的服务属性和业态模式。商贸、汽车、"三农"行业不同，金融服务需求也各有特点，不同产业甚至同一产业不同环节都需要特定的金融产品，这也将促使供应链金融服务向更垂直、更专业、更细分的方向发展，随着金融服务的纵向发展，产业长尾小微用户需求也将逐渐得到满足。

可以预见，随着供应链金融服务主体的不断加入，未来的服务将愈发细化，机构也会发挥自身优势着力拓展重点领域、在了解行业的基础上发展特色产品，未来供应链金融的竞争不仅仅是产品的竞争还是服务的竞争。

（四）金融科技赋能供应链金融得到充分体现

在金融科技的浪潮下，技术的革新带来的是服务的升级。大数据、云计

算、区块链、人工智能纷纷加入，改变了传统金融的服务模式和金融产品，跨领域、跨产业的产融深度融合开始发挥重要作用。

"供应链+金融科技"作为解决民营小微企业融资难、融资贵难题的重要渠道，将在互联网和金融科技的东风下得到充分体现。如面部识别、语音识别、神经网络以及区块链等可以有针对性地解放人工、提升工作效率，而区块链可以解决供应链金融中信息存储（票据真实性、交易真实性、货物流转）的全方位追溯以及不可篡改等安全问题。

技术手段的应用将真实的货运流转和债权债务关系全方位对接，帮助各环节交易主体打通信息壁垒，在提升交易效率的同时，增加了供应链环节中小微企业获得金融服务的可能性。

（五）以互联网为基础的资源整合类平台有望成为供应链金融服务主流趋势

供应链金融的走向是产融结合的生态系统，而平台类经营模式可以为其发展提供良好的载体。互联网所积累的数据和信息使供应链金融开始整合资源，向综合类平台进军。

供应链金融平台作为以产业为基础、互联网为载体的信息商业模式，已经经历了早期信息交互和撮合交易的基础阶段。如何将产业资源与互联网技术深度融合，通过平台聚合实现成本效益最大化是当下供应链金融的发展方向。

未来平台模式将是搭建一个产融结合的生态系统，不是单向或双向流动的价值链，而是能促使多方共赢的生态网络和商业系统。

五　促进小微企业供应链金融发展的对策和建议

（一）加强法律体系、监管体系建设，构建供应链金融培育土壤

小微企业自身发展水平不高、发展不规范与其先天的培育土壤和政策环

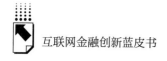

境密不可分。解决小微企业融资难问题，首先推进融资基础设施建设和改善，其中既包括法律体系建设、监管体系建设，也包含一定的政策红利支持。

供应链金融既涉及银行、担保等金融企业，也包含物流、汽车、商贸等细分行业。供应链依附于产业链，产业发展好、运营模式清晰，供应链金融才有赖以发展的根基。由于模式涉及众多小微企业，政府应建立和完善供应链金融的法律体系和担保体系，推动小微企业融资的产业化和规模化。首先界定小微企业在产业集群中的重要地位，提供适合其发展的政策环境；其次，针对小微群体搭建专业化服务和管理平台，从根本上解决小微企业体系留下的弊端；通过积极的政策引导以及有序的企业体系搭建，为金融机构了解小微、深入小微提供基础，使发展供应链金融服务成为可能。

（二）政策积极引导金融机构加码小微

近几年，我国在供应链金融方面做了诸多的有益尝试，也在小微企业金融服务方面取得了实质性进展，但在服务广度和深度方面仍不能满足广大供应链企业和小微商户的资金需求。

资金供给的断层是当下金融机构提供金融服务最为严峻的问题，优质企业资金充沛、贷款源源不断，小微企业资金匮乏、无钱可贷。政策的倾斜和引导是当下金融机构发力小微的基础。

从宏观角度看，发展供应链金融可以引导资金更好地服务实体、增效小微，对于微观主体小微企业来说供应链金融作为全新的融资工具可以充分释放其经济活力。当下政策暖风频吹，《关于开展供应链创新与应用试点的通知》《关于开展2018年流通领域现代供应链体系建设的通知》纷纷剑指供应链，金融机构对于供应链产业的支持力度亟须加大，除核心企业外要延伸产品线、触达底层用户。

（三）强化小微企业信息系统建设，搭建供应链信息共享机制和平台

供应链发展的趋势是线上化，做到信息、资源分类处置、整合是当下搭

建供应链信息共享机制的核心。庞大的小微用户群、零散的交易数据造成的是信息严重不对称，也给产业服务建立了天然屏障，因此公共基础设施和服务平台以及管理机制亟须建立，为各类机构和产业节点的商户提供信息共享。

开放的商业模式、共享的信息机制将推动行业发展透明化、公平化，商业银行、互金机构的介入也将给予商户更多的主动权和发展机遇。

（四）完善信用体系建设，加强小微企业信用管理制度

小微企业散、乱是其信用体系建设难的根本原因。支持民营、帮扶小微作为当下金融服务的主要方向，企业征信和信用体系建设迫在眉睫。

一方面小微企业信用意识低、信息真实性弱，需要培养经营意识。从现实情况看，相当一部分小微企业的企业信息在经营管理层面缺乏系统性和完整性。因此需要从培养小微企业信用意识入手，培养小微企业经营理念，保障信息的真实性、可靠性和准确性。

另一方面，多渠道建设小微企业的信用体系也尤为关键。以中国人民银行为基础，加快构建与小微商户的沟通渠道，通过各类金融机构搭建小微企业征信途径；而对于民间征信机构需要明确准入标准和业务规范、确保信息数据的真实可靠，扩大公信力；对于互联网途径的大数据信用体系建设也需要充分发挥主观能动性，形成优势互补、清除信用建设死角。

多层次、全方位的信用体系搭建也将成为小微企业金融服务效率提升和风险控制的关键。

参考文献

李奇霖：《联讯证券宏观专题研究供应链金融手册》，2018 年 5 月 28 日。

曾鸣在天猫智慧供应链开放日的论坛演讲，2017 年 5 月 25 日。

B.12
2018年金融智慧化趋势下互联网金融模式创新

零壹财经*

摘　要： 人工智能、大数据、云计算、区块链等高新技术与金融行业的融合不断加深，带动了整个金融业态的智慧化演变。2018年，互联网金融领域在金融智慧化趋势下，从产品形态到服务方式再到业务模式，都在发生了创新演变，出现包括生物支付、智能理赔、智能投顾等创新业态。在科技与金融的融合发展过程中，技术的发展应用尚存在不成熟之处，金融业态在智能化的过程中，也出现了诸如数据泄露、用户隐私安全受威胁等问题，对监管层以及金融服务提供者都提出了更高的合规发展要求。未来，互联网金融在科技的助力下，也必将回归服务实体经济、推动普惠的定位。

关键词： 智慧金融　互联网金融　模式创新　监管合规

一　金融智慧化发展概况

过去几年，在资本、政策等因素的推动下，科技力量在加速重构互联网

---

* 执笔人：林泽玲，零壹财经分析师，研究领域为金融科技、互联网金融。

金融行业的生态，人工智能、大数据、云计算、区块链等新兴技术与金融的融合不断加深，金融科技赋能行业的各个环节，推动行业朝着智能化、智慧化的方向演进，"智慧金融"呼之欲出。业内普遍认为，当下已进入智慧金融阶段，但发展尚处于早期。

所谓"智慧金融"，即科技与金融的深度融合，并带来整个金融产业链条的智慧化升级发展，改变整个金融行业底层逻辑。在智慧金融阶段，金融服务或产品具有智能化、高效率、人性化等特点。

（一）行业主体积极推进智慧金融发展

随着对金融科技认知的加深，借助高新技术进行金融产品和服务等方面的智慧化升级，已成为行业共识。2018年，传统金融机构、互联网巨头、互金企业等市场参与主体都在积极推动智慧金融的研发与合作。

传统金融机构在过去几年备受互金行业的冲击，在对数字化时代金融市场需求的供给方面显得"落后"。过去两年，在国家对数字经济、智能金融的提倡之下，银行、保险、证券等传统金融机构也面临转型的挑战。以银行为代表的传统金融机构，从对外寻求合作到自建金融科技子公司，积极拥抱金融科技以推动业务智慧化升级。BATJ等互联网巨头，也逐渐转型为合作者和技术提供者的角色，赋能金融智慧化演进。

2017年，中农工建交几大行分别牵手腾讯、百度、京东、阿里、苏宁，开展智慧金融合作，推动基于人工智能、大数据、云计算等技术的金融科技的开发应用。其中，中国银行与腾讯基于云计算、大数据、区块链和人工智能等方面开展合作，共建普惠金融、云上金融、智能金融和科技金融。农业银行与百度共同打造"金融科技联合实验室"，围绕金融科技、金融产品、渠道用户三大方向开展合作。

从智慧金融的推进成果来看，2018年4月9日中国建设银行推出业内首家无人银行，是传统金融机构在金融科技应用上的突出成果。该无人银行运用生物识别、语音识别、数据挖掘等技术手段，实现了业务流程的高度"智能化"，业务办理全程无须银行职员参与。

再如保险行业，传统保险企业诸如中国平安、中国太保等都基于自身优势积极探索金融科技相关的落地应用，寻求业务内容的智能化升级，将大数据、人工智能、区块链等技术应用到包括产品设计、营销、核保、理赔等环节。如中国平安保险将区块链技术应用于扶贫 App 平台，该 App 会将扶贫物资、扶贫对象、扶贫过程信息全链条信息录入，借助区块链技术实现数据真实可信防篡改、全程可溯源等功能，以提高扶贫工作透明度、公信力。

除了传统金融机构和互联网巨头，部分互联网金融企业也在积极推动智慧金融的开发。其中如 P2P 网贷平台拍拍贷在 2018 年初即对外宣布成立智慧金融研究院，注入重资支持其在人工智能、区块链、云计算和大数据等领域开展研究。

（二）智慧金融技术服务市场需求大

金融行业对科技应用高度重视，无论是银行、保险等传统金融机构，还是互联网金融机构自身，都将科技因素作为下一步发展的关键，由此也催生了对金融科技解决方案越来越大的需求。

自 2017 年以来，不少互联网金融企业都在"去金融化"、转型技术输出。到了 2018 年，这样的趋势有了更进一步的发展，代表性案例包括蚂蚁金服喊出的"不做金融"，京东金融更名"京东数科"等。在外部监管环境变化以及自身业务增长需求等的影响下，更多的互联网金融机构也开始面向 B 端输出金融科技解决方案。在科技驱动金融创新的行业共识下，金融科技市场高速发展，形成多方竞争格局。

传统金融机构通过金融科技子公司，在服务集团自身的同时，对外输出金融科技能力，服务行业智慧化升级。截至 2018 年，兴业银行、招商银行、光大银行、建设银行、民生银行等多家银行均成立了金融科技子公司。其中，2018 年 4 月 12 日，建设银行金融科技子公司——建信金科成立，面向建行及金融同业提供软件科技、平台运营、金融信息服务等业务内容。民生银行紧随其后，在 4 月 26 日成立金融科技子公司——民生科技，面向民生银行集团、金融联盟成员、中小银行、民营企业等提供金融云、IT系统建设等服务。

表1　银行系金融科技公司的业务内容和服务对象

公司	业务内容	服务对象
兴业数金	金融信息云服务、开放银行、综合金融服务	中小银行、非银金融机构、中小企业、政府与公共服务、产业互联网参与者
招银云创	金融业务云、金融基础云、专项咨询与服务、高级运维服务	银行—城商银行、外资银行、中小银行、融资租赁、保险公司、互联网金融、小额贷款、证券公司、资产管理公司等
光大科技	金融云、IT系统建设等	光大集团、银行同业
建信金科	软件科技、平台运营、金融信息服务	建行集团、金融同业
民生科技	金融云、IT系统建设	民生银行集团、金融联盟成员、中小银行、民营企业、互联网用户

资料来源：零壹财经·零壹智库。

梳理5家银行系金融科技公司的产品和服务内容可以发现，它们主要提供金融云和金融行业应用、解决方案。其服务对象对内是集团自身，对外则从同业中小银行扩展到非银金融机构再进一步到中小企业、政府、产业互联网从业者。其中，金融云服务是银行系金融科技公司的主要业务输出。

互联网巨头基于自身拥有的流量和技术优势，在2018年进一步进行多元化、开放化的业务布局，转型2B，为行业智慧化发展输出解决方案。其中，蚂蚁金融云升级为蚂蚁金融科技，正式面向行业全面开放；腾讯FIT条线也来到台前，布局资金资产连接平台；度小满金融也从百度独立出来，明确了其金融科技开放定位。

互联网金融企业则选择发挥其在信贷领域的优势，对外输出金融科技解决方案，主要是聚焦于中小银行信贷过程智慧化升级再造，提供获客、风控、催收、运营等服务。微贷网、PPmoney、洋钱罐、拍拍贷、宜人贷、我来贷、玖富科技、51 信用卡、拉卡拉、点融网等互联网金融平台都提供相关的产品或解决方案输出。

表 2　部分 P2P 网贷平台的金融科技输出

P2P 平台	相关的产品或服务输出
PPmoney	输出智能风控一体化解决方案,包括反欺诈系统"金钟罩"和最新信用管理工具"灵机分"
拍拍贷	"魔镜"风控系统、"明镜"反欺诈系统、"铁牛一号"智能催收系统等
宜人贷	通过 YEP 共享平台,输出信用评估、风险控制和精准获客等金融科技服务
我来贷	以自主研发的风险管理系统为基础,以秒级的非结构化移动端大数据整合及分析能力,对客户风险进行定级,并输出信贷决策
51 信用卡	基于自身积累的流量和数据,向银行等金融机构在营销获客方面提供服务
拉卡拉	主要输出包括反欺诈经验、信用风险管理能力、标签化服务等
点融网	向传统机构和传统行业输出互联网金融风控、运营等技术

资料来源:根据公开资料整理,零壹财经。

(三)人工智能受资本青睐,区块链发展引关注

前瞻产业研究院发布的《中国人工智能行业市场前瞻与投资战略规划分析报告》指出,中国人工智能产业将持续高速成长,预计到 2022 年,中国人工智能行业市场规模将达到 680 亿元。

从国家政策层面来看,过去几年,多项与"人工智能"相关的政策文件接连出台,其中,国务院在 2017 年 7 月印发的《新一代人工智能发展规划》以及工业和信息化部于 2017 年 12 月印发的《促进新一代人工智能产业发展三年行动计划(2018~2020 年)》两份文件都对人工智能在金融领域的发展予以鼓励和指引,助力人工智能技术引领金融行业的智能化、智慧化发展。2018 年,人工智能技术在金融行业的发展备受资本青睐。

自 2016 年以来,连续三年金融 + 人工智能领域的融资事件都保持在 30 起以上。2018 年金融 + 人工智能领域的融资热度不减,有约 48 起融资事件,其中,超过亿元的融资约有 20 起。

表3　2018年金融+人工智能领域亿元以上融资事件

时间	公司	融资轮次	融资额度
12月	第四范式	C轮	超10亿元
11月	一览群智	A轮	1.5亿元
11月	达观数据	B轮	1.6亿元
11月	百分点	E轮	5亿元
10月	香侬科技	A轮	1.1亿元
10月	云从科技	B+轮	未透露
9月	捷通华声	战略投资	1亿元
9月	Udesk	C轮	3亿元
8月	慧安金科	A轮	1亿元
7月	京东金融	B轮	130亿元
6月	蚂蚁金服	战略投资	16亿元
6月	蚂蚁金服	Pre-IPO	140亿美元
6月	PINTEC	A轮	1.03亿美元
6月	虎博科技	Pre-A轮	超亿元
4月	度小满金融	战略投资	19亿美元
4月	百融金服	C轮	10亿元
4月	冰鉴科技	Pre-B轮	1.55亿元
3月	知因智慧	A轮	1亿元
2月	蚂蚁金服	战略投资	数亿元
2月	优品财富	A轮	近2亿元
1月	金融壹账通	A轮	6.5亿美元

资料来源：零壹财经·零壹智库。

可以看到，蚂蚁金服、度小满金融、京东金融等科技巨头都获得数目可观的投资，其中，京东金融进行了130亿元的B轮融资，蚂蚁金服的Pre-IPO融资更是高达140亿美元。部分非巨头科技企业也表现出色，其中第四范式获得超10亿元融资，百融金服获得10亿元融资。

根据零壹智库统计，2018年中国金融科技融资事件共615笔，占全球总数的56.1%。从融资金额来看，中国融资金额达3256.3亿元，占全球融资总额的74.7%。其中，区块链是2018年最热门的投资领域，共获得451笔333.5亿元融资。区块链在供应链金融、跨境支付、保险及征信等领域也不断有应用落地。

二 金融智慧化趋势下的互联网金融模式创新特点

（一）高新技术的落地应用加速

现阶段而言，在互联网金融领域，大数据和人工智能应用最为广泛。其中，人工智能 2018 年在互联网金融行业的落地加速，也被视为推动行业智慧化发展的核心技术。银行、保险、证券、支付等行业都展开相应技术的研发应用，相应的场景包括大数据精准营销、大数据风控、智能客服、智能催收等，催生了生物支付、智能信贷、保险科技、智能投顾等创新业态模式。例如蚂蚁金服推出的"定损宝"，借助人工智能等技术实现智能理赔；支付宝、财付通等支付巨头在 2018 年大力推广落地的刷脸支付，通过生物识别技术已将支付带入无感支付阶段。

（二）技术对金融业务全流程智慧化改造

技术在金融行业的应用也不是停留在个别领域的个别应用，而是逐步渗透到互联网金融整个业务链条，包括前端的营销、获客，到中端的风控、分析决策，再到后端的管理、客服等环节，对金融业务全流程进行智慧化改造。

以大数据在保险行业的应用为例，从前端的产品设计、营销获客到中端的核保、理赔，再到后端的资产管理，大数据在各个环节发挥着关键作用。在产品设计环节，应用大数据进行产品开发和风险定价，能够为客户提供更加个性化的产品。而大数据精准营销和精准获客，则为保险企业省去流量成本。理赔环节的反欺诈和智能理赔，在减少险企运营成本和风险成本方面也起着关键作用。

（三）互联网金融智慧化创新范例

1. 生物识别推动支付无感化

在移动互联等技术发展的推动下，线下支付方式朝着便捷化方向不断演进，从最初的现金支付到银行卡支付，再到当下主要基于移动智能设备开展的二维码支付、NFC支付等，消费者使用手机网络支付的比例在不断上升。现阶段移动支付已经相当普及，扫描二维码或是出示支付码支付已是人们生活中习以为常的情况。

随着人工智能、大数据、区块链、物联网等技术在支付领域应用不断成熟和普及，支付方式也朝着"去媒介化"的无感支付状态发展。在2018年，支付宝、财付通、银联等头部支付企业，都在大力推动刷脸支付应用落地，基于生物识别技术的无感支付方式已进入成熟商用期。

专栏1　支付宝推出刷脸支付升级版——"蜻蜓"

2018年，支付领域的典型案例是支付宝推出的刷脸支付产品——"蜻蜓"。据支付宝方面介绍，相比原有的刷脸支付设备，升级之后的"蜻蜓"采用了3D结构光摄像头，可以更快、更准确地进行面部识别，在效率和安全性方面均有所提升，智能引擎的升级，让用户在常去、熟悉的环境下，可以实现无须输入手机号码完成付款。与现在的自助收银相比，"蜻蜓"在成本方面降低了80%。除了支付宝，另外两大支付巨头——微信支付和银联也在落地刷脸支付。中国工商银行、中国建设银行、中国民生银行、招商银行等传统金融机构在刷脸支付领域均有所动作。

刷脸支付背后的人脸识别技术属于生物识别范畴。所谓生物识别，是指通过可测量、可验证的身体特征或行为特征进行身份认证的一种技术。其中，身体特征包括指纹、人脸、虹膜、静脉等，行为特征包括签名、声音、坐姿、步态等。生物识别技术核心在于获取这些生物特征，并将其转化为数字信息，再通过计算机技术和算法来完整个人身份识别和验证。

生物识别技术在金融领域的应用已比较普遍。银行和证券业在远程

开户中广泛用到生物识别技术，主要运用人脸识别和静脉识别对用户身份进行鉴定。在支付结算领域，通过将用户的生物特征与账户进行关联，可以省去银行卡、手机等支付硬件，推动支付无感化。在保险领域，核保理赔过程中，生物识别技术结合图像识别技术，可以实现系统自动识别理赔凭证（票据、照片等）、生物验证身份等功能，降低保险公司运营成本。

2. 保险科技带来理赔流程智能化

2018 年，人工智能、大数据等新兴技术在互联网保险的渗透加速，推动保险业务的数字化转型，"保险科技"也成为行业热词，技术已经融入保险业务核心环节，包括分销、核保、核赔、产品风险定价等。

专栏2　蚂蚁金服"定损宝"

2017 年 6 月 27 日，蚂蚁金服宣布向保险行业全面开放技术产品"定损宝"。这也是图像定损技术首次在车险领域实现商业应用。

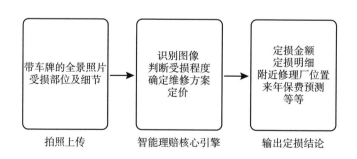

图1　定损宝1.0版本使用流程

资料来源：网络公开资料，零壹财经·零壹智库整理。

从图 1 可以看到，当出现事故时，执行定损工作的人员要在定损系统上传带车牌的全景照片、受损部位及细节照片各一张，智能理赔核心引擎经过识别图像、判断受损程度、确定维修方案、定价等步骤，给出完整的解决方案，输出定损结论，包括定损金额、定损明细、附近修理厂位置以及来年保费预测等信息。

2018 年 5 月 8 日，蚂蚁金服将基于图像识别技术的定损宝 1.0 版本升级到定损宝 2.0 版本。定损宝 2.0 版本与 1.0 版本相比，升级内容主要有以下两点：①将图像识别升级成准确率更高的视频识别，增加了视频追踪、AR、损伤实时检测、移动端模型压缩部署等技术手段；②将开放技术平台，从与保险公司一对一理赔系统对接升级成未来保险公司可自助接入定损宝。

升级后的定损宝，使用对象已经从原先的有一定专业知识的人员扩展到几乎没有定损专业知识的车主。在实际场景中，车辆损伤后，车主自己拿手机通过"支付宝—保险服务—车险理赔"进入对应界面，按照系统指引拍摄一段视频上传，随即就能在手机上看到车辆损伤的情况，维修方案以及保险赔付金额等信息。

传统车险理赔流程，涉及确认保险标的、现场查勘取证、人工定损、确定维修方案和金额、用户确认、赔付等环节，需要耗费的时间不少，除了理赔效率低下、耗费成本过多之外，还容易带来城市交通拥堵等问题。同时，查勘定损人员专业素质参差不齐，必然导致定损效果存在偏差。

相比之下，智能化的流程保证了核损标准的一致性，减少误差的同时减少传统保险核损过程对人员配置的要求，提高定损效率，降低运营成本，还可以提高保险公司的反欺诈能力，减少虚假骗保情况的发生。

3. 大数据风控助力信贷智能化

信贷是最普遍的金融需求，也是最核心的金融业务。过去十余年，互联网、人工智能、大数据等新兴技术在信贷业务的获客、风控、贷后催收等环节不断渗透，在降本增效、提升服务质量、改进风控状况等方面带来助力，推动信贷行业往智慧化演进。大数据风控是目前应用最为广泛的一项，更被视为推动信贷业务智慧化发展的关键。

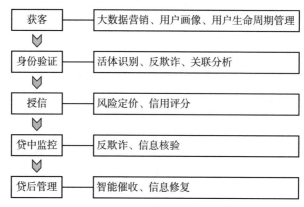

图2 大数据风控覆盖的信贷流程关键环节

资料来源：王春影：《金融科技渗透 P2P 业务链条：获客、风控、催收》，网贷之家，2018 年 9 月 30 日。

大数据风控在互联网金融领域已逐渐普及，传统银行、互联网银行、互联网巨头旗下互联网金融企业、消费金融公司、网络借贷平台（包括 P2P、网络小贷）都有对大数据风控服务的需求，而巨大的市场需求也吸引了互联网金融机构、银行金融科技子公司进入赛道，提供大数据风控服务。互联网金融巨头们包括蚂蚁金服、度小满金融、京东数科、微众银行等都推出了相应的大数据风控技术与服务。现有的 8 家个人征信机构有 6 家推出了相关的风控产品，包括考拉征信推出的云智风控引擎系统，中智诚征信推出的中智诚反欺诈云服务，中诚信征信推出的"万象智慧"智能风控平台等。

4. 资管新规与智能投顾

智能投顾，也叫机器人投顾、自动化投顾，从背后的技术原理来看，是指"人工智能依托大数据的计算系统，通过现代投资组合理论等投资分析方法和机器学习，自动计算并提供组合配置建议"，[①] 涉及大数据分析、量

---

① 冯明华、胡相斌、熊双、石春生、钱钧：《智能投顾发展现状与监管研究》，载中国证券业协会编《创新与发展：中国证券业 2017 年论文集》，中国财政经济出版社，2018。

化金融模型以及智能化算法等。

埃森哲报告《智能投顾在中国》预测，到2022年，中国智能投顾管理资产总额将超过6600亿美元，用户数量超过1亿元。现阶段中国智能投顾行业尚处于发展初期，埃森哲报告《智能投顾在中国》将中国智能投顾行业发展特点概括为"行业刚刚起步、参与主体众多、整体智能化程度低"。目前来看，行业整体发展水平还是参差不齐，智能化程度低、产品同质化、收益率不高等问题依旧存在。

国内现有的比较有代表性的智能投顾平台包括传统金融机构推出的招行摩羯智投、工行AI投、广发证券贝塔牛、嘉实基金金贝塔；独立第三方财富管理机构推出的理财魔方、璇玑智投等，还有京东智投、雪球蛋卷基金等由互联网公司推出的产品。

表4　国内部分智能投顾平台对比

智能投顾平台	智能投顾产品	上线日期	起投门槛	主要投资标的
传统金融机构	招行摩羯智投	2016年12月	20000元	公募基金
	工行AI投	2017年11月	10000元	公募基金
	广发证券贝塔牛	2016年6月	无	股票，多只国内ETF
	嘉实基金金贝塔	2016年4月	无	股票，嘉实基金各类产品
互联网公司	京东智投	2015年8月	按产品不等	货币型、债券型基金、股票型基金、商品基金以及海外QDII资产
	雪球蛋卷基金	2016年5月	按产品不等	公募基金
独立第三方财富管理机构	理财魔方	2015年9月	魔方宝100元起购；稳健组合、智能组合2000元起购	公募基金
	璇玑智投	2016年8月	璇玑智投入金起金额5000元；璇玑智投定投起投金额1000元	公募基金

来源：零壹财经·零壹智库。

智能投顾本质上是一个投资顾问，它需要对投资者的风险偏好有把控，同时准确地把资产控制在投资者底线之上。智能投顾会通过数据挖掘等人工智能技术动态地了解投资者的风险偏好，自动分析市场，筛选有价值的基金，自动构建、调整组合以及控制风险。

2018 年 4 月 27 日，一行两会联合外管局正式印发的《关于规范金融机构资产管理业务的指导意见》（银发〔2018〕106 号，下文简称"资管新规"）首次对智能投顾做出规定。"资管新规"将智能投顾界定为"运用人工智能技术开展投资顾问业务"。

此外，"资管新规"还对智能投顾提出了为投资者设立独立账户、充分风险提示、明晰交易流程、强化留痕管理等具体的要求。从种种规定可以看出监管方对智能投顾的审慎态度，但也带给行业很多的想象空间。

专栏 3　摩羯智投

摩羯智投是招商银行在 2016 年 12 月推出的智能理财产品，为用户提供以公募基金为基础、全球资产配置的智能基金组合销售服务，其应用到机器学习算法，同时融合了招商银行十余年的财富管理实践以及基金研究经验。

摩羯智投主要有智能投资和智能售后两大模块，涵盖了"自助选基""聪明定投""基金诊断""顾问机器人"等多个模块。摩羯智投提供的服务覆盖售前、售中、售后等环节，包括售前风险属性判定和投资组合构建，并展示投资组合收益率；售中风险预警提示并提供持仓调整建议；售后提供投资组合跟踪服务。[①]

在用户进行投资期限和可接受风险级别选择后，摩羯智投会据此为客户推荐投资产品，由用户决定是否购买。其投资期限有三个，分别是短期（1 年之内）、中期（1~3 年）、长期（3 年以上）。可接受风险级别分为 10 级。进入产品推荐界面可以看到"组合配置比例"和"模拟

[①] 参见《中国智能投顾典型产品评点——谱蓝、摩羯智投、贝塔牛》。

历史数据"。在投资方案的详情界面，可以看到该资产配置组合的每只基金的详情，用户基于上述信息做出是否购买的决策。①

在盈利方面，现阶段摩羯智投利润来源主要在于收取用户申购或赎回基金时产生的相应费用，这也是国内大多数智能投顾平台的盈利模式。

三　存在的问题

（一）监管与金融智慧化创新存在时间差

大数据、云计算、人工智能、区块链等高新技术在加速推动金融行业智慧化演进过程中，部分产品或模式创新本身存在不规范，超出现有监管体制范畴，给金融行业的安全和健康发展带来负面影响。

2018 年，保险科技、第三方支付等领域都出现了违规遭受监管层处置的情况。在保险科技领域，典型事件则是蚂蚁金服与信美人寿相互保险社推出的重大疾病保障产品——"相互保"被监管叫停，随后"相互保"更名为"相互宝"，定位为支付宝的一款互助共济服务产品。信美人寿对外声明受到监管部门约谈指导，不能再以"相互保"的名义继续销售其团体重症疾病保险。

在第三方支付领域，监管层更是开出多张巨额罚单。2018 年各地第三方支付机构收到央行的罚单 127 张，其中涉罚金的有 105 张，累计违规罚金及罚没总额已超过 2 亿元，其中 6 张罚单罚没金额更是在 2000 万元以上。

互联网金融行业相应的违规惩罚频现，可见金融监管并不总能及时跟上科技创新步伐，难免出现事后处置的情况。现阶段，摆在监管面前的重大议

---

① 参考招行 App 摩羯智投界面资料及智能客服的回答。

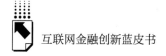
题之一，就是如何借助科技力量加大监管力度，提升监管效率，更加高效地防范金融风险。

（二）技术发展与金融智慧化要求有差距

金融智慧化演进过程对技术的发展水平提出了更高要求，市场对创新技术及其应用有着巨大的需求。然而，每一项新技术的产生、发展到应用落地，都需要一定的过程。当下，金融科技虽然发展迅速，但其在金融行业的应用尚存在不稳定性，技术和算法等方面都需要进一步的优化。

以智能投顾为例，中国的智能投顾起步较晚，缺乏足够的数据积累，其涉及的人工智能、机器学习等技术的发展还有待优化，同时数据隐私等方面的监管仍然缺失。区块链在保险、供应链金融等方面的应用也已经展开，但其在技术层面还面临着 51% 的攻击问题、工作效率问题、资源消耗问题以及区块间的博弈和冲突等难题。①

在巨大的市场空间吸引下，技术应用及方案的提供方在项目的选择、开发方面容易出现盲目跟风的情况，导致行业泡沫甚至危及行业稳定发展的情况出现。无论是监管层还是行业主体，只有对技术的发展应用有理性的认知，才能让行业更加健康、有序发展。

（三）金融智慧化与数据安全冲突待解决

大数据技术对推动金融行业智慧化发展起着关键作用，在金融行业，从银行信贷的风控到保险行业风险定价、反欺诈，大数据的应用越来越广泛。与此同时，大数据行业在数据采集、对接、共享、开发等方面缺少相应的规范和标准，加之数据的可复制性、高流动性等特性，给行业带来了新的风险。随着大数据在金融领域的应用加深，网络恶意攻击、数据盗窃、用户信息过度采集、隐私泄露等问题不断出现，给机构和个人造成巨大损失。

2018 年，数据过度采集、数据泄露等问题时有发生。其中，中国消费

---

① 零壹财经·零壹智库：《金融科技发展报告（2018）》，中国经济出版社，2019。

者协会在测评了 100 款 App 的个人信息收集和隐私政策情况后发现,大多数 App 存在过度收集用户信息、无隐私条款、不合理格式条款等问题,涉嫌过度收集个人信息的 App 超九成。①

2018 年 1 月,国家网信办网络安全协调局约谈国内一家支付巨头,原因在于其收集使用个人信息的方式存在违规情况。可见,互联网金融行业在用户信息和隐私保护方面还有很大提升空间。随着大数据在金融行业应用的加深,相关问题会更加凸显,这需要相应监管政策抓紧出台,对行业发展进行规范制约。

四　趋势建议

(一)消费主体对智慧金融服务需求变化

金融市场迎来新一代消费主力军。随着"95 后"步入职场、"00 后"步入校园,他们带着互联网时代印记的消费观、消费习惯、风险承受能力等对个性化、智能化的金融服务有更大的需求。市场消费主体的特征演变和技术的发展,必将推动智慧金融产品和服务更趋多元化、个性化、智能化。未来,用户对金融产品和服务的体验必然成为金融机构之间竞争的关键要素所在。对金融服务提供方而言,拥抱技术,积极开发更加差异化、专业化的服务,才能在未来的市场竞争中取胜。

(二)金融智慧化发展带动监管层拥抱监管科技

2018 年,从虚拟货币到第三方支付再到 P2P 网贷,互联网金融行业风险多发。金融科技的发展,在提升金融服务效率的同时,催生了更加复杂、传播速度更快、涉及范围更广的金融风险。高新技术带来互联网金融智慧化创新的同时,对监管提出了更高的要求,同时技术将成为辅助监管创新的力

---

① 王薇:《中消协测评 100 款 App:超九成过度收集个人信息》新浪网,2018 年 11 月 29 日。

量与监管同行，助力监管模式和手段创新。

监管科技对金融机构而言，可以降低合规成本，提高合规效率。对监管部门来说，监管科技的应用可以提高监管的规范性、主动性，提高监管效率和风险检测识别能力。[①]

在我国，监管科技发展起步较晚，但自 2017 年以来，各方对监管科技的关注度不断提升，央行与证监会都有相应的政策出台推动监管科技落地应用。2018 年，在监管科技的推动落实上，证监会动作频频。其中，8 月 31 日前后证监会正式印发《中国证监会监管科技总体建设方案》（下简称"总体建设方案"）被市场认为是我国监管科技发展历史上的一个里程碑，意味着中国资本市场已正式完成了监管科技建设工作的顶层设计，并进入了全面实施阶段。

2018 年，各地金融监管部门也积极响应中央号召，在监管科技相关政策的引导下，广州、西安、贵阳、北京、深圳等多个城市的金融监管部门积极推动监管科技落地，其中不少是借助 BAT 等互联网巨头的金融科技力量。

表5　2017 年以来与监管科技相关的政策

时间	主体	相关政策内容
2017 年 6 月	中国人民银行	印发《中国金融业信息技术"十三五"发展规划》，提出要加强金融科技（Fintech）和监管科技（Regtech）的研究与应用
2018 年 5 月 25 日	证监会	推出了第一个科技监管落地的举措——正式发布实施《稽查执法科技化建设工作规划》
2018 年 8 月 31 日	证监会	发布消息称已正式印发《中国证监会监管科技总体建设方案》，标志着证监会完成了监管科技建设工作的顶层设计，并进入了全面实施阶段
2018 年 12 月底	证监会	发布《证券基金经营机构信息技术管理办法》，自 2019 年 6 月 1 日起实施，引导证券基金经营机构在依法合规、有效防范风险的前提下，持续强化现代信息技术对证券基金业务活动的支撑作用

资料来源：根据公开资料整理，零壹财经。

[①] 杨宇焰：《金融监管科技的实践探索、未来展望与政策建议》，《西南金融》2017 年第 11 期。

随着科技在金融行业的应用加深，必然出现更多新的风险，监管层只有积极拥抱新兴技术，才能让监管取得应有的成效，保证智慧金融的健康有序发展。

（三）智慧金融推动普惠，服务实体经济

互联网金融的发展源于服务实体经济发展的需要，虽然在过程中走过歪路，出现过畸形发展，但随着监管的规范和引导，互联网金融行业正朝着合规、有序的状态演进。

科技在金融领域的应用，让智慧化金融的服务边界不断扩大，可以延伸到更广地域的人群，满足消费者更多的金融需求。大数据、人工智能使金融产品的设计、服务都更为个性化、人性化，"千人千面"的金融服务不再遥不可及。大数据、人工智能与征信行业的结合，让金融服务覆盖到在原有征信体系中处于空白状态的人群，特别是一直存在"融资难、融资贵"问题的小微企业。

党的十九大报告也曾明确指出，要"推动互联网、大数据、人工智能和实体经济深度融合"。未来，互联网金融借助金融科技的力量，将回归服务实体、推动普惠金融发展的定位，给金融消费者带来更加智慧化的金融服务。

参考文献

王春影：《金融科技渗透 P2P 业务链条：获客、风控、催收》，2018 年 9 月 30 日。

冯明华、胡相斌、熊双、石春生、钱钧：《智能投顾发展现状与监管研究》，载中国证券业协会编《创新与发展：中国证券业 2017 年论文集》，中国财政经济出版社，2018。

零壹财经·零壹智库：《金融科技发展报告（2018）》，中国经济出版社，2019。

王薇：《中消协发布 100 款 App 测评结果超九成 App 涉嫌过度收集个人信息》，人民网，2018 年 11 月 29 日。

杨宇焰：《金融监管科技的实践探索、未来展望与政策建议》，《西南金融》2017 年第 11 期。

B.13
2018年强监管下互联网巨头金融科技创新与发展

零壹财经*

摘　要： 2018年对金融科技行业而言是极为不寻常的一年，在"严监管"的趋势下，各金融科技公司都在积极寻求新的发展思路，从打造"互联网金融平台"到"做科技，不做金融"——依托大数据、云计算、区块链等技术为金融机构提供解决方案，成为眼下互联网金融科技公司的风向。这一年中，腾讯调整了组织架构，度小满独立，京东金融更名京东数科，这些举动实际上契合了监管趋严以及流量红利减退的现实，那么2018年互联网巨头的金融创新业务现状怎样，未来趋势又如何，我们从金融科技发展的三大阶段入手，结合监管背景因素进行分析。

关键词： 金融科技　强监管　需求　创新

一　金融科技发展的三大阶段

金融科技通常被界定为金融与科技的结合，但目前世界上并无统一明确的定义。根据金融稳定理事会FSB 2016年的定义，金融科技是指

---

* 执笔人：杨茜雯，零壹财经分析师，研究领域为金融科技、互联网金融。

技术带来的金融创新，它能创造新的模式、业务、流程与产品，既包括前端产业也包含后台技术。而我国金融科技发展主要经历了以下三个重要的阶段。

（一）通过办公 IT 化提升效率阶段

第一个阶段，金融行业通过传统 IT 的软硬件的应用实现办公和业务的电子化、自动化以提高业务效率。这时候 IT 公司通常并没有直接参与公司的业务，我们所说的核心系统、信贷系统、清算系统等，就是这个阶段的代表。这个阶段中，技术成本非常高，同时，这类技术的出现也在一定程度上提高了传统金融部门的效率。

（二）互联网金融阶段

第二个阶段，我们称之为互联网金融阶段。在这个阶段，主要是金融机构搭建在线业务平台，通过互联网或者移动终端渠道来汇集海量的用户和信息，实现金融业务中资产端、交易端、支付端、资金端任意组合的互联互通，本质上对传统金融渠道提出一种新的解决方案，这类技术实现了信息共享和业务融合，其中最具代表性的有互联网的基金销售、P2P 网络借贷、互联网保险等业务。

（三）金融创新阶段

第三个阶段是科技赋能金融，实现金融创新的阶段。在这个阶段，金融业通过大数据、云计算、人工智能、区块链这些新的技术来改变传统的金融信息采集来源、风险定价模型、投资决策过程、信用中介角色，大幅提升传统金融的效率，解决传统金融的痛点问题，代表技术是大数据征信、智能投顾以及供应链金融等。

目前我国金融科技的发展阶段主要在于第一和第二阶段，前期发展起来的较为成熟的大型企业主要集中在第一阶段，市面上大部分互联网科技企业处于第二阶段，一些头部创新型科技企业，例如部分互联网巨头企业已经迈入了第三阶段，并取得一些成效。本报告选取了中美已上市且市值合计超千亿元人民币的互联网企业，重点对排名前五的互联网巨头公司的科技业务做出整理，就其 2018 年的发展情况、发展特点及发展趋势做出解读。

二 中国互联网巨头的金融科技发展情况及特点

（一）11家市值超千亿元人民币的企业，10家布局金融业务

据统计，中国已上市的市值超千亿元人民币的互联网巨头企业共 11 家（截至 2019 年 3 月 10 日），对其主要业务及金融子公司做出了整理，按照市值进行排序（见表 1）。

表 1　中国互联网巨头主要品牌及金融子公司

序号	公司名称	主要品牌及金融子公司
1	阿里巴巴	阿里巴巴、淘宝、天猫、阿里云、云锋基金、饿了么、蚂蚁金服等
2	腾讯控股	腾讯、QQ、微信、财付通科技、腾讯游戏、腾讯视频、腾讯云等
3	百度	百度、百度地图、百度翻译、百度外卖、百度百科、百度云、爱奇艺、度小满金融等
4	美团	美团点评、大众点评、摩拜单车、美团外卖、美团金融等
5	京东	京东、京东数科等
6	小米集团	小米、MIUI、米聊、小米金融等
7	拼多多	拼多多
8	网易	网易、游戏、网易考拉、薄荷、网易云音乐、网易理财等
9	360 科技	360 安全卫士、360 杀毒、浏览器、360 金融等
10	携程网	携程网、trip.com、酒店、美食林、携程金融等
11	苏宁易购	苏宁、苏宁电商、苏宁金融等

在我们所选的市值超千亿元的 11 家上市互联网巨头企业中，除拼多多暂无金融业务外，其余 10 家均开展了金融业务，8 家专门设有独立的综合性金融子公司（见表 2）。

表2 互联网巨头的金融子公司及业务梳理

序号	互联网巨头	金融子公司	金融业务
1	阿里巴巴	蚂蚁金服	支付、理财、证券、保险、贷款、征信、金融科技、金融安全保障类产品、区块链
2	腾讯控股	FIT（腾讯金融科技）	支付、理财、证券、保险、贷款、征信、腾讯金融云、信用卡还款、区块链
3	百度	度小满金融	支付、理财、贷款、金融科技、云帆平台
4	美团	—	支付、贷款
5	京东	京东数科	支付、理财、保险、证券、众筹、征信、金融科技、城市计算
6	小米集团	小米金融	理财、贷款、保险
7	网易		支付、理财、保险、贷款、金融科技
8	360科技	360金融	贷款、金融科技
9	携程网	携程金融	贷款、金融科技
10	苏宁易购	苏宁金融	支付、理财、证券、保险、贷款、金融科技

我们可以看出，在统计的10家互联网企业中，支付、理财、保险、贷款、金融科技业务占较大比重，而金融科技广泛应用在支付贷款等主要业务中，也赋能第三方金融机构，以下分别就以上业务在2018年的整体发展情况及特点做出整理。

（二）互联网巨头业务发展情况及发展特点

1.移动支付

（1）发展现状

自2004年支付宝成立，其凭借阿里巴巴旗下购物网站"淘宝"强大的用户基础，业务迅速扩展，财富效应显现。此后，随着手机的普及及互联网的发展，用户线上支付需求量扩大，类似的第三方支付平台纷至沓来。2017～2018年，两足鼎立格局逐步显现：支付宝和财付通占据了移动支付市场超九成的市场份额。各大互联网平台亦基于自身平台场景及金融服务的发展需要，纷纷开通了移动支付业务，而移动支付规模仍在扩大。

2019 年 1 月 23 日中国支付清算协会移动支付和网络支付应用工作委员会最新发布的《2018 年移动支付用户调研报告》显示，移动支付应用的主要场景是生活消费和投资理财，需求方面存在于公交、地铁和医院，部分城市公交、地铁和医院仍不支持使用移动支付。在移动支付的使用方面，数据显示，有 80.1% 的用户每天使用移动支付，比 2017 年上升 1.4 个百分点。同时，2018 年与 2017 年的调查结果均显示男性用户移动支付占比高于女性用户，而 2018 年女性用户占比略有下降。

（2）发展特点

整体而言，2018 年移动支付领域呈现以下几个特点：①移动支付消费增长明显，因国家普惠金融及减税降费政策落地，公众可支配收入增幅明显，带动了移动消费增长；②移动支付场景不断延伸，网络支付在公共交通、医疗健康等领域的应用出现突破，三线及以上城市公共交通系统引入手机网络支付应用，但覆盖面仍显不足；③支付方式更加多元化，金融科技的应用，基于车牌识别、人脸识别的无感支付进入成熟商用期，基于生物识别技术的指纹识别支付得到广泛应用，网络支付更加高效和便捷；④行业竞争依旧激烈，不仅互联网巨头纷纷争抢市场，银联、商业银行也加大支付业务布局力度与第三方支付企业展开正面争夺，未来竞争格局或有可能发生变化；⑤金融科技应用进一步扩大，支付便捷与安全性得到提升；⑥公众安全知识得到普及，网络欺诈继续呈现下降趋势。

（3）监管

在移动支付规模扩大的同时，监管也显现日渐趋严的态势。2017 年底，"断直连"及备付金集中缴存相关政策正式出台，在政策要求下，第三方支付机构统一以间联银联或者网联模式运行，备付金利息收入及金融投资收入不复存在，支付机构通道成本升高，原有营收模式受到挑战，亟待开发新的业务模式。此外，2017 年央行在支付行业开出的罚单总量为 113 张，2018 年央行在支付行业开出罚单累计超过 139 张，金额超 2 亿元人民币，2018 年监管力度较 2017 年更显强劲。

2. 互联网理财

（1）发展现状

余额宝作为互联网理财的典型代表，2013 年 6 月开始运行，仅 6 天时间用户数量便突破了 100 万，18 天就实现了零到 66 亿的飞跃，3 个月后资产规模突破 500 亿元，截至 2018 年 12 月 31 日，余额宝管理的资产规模已达到了 11327 亿元人民币。互联网理财凭借其较低的准入门槛、较高的流动性、相对较高的收益率迅速获取了大量的客户。据 2018 年 2 月 3 日国家金融与发展实验室联合腾讯金融科技智库发布的《2018 年互联网理财指数报告》，2017 年互联网理财规模已达 3.15 万亿元，同比增幅达到 52.39%。2018 年互联网理财规模超 5 万亿元。CNNIC 2018 年发布的第 43 次《中国互联网络发展状况统计报告》数据显示：互联网理财用户规模达到了 1.5 亿，增长率高达 17.5%，网民使用率为 18.3%。但是《2018 年互联网理财指数报告》却显示，2018 年互联网理财指数有所下降，降幅高达 23.45%，并且互联网理财市场整体规模增幅也远低于往年。

（2）发展特点

整体而言，2018 年互联网理财发展呈现以下几个特点：①受资管新规影响，"宝宝类"货币基金理财产品规模得到控制，货币基金发行规模、交易规模持续降低，互联网理财规模增速整体放缓；②居民理财意识得到提升，用户规模继续保持高速增长；③银行理财投资门槛明显降低，同时，各类传统金融机构逐步开始与各大互联网机构合作销售理财产品，或相继推出了自身的互联网理财平台；④结构化理财成为互联网金融平台产品多样化发展的新趋势。

（3）监管

2018 年 4 月 27 日，央行发布了《关于规范金融机构资产管理业务的指导意见》（银发〔2018〕106 号，以下简称《指导意见》），此后在 7 月，相关监管细则接连出台，一系列的监管和政策变化打破了"大资管"的行业格局，对银行理财及互联网理财均产生了不小的影响。

第一，明确了资管业务必须具备相应牌照；第二，打破了刚性兑付；第

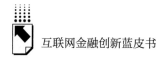

三，各种互联网理财的"宝宝类"产品面临穿透式监管。

同时，之后下发的《关于进一步明确规范金融机构资产管理业务指导意见有关事项的通知》、《商业银行理财业务监督管理办法（征求意见稿)》、《证券期货经营机构私募资产管理业务管理办法（征求意见稿)》及《证券期货经营机构私募资产管理计划运作管理规定（征求意见稿)》，降低了银行理财门槛，将单只公募理财产品的销售起点由之前的 5 万元降至 1 万元，放宽银行理财投资范围。销售起点的下降以及放宽投资门槛，给银行理财提供了更多的可能性。

资管新规及一系列配套细则的出台改变了原有"资管行业"格局，银行系理财子公司呼之欲出。银行系、券商系、保险系和信托系理财子公司等主体构成的资管行业新格局初步显现，行业未来竞争将更加充分，从而为投资者提供更多选择。在资管新规逐步落地的过程中，立足服务金融机构的金融科技平台也顺应政策调整自身业务模式。2018 年 5 月 4 日，余额宝宣布升级，新接入博时、中欧基金公司旗下的两只货币基金产品，而此前天弘基金旗下货币基金是余额宝唯一对接的基金产品。京东金融也提出，将进一步向资管科技方向升级，尝试做服务于资管机构的数字科技公司等。

3. 互联网保险

（1）发展现状

近年来，随着互联网金融的不断发展，各互联网巨头把保险也逐渐搬上互联网。随着互联网与保险的不断融合，互联网保险业务发展迅猛。微保和腾讯用户研究与体验设计部（CDC）联合发布的《2018 年互联网保险年度报告》显示，中国互联网保险自 2012 年以来经历了跨越式发展，互联网保单数量 5 年间增长了 18 倍。2018 年互联网保险业务延续了近年来的迅猛发展趋势，互联网与保险进一步融合，人工智能、大数据、区块链等技术加速向保险行业渗透，保险业务的数字化转型迸发出蓬勃生机。据统计，2018 年前三季度，易安保险、众安保险、泰康在线、安心保险四大互联网保险公司，实现原保险保费收入 64.64 亿元，同比增长 133.77%，远高于行业平均增速。随着互联网保险的发展，监管也不断趋严，虽然四大互联网保险公司业务有所增加，但从行业整体来看，互联网保险业务呈下滑趋势。据中国保险行业协会数据，2018年上半年，互联网人身保险累计实现规模保费852.7亿元，同比下滑15.61%。

监管对互联网保险业务的影响体现在一些互联网平台前期在进行保险业务的开展时并不具备相关的金融牌照。网易在互联网保险业务深耕数年，但近期也不得不关停其保险业务，原因是并未获得相应的牌照。据了解，就互联网巨头而言，阿里、腾讯、百度、京东、滴滴、美团及今日头条都已获得保险业务相关牌照。但在严监管的环境下，今日头条的"合家保·全家共享健康保障计划"在上线仅1个多月便悄然下架。"京东互保"上线后亦匆匆下架。而近期，美团保险商城也整体下线。支付宝推出的"相互保"一上线用户便突破千万，但亦受到了监管的关注，最终"相互保"更名为"相互宝"继续运营。一边加速布局，一边谨慎退出，在日益严格的监管与市场格局的变迁下，互联网保险正在上演"冰与火之歌"。

（2）发展特点

①互联网人身保险的渠道结构呈现以第三方平台为主、自建官网为辅的发展格局，但自建官网的发展态势及增长速度迅猛；②商车费改使网销车险原来的价格优势消失，导致网销车险业务的大幅下滑；③全行业互联网保费规模占比持续下滑；④以万能险为代表的中短期存续产品保费收入规模大幅下降。

（3）监管

在监管方面，2018年银、保监会正式合并，互联网保险行业被提到了监管的重要位置。2018年全年，银保监会面向保险行业披露47封监管函，同比增长约24%，披露25封行政处罚书，各地保监局合计披露约1318张行政处罚书，同比增长约4成，罚没金额超2亿元，处罚力度进一步增大。对于互联网保险业务，加强渠道监管以及持牌经营的管束。强调第三方网络平台必须持牌经营，不得开展资金划转等业务。明确了第三方网络平台的业务边界，强化了其参与互联网保险业务的行为约束等。

4. 贷款

（1）发展现状

2014年以来，我国持续降息降准，为信贷的扩张提供了肥沃的土壤。同时，2016～2017年，国家出台政策收紧银行房贷，加之房地产市场的火爆，使居民贷款需求向互联网方式转移。多方共同作用下，我国互联网消费金融贷款出现爆发式增长。互联网金融巨头凭借其巨大的流量优势及应用场景，也纷纷进入互联网贷款的布局中来，成立小额信贷子公司。比如蚂蚁金服成立的重庆蚂蚁商诚小贷、重庆蚂蚁小微小额贷款公司；百度成立的上海百度小贷、重庆百度小贷；京东成立的重庆两江小贷以及腾讯旗下的微众银行等。数据显示，2017年我国互联网消费金融放贷规模达到4.38万亿元，较2016年增长了904%；2018年，互联网消费金融放贷规模持续走高，达到约9.78万亿元，同比增长122.9%。贷款规模逐年上升，随着规模的不断扩大，风险逐渐暴露，监管也日渐趋严。

（2）发展特点

①参与主体集中于电商、银行、P2P、持牌消费金融机构、消费分期平台和其他消费金融平台等，其中电商平台放贷规模最高，但随着其他平台规模的发展，互联网巨头放贷集中度有所降低；②市场增速放缓，政策监管趋严，市场向有资质、优质的互联网消费金融机构集中；③业务的合规开展、风控模型改善或成为业内机构的主攻方向；④金融科技开始逐步应用到全流程的信贷管理，在信贷中的应用越来越广泛。

（3）监管

2017年开始，国家出台的各项监管政策针对互联网贷款业务进行整顿，从2017年6月的《关于进一步加强校园贷规范管理工作的通知》，到11月的《关于立即暂停批设网络小额贷款公司的通知》，暂停了网贷机构开展的在校大学生网贷业务，并要求监管部门不得新批设网络小额贷款公司。2017

年底出台了《关于整顿规范"现金贷"业务的通知》，对现金贷业务做出了全面的规范。2018年开始着重整治，成效显著。

5. 金融科技

（1）发展现状

2016年以来，"严监管"成为互联网金融业的主旨。随着近几年的发展，行业竞争加剧，流量优势降低，流量驱动逐渐向金融科技驱动转型，多家互联网巨头企业开始纷纷布局金融科技业务。

蚂蚁金服于2014年便实现独立运营，业务方面开始重点发力金融科技。目前科技涵盖区块链、金融智能、金融安全、分布式架构、移动开发、分布式数据库等，已形成较为完善的金融科技体系，覆盖面广，技术能力强。同时已开始利用技术输出扶持海外金融科技公司，布局海外市场。现已在英国、印度、澳大利亚、新加坡、中国香港、泰国、韩国等地发展起来，截至2018年底，用户数量超过9亿。

在蚂蚁金服一马当先布局金融业务的同时，各大互联网巨头也开始布局金融科技。2018年4月，百度宣布旗下金融服务事业群组（百度金融）正式完成拆分融资协议签署，拆分后更名"度小满"实现独立运营。"度小满"定位于科技，发挥百度的AI优势和技术实力，侧重技术投入，以金融机构"合作者"身份重新赋能金融。

2018年9月底，腾讯调整组织架构，由七大事业群变为六大事业群：撤销三大事业群（MIG——互联网事业群，SNG——社交网络事业群，OMG——网络媒体事业群），新增两大事业群（PCG——平台及内容事业群，SCIG——云与智慧产业事业群）。其中SCIG作为架构中全新的成员，将主要对腾讯云、智慧零售等业务做出整合，强化TOB业务能力，完成产业与互联网的整合。云服务方面，腾讯将主要从金融和智慧零售方面继续扩大市场份额，并且加大资本投入，通过云服务获取更多B端用户，增加更多供应链金融、产业金融等的商业合作机会以应对"互联网的下半场"：金融服务向金融科技服务、互联网向产业互联网的转变。

同年11月，京东金融改名京东数科，强调科技、弱化金融的战略部署,拆分金融业务。转变利润增长方式,不再以扩张资产负债表为盈利模式,而是注重场景、获客、运营、风控、交易和系统服务等技术突破,同时为金融机构提供技术支持。据统计,京东金融已经与400余家银行、120余家保险公司、110余家基金公司以及40余家证券、信托、评级机构实现了合作。

目前互联网金融巨头的科技业务主要集中于大数据、云计算及人工智能的初步应用,各大巨头基于自身的定位及发展战略在科技发展的侧重点上有所差异(见表3)。

表3 BATJ的金融科技业务及应用

序号	公司名称	主要金融科技	应用方向
1	蚂蚁金服	区块链	生活(房屋租赁、联合营销、联合风控)、金融(商保快赔、供应链金融、电子票据)、零售(处方流转、蚂蚁溯源链)
		金融智能	数字银行(全行数据平台、直销银行、智能客服)、证券基金(大规模行情与量化计算平台、互联网基金平台、互联网证券平台)、保险科技(数字核保理赔、智能理赔)、通用方案(金融数据平台、智能运营、智能营销)
		金融安全	数字身份(企业身份认证、金融级实人认证、LoT安全)、智能风控(金融业务安全、行业安全风险、金融安全防护)、数据和系统保护(金融数据安全、数据隐私保护、数据跨境合规)、行业解决方案(全行风控中台、金融监管科技、反洗钱合规、法务合规)
		分布式架构	异构应用融合迁移、混合云容器应用管理、异地多活单元化架构、一站式持续交付、金融级DevOps风险防控、金融业务立体监控、金融级数据迁移
		移动开发	移动网关服务、Basement、多媒体服务
		分布式数据库	分布式关系数据库、分布式图数据库、分布式数据库访问代理
2	FIT(腾讯金融科技,未独立运营)	理财	腾讯理财通、腾讯微黄金
		支付	微信支付、QQ钱包、财付通
		证券	腾讯微证券
		创新金融	一生保、手机充值、腾讯征信、腾讯金融云、腾讯区块链、微信信用卡还款

续表

序号	公司名称	主要金融科技	应用方向
3	度小满金融	反欺诈	风险名单（贷前审核、贷中复查、贷后监控）、多头防控分（贷前审批、贷中复查、贷后监控）、关联黑产分（贷前审查、贷中监控）、福尔摩斯系统（风控策略制定）
		验证类产品	活体识别（自助业务办理、金融信贷审批）、OCR文字识别（远程实名认证、银行卡号自动提取）
		信用产品	信用分/联合建模（营销获客、信贷风控）、信用恶化监控（贷中监控、贷后催收）
		智能催收	智能催收平台（贷后催收）
4	京东金融云	京东来客	智能获客、精准营销、挖掘客户价值
		大数据风控	AI模型体系、风险洞察、智能反欺诈、生物识别
		京东超脑	人脸识别、人脸防伪、OCR文字识别、深度学习框架
		线下场景	客群分析、ISee、北极光、时光广告机
		解决方案	直销银行解决方案、ABS资产证券化、企业综合资金管理、个人信贷平台

可见，BATJ中，蚂蚁金服的金融科技覆盖面最为广泛，科技应用深度及广度在BATJ中处于绝对领先地位；腾讯金融科技暂未独立，科技层面目前主要应用于支付、贷款类业务；度小满金融科技主要应用于贷款全流程管理，在贷前、贷中、贷后的信用评估、风险管控及催收布局较深；京东金融目前除提供全方位的互联网金融服务外，在智能获客、人工智能领域的技术应用较多。

（2）金融科技行业发展特点

互联网巨头的金融科技发展呈现以下特点。①金融巨头与互联网巨头引领金融科技发展：中国的金融科技发展主要由BATJ引领，通过技术创新扩大金融科技应用范围。另外，大型银行及中小型科技企业、中小型地方银行也在积极部署金融科技业务，截至2017年底已有超过2000家金融科技公司；②随着金融科技的发展，金融监管科技也被纳入未来金融科技创新序列，正处于萌芽阶段；③金融科技业务范畴不断扩展，除了在大数据、人工智能、云计算、区块链及物联网上进行深耕之外，在业务范围及服务人群上有所扩大，有效带动了长尾客户的转化；④金融科技企业正逐步加强与传统

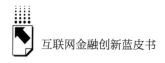
金融机构的合作，科技赋能传统金融，在提升合规性的同时，开启了全行业的合作模式。

（3）监管

金融科技由于近两年才出现大规模的增长，监管政策层面目前讨论得较多但实际出台政策仍然较少。对金融科技应用的监管而言，在 2019 年 1 月 9 日浙江银保监局下发的《关于加强互联网助贷和联合贷款风险防控监管提示的函》指出，在互联网联合贷款业务中，银行核心风控环节不得外包。该提示函反映出，在金融科技对传统金融输出技术时，如何更加有效地控制传统金融的风险是监管关注的一个重要方向。另外，传统金融监管如何针对金融科技业务，如何应对金融科技发展领先于传统监管技术现状，都是如今监管迫切需要解决的问题。

三 中国互联网巨头的金融科技发展趋势及建议

目前，无论从金融科技公司数量还是质量上看，中国都已算作仅次于美国的第二大国。互联网巨头们凭借着自有的生态圈，将金融服务有效地融入应用场景中，在 C 端零售金融市场打开了一片广阔的天地。随着互联网技术的不断发展，竞争加剧，互联网红利逐步消退，金融监管环境亦不断趋严，互联网金融行业也随之发生变化。从蚂蚁金服的独立，到腾讯组织架构的调整，再到度小满的独立和京东金融的更名，我们不难看出，各大互联网巨头从"互联网金融"布局正在悄然向"金融科技"转变。

（一）合规性发展使"金融科技"转型成为必然

满足合规性是一方面：2017 年 5 月，央行成立金融科技（Fintech）委员会，意在指导划清"互联网金融"与"Fintech"的界线。央行条法司副司长刘向民明确指出，Fintech 要与持牌机构合作才能从事金融业务，并抛开表面属性，从业务模式出发进行穿透式监管。紧接着，监管部门在 P2P、ICO、互联网资管、互联网小贷、现金贷、第三方支付方面，下发了一系列专项整治文件，开始为互联网金融业务划上合规红线，许多平台的主要业务遭到了致命的打击，支付业务、征信、基金销售、消费金融等都受到了制约和压缩，在这样"强监管"的背景之下，或许互联网企业的"去金融化"成为一种必然。

（二）"金融科技"发展进入下半场，科技需求进一步提升

之前我们说移动支付、人工智能及大数据风控，往往带上了"高科技"的标签，但现如今金融科技形势已经发生了明显的转变。随着互联网技术的发展，之前遥遥领先的互联网巨头所谓的"高科技"如今已经变成了底层技术。以移动支付为例，现如今一、二线城市几乎实现了无现金化支付，小到商超零售，大到公共交通，甚至路边卖煎饼的小贩都已经支持二维码收款，加之银联的介入，地铁及磁悬浮列车、医院等场景也开始实现无现金支付。并且随着互联网技术的进一步发展和渗透，C 端及 B 端用户对于互联网金融科技的需求将进一步提升，将不仅仅存在于支付及理财，还将存在于安全、服务及效率等。在这样的趋势下，更好的科技应用、对技术深度的钻研和客户需求深度的挖掘或将成为金融科技发展的重要趋势。

（三）赋能传统金融，"1＋1＞2"

互联网巨头在科技赋能的过程中已逐步与银行、保险、证券等传统金融机构展开合作，传统金融机构也在这样的大环境中逐步由"保守"转为"开放"。互联网金融的蓬勃发展也成为如今传统金融行业转型的主要驱动力，传统金融机构在开拓自身金融科技的过程中，也在积极探索与互联网金融机构合作的可能性。科技赋能将成为金融转型最强有力的推动力。

对于五大行而言，虽然其坐拥大量的用户、优质的资产，但其发展受制于割裂的数据、单一的业务、传统的营销及获客手段。股份制银行及城商行、农商行客户基础薄弱，存量客户活跃度低，面临"获客"及"活客"的双重难题。且金融行业经过几十年的发展，传统风控手段已趋于发展的极

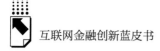
限，开始遭遇天花板。多重困境下，金融科技可谓给传统金融行业带来了曙光。在与互联网巨头们的合作中，大数据及人工智能等多重技术赋能传统金融业，不仅帮助银行实现了用户的拓展，整合了用户数据，还将智能投顾等业务推广到理财业务中，在增强用户的便利性和体验感的同时，提高了银行的效率。而对于互联网金融科技企业而言，银行合规性程度较高，减少了其合规性风险，也开拓了业务空间。

（四）全球化拓展

近几年来，中国金融科技企业扎堆"出海"，纷纷开始向海外拓展。蚂蚁金服以技术输出为战略基础，分别在韩国、菲律宾、美国、印度、泰国、马来西亚、巴基斯坦、孟加拉国等地进行投资，扶植当地科技企业，打造"当地支付宝"并取得成效。同时，腾讯、京东也纷纷将金融触角伸向海外。伴随"一带一路"建设，全球化也成为金融科技发展的又一大趋势。金融科技全球化将伴随金融科技人才的全球化、业务全球化、资本全球化及监管全球化。而在金融科技全球化探索的过程中，如何适应当地环境，当地配套设施是否满足金融科技发展的需要，如何满足当地金融监管的需要等，将是金融科技企业需要密切关注的问题。

参考文献

薛洪言：《科技赋能传统金融》，《金融电子化》2017 年第 9 期。
黄震：《金融科技已经进入下半场》，《商讯》2018 年第 16 期。

B.14

2018年传统银行数字化转型：
金融科技与传统银行的合作共赢发展

零壹财经*

摘　要： 纵观2018年传统银行与金融科技的合作情况，无论是全国性银行，还是区域性银行，对金融科技的认识均进一步清晰和深化。虽然全国性银行和区域性银行因资源禀赋有异，在发展金融科技基础能力的路径方面不尽相同，但基础能力作用的主要方面多集中在银行智能化和移动化等方面，全国性银行"开放银行"的趋势值得关注。就2018年的情况看，传统银行在和金融科技的合作中仍存在诸多问题，包括在金融科技发展的顶层设计、激励机制等方面的困局。依据上述论述我们提出政策建议，包括强化功能监管、引入监管沙盒、加强金融科技运用中个人信息的保护等。

关键词： 智能化　移动化　顶层设计　监管沙盒

一　2018年金融科技与传统银行合作发展的情况

2018年，无论是在全国性银行①层面，还是在区域性银行②层面，对金

---

* 执笔人：丁丹，零壹财经分析师，研究领域为金融科技、互联网金融。

① 本报告中所指的全国性银行（包括"6大行"和"12家股份制银行"），是指可以在全国范围内开展业务的银行。

② 区域性银行（指城、农商行，文中特指A股和H股上市的22家城、农商行），是指根据银保监会的规定，立足地域经济、展业范围受限的银行。

融科技的认识均在逐步清晰和深化。以"6 大行"中的中国建设银行为例,早在 2011 年,该行便提出了"top +"(Technology + Open + Platform,"+"主要指创新型企业文化的打造)战略,即以提升金融科技能力为先导,构筑创新型的企业文化,从而提升其核心竞争力。2018 年也是中国建设银行金融科技成果集中爆发的一年:首先是在 2018 年 4 月 18 日,成立了全资金融科技子公司——建信金融科技有限责任公司(以下简称"建信金科"),成为五大国有银行中首家成立金融科技子公司的银行;其次,在开放银行建设方面,中国建设银行走在了各行的前列,2018 年 8 月 25 日,建设银行开放银行管理平台正式上线;再次,2018 年初,中国建设银行在上海开设了全国首家"无人银行",在智能化金融服务方面进行了诸多有益的尝试。

在股份制银行层面,则以招商银行和平安银行的表现比较典型。招商银行号称"零售之王",平安银行亦于 2016 年开启了零售转型。零售业务小额、分散的特点,恰好为科技的运用提供了较好的场景。两行均对金融科技的资金投入进行了量化;在 2017 年年报中,招商银行提出在常规 IT 成本投入的基础上,2018 年对金融科技的投入提高到 2017 年营业收入的 1%(约 22.1 亿元);平安银行提出,未来每年将会按照收入 1% 的比例投入金融科技,预计未来十年至少投入 1000 亿元。此外,早在 2015 年 12 月,平安集团便成立了金融科技子公司金融壹账通,后者无论是在对内提升平安银行金融科技能力,还是对外输出金融科技服务上,均表现卓越;招商银行在 2016 年 2 月发起成立全资金融科技子公司——招银云创(深圳)信息技术有限公司(以下简称"招银云创"),并于 2018 年 12 月 18 日宣布对全国网点的"全面无卡化改造"项目完成,率先由"信用卡时代"进入全面 App 时代。

在城、农商行层面,虽然城、农商行在金融科技的起步阶段落后于国有大行和股份制银行,但 2018 年各家银行追赶的步伐明显变快,表现在各行对金融科技的认知和应用方面。以江苏银行为例,2018 年该行继续提出致力于打造"最具互联网大数据基因的银行",且在金融科技的运用方面多有建树，如在行业内首推智能保险服务——"阿尔法保险"，"e融支付"收银台全渠道二维码扫码支付功能上线等。总部同样坐落于南京的另一家城商行——南京银行，将培育金融科技能力作为构筑其核心竞争力的重要组成部分。2018年该行已实现了其"鑫云"互联网金融平台的对外输出，该平台是2017年9月由南京银行和阿里云、蚂蚁金融合作推出。

作为立足县域经济、践行普惠金融的农商行，2018年亦提出和深化了对金融科技的认知，相关技术的应用主要集中在银行智能化、移动化及支付的便捷性等领域。2019年1月14日，银保监会发布《关于推进农村商业银行坚守定位　强化治理　提升金融服务能力的意见》（以下简称"意见"）指出，"农村商业银行应准确把握自身在银行体系中的差异化定位，确立与所在地域经济总量和产业特点相适应的发展方向、战略定位和经营重点，严格审慎开展综合化和跨区域经营，原则上机构不出县（区）、业务不跨县（区）。应专注服务本地，下沉服务重心，当年新增可贷资金应主要用于当地"。因此可以预见的是，未来农商行的业务将进一步下沉，金融科技的运用将更加集中在提升金融的普惠性等方面。

表1　银行有关金融科技战略的表述

银行	金融科技战略
中国工商银行	打造"智慧银行"
中国农业银行	以"金融科技＋"为驱动，坚定实施"移动优先"战略
中国银行	坚持科技引领、创新驱动、转型求实、变革图强，"建设新时代全球一流银行"
中国建设银行	"top＋"战略：Technology＋Open＋Platform
交通银行	加强金融科技的运用，打造"智慧交行"
中国邮政储蓄银行	成立金融科技领导小组，深入推进互联网金融、大数据应用和科技创新工作，加快智慧银行建设
浦发银行	以客户为中心，科技引领，打造一流数字生态银行
招商银行	深入推进"轻型银行""一体两翼"战略转型，以金融科技为转型下半场提供"核动力"，持续打造最佳客户体验银行

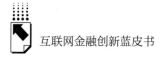
续表

银行	金融科技战略
兴业银行	围绕"安全银行、流程银行、开放银行、智慧银行"的总体方向,努力实现信息科技从支撑保障向科技引领的重要转变
中国光大银行	明确"一部手机,一家银行"的"移动优先"策略
中信银行	秉承"平安中信、合规经营、科技立行、服务实体、市场导向、创造价值"的经营管理理念
中国民生银行	民营企业银行、科技金融银行和综合化服务银行
平安银行	科技引领、零售突破、对公做精
华夏银行	推动金融科技创新,加快推进向数字化银行转型
浙商银行	塑造综合化、数字化、扁平化的有机组织
广发银行	以创新为驱动,以服务为宗旨,以合规为基石
恒丰银行	人才引领,科技引领,创新引领,效率引领,效益引领
渤海银行	借力金融科技布局消费金融
南京银行	将金融科技作为转型发展的重要突破口之一,促进科技与经营发展的全面融合,不断增强发展的可持续性(核心竞争力)
张家港农商行	积极发展金融科技,加快产品、管道、流程创新,增强综合化服务能力(核心竞争力)
江苏银行	致力于打造"最具互联网大数据基因的银行"
宁波银行	通过技术创新、服务创新和产品创新,努力打造在金融科技上的核心竞争力,为公司形成差异化的比较优势提供支撑
成都银行	加速新数据中心、大数据平台、网络金融服务平台等重点项目建设,加大科技与业务融合力度
常熟农商行	密切关注行业前沿和互联网发展趋势,加大金融科技研发投入,持续提升金融供给可得性和便利性
上海银行	围绕"智慧金融、专业服务",持续推进金融科技创新应用及互联网金融场景生态建设
贵阳银行	重视金融科技的运用,培育新的增长动力
北京银行	坚持"科技强行"战略,倡导以科技创新引领业务发展
吴江农商行	积极引导各项资源流向实体经济,以科技手段推动线上线下融合
杭州银行	顺应金融科技发展趋势,加快推进线上线下融合发展
重庆农商行	坚持以"自主可控、持续发展、科技创新"原则为指引,不断强化信息科技对银行业务发展的支撑作用
郑州银行	与金融科技合作,打造物流企业专业版财资管理平台

银行	金融科技战略
重庆银行	积极应用科技手段,不断提高流动性管理方面的信息系统应用水平;提升金融科技对小微业务的支撑作用
广州农商行	着力加强科技治理能力和科技管理能力的提升
江西银行	着力推动资本市场、防范风险、金融科技三大攻坚战
徽商银行	加快发展科技金融,为客户提供智慧化服务和极致化体验
青岛银行	不断强化互联网和金融科技的应用水平,实现对长尾客户的低成本覆盖;将"科技卓越"提升至全行战略高度

资料来源：各银行2018年中报。

二 2018年金融科技与传统银行合作发展的特点

1. 全国性银行层面

在金融科技基础能力的构筑方面,不难发现,虽然18家银行提升各自金融科技能力的具体路径不尽相同,但基本遵循了ABCDIMOP的发展模式,即夯实A（AI,人工智能）、B（Blockchain,区块链）、C（Cloud Computing,云计算）、D（Big Data,大数据）、I（Internet of Things,物联网）等基础技术能力,进而将其运用在M（Mobile,移动）、O（Open,开放）、P（Platform,平台）等领域。

18家银行一般会采用以下两条路径,以构筑其金融科技基础能力：其一是自建金融科技子公司,将金融科技能力内化；其二是与外部金融科技公司合作,借助后者场景及技术优势迅速提升自身的相关能力。

在自建金融科技子公司方面,截至目前已有6家银行成立了自己的金融科技子公司,如表2所示。其中中国建设银行旗下的建信金科和民生银行旗下的民生科技为2018年新成立的金融科技子公司。成立金融科技子公司,对内可使银行的科技部门摆脱传统层级结构下的束缚,引入全新的市场激励机制,重新构建创新型企业文化；对外可以输出金融科技能力,将科研部门由传统的成本中心转变为利润中心,在增强了研发的外部效应的同时,拓展了银行的盈利范围。

表 2   已成立的银行系金融科技子公司

银行/金融集团	金融科技子公司	成立时间	股权结构
兴业银行	兴业数金	2015 年 12 月	由兴业银行持股 51%，三家上市公司高伟达、金证科技、新大陆作为战略股东分别持股 10%，员工持股 19%
平安集团	金融壹账通	2015 年 12 月	平安集团孵化
招商银行	招银云创	2016 年 2 月	招商银行的全资子公司
中国光大银行	光大科技	2016 年 12 月	由光大集团、光大银行共同发起
中国建设银行	建信金科	2018 年 4 月	建行旗下全资子公司
中国民生银行	民生科技	2018 年 5 月	民生旗下全资子公司

资料来源：根据公开信息整理。

此外，除建设银行、交通银行、招商银行、浙商银行、平安银行 5 家银行外（其中建设银行、招商银行、平安银行均有各自的金融科技子公司），其余 13 家银行 2018 年均或多或少与外部金融科技公司进行了合作，且对外合作的主体中，均包含 B（百度）、A（阿里巴巴）、T（腾讯）、J（京东）中的一家或几家，如表 3 所示。

表 3   2018 年各银行与金融科技公司最新合作情况

银行	金融科技公司	合作成果
工商银行	京东	"工银小白"数字银行上线
农业银行	百度	"金融大脑"已成功投产
	腾讯	签署全面合作协议
	科大讯飞	签约成立智能语音联合创新实验室
	南大通用	共建联合创新实验室
中国银行	百度	与百度知识签署合作协议
	腾讯	签署《微校项目合作协议》，携手打造校园服务新生态
邮储银行	腾讯	与腾讯公司、微众银行签署全面深化战略合作协议
	创新奇智	签署战略合作协议
兴业银行	京东金融、科大讯飞	三方联手成立"AI 家庭智慧银行联合实验室"，共同布局物联网金融
	京东集团	品牌战略合作签约，共同深耕体育消费市场
	微软	共建数字化智能银行

续表

银行	金融科技公司	合作成果
光大银行	蚂蚁金服	与光大银行、光大科技公司签署战略合作协议，共建"数据共创实验室"； 共建万家物业缴费平台
	腾讯	签署战略合作协议； 信用卡与微信支付跨界融合项目正式上线； 成立"光大—腾讯金融科技创新实验室"
	京东	签署战略合作协议
浦发银行	华为、百度、科大讯飞	共建"浦发银行创新实验室"
	蚂蚁金服	签署战略合作协议
	腾讯	签署全面战略合作协议
	360企业安全集团	共同成立"浦发360网络安全联合实验室"
中信银行	腾讯	推出手机银行智能语音产品
	百度	2017年8月15日共同发起设立国内首家独立法人直销银行——百信银行，成立一年多以来在破解小微企业融资难题等方面取得诸多有益的探索
民生银行	华为	签署战略合作协议，携手构建"科技＋金融"的数字化智能银行新生态
广发银行	百度	签署战略合作协议
恒丰银行	建信金融科技	洽谈合作
渤海银行	蚂蚁"借呗"	合作放贷，项目上线一年以来，合作放贷70亿元，不良率为0.1%
	金融壹账通	签署战略合作协议
华夏银行	腾讯	助力华夏银行孵化纯线上小微企业融资产品——"华夏龙商贷"
	华为	共建联合创新实验室
	新希望集团、新网银行	达成战略合作协议
	金融壹账通	签署战略合作协议

资料来源：根据公开信息整理。

2. 区域性银行层面

不同于国有银行和股份制银行可以在全国范围内开始业务，监管层对于城、农商行跨区经营一向持审慎态度，故后者的经营范围相对前者局限性明显。尤其是2018年12月召开的中央经济工作会议提出，"推动城商行、农商行、农信社业务逐步回归本源"，上文所提意见中亦指出，农商行应坚持

"原则上机构不出县（区）、业务不跨县（区）"，未来对于城、农商行展业范围的限制或将进一步收紧。

截至 2018 年末，尚未有城、农商行成立金融科技子公司。[①] 以 2018 年的情况来看，22 家银行中仅有北京银行和上海银行提出了立足于自身的金融科技发展规划，如北京银行在 2018 年 6 月 20 日成立科技金融创新中心，并推动顺义研发中心建设。

但在构建对外合作方面，各城、农商行步伐紧密。如杭州银行联合阿里云、杭州城市大数据运营公司成立国内首家城商行金融科技创新实验室；广州农商行 7 月 11 日与京东集团达成全面战略合作协议，这是京东集团首次与区域性银行开展全方位的战略合作。不难发现，各银行合作的对象基本集中在 BATJ 这些头部金融科技公司。

表 4　2018 年各银行对外合作情况

银行	与外部金融科技公司合作情况
南京银行	入驻京东金融开立旗舰店（"鑫云"互联网金融平台已实现对外输出）
紫金农商行	3 月 26 日携手近 30 家银行与京东金融成立商业银行零售信贷联盟
上海银行	2 月 5 日与唯品会达成全面战略合作；与科大讯飞、商汤、寒武纪、地平线等"独角兽"企业签署银企合作协议
张家港农商行	携手腾讯共同成立"联合金融创新实验室"
郑州银行	与中企云链（北京）金融信息服务有限公司签订战略合作协议
无锡农商行	与百度金融达成合作
江苏银行	与京东金融合作京农贷业务，2018 年已在江苏省内实现放款
杭州银行	联合阿里云、杭州城市大数据运营公司成立国内首家城商行金融科技创新实验室
常熟农商行	与腾讯理财通合作推出一款名为"周转"的借款产品
长沙银行	与 58 集团签订战略合作协议
贵阳银行	与布比网络技术有限公司联合打造"爽融链平台"
广州农商行	7 月 11 日与京东集团达成全面战略合作协议
江西银行	4 月 26 日与腾讯签署金融科技全面合作协议
重庆银行	8 月 24 日与阿里云签署合作协议
重庆农商行	"智慧银行"将引入蚂蚁金服智能风控系统

资料来源：各银行官网。

[①]　注：北京银行于 2019 年 3 月成立金融科技子公司。

需要指出的是，不同于国有大行和股份行，城、农商行在金融科技基础能力的构建上通常只发展 A（AI，人工智能）、B（Blockchain，区块链）、C（Cloud Computing，云计算）、D（Big Data，大数据）、I（Internet of Things，物联网）中的一项或几项。根据中国银行业协会城商行工作委员会发布的《城市商业银行发展报告（2018）》，截至 2017 年底，只有北京银行和江苏银行运用了包括大数据、人工智能、云计算、生物识别、区块链在内的五大金融科技。

三 金融科技与传统银行合作发展存在的问题

诚然，随着金融科技和传统银行的深入结合，前者可使银行提升运营效率，开拓信用"白户"，节约人力成本，但亦有一些问题逐渐地浮出水面，大体有以下三点。

首先是顶层设计之困。金融科技本身就属于近几年的新生事物，各家银行在发展自身金融科技能力时，或多或少有一些"摸着石头过河"的意味。因此，在金融科技的发展路径选择上，究竟是选择"先下手为强"，以自建的方式构建自身金融科技能力，还是采取"搭便车的方式"，依靠知识外溢发展金融科技能力，或是徘徊观望，就成为各银行高层在顶层设计时尤其需要破除的困局。这种困局对于区域性银行尤甚。金融科技的自主研发具有前期投入成本高、见效相对较慢、边际收益递增、易显规模效应等特点，因此比较适合资金实力雄厚、经营范围不受限的国有大行和股份行。而金融科技强调的是银行不同部门间的穿透与协同配合，这又与大行传统的科层制组织结构形成冲突，故大行在发展金融科技方面有克服路径依赖的问题。

其次是激励机制之困。诚如前文所述，金融科技的前期研发具有见效相对较慢、边际收益递增等特点，因此各行在自身金融科技能力发展前期，如何考核相关研发部门投入产出比等绩效问题，成为一个较为棘手的问题。此外，特别是对于上市银行来说，当期大额的研发支出会显著增加其成本、费用，但相关收益的产生却需递延到若干期之后，这尤其是区域性银行无法承

受之重。

再次是对外合作之困。前文中我们提到，无论是全国性银行，还是区域性银行，在2018年均加强了与外部金融科技公司的合作，如签订全面战略合作协议等。但在现实执行过程中，也出现了协议流于形式，以及在协议执行过程中"银行不愿意开放数据，金融科技公司不愿意开放核心能力"的现象。因此，后续还需改善合作中"重协议、轻落实"的状况。

四　金融科技与传统银行合作的发展趋势

零壹智库发布的《2018年全球金融科技发展指数和投融资年报》显示，2018年全球金融科技领域至少有1097起股权融资事件，涉及资金总额约4360.9亿元。2018年中国金融科技融资事件为615起，占全球总数的56.1%；从融资金额来看，中国3256.3亿元的融资总额占到全球融资总额的74.7%。无论是从金融科技融资笔数，还是从融资金额来看，中国均占据大半壁江山，业已成为全球金融科技发展的领军国。

从2018年全球金融科技投融资投向的领域来看，除了2018年大热的区块链之外，其余较为集中的领域包括网贷、支付、汽车金融等。而区块链因涉及合规问题，其投融资已从2017年下半年开始遇冷。因此，从2018年金融科技投融资的投向多少可以窥出金融科技未来若干年的主要发展趋势。

从2018年银行金融科技发展的情况看，无论是全国性银行层面，还是区域性银行层面，共性的趋势包括银行的移动化、智能化等。此外，发端于全国性银行的"开放银行"亦是值得关注的部分。

（一）移动化

数据显示，截至2018年6月，国内网民人数已逾8亿人，占总人口的比重约为57.49%。在此背景下，手机银行用户总人数也由2013年末的1.17亿人迅速增加至2018年6月的3.82亿人，2014年6月至2018年6月，4年间手机银行用户总人数的年均复合增长率为20.19%。

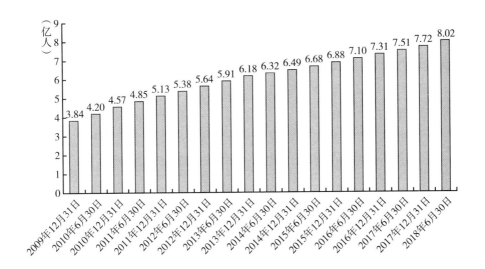

图1　2009～2018年中国网民人数变化情况

资料来源：Wind。

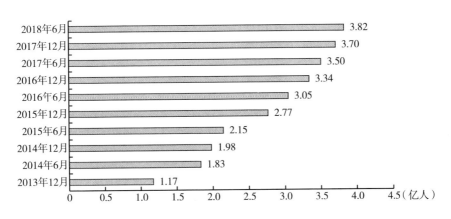

图2　手机银行用户规模

资料来源：Wind。

网民人数以及手机银行用户人数的增加，也对各行的手机银行服务提出了更高的要求。据统计，2018年40家银行（18家全国性银行+22家区域性银行）中共有24家银行（其中全国性银行9家，区域性银行15家）对手机银行进行较大幅度的更新和迭代，占比达60%。其中，交通银行在2

月8日发布了手机版"沃德理财顾问",成为国内首款专注财富规划的移动
产品;江苏银行于2018年6月18日上线了手机银行4.0版本,上海银行亦
发布了手机银行5.0版本等。尤其是12月18日,招商银行宣布对全国网点
的"全面无卡化改造"项目完成,在国内的商业银行中率先由"卡时代"
进入全面App时代。

表5　各银行2018年手机银行最新发展成果

银行	最新发展成果
光大银行	新版手机银行上线,采用了Fido生物识别安全技术,对手机银行六大模块进行升级
中国银行	发布新版手机银行,实现人脸识别、自助注册,支持银行超过200项主要金融服务
交通银行	发布手机版"沃德理财顾问",系国内首款为大众客户提供全方位、个性化财富规划的移动产品
农业银行	新一代智能掌上银行投产上线,从四大方面提升服务
平安银行	打造"更懂您"的智能化零售银行,利用"金融+科技"的手段,打造线上线下融合的智能化OMO(线上线下融合)服务体系
邮储银行	推出新一代个人网银,对其个人网银进行了全面重构,基于云平台架构加强交互性,优化了客户体验
中信银行	联合腾讯云推出手机银行智能语音产品,构建以"有用、有趣、有情"为核心的"有温度"智能服务新生态
广发银行	手机银行4.0新版发布,加载"智慧"元素、探索"无界"服务、践行"普惠"金融
招商银行	宣布对全国网点的"全面无卡化改造"项目完成,率先由"卡时代"进入全面App时代
南京银行	升级优化手机银行业务流程与功能,拓宽手机银行应用场景
江苏银行	6月18日手机银行上线4.0版本,报告期内客户数达536万户,较年初增长18.33%,交易金额同比翻倍
成都银行	上半年完成了手机银行3.0版本的升级与上线工作,截至6月末,个人网银客户新增8万户,手机银行客户新增14.58万户,微信银行客户新增25.93万户
上海银行	手机银行5.0版本发布。报告期末,个人手机银行客户数达372.77万户,较上年末增长18.80%;个人微信银行客户数达250.83万户,较上年末增长15.83%;企业手机银行客户数达6.53万户,较上年末增长12.20%
贵阳银行	截至报告期末,"爽爽Bank"手机银行客户达174.51万户,较年初增长37.91%;报告期内,手机银行交易笔数达681.5万笔(不含近场支付),累计交易金额达2339.9亿元
江阴农商行	报告期内手机银行新增有效户5.5万户、总量达21.9万户,交易总量160.6亿元

银行	最新发展成果
无锡农商行	紧跟"互联网＋"趋势，开发手机银行、微信银行的个人消费贷款功能
北京银行	发布"京管＋"企业手机银行产品，报告期内手机银行客户达395万户、新增有效客户52万户，重点业务线上渠道替代率达93%以上
杭州银行	依托手机银行、直销银行实现优质的移动金融服务新体验，目前两大移动端客户合计接近300万
重庆农商行	截至6月30日，手机实现银行客户769.13万户，新增87.55万户，较上年末增长12.85%；发生财务交易3193.40万笔，交易金额5284.89亿元
郑州银行	上半年，手机银行用户新增20.06万户，同比增长48.48%；交易177万笔，同比增长46.28%；交易金额达到人民币304.58亿元，同比增长73.05%。截至2018年6月30日，手机银行累计开户数为94.08万户（不包含销户客户），累计交易744.22万笔，交易金额为人民币1062.34亿元
重庆银行	报告期内手机银行客户数为63.04万户，累计交易250.41万笔，累计交易金额为人民币833.43亿元
江西银行	报告期内对外发布了个人手机银行2.0版。截至报告期末，手机银行客户总数达62.05万户，同比增长59.10%。报告期内，手机银行交易笔数达4892.73万笔，同比增长105.78%；交易金额达人民币677.17亿元，同比增长33.49%
徽商银行	上半年推出个人手机银行4.0版。截至2018年6月30日，手机银行签约客户总数已达268.59万户，报告期内交易4435.29万笔，同比增长36.21%，交易金额达人民币1782.66亿元，同比增长81.23%
青岛银行	报告期末，手机银行注册客户达128.79万户，较上年末增长15.70%；交易量达2962.69万笔，较上年同期增长5.45%；交易金额达1678.07亿元，较上年同期增长44.18%。手机银行渠道理财产品销量不断提升，上半年理财产品销售总额达429.57亿元，较上年同期增长51.35%

资料来源：各银行官网、2018年中报。

（二）智能化

近年来，大数据和人工智能等技术日臻完善和成熟，不断优化客户体验和提升运营效率，节约运营成本。近年来，各银行持续运用金融科技的力量，提高自身的智能化运营能力。

2018年，中国建设银行在上海建立了全国首家"无人银行"，光大银行也成立了光大云缴费科技有限公司，升级云缴费系统，力争打造国内最大的开放式缴费平台。值得注意的是，南京银行于 2018 年 3 月 16 日成立数字银行管理部，从顶层设计层面加强银行智能化建设。

表6　2018 年各银行智能化最新典型成果

银行	智能化最新成果
工商银行	升级聚合支付平台； 智能客服识别率已达98%
农业银行	新一代超级柜台在全国投产上线； 于重庆建成国内首家 DIY"智慧银行"； 推出信用卡刷脸办卡项目； 新一代网点智能服务系统投产上线
中国银行	于国内各行中首推跨境银联二维码支付； 发布"中银慧投"，正式进军智能投资顾问市场
建设银行	在上海下设国内银行业首家"无人银行"； 实现刷脸创新全渠道应用
交通银行	推出可移动"银行柜台"； 推出业内首个区块链资产证券化平台"聚财链"
招商银行	推出"刷脸支付"； 率先进入"全面无卡化"时代，打造"最佳客户体验银行"
兴业银行	携手微软共建数字化智能银行
光大银行	成立光大云缴费科技有限公司，升级云缴费系统，力争打造国内最大的开放式缴费平台
中信银行	推出"有温度"的智能投顾系统——"信智投"； 推出国内首款能计息的智能存钱罐； 推出"人脸支付"和手机"碰一碰"支付方式
民生银行	与华为携手打造数字化智能银行； 应用高速签名盒子，实现银企直联
广发银行	发布"极智"现金管理品牌； 突出"捷算通对公移动支付"
浙商银行	小微企业信贷风控实现"机器换人"
渤海银行	推出智能服务机器人
平安银行	打造"平安智慧生态快闪店"
南京银行	3 月 16 日成立数字银行管理部
紫金农商行	4 月成立全行首家"智慧金融便民服务站"； 投放"互联网＋"硬币循环兑换机
上海银行	数据中心使用智能机器"巡检员"，在机房内进行常规巡检，包括记录机房温湿度等环境参数等操作

银行	智能化最新成果
张家港农商行	自主研发的人脸识别系统于1月25日在智能超级柜台上实现应用
无锡农商行	与百度金融、乾康金融达成合作，后者将推动无锡农商行向智慧银行升级
江苏银行	优化柜面服务，柜面凭证打印每日减少2万张； 行业内首推智能保险服务——"阿尔法保险"； "车生活"平台推出智能"魔方"定制化专属服务
杭州银行	智慧银行荣获"2018年度中国信息化(智慧银行)最佳实践奖"
重庆银行	9月23日上线新一代核心系统
重庆农商行	2月启动"智慧银行"项目，将引入蚂蚁金服智能风控系统

资料来源：根据公开信息整理。

以营业网点智能化为例，交通银行湖南分行目前已基本实现营业网点智易通设备全覆盖，并为每台设备安排了授权员。这一方面引导客户在智能设备上自助办理业务，节约排队等候时间；另一方面能够了解客户办理业务情况。截至2018年10月末，网点智易通可替代交易分流率超过95%。

（三）"开放银行"引领新生态

2018年号称银行的"开放元年"，继2018年7月12日浦发银行推出业内首个API Bank无界开放银行后，已陆续有5家银行公布了各自的"开放银行"进展和规划。

表7 2018年各银行开放银行进展情况

银行	时间	进展情况
浦发银行	2018年7月12日	推出业内首个API Bank无界开放银行
中国建设银行	2018年8月25日	开放银行管理平台正式上线
招商银行	2018年9月17日	开放用户和支付体系，通过API、H5和App跳转等连接方式，实现金融和生活场景的衔接
中信银行	2018年中报披露	2017年8月15日与百度共同发起设立百信银行，百信银行成立一年多以来，在开放银行方面做了诸多有益的尝试
兴业银行	2018年中报披露	开放银行服务API，开展微创新，2018年上半年为银行端引入场景端客户16.75万户，各类创新产品实现交易5569.61万笔

续表

银行	时间	进展情况
中国工商银行	2018 年中报披露	即刻全面实施 e-ICBC 3.0 互联网金融发展战略,推进传统金融服务的智能化改造,向服务无所不在的"身边银行"、创新无所不包的"开放银行"、应用无所不能的"智慧银行"转型

资料来源：根据公开信息整理。

开放银行，又称平台银行，是指商业银行开放 API 端口，连接各类在线平台服务商。银行通过与服务商合作开展各种基于具体、特定消费场景的服务。

随着存贷利率市场化的持续推进，存贷利差业已变成银行间的业务红海。即使通过优化传统业务模式下的价值链各链条，也恐怕难以再为银行创造丰厚的超额利润。且在传统业务模式下，银行更像是一个"业务孤岛"，即主要对外输出借、贷和与之相关的服务，并没有和其他机构形成很好的协同和联动效应。

开放银行正是在此背景下应运而生，且其符合当下较为流行的"平台战略"。通过开放自身 API 接口，与各平台服务商建立合作，银行将实现对各场景的穿透，打造具有自身特色的生态圈，从而形成业务"护城河"。

五　金融科技与传统银行合作的政策建议

（一）以功能监管逐步替代传统分业监管

随着金融和科技愈发深度融合，金融业混业经营的特征已愈发明显，我国传统的分业监管模式也愈发与之不配套、不兼容。在此引入功能监管的概念，该概念最早由哈佛大学的默顿教授提出。不同于分业监管，功能监管更加强调对金融机构所从事的金融活动的监管，而非对金融机构本身的监管。功能监管最早为美国的监管层所认可和采纳，已在防范本国金融风险扩散方面取得了良好的效果。

相对于分业监管，功能监管在以下三个方面的监管效果显著。首先，在金融机构日趋混业发展的大背景下，功能监管有助于避免监管真空的现象。随着金融科技的逐步渗入，以及金融机构对于"全牌照"的渴望，传统"人盯人"的监管模式已愈发无法适应混业金融模式。对于由行业交叉所形成的风险，可能会出现无机构监管，或者监管机构之间"踢皮球"的现象。而功能监管因其不是监管金融机构本身，而是监管金融活动，故或将较好地避免上述监管真空的现象。其次，功能监管有助于破解监管套利的问题。不同监管部门施行法律的松紧程度不尽相同，而金融机构在混业经营的大背景下，为了让合规风险最小化，会有意适用监管上最为宽松的规则，从而产生监管套利的现象。而功能监管则可较好地规避这一点。最后，功能监管有利于实现监管的一惯性和可预期性。金融机构的形态或会随着时间和外部环境的变化而不断变化，但金融活动的实质和功能却鲜有大的起伏。监管的可预期性亦有利于外部投资者进行投资决策。

事实上，我国的金融监管也在逐步走向混业监管，同时功能监管的思想也在逐步被引入。在2018年的国务院机构改革中，"一行三会"（央行、银监会、保监会、证监会）变革为"一行两会"（央行、银保监会、证监会），标志着我国向金融混业监管迈出了坚实的一步。此外，在"十三五"规划纲要中明确提到，"统筹监管系统重要性金融机构、金融控股公司和重要金融基础设施，统筹金融业综合统计，强化综合监管和功能监管"。

（二）进行制度创新，施行监管沙盒

2019年3月7日，第十三届全国人大代表、中国人民银行金融稳定局局长王景武将提出提案，建议建立粤港澳大湾区金融监管协调机制。值得注意的是，提案中特别提到了近期引起热议的监管沙盒。他指出，借鉴香港的经验，在粤港澳大湾区探索建立适合中国国情的金融创新产品监管制度，确立适合国情的金融创新产品监管模式，试点推行金融监管沙盒。学界讨论已久的监管沙盒监管模式或将走向前台，进入大众视野。

监管沙盒，最早由英国提出并予以施行。英国金融行为监管局作为金融科技公司的主管机关自 2016 年 5 月开始实行监管沙盒制度。监管沙盒为创新产品、服务、商业模式以及运作机制提供了一个"安全空间"，而不会立即引起大规模的不利后果。即在规避金融科技引致风险的同时，又保证了其活性。

从国外的情况来看，多国亦在试图引入监管沙盒，包括新加坡、澳大利亚、加拿大等国。除了上述已提及的益处外，监管沙盒还可变革传统监管模式，变风险后监管为风险前、中监管，收敛由金融科技所引发的金融风险。这将增强市场对于金融科技发展的信心。

（三）加强对个人信息的保护

鉴于我国目前征信体制机制尚不健全，银行在进行诸如个人消费贷款时，需采用大数据技术构筑模型，对个人相关信用信息进行分析。值得注意的是，金融科技大数据技术与个人信息安全保护事实上是有悖的。而我国目前有关的法律法规，包括《电信和互联网用户个人信息保护规定》和《网络安全法》，尚过于宽泛，语焉不详。

当前，网络安全和数据安全事件频发，已经引起了有关部门甚至全社会的重视。因此，后续还应进一步厘清大数据技术和个人信息保护的边界，在发展包括大数据技术等金融科技的同时，加强对个人隐私的保护。

参考文献

零壹智库：《2018 年全球金融科技发展指数和投融资报告》，2019 年 2 月 15 日。

李向前、贺卓异：《金融科技对我国银行业的影响与发展研究》，《华北金融》2018 年第 7 期。

谢治春、赵兴庐、刘媛：《金融科技发展与商业银行的数字化战略转型》，《中国软科学》2018 年第 8 期。

孙韵汶：《金融科技监管"监管沙盒"模式分析及探索》，《中国商论》2018 年第 32 期。

孙梦茹、孙娟：《商业银行金融科技战略分析——以 C 银行为例》，《时代经贸》2019 年第 1 期。

吴朝平：《商业银行与金融科技公司的联合创新探讨》，《新金融》2018 年第 2 期。

中国人民银行广州分行课题组：《中美金融科技发展的比较与启示》，《南方金融》2017 年第 5 期。

胡涵：《金融科技公司的监管模式问题研究》，华东政法大学硕士学位论文，2018。

治理创新篇[*]

Governance Innovation

B.15

2018年互联网金融与监管科技
协同创新发展报告

黄 震 苏润霖^{**}

摘 要： 监管科技作为时下热点，若能最大限度发挥其优势有助于有
效规制我国互联网金融发展中的问题。监管科技以新的模式
助力互联网金融走向合规，也受到互联网金融的倒逼影响。
相关的政策文件和研究表明二者结合的未来趋势体现为协同
创新。由于监管科技本身在路径选择、制度协调和规则标准
三个方面仍存在不足，需要加强相应金融基础设施的技术创
新，为协同创新夯实物质基础。同时完善创新协调机制，重

* 治理创新篇由中央财经大学中国互联网经济研究院负责组织撰写，负责人：欧阳日辉。
** 黄震，博士，中央财经大学法学院教授，金融法研究所所长，主要研究方向为互联网金融、
 民间金融。苏润霖，中央财经大学法学院，主要研究方向为互联网金融。张长青、赵迎秀、
 李彤、占青、郭洁飞、刘仪曼等对本报告亦有贡献，在此致谢。

塑监管思维，建立多元化的金融监管模式，实现创新和监管的良性互动。

关键词： 互联网金融　监管科技　协同创新

一　2018年互联网金融与监管科技协同创新发展情况

互联网金融是在"开放、平等、协作、分享"的互联网精神的指导下，依托云计算、大数据、第三方支付、社交网络等互联网工具，实现资金融通、支付和信息中介等业务的一种新兴金融，互联网金融的实质仍属于金融。[①] 监管科技是基于以大数据、云计算、人工智能、区块链等技术为代表的新兴科技，主要用于维护金融体系的安全稳定、实现金融机构的稳健运行以及保护金融消费者的权益。从监管科技应用主体的角度剖析，监管科技包括金融机构的"合规"和金融监管机构的"监管"两个层面。就"合规"而言，监管科技被视为金融机构降低合规成本、适用监管的重要工具，从这个层面讲，监管科技可以被理解为"合规科技"；就"监管"而言，监管科技能够帮助金融监管机构丰富监管手段、提高监管效率、降低监管压力，从这个层面讲，监管科技又可以被理解为"监管科技"。[②] 从上述关于互联网金融和监管科技的理解中可以明确，科技是两者进行创新的重要工具，当先进的科学技术与金融深度融合时，互联网金融得到了长足的发展；当先进的科学技术与监管深度融合时，监管科技出现并实现了创新发展。

相较于互联网金融，目前在学界和业界较普遍使用"金融科技"这一类似概念。一般认为金融科技是互联网金融的2.0阶段。[③] 有学者比较分析

---

① 许多奇：《互联网金融风险的社会特性与监管创新》，《法学研究》2018年第5期。
② 孙国峰：《发展监管科技构筑金融新生态》，《清华金融评论》2018年第3期。
③ BR互联网金融研究院：《互联网金融报告2017：金融创新与规范发展》，中国经济出版社，2017。

了金融科技和互联网金融概念的两种言说（"同质论"和"异质论"），认为互联网金融是金融科技的一个发展阶段、一个分支，前者是隶属于金融科技的。本报告持"同质论"观点，认为二者内涵相同。根据毕马威的数据，2018 年全球金融科技的投融资资金额已经达到 1118 亿美元。[1] 同时我国过去几年金融科技投融资呈现迅猛的发展势头（见图 1），2018 年中国金融科技市场规模达到了 115 万亿元。[2]

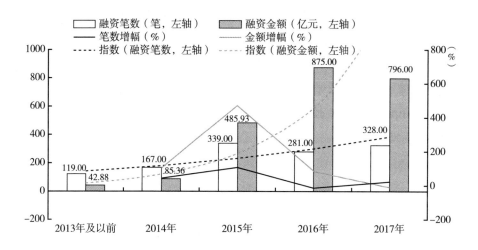

图 1   中国金融科技投融资情况

资料来源：零壹财经：《变革与契机：互联网金融五周年发展报告》，2019 年 4 月 8 日。

1. 协同创新发展政策文件及相关研究

2015 年 7 月 18 日，中国人民银行等十部委发布《关于促进互联网金融健康发展的指导意见》。按照"依法监管、适度监管、分类监管、协同监管、创新监管"的原则，确立了互联网支付、网络借贷、股权众筹融资、互联网基金销售、互联网保险、互联网信托和互联网消费金融等互联网金融主要业态的监管职责分工，落实了监管责任，明确了业务边界。可以看出，在各部委监管责任分配方面，指导意见体现出"协同治理"的

---

①   KPMG：*The Pulse of Fintech-H2' 2018*，2019 年 4 月 9 日。

②   易观：《2019 中国金融科技专题分析》，2019 年 4 月 8 日。

新思维。有学者指出协同治理指的是两个或以上的部门通过信息共享、资源互动、能力互补和共同行动来实现单一部门无法达成的目标，具有跨越政府层级以及政府、企业和社会边界的特征，多类型主体共同参与决策与执行过程。①

2017年6月，中国人民银行印发的《中国金融业信息技术"十三五"发展规划》中就提出要加强金融科技和监管科技的相关研究与应用。2018年8月31日，证监会发布《中国证监会监管科技总体建设方案》提出了要在互联网金融创新发展过程中加强监管，强调了发展监管科技的重要意义。这一举措完成了我国监管科技建设工作的顶层设计，提供了一个翔实周密的官方设计蓝图。

2018年11月9日，北京市地方金融监督管理局发布的《北京市促进金融科技发展规划（2018年~2022年)》，在第二部分"总体思路"和第五部分"拓展金融科技应用场景，发展现代金融服务体系"中均提到了在金融创新发展的同时需要促进科技与监管的融合，促进互联网金融与监管科技协同创新发展。随后12月4日、5日在北京房山举行的"2018北京金融安全论坛"上，中央财经大学教授、金融法研究所所长黄震出席并解读《中国互联网金融安全发展报告2018》，该报告以风险防控为主题，指出2018年互联网金融发生了非常重要的转向：从开拓市场转向了防范风险，从发展金融转向了金融与监管协调发展，同时提出技术、市场和监管三方同步构建、协同发展的监管理念。②

2. 互联网金融与监管科技协同创新发展大事记③

2018年2月5日，国内"保险智能风控实验室"正式成立，充分发挥大数据、人工智能、云计算等技术优势，为保险业欺诈风险的分析和预警监测提供支持。同年4月24日，梆梆安全发布了国内首款"智能终端安

---

① 张克：《如何协同治理？互联网金融监管新思维》，《华东科技》2015年第8期。
② 黄震：《金融科技与监管科技的协同发展路径》，搜狐网，2019年4月10日。
③ 中国互联网金融安全课题组：《中国互联网金融安全发展报告2018》，中国金融出版社，2019。

全威胁系统",使终端设备安全威胁可视、可管、可控。之后在8月25日,首家金融风险监测防控中心落地广州,率先实现监管业态全覆盖。广州金融风险监测防控中心利用区块链、人工智能等技术手段,对风险事件及时研判,防患于未然,可以更好地发挥平台的风险监测防控作用,提升金融风险监测防控信息化水平。华为在同年的9月利用大数据、人工智能和机器学习等高级安全分析技术,构建立体协同的安全防护体系,实现全天候、全方位感知网络安全态势,成功对抗数据泄密事件、网络安全事件等攻击。同时在9月4日,"粤港澳大湾区贸易金融区块链平台"在深圳正式上线试运行。平台运用先进的科技手段,为监管机构提供了贸易金融监管系统,面对复杂多变的金融风险隐患可以实现对平台上各种金融活动的动态实时监测,对风险做到早识别、早预警、早发现、早处置。百融金服在9月末的世界人工智能大会期间推出了自主研发的反欺诈领域AI应用新成果——关系图谱。百融金服的关系图谱使用人工智能技术,为金融机构提供人工智能决策平台,实现全方位的智能防护,保障企业的金融业务安全。

二 2018年互联网金融与监管科技协同创新发展特点

1. 监管科技助力互联网金融发展

互联网金融作为一种跨界新兴事物,在很大程度上能将互联网与金融两方的优势结合在一起,使传统金融行业迸发出强大的生命力,让市场发展具有更多可能性。互联网金融也是一种技术驱动下的创新模式,是以新兴技术为基础的。这决定了其相较传统金融模式呈现多样纷繁的情景。互联网与金融的融合使我们获益,互联网金融实现安全、平稳发展,离不开监管科技为其保驾护航。利用科技进行有效监管,可以及时发现进而最大限度地避免某些危害结果的发生,降低行业发展过程中的不确定性。2015年,国务院办公厅曾出台《关于运用大数据加强对市场主体服务和监管的若干意见》,强调要充分运用大数据、云计算等现代信息技术,运用大数据科学制定和调整监管制度和政策。中国人民银行等部门于 2018 年 4 月发布了《关于加强非金融企业投资金融机构监管的指导意见》，该意见通过规范非金融企业对金融机构的投资，要求强化对金融机构及非金融企业的穿透监管，弥补监管空白，提升部门之间的监管协调和信息共享能力，建立风险隔离机制，同时创新监管方式，运用大数据等手段，强化事中事后监管。这些政策意在为互联网金融扫除发展隐患，铺平发展道路。

2. 互联网金融发展倒逼监管科技进步

金融在互联网影响下多重风险不断叠加，风险触点增多，一系列新的金融风险类型丛生，金融风险的表现和问题也呈现新的特点和难点。[①] 相关的例子不胜枚举，以我国 P2P 网贷平台为例，大多数网贷平台存在准入门槛低、对双方资质审核不够严格的潜在风险因素，更有甚者以高收益、流动性大的产品吸引投资人。但高收益伴随着高风险，平台在短时间内积累大量的资金，在使用资金、在加强信息安全建设等方面都面临一种巨大的考验，如果资金被平台经营者滥用，极易引发相关风险。在 2018 年 6 月到 12 月的"P2P 爆雷潮"事件中涉及的问题平台多达 1279 家，呈现区域集中、时间集中、新平台集中的特点。[②] P2P 平台资金链断裂进而倒闭甚至跑路的现象也从侧面印证了此种风险存在的真实性以及造成危害的广泛性和严重性。

互联网金融的兴起及发展会产生一系列亟待解决的问题，而现有的监管框架可能难以适应监管的要求，无法有效防控互联网与金融结合所带来的各类风险，从而无法实现监管目的。面对此种情况，必须通过各种途径，提升整体监管水平。2017 年中国人民银行科技工作会议提出，互联网金融以及金融科技的迅猛发展使目前全球金融监管框架面临严峻挑战，金融新业态兴起需要央行不断提升履职能力，加快开发应用各种新的监管技术手段，例如

---

① 安辉：《金融监管、金融创新与金融危机的动态演化机制研究》，中国人民大学出版社，2016。

② 苏宁金融研究院：《2018 年互联网金融行业年度回顾与 2019 年展望》，2019 年 4 月 10 日。

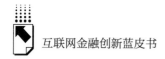

建立健全科技监管体制、优化监管的组织结构框架等。[①]

3. 在动态发展中实现协调，以协调促发展

现实中，互联网金融的自身特性使其在发展过程中具有多样性和复杂性的特点，而监管往往具有滞后性。二者有各自不同的发展路径，难以实现完全同步发展。因此要在两方动态发展的过程中，逐步进行适配协调，找到双方平衡发展新模式。

在互联网金融和监管之间实现平衡协调发展，提升监管科技水平，并非要弱化金融主体的创新发展能力或削弱消费者权益，不是希望它停下来甚至是消灭它，而是在确保其安全的基础上保持持续稳步发展。由此看来，固有的把双方比作"猫和老鼠"的描述已经不能准确形容两者的现实关系，将其比作"交警和司机"的说法更具合理性。

三 互联网金融与监管科技协同创新发展中存在的问题

金融市场是各类风险易发、高发的集中地。我国金融科技经历了金融电子化、金融信息化、互联网金融的发展阶段。恰当的监管可以让互联网金融形成良好的发展态势，为未来金融的健康发展奠定良好的基石。然而监管既是一门技术，也是一门艺术。如何把握互联网金融与监管科技协同创新的平衡，需要监管部门的智慧和远见。监管科技作为新时代金融监管的科技武装，有助于提升金融监管效能、降低机构合规成本。但从实践经验来看，新技术在部署应用过程中往往会引入一些潜在的风险问题，因此监管部门要牢固树立安全发展观，注意做好技术应用风险防控。当下我国发展监管科技主要面临以下三大困境。

1. 路径选择困境

如何选择监管科技发展路径成为我国发展监管科技必须首先解决的关键

---

① 中国人民银行：《加快架构转型　打造数字央行——人民银行召开 2017 年科技工作会议》，
2019 年 4 月 10 日。

议题。监管科技主要涉及金融监管机构、金融机构和金融科技公司等参与主体。金融科技公司作为监管科技研发主体，基于大数据、云计算、人工智能、分布式账本、生物识别技术以及数字加密等新兴信息技术，提供监管科技支持；金融监管机构和金融机构作为监管科技应用主体，分别利用监管科技达到丰富监管手段和提升金融监管水平、满足监管要求和降低合规成本的目标。如何理顺监管科技多方面主体之间的关系，有效协调监管需求、合规需求与技术供给，形成有利于监管科技发展的良性循环理，应成为应对监管科技发展路径选择挑战的重要内容。

2. 制度协调困境

构建有利于监管科技发展的体制至关重要。一方面，在金融科技发展过程中，金融机构与金融科技公司提供的金融服务不断渗透趋同，参与主体逐步多元化，加强了金融业务之间的交叉性，使金融风险更具有传染性，更容易造成系统性风险；另一方面，金融科技在地方非传统金融业态中不断发展，我国金融风险高发区域也在一定程度上从传统金融体系转移至非传统金融体系、从中央转移至地方、从线下转移至线上。由于尚未建立起统筹协调监管科技发展的体制机制，各行业、各部门、各地区"各自为政"发展监管科技，可能造成监管套利和监管空白，不利于统筹发挥监管科技防范系统性金融风险的作用。

3. 规则与标准困境

发展监管科技，无论是满足国内金融监管需求还是参与全球监管科技体系建设，发展规则和技术标准的制定是不可或缺的。只有制定完整的监管科技发展规则和技术标准，才能有效规范市场进入和退出，为整个金融行业的发展提供有序、公平的竞争环境。从目前发展来看，监管科技发展尚缺乏统一的规则和标准，整个行业还处在无序发展阶段。

四 互联网金融与监管科技协同创新发展的趋势

互联网金融起初作为新兴事物，没有行业规则，缺乏行业监管，处于野蛮生长的状态。直至 2016 年 10 月 13 日，国务院办公厅发布《互联网金融风险专项整治工作实施方案》的通知，这是首个以互联网金融平台为主体的监管文件。这一监管方案的出台，对于互联网金融行业的发展无疑产生了重大影响。随着近年监管政策的频频出台，金融行业进入监管后时代，步入规范发展期，互联网金融与监管科技也开始呈现协同发展趋势。

1. 互联网金融与监管科技协同发展，相互渗透

金融业务相互交织，错综复杂，以大数据、云计算、人工智能等为代表的创新技术已经深度嵌入支付、信贷、资产管理等金融领域，金融市场的繁复程度远胜以往。

互联网金融在高新科技的助推下获得创新发展，金融业务呈现去中心化、去中介化等特点，由此带来新的风险场景和风险特征的叠加，即金融创新的过程亦是风险积聚的过程，因此，互联网金融的健康发展也需要有效的风险监管的保护。一方面，科技进步有效提升了互联网金融的服务能力与效率，加速了传统金融的创新升级，但也不断冲击原有的监管框架，提高了金融风险的复杂性和隐蔽性，大大提高了风险监管难度，使互联网金融的创新发展越来越离不开监管科技的发展。另一方面，"以科技应对科技"越来越成为全球金融风险监管的普遍共识，科技正在不断升级金融监管"千里眼"和"顺风耳"的风险识别能力。[1] 监管科技正是科技驱动互联网金融发展与风险监管的有机结合，其通过大数据、人工智能等创新技术应用，促进了传统监管方式的转型与升级，为互联网金融的创新发展提供了更为稳定、安全的金融市场环境，由此更进一步促进了金融创新与科技发展，形成三者间的循环演进。[2] 故在互联网金融与监管科技协同创新发展的过程中，两者相互渗透的程度愈发深入。

2. 科技夯实互联网金融与监管科技协同发展的基础

2019 年，在监管趋严、竞争加剧的行业背景下，互联网金融平台寻找

---

[1] 《以科技应对科技成新趋势　互联网巨头正布局监管科技》，新浪财经，2019 年 3 月 1 日。
[2] 《聚焦金融科技　招行全面转型智慧银行》，中新网内蒙古，2019 年 1 月 31 日。

新的突破点，突出自身优势，加强行业竞争力。显然，区块链、人工智能、大数据风控、大数据征信已经成为新的突破点。因此，科技驱动未来也将成为互联网金融行业协同监管发展的一大趋势。

以银行业为例，大数据和人工智能等新兴技术的应用使其向智能化转型。其中，招商银行已然成为行业服务的标杆和业务创新的典范，率先打造了全面赋能的金融科技，构建了线上线下多维服务体系。此前，其推出智能投顾服务，以"人+机器"模式定义理财服务，成为国内第一家推出智能投顾产品——摩羯智投的银行。截至2018年6月30日，摩羯智投累计购买规模超过116.25亿元，成为中国智能投顾市场领先者，且该智能投顾平台综合能力在国内排名第一。在贷款服务中，其利用人工智能+大数据应用在智能风控领域的优势，实现秒贷服务。人工智能利用海量金融数据进行智能分析，提供决策参考。而在大数据保驾护航之下，不仅可以在线申请贷款，而且能实现"秒"贷，使消费信贷利用金融科技实现了升级。[①]

新技术驱动下的互联网金融平台的模式有以下四种。第一，有大量的客户，通过与B端合作的模式批量获取有效C端客户。第二，可以提供良好的服务体验。利用互联网和移动设备为客户提供纯线上服务，简化业务流程，优化产品界面，改善用户体验。第三，有大量的技术支撑，运用大数据和云计算提供基础信息支持，实现金融服务个性化。第四，以细分市场作为切入点，专注服务特定类型客户，并提供相关增值服务。

同时技术进步也推动实时风控，促进监管科技与时俱进。各类网银支付欺诈、电商钓鱼网站等风险因素不断增加，对风控的要求越来越高。风控是P2P乃至互联网金融发展的核心，大数据、云计算等技术的发展，使从技术入手提高风控能力逐渐成为互联网金融发展的方向。大数据风控主要是通过分析交易设计的环境信息、行为信息及账户之间的关联关系来做交易的风险判断。而实时风控能找到用户体验与信息安全的平衡点，有了实时风控系

---

① 王雯、李滨、陈春秀：《金融科技与风险监管协同发展研究》，《新金融》2018年第2期。

统，企业可以更自如地做出产品创新、限额的调整。

一些金融科技企业为了提升用户安全体验，引入独立的第三方电子数据保全系统存储用户交易信息，通过智能化的反欺诈模型决策，监控用户账户和交易情况。此外，他们还采用基于复杂信息流的风险实时检测系统，通过数据、安全技术等手段为平台的业务安全保驾护航，助力核心业务的高速发展。未来，监管科技方面在 OCR 光学字符识别、人脸识别、设备管理等方面也将继续加大技术投入，以帮助用户更好地保护自身财产安全。

金融监管强调利用科技的力量解决传统金融行业的痛点问题，在用户体验、风险管理、服务效率等方面拓展了技术可发挥的空间，用科技改变了金融。在未来，人工智能、区块链等技术还将进一步赋能监管和互联网金融的发展，促使互联网金融更健康、智能化发展。

3. 互联网金融与监管科技全球化，国际合作进一步加强

在"一带一路"倡议的推动下，我国的金融科技全球化和与世界各国的合作正在进一步加强。近年我国实施的一系列的国际化、全球化的战略，已经形成了巨大的国际影响，很多国家希望学习中国发展互联网金融的经验。我国 2018 年 8 月在上海创设的金融法院，自设立以来，充分利用已有的金融科技成果。目前，上海金融法院已实现网络化立案，法院现场也有诉讼文书的智能辅助书写系统，从案件类型、选择案由到自助打印，帮助当事人按照格式填写诉讼文件，并打印提交。庭审现场运用语音自动识别做记录，大大提高庭审效率，有力促进了庭审公开。此外，上海金融法院正着力建设集数据收集、提炼、分析、预测功能于一体的金融大数据"智源"平台，集服务金融审判执行、服务当事人诉讼功能于一体的金融案件"智审"平台，集干部业绩考核、警务保障、后勤管理于一体的"智管"平台和集智能合议、云端服务于一体的"智慧法庭"。这些先进的探索经验也先后吸引了澳大利亚、英国、捷克等国代表团的参观。①

与此同时，国际上有很多关于互联网金融与监管科技的重要经验值得我

---

① 缪因知：《发达国家金融法院的经验与启示》，《金融博览》2018 年第 10 期。

们学习，监管沙盒就是一个鲜活的实例，其是监管科技领域中已有的一个较为成熟的经验，在英国、澳大利亚等地先后取得进展，我国目前对于监管沙盒的研究和探索也在进一步深入。另外，我们也有很多的企业需要探索国际化，将产能输出以及把在国内不方便开展的工作转移到海外，特别是比特币的交易等，都在寻求海外进一步服务客户的机会。

4. 金融体系逐渐完善

十九大报告要求加强现代金融体系建设、加强依法治国建设，制度创新成为供给侧结构性改革的重点。深化金融体制改革，制度短板亟待补上。近年来随着互联网的发展，人们的生活消费方式越来越多样，更重要的是，互联网的发展极大地影响着其他行业的发展。其中，受影响最为显著的是金融行业。近年来随着支付宝、微信等支付方式的普及，消费者的消费形式发生了重大变化，这些新型消费方式也对传统银行业带来很大的冲击。[①] 同时风险防范问题日益突出。我国通过创设金融法院、国家金融安全委员会，利用区块链、大数据等智能手段提高地方监管局风险防范能力等举措，已经逐渐形成一套金融机构及行业自律、监管部门监管、国家治理的风险防范体系。

此外，2018 年两会期间，"将加大联合奖惩力度，使失信者受到惩戒，守信者获得激励"。[②] 这意味着 2018 年是我国信用体系建设提速的一年。监管的大网已全面铺开，留给"老赖"的生存空间已是越来越小。然而信用体系的全方面搭建，仍需要各方的努力。对征信而言，实现数据共享是最大的难点。对此，互联网金融协会公布互联网金融信用信息共享平台搭建进度。在短短一年多的时间里，互联网金融信用信息共享平台对接机构数量增长近 6 倍，从此强劲涨势足以看出整个互金行业对信息共享工作的重视程度。这也标志着政府正逐渐完善互联网金融体系。[③]

---

① 李爽、关浩博：《吉林省互联网金融发展中的问题及体系完善策略》，《法制与经济》2019 年第 2 期。
② 《张勇：加大联合奖惩力度 使失信者受惩戒守信者获激励》，人民网，2019 年 4 月 1 日。
③ 《40 年现代金融体系从无到有逐步完善 金融市场化向纵深拓展》，《经济参考报》2018 年 12 月 4 日。

五 互联网金融与监管科技协同创新发展对策建议

1. 加强相关金融基础设施的技术保障

在这场以科技为主导力量的变革浪潮中，无论是互联网金融还是监管科技都必须依托科技的力量。新技术能为二者的协同创新发展提供强大的金融基础设施保障，例如5G技术能使数据传输速度得到显著提升，并使其他相关底层技术诸如大数据、人工智能、云计算等的结合越来越紧密。这些关键技术能将分散、孤立的各类信息合成为一体化的信息资源。互联网金融和监管科技的协同创新需要实现信息在不同层次、不同部门之间的高效率流动，而技术可以打破"信息孤岛"困境。所以市场部门与监管部门联手不断加强技术创新，能够为二者的协同发展打下坚实的客观物质基础。

2. 加强协同组织的建设及管理，探索协同创新运行新机制

探索具有中国特色的监管模式。地方监管机构利用监管科技能够沉入金融领域的底端——用户端，直接监测和调控金融领域内的各项业务，对存在的风险点能有效进行定位；应当平衡中央与地方的监管权限，促使双方同时在线共同监管；建立一种紧凑、干练的扁平化组织结构以提升效率，使上级决策能得到更快、更高效的传达及实施；进一步发挥相关行业协会的自律作用，以行业协会自律带动某一领域规范发展，并明确这类中间组织的职能和权限，发挥其在化解风险中的缓冲作用。如何建立起一整套完整而高效的地方与中央衔接、社会组织和政府多部门配合的协同机制，仍需要更多的实践探索。

3. 转变监管思维，调整金融监管模式

转变传统金融监管的思维方式，避免"运动式"执法和事后监督型的立法。这种监管制度已无法适应科技驱动下的互联网金融创新，需要运用监管科技手段，克服法律滞后性，在互联网金融的发展中实现"创新—监管—再创新—再监管"的良性循环。监管科技不能仅仅被看作达到某种监

管目的的手段与工具，其本身就是一种监管治理方式，需要进一步探索平衡创新与监管的新金融监管模式。

参考文献

安辉：《金融监管、金融创新与金融危机的动态演化机制研究》，中国人民大学出版社，2016。

BR 互联网金融研究院：《互联网金融报告 2017：金融创新与规范发展》，中国经济出版社，2017。

陈沛：《我国金融科技的监管困境与路径选择》，《电子科技大学学报》（社科版）2018 年第 6 期。

程军：《监管科技的应用与发展》，《金融电子化》2017 年第 7 期。

中国互联网金融安全课题组：《中国互联网金融安全发展报告 2018》，中国金融出版社，2019。

黄震：《金融科技与监管科技的协同发展路径》，搜狐网，2019 年 4 月 10 日。

何海锋、银丹妮、刘元兴：《监管科技（Suptech）：内涵、运用与发展趋势研究》《金融监管研究》2018 年第 10 期。

《聚焦金融科技 招行全面转型智慧银行》，中新网内蒙古，2019 年 3 月 23 日。

KPMG：*The Pulse of Fintech-H2' 2018*，2019 年 4 月 9 日。

李红娜：《金融科技发展与监管研究》，《广西质量监督导报》2018 年第 10 期。

廖岷：《全球金融科技监管的现状与未来走向》，《新金融》2016 年第 10 期。

李有星、陈飞、金幼芳：《互联网金融监管的探析》，《浙江大学学报》（人文社会科学版）2014 年第 4 期。

李爽、关浩博：《吉林省互联网金融发展中的问题及体系完善策略》，《法制与经济》2019 年第 2 期。

零壹财经：《变革与契机：互联网金融五周年发展报告》，2019 年 4 月 8 日。

缪因知：《发达国家金融法院的经验与启示》，《金融博览》2018 年第 10 期。

《张勇：加大联合奖惩力度 使失信者受惩戒守信者获激励》，人民网，2019 年 4 月 1 日。

《40 年现代金融体系从无到有逐步完善 金融市场化向纵深拓展》，《经济参考报》2019 年 3 月 23 日。

苏宁金融研究院：《2018 年互联网金融行业年度回顾与 2019 年展望》，2019 年 4 月 10 日。

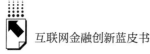

王雯、李滨、陈春秀：《金融科技与风险监管协同发展研究》，《新金融》2018 年第 2 期。

许多奇：《互联网金融风险的社会特性与监管创新》，《法学研究》2018 年第 5 期。

孙国峰、赵大伟：《监管科技的挑战与破局》，《中国金融》2018 年第 21 期。

孙国峰：《发展监管科技构筑金融新生态》，《清华金融评论》2018 年第 3 期。

易观：《2019 中国金融科技专题分析》，2019 年 4 月 8 日。

杨松、张永亮：《金融科技监管的路径转换与中国选择》，《法学》2017 年第 8 期。

《以科技应对科技成新趋势　互联网巨头正布局监管科技》，新浪财经，2019 年 3 月 1 日。

中国证监会：《证监会正式发布实施监管科技总体建设方案》，2019 年 4 月 7 日。

中国人民银行：《加快架构转型　打造数字央行——人民银行召开 2017 年科技工作会议》，2019 年 4 月 10 日。

B.16

2018年互联网金融行业协会的
自律创新发展报告

何　毅[*]

摘　要： 2018年互联网金融整改进入攻坚阶段，充分发挥互联网金融行业协会的自律作用，引导互联网金融行业健康发展至关重要。因此，本报告深入分析了互联网金融行业协会的自律现状，发现行业协会仍然存在会员准入标准不统一、组织结构不清晰、会员管理不规范的问题，并提出强化行业协会入会会员的履职责任、清晰划定行业协会组织结构的层级关系、加大行业协会会员管理的惩戒力度三方面自律对策。

关键词： 互联网金融　行业自律　创新

一　互联网金融行业协会的自律现状

2018年中国互联网金融协会在互联网金融风险专项整治活动、互联网金融自律公约发布、互联网金融行业风险信息披露三方面，稳步推进了协会行业自律管理的各项工作，但互联网金融领域的风险防范任务仍然艰巨。

---

[*] 何毅，经济学博士、管理学博士后，中央财经大学中国互联网经济研究院助理研究员，研究方向为互联网金融。

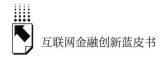

（一）互联网金融风险专项整治活动

2018年2月中国互联网金融协会召开2018年工作会议，将继续完善行业自律管理机制，加强行业基础设施建设，深入推进互联网金融标准化工作，配合支撑互联网金融风险专项整治和规范发展长效机制建设。2018年中国互联网金融协会将继续完善行业自律管理机制，加强行业基础设施建设，配合支撑互联网金融风险专项整治和规范发展长效机制建设。同时，将深入推进互联网金融标准化工作，持续提升行业标准化水平，夯实金融科技理论研究基础，推动研究成果共享和转化。另外，进一步扩大教育培训范围，做好政策宣贯和风险提示。坚持"走出去"和"请进来"相结合，扎实推进互联网金融国际交流合作，稳步提升内部管理水平。[1]

2018年7月中国互联网金融协会秘书长陆书春提出两年的互联网金融风险专项整治工作取得了显著成效，主要体现在4个方面，一是建立了互联网金融专项整治工作机制并顺利运行。中央与地方形成的互联网金融专项整治双管工作机制基本稳定，主要由中国人民银行负责总体把控，各金融监管部门分工协作，其他相关部门全力配合。根据中央的全面部署，各地方金融监管部门展开了清理整顿和风险处置活动。中国互联网金融协会全力配合专项整治活动，做好行业自律的管理行为，助力各项机制总体运行良好。二是互联网金融领域的风险水平逐渐降低。依据中国互联网金融协会掌握的统计数据和监测结果，专项整治以来共有5074家从业机构退出，不合规业务规模压降4265亿元。该数据充分证明了大量危险级别较高的从业机构慢慢退出互联网金融圈，现有存在的机构中违法违规业务规模呈下降趋势。三是互联网金融领域的新乱象得到有效控制。互联网金融专项整治活动的目标之一是整顿虚拟货币市场的乱象，合理合规地应对各类互联网金融网贷乱象，有效监测与整治大量涉嫌违法从事外汇交易的互联网金融平台，全力封堵境外违规的互联网金融平台网站，迄今为止共封堵网站330家，关闭

---

[1]　中国互联网金融协会：《2018年专项整治转向常态化监管》，搜狐网，2018年2月23日。

境内互联网平台网站 48 家。四是完善高效的互联网金融监管规则。进一步明确互联网金融领域的 P2P 网络借贷平台、网络小贷、互联网资产管理领域的监管规则，针对部分业务交叉与嵌套的互联网金融产品进行合规处置，同时创建互联网金融第三方支付机构客户备付金集中存管的有效制度。总之，中国互联网金融协会依然认真做好互联网金融专项整治工作，防范各类互联网金融从业机构的非法行为，管理各从业机构的自律措施，加大互联网金融风险监测力度，健全互联网金融从业机构登记披露、数据统计、举报受理等方面的机制，抓紧研制与实施互联网金融行业标准规则，稳步推进互联网金融信用体系建设，强化互联网金融从业人员的培训以及消费者的抗风险教育。①

（二）互联网金融自律公约发布

2018 年 3 月中国互联网金融协会发布了《互联网金融逾期债务催收自律公约（试行）》，该公约根据《关于促进互联网金融健康发展的指导意见》、《互联网金融风险专项整治工作实施方案》、《网络借贷信息中介机构业务活动管理暂行办法》及《关于规范整顿"现金贷"业务的通知》提出的总体要求和监管原则，依据《中华人民共和国刑法》《中华人民共和国治安管理处罚法》《中华人民共和国民法总则》《中华人民共和国侵权责任法》《中华人民共和国网络安全法》等相关法律法规，为规范互联网金融逾期债务催收行为，保护债权人、债务人、相关当事人及互联网金融从业机构合法权益，促进互联网金融行业健康发展。②

互联网金融一旦无限债务逾期或违约时，中国互联网金融协会依据互联网借贷行为形成债权债务关系，按照债务人签署合同约定的还款义务，催告提醒债务人履行债务清偿责任。在此过程中，互联网金融协会将遵纪守法、规范审慎、保护隐私、严格自律。从业机构开展债务催收业务时应自觉维护

---

① 陆书春：《互金风险专项整治工作取得显著成效》，中国证券网，2018 年 7 月 13 日。
② 《互联网金融逾期债务催收自律公约（试行）》，中国互联网金融协会网站，2018 年 3 月 29 日。

社会和谐稳定，不能违背法律法规和公序良俗。遇到债务人以及相关当事人合法权益受损的情况，互联网金融从业机构应承担一定的责任。同时，针对以利息、违约金和各种费用形式对债务人收取的综合资金成本超出国家相关法律规定的，协会应严格遵守国家相关法律规定，不得对超出部分进行催收。该公约对维护债务人合法权益，推动互联网金融市场健康发展，起到积极作用。

2018 年 6 月中国互联网金融协会又发布了《互联网金融从业机构营销和宣传活动自律公约（试行）》，该公约是协会根据《中华人民共和国反不正当竞争法》《中华人民共和国消费者权益保护法》《中华人民共和国广告法》《互联网广告管理暂行办法》《国务院办公厅关于加强金融消费者权益保护工作的指导意见》等相关法律法规，为强化互联网金融从业机构的营销和宣传活动自律、维护市场秩序、保障互联网金融消费者合法权益、促进行业健康发展制定的。[①]

该公约的所指从业机构范围是通过一定媒介和形式直接或者间接地推介自身品牌，推销自己所经营的互联网金融产品、服务等营销和宣传活动的互联网金融从业机构。公约中规定了互联网金融从业机构营销和宣传活动自律范畴，是指从业机构在遵守法律规定、遵循政策引导、符合监管要求、践行社会主义核心价值观的基础上，以行业应有的营销和宣传行为规范或活动准则为标准，进行营销和宣传活动的自我约束和自我管理。另外，公约还要求从业机构加强合规文化建设，严格遵循涉及营销和宣传活动的各项法律法规和政策，并自觉履行本公约。从业机构不得故意通过以员工个人的自媒体、网络社交媒体账户等开展营销和宣传活动的形式，规避法律法规。总之，公约的发布对约束互联网金融从业机构的营销和宣传活动、促进我国互联网金融行业稳固发展奠定良好基础。

（三）互联网金融行业风险信息披露

2018 年 7 月中国互联网金融协会规范开展中国互联网金融协会网络

---

① 《互联网金融从业机构营销和宣传活动自律公约（试行）》，中国互联网金融协会网站，2018 年 6 月 14 日。

借贷类会员机构的信息披露工作，帮助行业树立守法经营、诚实信批的理念，推动行业透明化、阳光化发展。依照真实、准确、完整、及时的基本原则，根据原银监会发布的《网络借贷信息中介机构业务活动管理暂行办法》、《网络借贷信息中介机构业务活动信息披露指引》，中国互联网金融协会发布的《互联网金融信息披露个体网络借贷》团体标准以及《中国互联网金融协会信息披露自律管理规范》，中国互联网金融协会分别就2018 年上半年全国互联网金融登记披露服务平台网络借贷类机构和服务平台网络借贷信息中介机构的信息进行披露，披露方式为协会网站信息披露通告栏。[①]

2018 年 9 月，按照中国人民银行等十部委发布的《关于促进互联网金融健康发展的指导意见》和原银监会制定颁布的《网络借贷信息中介机构业务活动管理暂行办法》及《网络借贷信息中介机构业务活动信息披露指引》有关要求，中国互联网金融协会制定发布了《互联网金融信息披露个体网络借贷》标准，并于 2017 年 6 月建立了集中式、防篡改的全国互联网金融登记披露服务平台。登记披露服务平台上线以来，通过强化自律管理和宣传教育，促进各接入机构增强合规披露意识，提高定期披露信息的及时性、完整性和规范性，并接受社会的监督。迄今为止，中国互联网金融协会已连续 6 个月披露了服务平台网络借贷类机构的信息，进一步营造了一个统一、透明的中国网络借贷类机构信息披露环境，规范从业机构的市场行为。[②]

二 互联网金融行业协会的自律问题

2018 年中国互联网金融协会自律管理的重要性非常显著，规范和约束

---

① 《关于2018 年上半年全国互联网金融登记披露服务平台网络借贷类机构信息披露情况的通告》，中国互联网金融协会网站，2018 年 7 月 27 日。
② 《关于全国互联网金融登记披露服务平台网络借贷类机构 7 月信息披露情况的通告》，中国互联网金融协会网站，2018 年 9 月 13 日。

了互联网金融行业从业机构的乱象，制定了《互联网金融逾期债务催收自律公约（试行）》《互联网金融从业机构营销和宣传活动自律公约（试行）》等相关文件，制定并发布了《互联网金融信息披露个体网络借贷》标准，每月定期披露全国互联网金融登记披露服务平台网络借贷类机构和服务平台网络借贷信息中介机构的信息，促进互联网金融从业机构信息公开，创造中国互联网金融行业健康发展的生态圈。

（一）行业协会会员准入标准仍旧不统一

中国互联网金融行业协会从2015年7月组建，发展至今已近4年，各地互联网金融行业协会从组建到现在已基本发展了近3年时间，在这段时间里，全国行业协会的会员准入标准仍旧没有统一。通过查阅中国互联网金融行业协会以及各地方金融行业协会网站所公布的会员管理办法，就行业协会准入条件和程序而言，除个别地方互联网金融协会对不同业务类型的互联网金融企业制定了不同的入会条件外，多数省市一级的互联网金融协会对不同业务类型的互联网金融企业没有设置特别标准，只是泛泛提出符合章程规定的基本条件、遵守相关监管部门的监管要求及协会的自律公约、行业内有一定影响力等笼统条件。另外，入会程序也不很严谨，大部分地方互联网金融行业协会虽规定了协会理事会、专家委员会等会议将决定会员入会情况，但只是形式过会，粗略判断和审查新会员单位的入会申请。各地方互联网金融行业协会在新会员的入会资格、条件和程序上都存在差异，目前行业协会没有统一的会员准入标准（见表1）。

表1　各级互联网金融行业协会会员准入条件与程序情况

协会名称	入会条件	入会程序
中国互联网金融协会	业内有一定影响力	申请→理事会或授权机构讨论→秘书处颁证公告
北京市网络借贷行业协会	自愿加入； 维护团体； 业内有一定影响	申请→专业委员会评估→理事会讨论通过为预备会员→公示无异议后批准加入；未通过的为观察会员→限期重评,两次未通过一年内不再受理

协会名称	入会条件	入会程序
上海市互联网金融行业协会	自愿加入;遵守公约;业内有一定影响力	申请→签署自律公约→理事会决定
广东互联网金融协会	自愿加入;良好声誉;工商登记	申请→理事会决定→秘书处发证
广州互联网金融协会	自愿加入;良好声誉;工商登记	申请→秘书处初审→会长会议决定;未通过的成为观察员→半年观察期后考核→通过入会
深圳互联网金融协会	自愿加入;业内有一定影响;工商登记;不同类型企业入会条件有差异	申请→理事会决定
浙江互联网金融联盟	自愿加入;声誉良好	申请→经审核同意办理注册
浙江省金融科技协会	自愿加入;省内从事相关产业;履行义务,参与活动	申请→理事会决定→颁牌;未通过可为观察会员→符合条件申请转正
江苏省互联网金融协会	自愿加入;具有一定影响力;积极参加活动、履行义务	申请→秘书处初审→实地考察→专家委员会评议→理事会决定→报指导单位
江西省互联网金融协会	自愿加入;积极履行义务;工商登记;业内有一定影响	申请→会长办公会决定→认缴会费→秘书处发证
福建省互联网金融协会	不同类型企业入会条件有差异	未公布
中国小额信贷联盟	依法成立;业务范围符合规定;存在一年以上	申请→理事会审批→缴纳注册费和会费→颁证

资料来源:基于邓建鹏、王佳婧撰写《中国P2P网络借贷行业自律的潜在问题与完善对策研究》文献资料的整理。

(二)行业协会的组织结构依然不清晰

在中国互联网金融协会发展近4年,各地互联网金融行业协会发展了近3年时间里,各行业协会的组织结构依然不清晰。例如,各级互联网金融行业协会均由会员代表大会、理事会、监事会和秘书处组成。其中,会员代表大会是行业协会的最高权力机构;理事会一般负责执行;监事会则监督行业协会决议的实施情况;秘书处负责行业协会日常行政事务。此外,一些互联网金融行业协会还增设常务理事会、专门委员会等机构,常务理事会负责理事会闭会期间协会的日常事务工作；而专门委员会主要是应对互联网金融风险防控措施，实现行业协会多元化的自律管理手段。①

各级行业协会组织结构设置不清晰，管理层背景差异较大，较难提高自律管理能力（见表2）。

表2　各级互联网金融行业协会的组织结构与管理层背景情况

协会名称	组织机构	管理层背景
中国互联网金融协会	会员代表大会；理事会、常务理事会、监事、秘书处、分支机构	会长、名誉会长、执行会长、监事长、副会长、理事均来自会员单位
北京市网络借贷行业协会	会员大会；理事会、监事会、秘书处；专业委员会、研究中心	会长、常务副会长、副会长、监事长、副秘书长，由会员单位出任，但秘书长来自独立天使投资人
上海市互联网金融行业协会	会员大会；理事会、常务理事会、日常办事机构秘书处、监事会	会长、副会长、理事、秘书长，由会员单位担任；监事由上海市金融服务办公室、中国人民银行上海总部等监管部门人员组成
广东互联网金融协会	会员大会；理事会、会长会议、监事会、秘书处；各分支机构	会长、秘书长、常务副会长、副会长、监事、理事，均来自会员单位
广州互联网金融协会	会员大会；理事会会议、秘书处；外联部、外宣部、会员部、综合部	会长、副会长、理事会等管理层由会员单位担任；秘书长为非会员单位人员
深圳互联网金融协会	会员大会；理事会、常务理事会、监事会、秘书处及下属机构	会长来自会员单位，但秘书长为非会员单位人员
浙江互联网金融联盟	理事大会；常务理事会、主席会议、监事、第三方财务审计机构、秘书处；专业委员会、职能部门	会长、副会长、理事均来自会员单位
浙江省金融科技协会	理事长、副理事长、理事、会员、观察会员；专委会；分会	管理层来自不同行业背景
江苏省互联网金融协会	会员大会；理事会；各会负责人、监事	会长、秘书长、副会长、理事、副秘书长均来自会员单位

① 欧阳日辉主编《中国互联网金融创新与治理发展报告（2018）》，社会科学文献出版社，2018。

协会名称	组织机构	管理层背景
江西省互联网金融协会	会员代表大会;理事会、监事会、会长办公会、秘书处	名誉会长、会长、监事长、副会长、秘书长均来自会员单位
福建省互联网金融协会	会员大会;理事会;监事会;秘书处	会长、副会长、理事、监事均来自会员单位
中国小额信贷联盟	会员代表大会;理事会;常务委员会和专业委员会;业务部;综合部	常务委员会、理事会均来自会员单位,其余管理层来自不同行业背景

资料来源:基于邓建鹏、王佳婧撰写《中国 P2P 网络借贷行业自律的潜在问题与完善对策研究》文献资料的整理。

（三）行业协会的会员管理仍然不规范

欧阳日辉等在《中国互联网金融创新与治理发展报告（2018）》中首次提出了互联网金融行业协会的会员管理不规范问题,一年时间过去了,中国互联网金融协会以及各级互联网金融行业协会的会员管理仍然不规范。例如,各级互联网金融行业协会本应根据每个区域互联网金融发展的实际情况,根据国家监管部门的相关文件精神,从实践层面制定自律措施,但大部分行业协会只是照搬政策法规管理会员单位,导致会员单位缺乏风险防控的警觉性。另外,一些占据优势地位的会员利用自身优势资源,引导行业协会制定相关行业规则,侵犯了全体会员的权益。多数行业协会只是采用警告、暂停、取消会籍等处理方式,部分行业协会甚至不公开对违法违规会员单位的处理信息,没有从惩戒的角度进行处理,间接损害了金融消费者的合法权益（见表3）。

表3　各级互联网金融行业协会的会员管理情况

协会名称	会员自律管理	制定的政策文件	违规处理方式
中国互联网金融协会	会员自律管理办法、自律公约、行业发展倡议书	《互联网金融信息披露个体网络借贷标准》《互联网金融协会信息披露自律管理规范》《中国互联网金融协会团体标准管理办法》	由理事会表决除名

协会名称	会员自律管理	制定的政策文件	违规处理方式
北京市网络借贷行业协会	对所有会员、观察会员评级并公示	依照相关政策法规实施	监事会可取消违规会员会籍并保留追究权利
上海市互联网金融行业协会	签署自律公约;每月公示平台信息披露情况	《互联网金融从业机构区块链技术应用自律规则》	配合监管部门调查;违反公约由执行机构视情况处罚
广东互联网金融协会	每月发布部分会员运营报告	依照相关政策法规实施	严重违反章程由会员大会表决除名
广州互联网金融协会	签订服务规范;信用评级;发布违约客户名单并联合制裁	依照相关政策法规实施	按规定处罚并报监管机关
深圳互联网金融协会	行业研究报告	依照相关政策法规实施	违反章程,给予警告、批评、暂停或取消会籍等处分;受处分会员可复议或申请会员大会终裁
浙江互联网金融联盟	签订自律宣言;公示会员信息披露状况	依照相关政策法规实施	严重违法由主席会议审议除名;违反章程由(常务)理事会处分
浙江省金融科技协会	没有明确管理方式	依照相关政策法规实施	严重违法由理事会表决除名
江苏省互联网金融协会	签署自律公约;会员动态考核、年审	《会费管理办法》;依照相关政策法规实施	监事向主管单位反映会员重大问题,理事会表决停籍或除名
江西省互联网金融协会	建立会员信息库;签署自律公约;公示信息披露状况	依照相关政策法规实施	不缴纳会费或不参加活动的会员视为退会;违反章程由理事会决定除名
福建省互联网金融协会	签署自律公约	《福建省互联网金融协会入会标准和运营守则》	自律委员会调查,提出意见,视情节处理,可交司法机关并报相关部门
中国小额信贷联盟	签订自律公约;披露会员业绩	《中国小额信贷联盟客户保护公约》	会员违章、不履行义务,由理事会批评教育或除名

资料来源:基于邓建鹏、王佳婧撰写《中国 P2P 网络借贷行业自律的潜在问题与完善对策研究》文献资料的整理。

三 互联网金融行业协会的自律对策

2019 年 1 月 28 日，中国互联网金融协会惩戒委员会对 17 家违法违规 P2P 网络借贷会员单位采取了相应的自律惩戒措施。[①] 充分说明 2019 年是中国互联网金融专项整治工作的攻坚期，互联网金融行业协会自律管理的重点就是自律惩戒工作，协会应切实增强整治敏感性，加大自律惩戒力度，提高自律惩戒质量，发挥自律惩戒作用。因此，本报告将根据互联网金融行业协会新形势、新问题、新要求，结合互联网金融行业协会的自律问题，加强互联网金融行业协会自律惩戒的工作效果，建议采取以下三种自律对策。

（一）强化行业协会入会会员的履职责任

针对互联网金融行业协会会员准入标准仍旧不统一、会员单位水平参差不齐的情况，各级互联网金融行业协会要从更高、更深、更细的层次去理解入会会员的意义和价值，增强入会会员履职的责任感。首先，实地调研会员单位，收集真实情况数据。各级互联网金融行业协会扎实实地走访，排查涉及 P2P 网络借贷、第三方支付、众筹融资、互联网经营门户等多个领域的会员单位，掌握第一手基础材料和数据。针对现阶段存在较高潜在风险的互联网金融案例进行深入调研与分析，登记确实存在互联网金融风险的会员机构，为后续重点排查、监督打下数据基础。

其次，搞好入会会员企业的自律管理。为了让入会会员机构时刻警惕互联网金融风险问题，各级互联网金融行业协会应联合工商部门、互联网金融工作办公室、银监局等单位，开展排查正在经营的会员机构合规问题，例如工商部门查询会员机构工商登记的营业范围；互联网金融工作办公室监督会员机构是否明确了业务范围以及开展经营业务办理备

---

① 《中国互联网金融协会对 17 家违法违规 P2P 网贷会员实施自律惩戒措施》，搜狐网，2019 年 2 月 2 日。

案登记的具体时限，所有的交易信息是否符合正规流程，同时是否存在营业范围修改；银监局排查会员机构是否存在沉淀资金、借贷余额超规定限额的问题；各级互联网金融行业协会针对有问题的会员机构，根据入会会员的履职责任进行督促整改，予以高度关注。针对经营良好的会员单位予以勉励。

（二）清晰划定行业协会组织结构的层级关系

互联网金融行业协会的组织结构依然不清晰，各级互联网金融行业协会要加快建立健全清晰的组织结构，以免入会会员机构业务无法受到有效监督，用严格的层级关系保障自律管理的公开、公平、公正。

首先，划定协会层级关系，合规拓展机构业务。各级互联网金融行业协会应划分对外对接政府监管部门、对内沟通各级协会部门的职责。对外对接政府监管部门的工作职责，主要对接工商局、金融办公室、银监局等政府部门的管理，梳理清楚这些政府监管部门的职责，明确政府监管部门相关细则、流程。对内沟通各级协会部门，通过沟通各级行业协会，能有效规避会员单位常规的互联网金融风险，促进各级行业协会之间信息通畅。各级互联网金融行业协会的对外对接政府监管部门和对内沟通各级协会部门，应相互协同整理政府监管部门、行业协会组织结构的层级关系资料，并向会员机构进行宣传，让会员机构认知政府监管部门的工作职责、行业协会的层级关系，为机构业务的合规开展搭建桥梁。

其次，明确协会层级关系，配合行业专项治理。一方面，各级互联网金融行业协会作为行业督促的组成部分，配合政府部门行业监管的层级开展行业专项治理活动，严审行业协会入会申请机构的资格。严格把关行业协会入会会员机构的违规业务增量，配合政府监管部门压降会员机构的违规金融业务规模。另一方面，从行业督促的角度，各级互联网金融行业协会加强会员单位的理论研究、政策探讨、高层论坛等各项培训安排，尤其是突出深入研究互联网金融协会"各业态专业委员会"的相关管理办法、层级关系等内容，重点防范会员机构的潜在风险，引导其树立合规经营的理念。

（三）加大行业协会会员管理的惩戒力度

互联网金融发展至今，互联网金融行业协会的会员管理仍然不规范，各级互联网金融行业协会应适度加大会员机构的自律惩戒力度，维护自律管理工作的权威性与严肃性。

首先，严惩违规会员机构，逐渐消化会员存量。在配合政府监管部门专项整治的基础上，各级互联网金融行业协会认真学习政府监管部门下发的管理办法、存管指引等文件精神，正视协会会员机构存在的各类风险问题，秉承迎难而上、积极主动、直面问题、着眼长远、严肃对待、严厉惩处的精神，加快推进会员机构整改工作的有序进行，严控其业务经营中的各项风险，确保会员机构平稳健康运行。针对屡次犯险或风险较大的会员单位予以整顿警告，三次警告过后还没整改到位的机构，协会应配合政府监管部门一道做出退出行业、撤销会员的决定。显然，互联网金融行业的合规整改之路任重道远。

其次，发挥行业协会纽带作用，建立会员良性约束机制。各级互联网金融行业协会是政府监管部门与从业机构的纽带，有序推进行业基础设施建设，配合政府监管部门起草与制定行业公约，接受政府监管部门的业务委托活动，协助政府监管部门做好服务督导工作；建立互联网金融行业的技术创新和信用体系，为会员机构提供征信评价、业务培训、机构认证等服务。根据指导意见、管理办法等政府监管部门的各项要求，结合会员机构在业务发展和整改工作中出现的问题，本着提升会员单位职业道德水平、维护互联网金融行业整体形象原则，建立会员良性约束机制，力图在政府监管部门、会员机构以及传统金融机构之间发挥行业协会的自律管理作用，奠定良好的根基，打造中国互联网金融良性循环的生态圈。

B.17
2018年P2P专项治理的情况、存在的问题和对策建议

王 铼 杨焕章*

摘 要： 2018年全年，P2P平台的风险虽然得到了一定控制，但也出现了数百家平台集中兑付危机。通过对当前P2P发展状况背后问题的分析，可以对未来P2P平台监管，降低其风险提供启示。本报告首先从P2P数量、交易量、地域分布、规范文件发布等参数，介绍了2018年P2P行业的监管现状；其次围绕备案落地、银行存管、逃废债等方面深入分析当前P2P平台监管存在的问题；最后结合上述问题从尽快确立法律法规、监督机构设置、探索共治模式等方面提出监管政策建议，为互联网金融行业正规、健康发展提供思路。

关键词： P2P监管 P2P行业 P2P平台风险

2018年是P2P网贷行业发展至关重要的一年，也是注定不平凡的一年。以地方金融监管局为主体，多部门会同行业协会采取降低规模、银行存管、监管部门集中约谈等围绕P2P网贷平台整改整治的各项措施，开始进入实际验收核查阶段，P2P网贷平台行业全面的监管整治开始逐步落地。尽管化

---

* 王铼，中国人民公安大学侦查与反恐怖学院教授、博士生及博士后导师、二级警监，中国互联网金融协会（国家）惩戒委员会委员，刑事风险顾问，北京市互联网金融行业协会合规专家顾问；杨焕章，中国人民公安大学侦查与反恐怖学院。

解整治工作持续发力，但是整个 P2P 行业安全形势仍不乐观。2018 年 6 月起，上海"唐小僧"P2P 平台无法兑付投资人本金及收益，引发了 P2P 行业的连锁反应，半年时间 300 余家平台公司出现兑付危机，后因其自融行为被公安机关立案侦查，对整个行业前景和信心造成了深远影响，也使行政部门不得不重新审视 P2P 行业的发展，如何构建更有效能的监管机制以保障 P2P 平台资金安全，值得我们深入思考。

一 2018年 P2P 行业现状[①]

2018 年 P2P 网贷平台行业总体式微，发展不容乐观。一方面，平台数量较往年大幅下降，行业规模持续萎缩。另一方面，出现的 P2P 平台集中兑付危机和连环倒闭潮，自身问题不断。对此，国家层面继续深入进行整治工作，先后发布多项通知，规范 P2P 网贷平台的经营行为，但是从网贷平台的交易总量上可以看出，公众对于网贷平台的参与热情在逐步下降，网贷平台的经营困境较为凸显。此外，P2P 网贷平台的备案工作延期，也间接表明了 P2P 网贷平台经营的复杂性，以及整治工作的艰巨性。

（一）全国 P2P 网贷平台存量大幅下降

2018 年全国 P2P 网贷平台存量相较往年继续下降，根据网贷之家网站公布的数据，截至 2018 年 12 月底，P2P 网贷行业正常运营平台数量下降至 1021 家，相比 2017 年 12 月的 2240 家减少了 1219 家。[②] 特别是自 2018 年 8 月以来，新增网贷平台数量为零，较往年同期新增平台数量大幅下降，而 2018 年全年停业及转型数量却大幅增加，同比上升了 32%，停业及转型的 P2P 平台数量占 P2P 平台存量的 64.94%（见图 1）。

关于新设立网贷平台，2018 年 8 月 12 日，新华社发布专电报道国家互联网金融风险专项整治工作领导小组办公室、网贷风险专项整治工作领导小

---

① 潘达对本部分有贡献。
② 网贷之家网站，https://shuju.wdzj.com/industry-list.html。

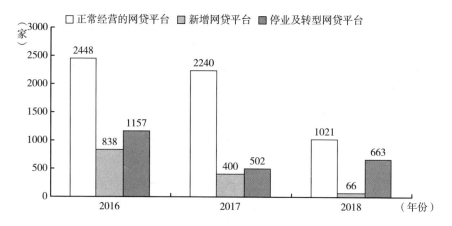

图1　2016～2018年全国网贷平台数量

资料来源：《2018年网贷行业年报发布》，网贷之家网站，2019年1月2日。

组办公室联合召开网贷机构风险处置及规范发展工作座谈会，会议明确指出"要严禁新增网贷机构。各地要禁止新注册网络金融平台或借贷机构，加强企业名称登记注册管理"。[①] 故2018年第三、四季度，全国无新增P2P网络平台。

除全年新设立网贷平台较少，2018年6月P2P平台陷入集中兑付危机亦是平台总量下降的重要原因。2018年6月中旬，资邦元达（上海）互联网金融服务有限公司旗下"唐小僧"平台因无法兑付出借人本金及收益被报暂停运营，随后被上海警方立案侦查，在接下来的一周内，联壁金融等40余家网贷平台接连出现兑付危机，一个月内180余家平台停业，平台之间连锁反应明显。截至12月底，全国公安机关共对380余家P2P网贷平台立案侦查，[②] 并从境外缉捕多名外逃的P2P平台高管，查封、扣押、冻结涉案资产逾百亿元。

（二）全国P2P网贷平台交易量持续萎缩

交易量作为供需的一种表现形式，既体现了行业热度，又体现了投资者

---

① 《十项举措应对网贷风险》，新华网，2018年8月12日。
② 《公安机关对380余个网贷平台立案侦查查扣冻结涉案资产约百亿元》，新华社，2019年2月17日。

对于一个行业的信心。在交易量方面，2018 年全年网贷行业成交量达到 17948.01 亿元，相比 2017 年全年 28048.49 亿元的成交量降低了 36%。2018 年全年 P2P 网贷平台交易量低迷，对比 2016 年、2017 年全年交易量，网贷平台交易量持续走低。

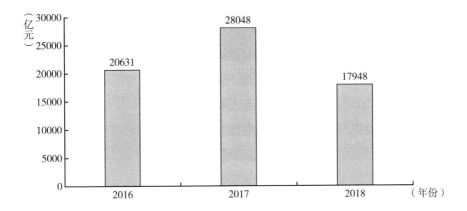

图 2　2016～2018 年全国 P2P 网贷平台交易量对比

资料来源：网贷之家网站。

从图 3 中可以看出，特别是 2018 年 6 月，P2P 网贷平台集中爆发兑付危机后，交易量呈断崖式下降（见图 3）。2017 年网贷之家对网贷平台投资

图 3　2018 年各月 P2P 网贷平台成交量

资料来源：网贷之家网站。

人所做的调查问卷显示，资金平台的资金安全是选择平台的首选因素。① 6月集中兑付危机后，网贷平台投资者对投资资金的安全严重缺乏信心，通过网贷平台进行投资的意愿下降。

（三）经济发达地区仍是 P2P 网贷平台主要分布地域

从 P2P 网贷平台的地域分布上看，东部经济发达地区仍然是 P2P 网贷平台的主要集中地。当前存量的 1021 家平台分布于全国 30 个省份，全国正常运营的平台中，数量最多的分别是广东、北京、上海和浙江四省份。其中，广东省正常运营 P2P 平台最多，共 236 家。京、沪两市正常运营平台分别为 211 家和 114 家，浙江省正常运营平台数量为 79 家。上述四省份正常运营平台数量占全国正常运营平台总数的比重超过 60%。

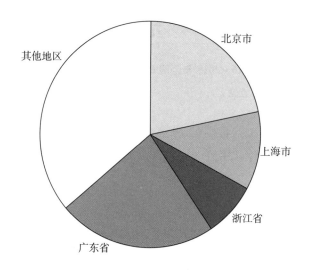

图 4 2018 年全国 P2P 平台存量分布

资料来源：网贷之家网站。

在比较中，将 P2P 网贷平台数量分布结合各地统计局 2018 年 GDP 统计数据发现，P2P 平台集中度与人均 GDP 呈现相关关系，即人均 GDP 越

---

① 《2017 年网贷平台投资人大调查》，网贷之家，2018 年 1 月 24 日。

高的地区，网贷平台数量越多，停业及转型的平台数量越多。可见，P2P 网贷平台之所以集中在东部经济发达地区，主要原因是东部地区经济发达，人均 GDP 较高，有较为充足的经济资源，投资能力较强，是 P2P 平台的主要投资来源。

表 1　2018 年省市人均 GDP 与 P2P 平台关系

省市	GDP 总量（亿元）	人口（万人）	人均 GDP（万元）	P2P 平台存量	停业及转型平台数量
北京市	30320	2170.7	14.0	211	173
上海市	32679	2418.3	13.5	114	233
广东省	97300	11169.0	8.7	236	180
浙江省	56197	5657.0	9.9	79	299

资料来源：北京市统计局、上海市统计局、广东省统计局、浙江省统计局公布的 2018 年地区生产总值。

（四）P2P 网贷平台备案工作延期

2017 年 12 月 8 日，P2P 网络借贷风险专项整治工作领导小组办公室下发了《关于做好 P2P 网络借贷风险专项整治整改验收工作的通知》，要求各地在 2018 年 4 月底前完成辖内主要 P2P 机构的备案登记工作，在 6 月底前完成全部平台登记备案工作，确定了 P2P 平台备案工作的时间表，通知还提出备案不合格的平台将面临清退或取缔。但是 4 月，财新网等财经媒体相继报道[1]因各地监管标准不统一、违规存量平台较多等原因备案工作延期。实践上，也的确出现了 P2P 行业内部的"买壳"热潮。即一些合规度较高但是规模较小的平台通过出卖自己的平台套现离场，合规度较低的 P2P 平台通过购买这些小平台从而完成自身的合规备案，这严重背离了合规备案的初衷。

---

[1] 《P2P 备案或再延期部分地方被要求暂停出细则》，财新网，2018 年 4 月 11 日。

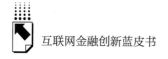

二　P2P 行业专项整治中存在的问题[①]

2018 年网贷平台的下行趋势和 2018 年 6 月至 9 月网贷平台的集中兑付危机释放了一个重要且明确的信号：目前的 P2P 网贷行业充满了太多的不理性因素，仅靠从业者的自律是无法把控风险的，需要监管层积极地介入。于是，2018 年 8 月出台的《网络借贷信息中介机构合规检查问题清单》以及《P2P 网络借贷会员机构自查自纠问题清单》统一了合规检查口径，使监管部门在监管过程中能够做到有据可依，同时这两项文件的出台意味着网贷行业的整改验收工作正式启动。但是在专项治理过程中仍然存在一定的问题需要明确，并且在今后的治理工作中落实解决。

（一）P2P 平台备案细节尚待完善

P2P 网贷平台备案是专项整治工作的内容，也是整个 P2P 网贷平台行业合规发展的必要过程，但经济发展水平、P2P 网贷平台现状不一致，使各地指定备案细则的标准不统一，验收标准差距较大。北京、上海、深圳等平台存量较大，不合规平台数量较多的城市，为控制风险，其备案细则一切从严，且对备案质量有较高要求。而部分地区制定的备案细则较为粗略，平台生存空间较大。如：上海市和广东省将注册地与实际办公地是否一致作为验收标准之一，以防止出现通过异地注册进行监管套利的情况，而其他省市对此未做规定。又如：北京市对京外已备案平台在京设立分支机构所需提交的材料做了明确规定，而上海、深圳等地未做规定。此外，还有多个省市尚未出台 P2P 平台备案细则。

（二）银行存管制度仍不健全

P2P 平台银行存管制度是意为通过银行管理投资者的资金、平台来管理

---

① 朱一玮对本部分有贡献。

交易，做到资金和交易的物理隔离，使 P2P 网贷平台不能直接接触到资金，防止出现平台自融或资金被挪用的现象。2015 年 7 月 18 日，中国人民银行等十部委共同会签发布的《关于促进互联网金融健康发展的指导意见》中，第三项第十四款明确要求互联网金融从业机构须选择符合条件的银行业金融机构作为资金存管机构，对投资人的投资资金进行监管，以实现投资人资金与互联网金融从业机构自有资金分开管理，且资金存管账户应当接受独立审计并向投资人公开审计结果。2018 年 9 月，中国互联网金融协会发布了 43 家具备存管资质的银行名单。

上述规定意在从制度层面规范网贷平台资金的流动，但在实践中，一方面因为 P2P 网贷平台整体潜在风险较大，银行不愿承担潜在的关联信誉风险，特别是部分网贷平台偷换银行存管概念夸大宣传，让消费者形成"P2P 平台有银行监管，资金安全能得到充分保证"的误区。另一方面，银行开展存管业务利润有限，但技术成本较高，银行为了运营 P2P 平台存管业务，需要设计使用相关存管平台，并同 P2P 网贷平台系统对接，成本较高，倘若将全部成本转嫁到 P2P 平台方，则又会加重 P2P 平台的资金流动压力，无形中加大了 P2P 平台方的风险。尽管 2017 年 2 月 23 日，银监会发布的《网络借贷资金存管业务指引》中规定，开展存管业务的银行不会对网络借贷交易进行信用担保，不承担借贷违约的责任，不对网贷平台交易的真实性进行审核，不承担资金使用风险，但商业银行合作意愿仍然不强。银行存管并未真正阻断或降低 P2P 平台风险。

（三）逃废债行为高发

逃废债是指具备履行能力而不尽力履行债务。P2P 借款人利用平台兑付危机、被行政核查、清盘、清退等，恶意逃废债务，逾期不还款、拖欠债务等待平台倒闭，甚至还有故意制造谣言，煽动投资人挤兑，从而逃脱还款义务。逃废债行为严重影响 P2P 平台的资金流动性，进一步加重了平台的兑付困难，使 P2P 行业风险陡增，造成整体行业环境的恶化。2019 年 2 月，北京市互联网金融行业协会发布《关于公示北京市网贷机构逃废债借款人及机构名单的公告》，对逃废债的个人或者企业进行了公示，是全国范围内首次公布网贷平台逃废债人员名单，名单中的 300 位借款人（单位）失联比例高达 77.7%。[①] 2018 年 6 月以后，国家层面发布的 3 份网贷平台规范文件中，有 2 份是针对逃废债行为的，结合 6 月以来的 P2P 平台集中兑付危机，可以看出 P2P 平台逃废债现象较为严重。究其原因，逃废债成本相较还款的资金成本来说较低，针对逃废债行为的约束手段除了纳入征信系统外，没有其他相关措施制衡。

表 2　2018 年 6 月以来发布的规范性文件

发布时间	发布机关	文件名称	主要内容
8 月 10 日	互联网金融风险专项整治工作领导小组办公室	《关于报送 P2P 平台借款人逃废债信息的通知》	上报恶意逃废债的借款人名单
8 月 17 日	全国 P2P 网络借贷风险专项整治工作领导小组办公室	《关于开展 P2P 网络借贷机构合规检查工作的通知》	规定机构自查与自律检查、行政核查压茬推进、有序展开，交叉核验。设定检查时间表
9 月 17 日	互联网金融风险专项整治工作领导小组办公室	《关于进一步做好网贷行业失信惩戒有关工作的通知》	明确逃废债人员上报标准，设定逃废债人员宽限期，宽限期后将逃废债人员纳入征信系统

（四）P2P 网贷行业缺乏长效监管政策

2018 年的 P2P 网贷平台专项整治工作中，监管部门在平台集中兑付危机出现之后，根据当时情况密集出台各种政策文件，严格控制了平台数量和业务增量，取得了良好的效果。但是，2018 年紧密出台的各项政策文件更多的是临时性应对，就目前最新的监管文件来看，《关于进一步做实 P2P 网

[①] 《关于公示北京市网贷机构逃废债借款人及机构名单的公告》，北京市互联网金融协会网站，2019 年 2 月 6 日。

络借贷合规检查及后续工作的通知》也只是明确了 2019 年 P2P 网贷行业合规检查工作完成之后的下一步内容，而更长远的监管政策目前并没有明确下来，备案的规则、条件、流程及时间表以及未来的监管框架仍处于较为模糊的状态，P2P 未来的发展仍具有一定程度的不确定性。站在更长期的角度来看，清退和备案完成以后的再下一步走向仍然存疑。上述问题需要更长期的、稳定的监管政策出台解决，为 P2P 网贷行业未来的发展立下稳定的根基，为 P2P 网贷行业的投资者设计出稳定的市场预期。

（五）尚未形成立体监管格局

1. 缺乏监管力量

P2P 平台属于新生事物，近两年才明确地方金融局（办）作为行业监管的主体，长久以来因为金融局的职责任务并未配备相应的行政执法力量，金融局无法履行相应的监管职责，只得借助第三方机构或公安机关力量。

2. 监管手段的匮乏

长期以来，行政监管单位缺乏对监管主体的制约能力，这在 P2P 平台整治中尤为明显，各地金融局除约谈 P2P 平台高管外，再无其他工作措施，只得依靠平台自查上报情况或聘请第三方核查。而且部分 P2P 平台较为脆弱，潜在风险很大，加之 P2P 平台涉及大量借款人，贸然进行行政干预或不恰当的行政处罚，有可能引发出借人集中兑付或者借款人逃废债，造成平台兑付危机，这迫使行政监管机关对行政处罚的实施极为慎重。

3. 缺少行业监管主体

我国针对银行保险业、证券业分别成立了直属于国务院的事业单位，作为行业机关机构，会同其他部门开展监管工作，从内部对行业进行规范。而网贷平台领域，至今未成立全国性的行业协会，互联网金融风险专项整治工作领导小组办公室和网贷风险专项整治工作领导小组办公室两个中央层面的机构分设在中国人民银行和银保监会，没有专门机构的领导，监管范围很难全面覆盖。

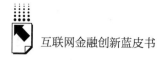

4. 部门间未形成监管合力

自 P2P 平台在我国出现以来，对于 P2P 平台监管的主体责任始终尚未落实。地方金融局、银保监会、中国人民银行、市场监管、公安机关等部门均有工作业务涉及，多个部门没有通用高效的业务协作平台，业务会商多通过公函，信息共享效率较低，未能形成监管合力。

5. 未能形成共治局面

鉴于 P2P 网贷平台背后复杂的债权债务关系，单靠一个部门是无法形成有效监管的，但目前相关的治理手段还有待进一步完善，仅就一个方面而言，我们尚未看到政府部门比如金融监管部门利用大数据对互联网金融违法进行实时检测的全面实践，也未见司法部门就互联网金融犯罪进行系统的综合治理。未能形成全社会共同治理的闭环体系。

（六）缺少行业系统监管法规

P2P 行业之所以无序混乱发展，与宏观政策层面法律制度建设的缺失不无关系。在支持新生的互联网金融行业的同时，有关部门在 P2P 行业发展过程中没有出台相关法律法规、没有对可能遇到的法律问题进行提前的说明解读，仅通过部分临时机构发布的临时性工作文件进行调整，以至于在面对 P2P 行业发展的一些问题上，缺乏积极的应对措施，对于整个 P2P 行业缺少顶层制度规制。而反观美英两国，分别依托《证券法》《关于网络众筹和其他方式发行不易变现证券监管规定》对本国网贷平台的经营行为进行了立法约束。

三 P2P 行业专项治理的未来走向①

2018 年的网贷平台发展不容乐观，折射出的问题涵盖了监管体系、法律规范、配套制度等多方面，网贷平台问题的复杂性决定了整治工作体量和

---

① 林宜灿对本部分有贡献。

整治内容的庞杂，加之网贷平台兑付危机引发的各类风险问题所带来的不确定性，使管理层面不得不重新审视网贷平台的发展与规范。可以预见，在未来一个时期，P2P网贷平台专项整治工作和监管要求落实将更为严格。同时，监管的理念将更具针对性，平台的生存和赢利压力也将更大，网贷平台存量会继续降低。

（一）专项整治要求更为严格

近些年，网贷平台无法正常兑付投资款所引发的风险事件不断增多，特别是2018年6月的集中兑付危机后，各类媒体新闻不断发酵，公安部也首次专门就网贷平台相关案件的侦办情况在官方网站发布专门消息，足见网贷平台已经引起了官方、民众、从业人员等社会各方的关切。可见未来一个时期，如何降低网贷平台对社会稳定造成的影响，是专项整治工作必须要考虑的问题。从逻辑上看，网贷平台的风险主要源自平台无法兑付投资人的投资资金，而若要降低网贷平台兑付危机，还需通过一系列工作使网贷平台回归合规经营的要求上来。故而，监管层面在未来的要求会更加严格，特别是网贷平台是否有自融行为、银行存管资金的落实情况、资金使用情况等方面。网贷平台的备案标准将会更加严格，备案周期可能会进一步加长，以此倒逼网贷平台开展合规经营，降低经营风险。

（二）网贷平台存量继续减少

2018年8月12日，国家互联网金融风险专项整治工作领导小组办公室、网贷风险专项整治工作领导小组办公室联合召开网贷机构风险处置及规范发展工作座谈会上做出了禁止新增网贷机构的决定后，全国范围内未再新设立网贷平台，按照"控制增量，化解存量"的工作思路，预计短期内不会恢复平台设立许可。同时，随着各项合规措施的逐步落地以及监管力度的进一步加大，网贷平台的经营成本会相对提高，业务种类逐步减少，不合规经营行为逐步剔除，其利润增长点亦会下降，成本上升和利润减少，势必会使网贷平台存量进一步降低。此外，从2018年网贷平台交易量可以明显看出，P2P领域投资者信心明显不足，在没有足够利好消息的前提下，网贷平台投资者信心不会很快恢复，部分网贷平台会因行业市场的冷清而离场。

（三）网贷平台经营压力上升

自2007年6月"拍拍贷"平台上线运营以来，网贷平台始终以高额利率为最大优势吸引投资者。根据网贷之家网站的统计，网贷平台约60%的成交业务收益利率在8%～12%。而笔者浏览中国工商银行官方网站，查阅该行理财收益率最低在3%左右，最高不超过8%。但是，高额的利率无疑给网贷平台增加了运营成本压力，成为其日后出现兑付危机的重要因素。一方面，随着近几年平台存量的大幅下降，以及2018年6月集中兑付危机出现，多家网贷平台被公安机关立案侦查，使投资者信心严重受挫，对于将资金安全作为第一选择的投资者来说，网贷平台的高额收益意味着资金风险的上升，特别是经历平台兑付危机后，"收益自享，风险自担"的理念逐渐开始形成，多数投资者将会进行审慎投资，投资理念日趋理性，网贷平台成交量短期内较难回升。另一方面，监管领域对于网贷平台的监管将会进一步细化，特别是对夸大宣传、以高额收益为诱的行为，势必受到监管部门的约束，故而网贷平台吸引投资者的能力将会下降。此外，中央针对中小企业融资难问题，将金融机构利息收入免征增值税政策范围，由农民扩大至小微企业和个体工商户，银保监会还专门发布了《中国银监会办公厅关于2018年推动银行业小微企业金融服务高质量发展的通知》，引导传统金融机构加大对中小企业的扶持力度，以降低融资难度，网贷平台的市场将进一步被压缩，故而经营压力将会持续上升。

（四）各项制度落实更为细化

2018年网贷平台的相关规章相继出台，稳妥推进专项整治工作，但是其中如备案细则、清退方案等诸多规章均由地方监管单位拟定，并未完全形成全国统一的政策制定标准。北京、上海、广东的监管政策更为严格，中西部地区相对宽松，由于网贷平台是基于互联网开展业务，超越了地域界限，故监管套利空间较大。可以预见，伴随着备案工作的延期，更加具体的监管措施将会跟进发布，以杜绝监管过程中出现双重标准，用细化的规章制度压缩企图通过监管套利等行为达到备案要求的网贷平台运行空间，以打消网贷平台的侥幸心理，倒逼平台合规经营，逐步淘汰不符合要求的网贷平台。

四　P2P 行业专项整治的对策建议[①]

尽管 2018 年全年监管始终发力，务求使 P2P 行业正规、健康发展，但是当前 P2P 这一新兴业态的信誉度和前景在 6 月的集中兑付危机之后跌至谷底，市场信心丧失殆尽。在 P2P 行业利空的局面下，应当从宏观政策入手，加强法律法规体系建设、完善各方监管、进行制度建设，并且注重交易过程的细节问题，各个相关主体也应当转变工作思路，切实履行好自身责任，形成社会共治局面，以保障投资者的合法权益，维护国家的金融经济秩序，重塑 P2P 行业的生命力。

（一）加快 P2P 行业的立法工作

未来的行业监管首先要加快行业立法，建章立制。通过立法一是确定中央层面 P2P 网贷平台领域的主管机构，落实主体责任。二是明确 P2P 平台的中介信息定位，压缩网贷平台自融空间。三是确立 P2P 行业准入标准和日常经营规范。四是对资金交易监管和银行存管做出明确规定。五是制定违规惩戒方式和退出机制。六是搭建防范预警体系和部门协作机制。鉴于 P2P 平台仍属于金融领域局部性、特殊性问题，但形势较为紧迫，可修订现行法律或者制定网贷平台专门规章，为 P2P 平台交易和监管提供法律依据。

[①] 林宜灿、赵东方对本部分有贡献。

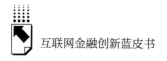
（二）树立预防式监管理念

1. 开展主动监管

实践表明，对于P2P平台，不能采取放任生长的态度，而是要以更加主动、审慎的态度对P2P平台进行监管，树立预防式的监管理念，注重P2P平台设立和日常运营的监督，将有限的监管力量投入网贷平台风险发现、研判、干预环节，通过对P2P平台的风险信息搜集、分析、预警，变被动应对为主动监管，及时纠偏，避免出现风险事件。

2. 出台完整的平台清退指引

监管部门会同相关部门和行业协会，制定完整的系统清退指引，确定平台清退的条件，明确业务退出程序、退出备案、消费者保护、业务处置、机构注销等内容，对于合规性较差、风险性较高、体量不大的网贷平台予以妥善清退，对相关资产予以处理，减少投资人经济损失。

（三）赋予行业协会更多职能

行业内部监管是及时发现问题，良好平稳处理的优质方式，可以做到内部问题内部消化。形成权威的行业规范有助于行业稳定可持续的发展，可有效应对和化解网贷风险，对行业成员做出基本约束。当前，各地均组建了网贷协会，下一步可引导组织建立全国性的P2P行业协会，以进行行业内部的自我监管。P2P行业协会应当制定全国性的网贷平台会员准则和行业标准，引导网贷平台走向合规化和健康化。协会作为行业监督部分，可以全面及时地掌握各家P2P平台的经营发展状况，采集出借人、借款人和资金交易相关数据信息，定期组织行业发展研讨会，进行风险管控的经验交流和学习，促使行业内部实现互相监督。对于涉嫌违规宣传、设立门店、拉人揽客，甚至自融或变相自融的情况，设定行业内部的相关惩戒政策和退出机制，做到早发现、早惩治，促成P2P行业的良性循环发展。

（四）健全P2P行业监管配套制度

监管力度和成效的落地是通过具体的制度建设来实现的，规范P2P平台交易行为，离不开行业配套制度的建设，通过制度层面的设计，健全 P2P 行业监管的配套制度，形成合力，提升监管效能。

1. 完善信息披露制度

投资者面临较高的投资风险大多是源于投资者与平台方信息不对称，必须要对 P2P 平台的经营状况、管理方式、人员层级、发展前景等信息进行充分曝光，应当在网站设置专栏对平台自身信息进行说明，强制投资者在每一笔交易前阅读平台公布的信息。网贷平台有义务定期更新经营信息，对平台风险进行告知，并且平台应当准确公布信息，不得有虚假信息公布、隐瞒信息的行为。行业协会应当实时监控网贷各平台的信息发布，保证其信息公布的高效性和准确性，如有虚假应当采取相应的惩罚性措施。

2. 完善征信制度

解决 P2P 平台坏账问题，提高借贷方还款率是平台健康发展的重要保证。网贷平台对借贷方要进行充分的考核，审核借贷方的信用资质，发挥信用机制的约束作用，减少借款人逃废债的发生。

一是制定 P2P 平台统一的征信标准。二是统一借贷数据资源，建立统一的数据库，根据借款人借款目的、借贷历史、借贷年限等信息，依托现在的大数据手段，刻画借款人基本情况。三是促成征信信息共享，督促网贷平台搭建自身的借贷征信系统，将平台借贷方征信系统与银行征信系统对接，及时全面地掌握借贷人的信用状况，以评估借贷方的借贷安全系数，决定借贷额度。四是不同网贷平台的交易情况也应当联网，由行业协会统筹管理，严禁同一借贷人在不同平台拆借资金。建立个人信用等级评价机制，对于信用的评价应当是持续性的，定期审核并做出评价，根据等级不同设定不同的借款利率和放款标准，以此形成信用的奖励机制。例如：美国 P2P 平台 Lending club，根据借款用户还款情况、借贷历史等因素，将用户资质分为 AA +、AA、A、B、C、D、E 七个信用等级，作为借贷利率确定的标准。

3. 引入第三方信用评级制度

通过专业的第三方评级机构，可以客观地对 P2P 平台进行资信评估，使投资者能够了解 P2P 平台的真实情况，为投资者决策提供依据，也可以倒逼网贷平台转型合规。第三方应用评级的方式可以被动式为主，由监管部门或行业协会聘请第三方评级机构，对网贷平台采取统一的标准进行资信评估，结果由官方通过媒体和官方渠道统一公布，避免网贷平台以此为旗号夸大宣传。对于评级较差的网贷平台，可由监管部门或行业协会介入，经核查确认合规性较差的予以稳妥清退。在评级时效上，根据网贷平台运营周期量化，可每一年组织一次评级。

4. 建立风险准备金制度

P2P 平台数量的泛滥源于创办平台的门槛较低，在出现问题后，很多平台没有充足的能力和资源应对风险、解决问题，最终损害的是投资者的利益。建立风险准备金制度是提高 P2P 行业入行门槛的必然要求。在设立 P2P 网贷平台之前，监管部门除了进行资质审查，还应当要求平台根据经营规模缴纳相应的风险准备金，并且设置风险准备金提取规则，严禁平台擅自提取风险准备金，以此处理平台相关突发状况。建立风险准备金制度是对投资者利益的切实保护，平台也能因此得到相关部门和投资者的认可和信任，能够消除投资者交易的顾虑，对于网贷平台的交易安全起到了极大的促进作用。

5. 完善银行存管制度

第一，银行存管不是 P2P 平台合规的标志，却是不可或缺的一部分，针对银行普遍担忧的关联信誉风险，监管部门在对外宣传上，阐明银行存管的实质内容，减少投资人的误区，以减轻银行对信誉风险的过多担忧，获得银行对存管业务的支持。第二，引入第三方技术公司，搭建统一的第三方存管平台，并匹配银行及网贷平台公司系统，同时监管部门可通过第三方存管平台不定时抽查、巡查网贷平台存管资金状况。第三，出台银行存管费用标准指引，减轻网贷平台因较高的银行存管费用带来的运营压力。

（五）搭建行业共治体系

各行各业都需要形成对应的行业监管规范，这种规范应当是日常化和合理化的存在，特别是对于涉及出借人、平台、借款人三方，存在较大风险，且依赖资金流动性较强的 P2P 行业，在当前法律法规不甚健全的情况下，只有建立多层次立体的监管体系，才能使 P2P 行业步入正轨，健康发展。

1. 建立部门密切协作机制

在信息壁垒和孤岛多见的条件下，对 P2P 平台的风险进行精准预警尤为重要。目前，银行、金融监管、税务、公安、市场监管等部门之间的信息壁垒依然存在，由于部门彼此之间没有通用的平台，程序烦琐，信息共享困难，难以综合调配相关资源，也无法做到网贷平台信息的及时流转。搭建统一的网贷平台公司监督系统，可有效接入相关部门，做到风险信息的及时流转。

2. 惩教结合强化 P2P 平台从业者的自律

P2P 平台经营者自律性是整个监管体系的基础性环节。资金有形的，而信誉是无形的，若平台从业人员主观目的不纯，变相进行非法集资犯罪活动，即使再完善的监管体系也会造成行业信誉度降低，P2P 行业的监管离不开平台从业人员的自律。当然，让平台从业人员依靠较高的道德水准、对行业的主人翁精神产生自律意识是不现实的。平台从业人员的自律一是源自较为完备的惩戒体系，采取从业人员准入制度，可参照证券业从业人员相关规定，有经济犯罪前科的人员不得从事 P2P 行业，对平台从业人员违规行为采取一票否决，一旦违规终身不得从事本行业。二是由主管部门牵头开展对从业人员警示教育，告知各种违规行为所可能带来的法律后果，并签署自律承诺书，引导广大从业人员树立自律意识。

3. 组织利益相关方加入监管体系

完善的监管体系还需要利益相关方的参与。有序引导 P2P 平台出借人成立出借人监督委员会，监督出借资金用途。P2P 平台出借人虽然不是经营和监管的主体，却是 P2P 平台最大的利益相关方，让出借人广泛参与监督工作，才能发挥监管工作的最大效能。可组织 P2P 平台出借人选派代表成立出借人委员会，监督借款使用情况，防止平台自融或变相自融的发生，同时可实际了解掌握借款方实际情况，让资金真正实现在阳光下运行。

P2P 平台借款人同样需要加入监管体系。P2P 平台本身是一个信息中介，为中小企业融资提供支持，为投资者提供投资信息，以此丰富投资渠道，拓宽融资需求。倘若逃废债行为居高不下，网贷平台式微，借款人的融资渠道将会进一步收窄。因此，可以尝试组织成立借款人还款监督委员会，结合国家征信体系，对借款人进行融资信用评级，并对广大借款人予以正确的心理引导，形成良好的金融道德。将有逃废债历史的人员纳入借款人"黑名单"，以制约借款人逃废债行为。

4. 打造五位一体共治格局

十九大报告指出：要打造共建、共治、共享社会治理格局，提高社会治理社会化、法制化、智能化、专业化水平。这为网贷平台共治提供了启示。在网贷平台的共治格局中，行业协会和监管部门是行政管理和约束的主要力量，司法部门则是整个体系的最后一环，从业者自律和利益关联群体的监督是民间的治理力量，作为行政监管、行业监管、民间监督以外的最后一道防线。通过多方合力，规范 P2P 平台的经营行为，有效防范 P2P 平台引发的风险。

参考文献

P2P 网络借贷风险专项整治工作领导小组办公室：《关于做好 P2P 网络借贷风险专项整治整改验收工作的通知》，2017 年 12 月 8 日。

互联网金融风险专项整治领导小组：《关于加大通过互联网开展资产管理业务整治力度及开展验收工作的通知》，2018 年 4 月。

全国 P2P 网络借贷风险专项整治工作领导小组办公室：《P2P 合规检查问题清单》，2018 年 8 月。

P2P 网络借贷风险专项整治工作领导小组办公室：《开展网贷机构合规检查工作的通知》，2018 年 8 月 17 日。

P2P 网络借贷风险专项整治工作领导小组办公室联合互联网金融协会：《关于开展网络借贷资金存管测评工作的通知》，2017 年 11 月。

互联网金融风险专项整治工作领导小组办公室：《关于报送 P2P 平台借款人逃废债

信息的通知》，2018 年 8 月 8 日。

《2018 年网贷行业年报发布》，网贷之家网站，2019 年 1 月 2 日。

《公安机关对 380 余个网贷平台立案侦查查扣冻结涉案资产约百亿元》，新华社，2019 年 2 月 17 日。

欧阳日辉主编《互联网金融治理：规范、创新与发展》，经济科学出版社，2017。

北京市互联网金融行业协会：《北京市网络借贷信息中介机构业务退出规程》，2018 年 7 月。

谢平：《P2P 属地监管与网络外部性矛盾、机理不相融，异地追债官司不好打》，《华夏时报》，2018 年 12 月。

《中国金融稳定报告 2018》编写组：《中国金融稳定报告 2018》，中国金融出版社，2018。

《从金融严监管到金融业供给侧改革：政策思路与基本逻辑》，今日头条，2019 年 2 月 28 日。

B.18
2018年互联网金融行业合规经营报告

李全 杨展*

摘　要： 近年来，互联网金融行业在我国的发展势头十分迅猛。随着全球新一轮科技和产业变革的到来，信息技术在降低金融服务成本、提高金融服务效率、拓宽金融服务范围等方面的优势正在凸显，互联网金融行业也将迎来新的发展机遇，获得新的发展空间。同时，互联网金融风险也逐渐显现，信息泄露、恶意欺诈、洗钱、非法集资等违规事件时有发生，对正常的金融秩序造成了冲击。随着全国互联网金融风险专项整治工作的深入开展，加之风险防范长效机制的不断完善，金融市场环境将得到进一步净化。在行业规范不断完善的未来，"合规"将是互联网金融行业的关键词，互联网金融行业的合规经营理念也将随着互联网平台技术的发展而不断革新，"合规"也必将成为今后互联网金融行业赖以生存的第一道门槛。

关键词： 互联网金融　金融风险　合规经营

一　引言

党的十九大报告指出，当前我国正处在转变发展方式、优化经济结构、

---

* 李全，经济学博士，南开大学金融学院教授、中国财政科学研究院特聘教授、博士生导师；杨展，南开大学金融学院2018级硕士研究生。

转变增长动力的攻关期，社会主要矛盾已经发生历史性变化。[①] 在新时代经济与科技协调发展的趋势的推动下，互联网金融业呈现蓬勃发展的态势，并且在降低金融交易成本、促进金融产品创新、提高金融活动的效率等方面发挥了重要的作用。但是，由于互联网本身所具有的虚拟性、间接性和隐蔽性所带来的互联网金融风险也日渐显现，信息泄露、恶意欺诈、洗钱、非法集资等违规事件时有发生，在一定程度上对金融市场活动的有序进行形成了冲击。

互联网金融作为互联网和金融的结合物，同时具备二者的属性。尽管如此，互联网仅仅是其手段与方法，互联网金融的本质与核心还是金融。作为结合物，互联网金融不仅要面临传统意义上的金融风险，还要面临互联网技术平台本身所带来的风险，这就造成了互联网金融风险具有扩散速度快、传染率高、风险监管较为困难的特点。因此，信用风险管理工作、行业合规检查工作、经营状况审查工作、相关法律法规的补充和完善工作以及消费者权益保护工作等在互联网金融行业所面临的新趋势的背景下显得尤为重要。

2018年是自互联网金融行业在我国诞生的第11年，也是国家监管机构对互联网金融行业开启强势行业监管的第三年。在已经过去的2018年里，相关部门有序地推进了互联网金融风险专项整治工作，并取得了显著的效果，有效地管控了存增量风险，有序化解了存量业务中的风险，及时遏制了风险业务高发频发的态势，并且逐步形成了较为规范的行业发展走势，逐步完善了互联网金融行业监管体制机制和治理机制。同时，也应注意到，互联网金融行业涉众性较强，导致互联网金融风险的因素复杂且相互交叉，建立健全风险监管机制和风险控制的长效机制任重而道远。

随着全球新一轮科技和产业变革的到来，信息技术在降低金融服务成本、提高金融服务效率、拓宽金融服务范围等方面的优势将进一步显现，互联网金融行业也将迎来新的发展机遇，获得新的发展空间。同时，随着全国

---

① 习近平：《决胜全面建成小康社会　夺取新时代中国特色社会主义伟大胜利——在中国共产党第十九次全国代表大会上的报告》，人民出版社，2017，第30页。

互联网金融风险专项整治工作的深入开展，加之风险防范长效机制的不断完善，金融市场环境将得到进一步净化，在行业规范不断完善的未来，"合规"将是互联网金融行业的关键词，互联网金融行业的合规经营理念也将随着互联网平台技术的发展而不断革新，"合规"也必将成为今后互联网金融行业赖以生存的第一道门槛。

二 互联网金融行业合规现状及问题

互联网金融主要依托第三方支付、网络借贷、众筹、虚拟货币、大数据金融、信息化金融机构、互联网金融门户七大模式，实现了互联网与金融的融合，兼具互联网和金融双重属性，但其核心仍然是金融。互联网金融的实质必须回归金融本身，互联网更多的是传统金融在新时代、新时期的工具和依托，因此互联网金融健康发展的关键还是要遵循金融业的基本规律和内在要求，遵守互联网金融行业的法律法规。

（一）第三方支付行业合规现状及存在的问题

第三方支付在我国的发展时间并不算长，但是随着互联网技术的不断完善，第三方支付也得以不断进步。最近几年，第三方支付机构网络支付业务的发展速度远超商业银行的发展速度。我国的第三方支付规模也从 2012 年的 1400 亿元增长到 2017 年的 15.04 万亿元，由此可见，我国第三方支付的发展前景和实力不容小觑。①

根据相关统计数据，移动支付的整体交易规模已经从 2013 年的 1.3 万亿元快速增长到 2017 年的超过 109 万亿元。行业整体增速连续 4 年超过 100%；互联网支付行业整体交易规模持续增长，2017 年全年达到 24.54 万亿元。但行业增速连年放缓，2017 年同比增长仅 28.2%。根据相关机构预计，行业增速在 2018 年将继续放缓。移动支付的季度交易规模已经突破 40

① 根据易观统计数据整理。

万亿元，达到40.36万亿元，环比增长6.99%。2017年移动支付行业季度环比增幅仍保持较高水平，均超过20%。[1]

同时，第三方支付机构为了满足居民多元化的理财需求不断进行理财创新。但在第三方支付行业高速发展的同时，信息泄露风险、法律风险、资金安全风险等问题也接踵而来。

2019年1月30日《经济参考报》刊发题为《2019年反洗钱将成支付监管重点》的报道。文章称，中国人民银行将会对支付违规现象进行重点整治。中国人民银行广州分行披露的罚单信息显示，对光大银行广州分行等三家银行及易联支付、汇聚支付等六家第三方支付机构因违反支付结算管理规定的罚没金额累计已达1100万元以上，这反映了目前第三方支付行业的合规仍存在一定的问题。

回顾2018年，持续不减的第三方支付监管高压态势十分明显。

2018年6月，中国人民银行发布了《中国人民银行关于非银行支付机构开展大额交易报告工作有关要求的通知》，文件中明确规定自2019年1月1日起，非银行第三方支付机构（比如支付宝、微信等）对于用户涉及大额交易的必须上报央行。

中国人民银行支付结算司于2018年12月宣布将于2019年1月14日前撤销人民币客户备付金账户，同时要求支付机构和相关银行做好及时报备销户进展工作，支付模式也将全面完成"断直连"。

《互联网金融从业机构反洗钱和反恐怖融资管理办法（试行）》也将于2019年1月起正式实施，明确要求互联网金融机构建立健全大额交易和可疑交易监测系统。

根据不完全资料的统计，2018年央行对支付机构开出罚单近140张，累计罚没总额已经超过2亿元。巨额罚单频现的背后，传递了监管层对常态化强监管的明确态度。

2019年，第三方支付行业的监管高压仍将持续，并且随着跨境支付等

---

[1] 根据易观统计数据整理。

业务的兴起以及"断直连"等工作的深入推进，未来监管的重点或将落在反洗钱工作上。

（二）网络借贷行业合规现状及存在的问题

2018年对于P2P借贷行业注定是不可磨灭的一年，在这一年里，有太多不可预期的变化出现。因为集中爆雷，行业出现了大幅回落；相关监管部门为打击老赖、逃废债出台了相关政策，各借贷平台为了努力实现备案纷纷完成了合规检查，网络借贷行业的合规发展又向前迈进了一步；临近年底，许多家P2P网贷机构在美国完成了IPO。整个2018年，政策出台十分密集，问题事件也是频频发生，这对2018年乃至将来的P2P行业的发展将产生重要的影响。

经历了备案延期到平台加速出清的过程，截至2018年底，P2P行业正常运营平台数量下降至1021家，相比2017年底减少了1219家；行业总体贷款余额下降至7889.65亿元，相比2017年下降了24.27%。2018年P2P行业成交量达到了17948.01亿元，历史累计成交量突破8万亿元大关。此外，2018年行业综合收益率小幅回升，达到9.81%。[①]

P2P网贷平台在2018年信息披露的程度大幅度增强。目前，九成以上P2P网贷平台设置了信息披露专栏，并对相关的信息进行了披露，平台透明度大大提升。尤其是2018年下半年实施全国统一合规检查以来，P2P网贷平台加大和第三方专业机构合作，及时披露了平台财务审计报告、重点环节审计报告及合规报告。[②]

另外，截至2018年底，北京市、上海市、广东省（包括深圳市）、江苏省、浙江省、安徽省、贵阳市等多地已经进入行政核查阶段。据不完全统计，已有超过560家P2P网贷平台提交了自查报告。[③]

回顾2018年，针对网络借贷存在的暴力催收、违法金融活动以及恶意

---

① 根据网贷之家数据资料统计。
② 根据网贷之家数据资料统计。
③ 根据网贷之家数据资料统计。

逃债等现象，国家对其监管力度也是大增。

2018 年 1 月，全国范围扫黑除恶；2018 年 2 月，多地下发整改验收指引、专业审计报告编写指引、法律意见书编写指引等；2018 年 3 月，互联网资产管理业务整治开启（29 号文），中国互联网金融协会下发债务催收自律公约；2018 年 4 月，监管部门通知各地金融办向后调整 P2P 网贷平台备案；2018 年 5 月，部分地方互联网金融协会严禁套路贷、现金贷非法金融活动；2018 年 7 月，部分地方互联网金融协会加大力度打击恶意逃废债行为，工信部等 13 部委开展整治骚扰电话行动，广州市互联网金融协会发布退出指引；2018 年 8 月，P2P 网贷整治办下发合规检查通知，银保监要求四大 AMC 主动作为化解 P2P 网贷平台爆雷风险，中国互联网金融协会发布自查自纠问题清单；2018 年 9 月，部分地方监管部门下发开展合规检查的通知，中国互联网金融协会公布第一批银行存管白名单；2018 年 10 月，部分地区进入自律检查阶段，少部分地区进入行政核查阶段；2018 年 11 月，北京市、广州市、深圳市互联网金融协会规范自律检查期间机构宣传；2018 年 12 月，中国互联网金融协会开启非现场检查，深圳市、杭州市互联网金融协会重申压降贷款余额、出借人数规模等。

目前，P2P 网络借贷平台仍然存在资质风险、模式风险、经营风险、标的风险、经营风险以及法律风险等诸多对行业合规形成挑战的因素。因此，合规检查和备案依然是 2019 年全年的工作重点，P2P 网贷行业交易规模将稳中有降，平台也将面临生存与盈利的双重挑战。在新的一年，P2P 网贷行业将继续推动数字普惠金融发展，提高金融市场资源配置的效率，更好地服务于实体经济的发展，大力推动中国经济增长模式的转变和长期的可持续发展。

（三）众筹行业合规现状及存在的问题

作为互联网金融重要模式之一的众筹行业，2018 年也呈现上升的发展态势。根据最新的统计数据，截至 2019 年 1 月底，我国处于运营状态的众筹平台共有 145 家。1 月共有 1 家平台下线或链接失效、1 家平台转型。对运营中平台的平台类型进行统计，互联网非公开股权融资型（以下简称"股权型"）平台有51家、权益型平台有46家、物权型平台有22家、综合型平台有18家、公益型平台有8家。①

2018年1月3日，李克强主持召开国务院常务会议，在此次会议中再次提及了"众包众筹众创"，鼓励创新体制机制加大对众包众筹众创的研究力度。

中国互联网金融协会官方微信于2018年5月30日发布消息：中国司法大数据研究院与天津中互金数据科技有限公司已经签署战略合作协议，双方将共同合作实现共筑金融风险防线和联合惩戒失信被执行人的目标。这将意味着失信被执行人在互联网金融领域的融资渠道被切断了，这对于互联网金融行业的健康发展有里程碑式的意义。

2018年6月，"巨峰竹木业"股权型众筹诉讼案曝光。这是国内第一起投资者起诉互联网金融平台的案件，也是国内首次对众筹平台责任和义务予以法律认定。该案件的认定，将会对股权众筹平台的自身合规等问题起到重要的指导作用。

2018年9月26日，犹如众筹行业强心针的《国务院关于推动创新创业高质量发展打造"双创"升级版的意见》在中国政府网发布，明确指出要规范发展互联网股权融资，为创新创业者和小微企业拓宽融资渠道。对资本市场相关规则和公司法等法律法规不断地进行完善，批准科技企业实行"同股不同权"公司治理结构。

2018年10月10日，《互联网金融从业机构反洗钱和反恐怖融资管理办法（试行）》由中国人民银行、银保监会与证监会联合发布，规范互联网金融从业机构反恐怖融资和反洗钱工作，切实预防恐怖融资活动和洗钱行为，众筹平台机构应当遵循这一法律法规，建立健全反恐怖融资和反洗钱内部控制制度，强化反恐怖融资和反洗钱的合规管理，完善相关风险管理机制。

在对非股权众筹中有关擅自建立"资金池""非法挪用"筹集资金、金

---

① 《中国众筹行业月报》，人创咨询，2019年1月。

融诈骗以及知识产权保护等合规问题仍有待进一步考量；对于股权众筹中存在的非法集资、代持股风险、行业非标准化以及欺诈等问题也对股权众筹的监管工作提出了严峻的考验。

（四）虚拟货币行业合规现状及存在的问题

回首 2018 年，大热的互联网行业出现了各式各样的困境。尤其是虚拟货币的代表比特币，从 2 万美元跌落到近 3000 美元，萎靡不振，这暴露了虚拟货币行业本身存在一定的合规问题。

回顾 2018 年，国家对虚拟货币的监管也在稳步进行。2018 年 3 月 29 日，中国人民银行对虚拟货币行业进行了整顿清理，基本实现了 85 家 ICO 交易平台以及 88 家虚拟货币交易平台的无风险退出；从前占比全球 90% 以上的以人民币交易的比特币下降到不足 1%。2018 年 8 月 26 日，《关于防范以"虚拟货币""区块链"名义进行非法集资的风险提示》由银保监会等五部委联合发布，倡导公众理性对待区块链。与此同时，8 月在深圳落地了全国首张区块链电子发票。《最高人民法院关于互联网法院审理案件若干问题的规定》于 2018 年 9 月明确了区块链可被用作电子数据认证手段。国家互联网信息办公室于 2018 年 10 月 19 日制定了《区块链信息服务管理规定（征求意见稿）》，对提供者与使用者的行为准则、区块链信息服务的使用范围以及相关部门的监管规定与处罚措施进行了详细的规定，促进区块链走上更加理性、正向的发展轨道。

目前，有关虚拟货币行业的合规化问题仍然存在不足。首先，虚拟货币所存在的流动性风险可能会导致违规现象的发生。作为一种约定性的货币，如果虚拟货币的发行人因非主观的原因无法对消费者的赎回进行兑现，就会产生流动性风险，并且虚拟货币的发行规模越大，流动性风险产生的可能性就越大，从而违规的可能性也就越大。其次，虚拟货币面临信息泄露的风险，也会导致违规情况的发生。虚拟货币的持有者通常会开立自己的账号，一旦账号被盗，相应的信息资料就会被泄露，从而对消费者的隐私权造成侵犯。最后，虚拟货币行业所面临的最大的问题是该行业没有明

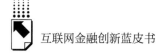

确的法律界定，缺乏国家相应的法律法规，整个虚拟货币价值链无法构建。同时，由于互联网的虚拟性、隐蔽性以及间接性，加之立法的相对滞后性，虚拟货币容易对现有的法律秩序造成冲击，逃税、洗钱等违法行为也时有发生。

（五）大数据金融行业合规现状及存在的问题

伴随大数据产业的高速发展，大数据技术应用在各行各业中的普及程度也越来越高，也日益成为互联网金融行业的重要模式之一。合法有序地流通数据资源，能够使其发挥更大的价值，从而更好地推动生产效率的提高和产业创新的发展。

在 2017 年底所召开的中共中央政治局第二次集体学习会议上，习近平总书记就曾强调要制定数据资源确权、开放、流通、交易相关制度，完善数据产权保护制度。因此，大数据金融行业也应当加快相关监管法律法规的建设，坚决贯彻落实国家政策，深化大数据技术在互联网金融领域的应用。

近几年，推动大数据发展的工作正在系统进行，国家先后出台了《促进大数据发展行动纲要》和《大数据产业发展规划（2016～2020 年)》等政策文件，对大数据金融的行业监管取得了一定的成效，但仍存在一定的问题。

我国对数据流通的引导和管制的合理性、有效性有待提升，围绕数据流通所产生的争议逐渐增多，金融市场乱象发生的频率较高，并且数据流通机制有待完善，数据合法流通不足的现象有待解决，数字红利所发挥的作用有待提升。

在大数据金融监管中主要存在以下的合规问题。首先，有关大数据金融的监管风险较高。当前，应用最广泛的大数据计算软件平台非 Hadoop 莫属，Hadoop 将技术开发与开源模式进行结合的同时，其自身缺乏整体的安全规划，平台的安全机制存在一定隐患。2013 年至 2017 年，Hadoop 暴露的漏洞数量共计 18 个，其中 5 个是关于信息泄露的，并且漏洞数量呈逐年增长的态势，[1] 形成了对大数据监管的严峻挑战。其次，传统的安全机制难以满足用户众多、场景多样的大数据平台的需要，这将使监管活动变得较为困难。在大数据金融平台上汇集了大量的多源数据，大大增加了访问控制策略制定的难度和授权管理的难度，存在数据访问范围的过度授权和授权不足现象。最后，传统安全监管技术已明显不足以应对针对大数据金融平台不断翻新的网络恶性攻击手段。当前大数据平台所遭受的恶性攻击事件时有发生。Verizon 公司《2018 年数据泄露调查报告》显示，48% 的数据泄露与黑客攻击有关，其中，DDoS、钓鱼攻击以及特权滥用是主要的黑客攻击方式。[2]

（六）信息化金融机构行业合规现状及存在的问题

当前，信息化金融机构的发展势头十分迅猛，前瞻产业研究院所发布的报告中的数据显示，金融行业在我国的发展十分迅速，金融信息化的程度也不断提高，2017 年信息化金融行业的市场规模已经达到 1864.20 亿元，同比增长 7.82%。[3]

2018 年 11 月，国家相关部门下发了《商业银行互联网贷款管理办法（征求意见稿）》，具体而严格地规定了商业银行互联网端的贷款业务。值得关注的是，联合贷款的新规对互联网银行的整体放贷规模加以严格的限制。

证监会先后出台了《关于规范证券公司借助第三方平台开展网上开户交易及相关活动的指导意见》《证券基金经营机构信息技术管理办法》等管理规定，以此来应对互联网证券、基金行业中的相关业务的合规问题，并从参与主体管理、信息系统安全防护以及数据安全管理等方面做出了相应的规定。

---

[1] 中国信息通信研究院：《2018 年大数据安全白皮书》2018 年 7 月。
[2] 中国信息通信研究院：《2018 年大数据安全白皮书》2018 年 7 月。
[3] 前瞻研究院：《2018～2023 年中国金融信息化行业市场前景与投资预测分析报告》2018 年 4 月。

2018 年 10 月 1 日，已经实施近三年的《互联网保险业务监管暂行办法》宣告完成使命，互联网保险行业将会面临新的政策出台。目前，银保监会正在积极开展互联网保险行业监管的各项工作，并且已经将《关于继续加强互联网保险监管有关事项的通知》下发业内。银保监会将会积极推动互联网保险行业的改革、创新与发展，提升互联网保险经营机构的服务能力和服务水平，提升对互联网保险行业的监管水平，积极维护消费者的合法权益。

但是在对互联网银行、互联网证券以及互联网保险等信息化金融机构进行监管的时候仍然存在一些不足。针对信息化金融机构的监管，法律存在一定的滞后性。在金融信息化迅速发展的背景下，金融创新的发展速度已经远远超过了相关法律法规建设的速度，因而信息化金融机构所面临的法律风险十分严峻，利益相关的消费者也有可能因为监管法律的滞后性而蒙受损失。此外，有关于电子货币的监管存在一定的不足。电子货币具有隐蔽性的特点，其相关的交易记录难以追踪，逃税、洗钱等违法活动时有发生，而信息化金融业务中势必会涉及电子货币，但相关的监管法律尚不完善。国与国之间的自然界限被虚拟化、电子化的金融业务所模糊，这就产生了基于自然疆界的法律所面临的巨大的挑战——跨境互联网金融法律适用性的问题，而有关这一问题的明确解决办法尚在商榷之中。

（七）互联网金融门户行业合规现状及存在的问题

当前，随着互联网技术的发展，互联网金融门户在解决信息不对称以及金融产品销售等问题上发挥着越来越重要的作用，满足了消费者的多元化的金融需求，提升了消费者的用户体验，拥有良好的发展前景。现已形成了包括和讯网、安贷客、格上理财、网贷之家、91 金融超市、融 360 在内的一批较为权威的互联网金融门户。

如前所述，2018 年对互联网金融门户的监管政策正在不断完善，信用风险管理工作、行业合规检查工作、经营状况审查工作、相关法律法规的补充和完善工作以及消费者权益保护工作也正在有序地进行，互联网金融门户合规状况整体上呈现良好态势，但是仍然存在一定的问题，主要有以下几个方面。首先，互联网金融门户技术性监管有待提升。互联网金融门户面临网络安全性的问题，因而其面临互联网金融门户最主要的风险之一——技术风险。互联网金融门户充当着连接用户和金融机构之间的桥梁的角色。外部不同性质的网络直接与互联网金融门户相连，大量的数据传递存在于互联网金融门户与相应的业务主机应用系统之间，一旦遭遇黑客攻击或者内部的操作失误，将会引发连锁性的系统瘫痪，个人信息和交易数据也会存在被泄露的风险，这将会对互联网金融行业产生难以估计的损失，因此，应当加强对互联网金融门户的技术性监管。其次，互联网金融门户相关的监管法律法规有待完善。目前存在的主要问题是互联网金融门户对其所提供的信息的真实性是否负有责任，用户是否可以同样地适用于《消费者权益保护法》，一旦法律纠纷发生，双方的权利与义务的划分是否明确，这些问题在相应的法律文件中都有待确认。但是，目前互联网金融门户并不负有信息审查义务和信息保证责任，大都将自己摆在了独立的第三方的位置，对金融信息的准确性、真实性的保证不负有责任，因此，消费者处在相对不利的地位，极有可能面临相较于传统金融风险更大的风险。

三　互联网金融行业合规发展的趋势

（一）风险管理与合规经营将成为互联网金融行业热点

金融的本质是资本的有效分配与利用，无论是传统模式下的金融还是互联网模式下的金融，都不能脱离金融的这一本质。在资金的有效分配与利用的过程中，风险管理是其中最关键一环。当前，互联网金融行业发展得如火如荼，普惠金融也如雨后春笋般茁壮成长。为了适应新的发展趋势，传统的风险管理与互联网模式下的风险管理势必要有效地结合，风险管理与合规经营也将成为互联网金融行业新的发展热点，全社会也将会提高对风险的识

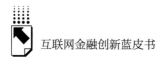

别、度量和应对的重视程度，这主要通过以下三个层面体现，也可以用三个"逐步"来概括。

（1）合规政策规范逐步完善。当前，互联网用户的个人隐私的重要程度正在逐步提升，互联网电子信息管理系统也在逐步完善，为互联网金融行业、互联网风险管理以及征信系统的发展打下良好的发展基础，相关监管部门将通过立法的形式确立互联网用户的个人电子信息、互联网用户网络使用情况的法律地位，依法规范互联网金融机构获取用户信息等资料的途径与手段。

（2）风险管理机构逐步增多。随着金融科技的发展和金融信息化程度的提高，金融体系中将会分离出一个新的、独立的行业——互联网金融风险管理与征信。在新的趋势下，越来越多的以风险管理这一经营活动为主营业务的公司将会涌入市场来更好地帮助企业完成新的背景下的金融风险管理活动，促使企业的生产经营活动更加顺畅。

（3）传统的风险管理与互联网模式下的风险管理的结合逐步紧密。即使随着互联网技术的不断发展，传统金融行业已经发生了翻天覆地的变化，但是互联网金融的发展并不会对传统金融产生替代性或者颠覆性的影响。所以，结合新的时代背景，在不同的领域里，互联网金融风险管理与传统金融风险管理均会发挥重要的作用。在对金融风险进行管理的过程中，二者的理念将会相互渗透，优势将会相互补充，理念也将不断革新。二者的结合将极大地促进金融机构在降低金融交易成本、促进金融产品创新、提高金融活动效率等方面能力的提高。

（二）合规理念因互联网技术而不断革新

随着互联网技术的不断发展以及金融信息化进程的加快，凭借互联网技术可以准确便捷地记录下那些曾经无法记录下来以及会花费较高成本才可以记录下来的信息。因此，原有的风险管理理念将会随着数据来源的准确化、稳定化以及数据记录的高效化得到进一步的升级和发展，主要体现在以下三个层面。

（1）数据来源精准化。数据的精准程度，在以互联网为技术背景的前提下，其重要程度已经得到越来越多的关注。数据的搜集途径变得更广，数据的搜集方式也日趋细化，以前的由企业提供这一单向的数据获得方式，在互联网背景下，已经被金融机构自行获取数据这一方式所取代，数据来源也日趋真实化、准确化。

（2）风险监测动态化。随着金融科技的不断发展，信息的取得、存储、调用以及核查的相关成本大大降低，在这一趋势的推动下，以延续性用户数据为审查依据的风险管理方式将会取代以离散性（某一时点或某一时期）用户数据为审查依据的风险管理方式，越来越多的金融机构将会对连续性用户数据给予更高的重视，提高对连续性用户数据的权重赋值。

（3）风险管理合作化。当前，互联网金融风险管理在现阶段以及未来的一段时间内难以形成统一的行业标准，而互联网金融行业也会根据自身的特点和优势来决定信息的收集、权重赋值和剖析的侧重点，这些现象的存在将会导致信息兼容问题发生在不同的数据库之间，因此，在未来互联网金融行业的风险管理过程中，风险管理机制要兼顾其他金融机构的信息，加强各金融机构之间的合作，才能既有效率又有效果地化解上述问题。

（三）数据获取与用户体验之间的权衡

我国的互联网金融行业的风险管理水平仍然处在初级阶段的实践水平。在这个阶段里互联网金融用户获取金融服务的门槛依然较高，因为用户仍然需要提交一定数量的个人信息，在互联网金融时代，用户体验感在很大程度上影响了用户的忠实度，所以，过多的数据获取，过多的系统操作，过多的信息录入，必将会导致用户放弃金融产品，放弃金融服务，这势必将导致用户的流失。

主要通过以下两个途径来解决上述问题。第一个途径是将风险管理活动在提供金融服务之前实施。以网络借贷为例，针对互联网用户的资格审查可以凭借互联网技术主动获取数据的优势以及具备运用大数据的基础而提到贷款前，从而当互联网用户需要贷款时，只需要经过极简单的程序就可以完成。第二个途径是将风险控制产品化。这里仍以互联网金融模式中的网络借贷为例，在网络借贷中数据的收集和权重的赋值等方面因不同的信贷产品所需要的数据不尽相同，也各有不同的侧重。因而，在交易的过程中只需要提交与交易相关的核心信息即可，并不需要将所有的个人信息完全提交。

四 促进互联网金融行业合规发展的政策建议

（一）互联网金融合规发展的法律法规需不断完善

尽管为了对互联网金融行业的几大模式进行较为全面的规范，中国人民银行会同有关部委颁布了《关于促进互联网金融健康发展的指导意见》，但是从客观角度分析，互联网金融行业的发展速度依然超前于法制建设的进程。大量的空白依旧存在于互联网金融市场准入机制、互联网金融活动监管、互联网金融用户的个人信息保密机制等领域当中。

相关的立法部门应当结合互联网金融发展的进程，及时补充和修订现有的互联网金融领域的法律法规；同时相关的立法部门也应该当合理地借鉴国际上对互联网金融领域先进的发展理念和监管措施，对国内互联网金融发展政策和监管的法律法规进行不断的完善；在完善互联网金融监管的法律法规时，也应当注重中央与地方的结合，根据普遍性与特殊性的原则将地方关于促进互联网金融健康发展的政策融入国家政策当中来，建立具有中国特色的互联网金融监管体系和发展模式。

主要可以从以下几个方面对互联网金融监管的法律法规进行完善。第一，及时补充和修订现有的互联网金融领域的法律法规。相关的立法部门应及时补充相关法律法规中有关于互联网金融的空白，特别是《保险法》《证券法》《商业银行法》等法律法规的完善情况。第二，健全互联网金融市场的准入机制与退出机制。由于互联网金融风险的传染性较大，一旦违规事件发生将会对社会造成较大的危害。应当加强对互联网金融行业准入制度中关于风险管理能力、资本金设定、从业人员相关资格认定的审核，逐步完善互联网金融准入制度。同时，及时清除发展过程当中的劣质企业，建立健全互联网金融企业的退出机制，促进互联网金融行业有序健康发展。第三，为互联网金融行业建立统一的技术标准，完善互联网金融活动诸多环节所涉及技术的国家标准。第四，注重中央政策与地方政策的结合，根据普遍性与特殊性的原则将地方关于促进互联网金融健康发展的政策融入国家政策当中来，建立具有中国特色的互联网金融监管体系和发展模式。

（二）互联网金融合规发展需要明确监管机构及相关职能

在很长一段时间里，我国的金融监管一直停留在合规性监管层面，比较重视对互联网金融行业的准入审批和业务流程的审批，但是一直以来很大的监管空白一直存在于互联网金融行业的交叉产品中，也即由混业经营和综合经营所产生的产品。在经济体制不断改革发展的今天，在新的趋势的推动之下，政府审批的数量将会逐步减少，金融市场的准入规则也会适当放宽。在这一背景下，监管部门的监管职能也应当做出适当的改变，即由合规性监管转向功能性监管与包容性监管，由过去的对互联网金融机构的业务分类进行监管转变为对互联网金融产品所具备的功能进行监管，从而更好地减少监管活动的交叉重叠与相互冲突以及监管盲区，使资源得到充分的利用；由过去的对互联网金融行业严格监管的方式转变为审慎宽松的包容性监管方式，为互联网金融行业的发展留下一定的弹性空间。

功能性金融监管相比于合规性金融监管最大的优势在于功能性监管可以实现跨越产品的、跨越机构、跨越市场的金融监管的协调，同时具备连续性以及一致性的优势。功能性监管主要具备以下特点。第一，由功能性监管所产生的风险管理机构和风险管理规则，推动了相应的制度改革，在混业经营的背景下，明确了金融产品各功能监管的归属问题，有效地避免了监管活动的交叉重叠与相互冲突以及监管盲区。第二，依据互联网金融产品所实现的不同功能进行监管，能够使监管保持一贯稳定，并且具备很强的灵活性，受制度结构变化的影响较小，更有利于实现多国合作监管。第三，功能性监管可以凭借自身的一致性和连续性优势，从而有效地避免金融机构逃避监管的机会主义行为，使互联网金融监管的作用得以充分发挥。

在互联网金融监管的新趋势下，对互联网金融行业的监管应该采取包容性的监管策略，在保证经营合规和把控系统性风险的前提下，要尊重和鼓励符合包容性增长原则的互联网金融活动和互联网金融创新，适当地包容失误以及非系统性风险的出现，为互联网金融行业的发展留下一定的弹性空间，在制定互联网金融监管的法律法规时，应当兼顾互联网金融行业监管要求与互联网金融主体利益之间的平衡，促进互联网金融行业充分发展。

（三）互联网金融合规发展需要加大信息披露、风险提示及投资者教育力度

1. 加大信息强制披露的力度

互联网金融服务提供者有义务定期向所属的监管，及广大的消费者群体进行信息披露。互联网金融服务提供者要定期向消费者披露金融产品的运营状况、资金使用状况、投资收益情况以及风险管理情况等方面的信息，尊重并保障消费者的知情权。同时，信息披露的过程也应该具备准确性、完整性、及时性和可靠性，相关监管部门应当对故意隐瞒相关信息、提供虚假信息的金融服务予以处罚，切实保护消费者的合法权益。

同时，相关部门也应当完善社会征信系统，使社会征信系统适应互联网金融的发展，建立健全社会和个人信用体系的建设。鼓励和支持信用中介机构的发展，完善信用数据平台、信用信息查询、信用咨询服务、信用等级评估等，推动新型互联网金融业的发展。

2. 明确风险提示的责任与义务

针对互联网金融产品存在的风险，互联网金融服务提供者负有充分告知消费者的义务，并且应当明确标示互联网金融产品的风险等级，告知消费者相应产品的潜在风险，使消费者可以理性认识互联网金融产品的属性，对于那些不主动告知消费者产品潜在风险而致使消费者蒙受损失的互联网金融服务提供者，相关的监管部门应当对其予以处罚，以维护消费者的合法权益。

3. 加大对消费者的教育力度

在促进互联网金融合规发展的过程中，应当加强对消费者的教育。在宣

传途径上，有关部门可以从宣传渠道和宣传内容上进行创新，充分利用官方微信平台、官方微博平台等，提高互联网金融教育宣传的权威性与广泛性。在宣传内容上，应当及时将最新的相关政策解读传递给消费者，进行典型案例的分析与总结，提高公众对金融骗局的识别能力和防范意识。

从消费者自身的角度来讲，首先，消费者应当树立理性的投资理念。高收益势必要面临高风险，因此，消费者应当摒弃不劳而获的想法，确立理性的投资观念，这是防范金融骗局最有效的方法。其次，消费者要提高自身的辨识能力，提高防范金融骗局的意识。投资者应主要关注以下四个方面：投资回报率是否过高、融资是否具有合法性、互联网金融模式是否具有合理性以及宣传是否具有真实性。

参考文献

习近平：《决胜全面建成小康社会　夺取新时代中国特色社会主义伟大胜利——在中国共产党第十九次全国代表大会上的报告》，人民出版社，2017。

中国信息通信研究院：《2018年大数据安全白皮书》，2018年7月。

《中国众筹行业月报》，人创咨询，2019年1月。

前瞻研究院：《2018～2023年中国金融信息化行业市场前景与投资预测分析报告》2018年4月。

李全、陈扬、孙葳：《互联网金融在中国的发展创新与监管》，《前线》2018年第11期。

B.19

2018年互联网金融数字化
监管系统建设报告

欧阳日辉　胡元羲*

摘　要： 互联网金融的创新和发展呼唤监管系统的革新和改进与之匹配。以大数据、云计算、区块链、人工智能为代表的科技正逐步渗透金融监管领域，构建起技术驱动模式下定量化、智能化、迅捷化的数字监管系统。当前，互联网金融监管仍存在信息孤岛现象，对金融黑箱隐患的担忧也日益增强，且技术应用浅表的问题不容忽视。从互联网金融监管的现存问题出发，结合未来数字化监管数据分享、技术融合、平台统一的趋势，我们提出了相应的政策建议，以期为互联网金融监管的提质增效提供参考与启发。

关键词： 互联网金融　监管科技　数字化监管

互联网金融在经历了爆发式增长阶段后，早期红利日渐稀薄，行业竞争逐步加剧，快速扩张下的风险和弊病逐一显现。2018年，连续5年维持高增速的网络信贷余额首次出现增速的断崖式下跌，余额总规模不增反减。①P2P平台深陷爆雷潮，全年停业及问题平台高达1279家，年末贷款余额较

---

* 欧阳日辉，经济学博士，教授，中央财经大学互联网经济研究院副院长、桂林旅游学院数字经济研究院院长、永州众智数字经济研究院院长；胡元羲，中央财经大学经济学院。

① 艾瑞咨询：《2019中国互联网发展全瞻》，2019年2月。

年初下降了24%。① 截至2018年6月，腾讯灵鲲大数据金融安全平台累计发现网络非法集资平台超过1000家，网络非法集资现象严重，涉案金额至少在千亿级别。行业的乱象和触目的损失既凸显了互联网金融监管的必要性，又暴露了当前的监管不力与监管滞后。为了更好地担负起引导、规范、守护互联网金融健康长效发展的责任，从业企业、科技公司和监管机构应合力推进互联网金融数字化监管系统的建设，在制度框架不断更新完善的同时，还应充分利用技术层面的优势，不断改进现有风控监管的体系与流程，以灵活合理的监管理念、严格有序的监管执行为互联网金融领域的创新发展提供兜底之网与助推之力。

一 2018年互联网金融数字化监管建设情况

以大数据、云计算、区块链、人工智能等为代表的金融科技正在重塑互联网金融数字化监管系统的生态格局。一方面，监管科技革新了监管思路、优化了监管流程、规范了监管行为，加快了数字化监管的建设步伐；另一方面，技术的引入带来新的风险和不确定性，需要行业各方主体审慎使用、趋利避害，在挖掘技术潜力的同时妥善处理好风险与合规等问题，使监管科技更好地服务于监管活动。关于2018年互联网金融数字化监管系统的建设情况，可以从企业平台、行业协会及政府机构三个层面具体回顾。

（一）企业平台建立风险控制技术系统

金融科技对企业平台层面的风险自控与合规引导贯穿于企业经营活动全程。传统的银行、保险、证券公司以及诞生于互联网平台的网络借贷、网络支付等公司对风控流程和场景的设计、应用虽不尽相同，却在身份核验、征信授信、内控流程优化以及反欺诈、反洗钱等领域有共通的风险特征与风控需求。

---

① 数据来源：网贷天眼。

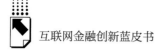
目前，大数据、云计算、区块链以及人工智能等技术与金融行业风险管理的融合较为成功，诸如大数据、云计算一类的技术已经广泛落地使用，区块链和人工智能虽然还处于应用的起步、初级阶段，但是发展潜力巨大，应用前景可观。具体地，借助大数据技术，企业可以收集、整合与分析海量数据，精准定位风控薄弱环节，进而提供响应、解决的方案。2017年，大数据产业规模已达到4700亿元人民币，有望在2018年突破6000亿元，而在所有行业中，大数据与金融的融合效果最高，融合率高达62%，大数据风控市场规模超过140亿元人民币。① 海量数据、信息的存储与管理需要云计算技术提供支持。云计算作为数字化监管的基础技术，是承载与处理大数据的基础设备平台，为风控监管提供廉价的计算和存储的资源，具有缩短应用部署时间、故障自动检测定位等优势。2018年，中国云计算市场总体规模预计将突破900亿元，其中金融行业在云计算应用层面居于前列，近90%的金融机构已经或计划使用云计算技术。② 区块链作为金融行业的又一底层基础设施，具有分布式、匿名化、可追溯、不可篡改等特征，在征信信息共享、资产确权、支付清算等领域优势明显，能够有效应对数据安全问题和信任难题。虽然当前区块链在技术突破、模式设计等方面尚存障碍，但应用潜力不可低估。而建立在大数据、云计算、区块链基础之上，人工智能技术正以穿透融合之势颠覆、重塑整个互联网金融风控监管的生态系统，利用其在非结构化信息处理、模式规律识别与应用、最优对策搜寻与求解等方面的优势，构筑起完整且自动化的智能风控系统。③ 截止到2018年第三季度末，国内的人工智能与金融行业投融资事件中，34.7%的投融轮次都集中在智能风控领域，人工智能在互联网金融领域的受关注热度及重要程度由此可见一斑。④ 目前，大数据等金融科技在企业风控领域的应用情况具体可见表1。

---

① 中国信息通信研究院：《大数据白皮书（2018年）》，2018年4月；《2018年中国大数据风控调研报告》，爱分析、度小满金融，2018年3月13日。
② 中国信息通信研究院：《云计算发展白皮书（2018年）》，2018年8月。
③ 易观：《中国金融科技专题分析2019》，2019年2月27日。
④ 艾瑞咨询：《2018年中国人工智能＋金融行业研究报告》，2018年11月。

表1　金融科技在企业风控领域的应用情况

	金融科技类型			
应用方向及应用范围	大数据	云计算	区块链	人工智能
	信贷风险评估 风险定价 市场预测 风险管理 资产管理	资源上云共享 数据集中管理 信息备份	信息共享 智能合约 资产确权 核保理赔	身份识别核验 反欺诈 反洗钱 账龄分析 项目评估与总结

在众多应用场景中，利用区块链技术打造安全行业环境、提升交易质量效率的研发与尝试格外引人注目，多家企业平台在此领域布局耕作，部分企业已取得一定成果。2018年1月，360金融区块链研究中心联合Qtum量子链、新比特币（BTN）基金会共同宣布，将在区块链底层技术领域展开合作，通过对智能合约技术的开发，提升风控和反欺诈服务的质效，助力营造行业安全环境。3月，中钞区块链技术研究院发布了中钞络谱区块链登记开放平台，借助区块链技术建立数字身份、可信数据及数字凭证，进而提升数据信息的可信度。目前，络谱区块链登记开放平台已覆盖包括银行、互联网金融在内的多种行业，截至2018年8月31日，平台用户注册总量已达到1079条，收到服务申请191条，生产链累计存证180510条，联调联累计存证230781条。① 另外，上海银行于5月开立了首单基于区块链技术的国内信用证，推进了信用证据链广参与、多节点、更完整的构建；中国银行自主研发的区块链跨境支付系统也于8月成功落地，成为国内首家运用区块链技术完成国际汇款业务的商业银行，提升了支付交易信息的安全性与透明度；交通银行与招商银行的区块链产品也在2018年依次上线。

在数据平台的打造方面，京东金融（现已更名京东数字科技）于2018年1月推出了国内首家聚焦人工智能领域的数据众包平台——京东众智，借以提升数据标注的准确率和安全性。招商银行则在7月发布了国内首家托管

---

① 《中钞络谱：以区块链构建数字身份和可信凭证》，金融时代网，2018年10月11日。

大数据平台,该平台由托管经营分析决策系统、风险管理系统以及风险绩效评估系统等复合组成,将托管开发模式由功能导向转为数据驱动,以有效满足客户的多维数据及风控管理需求。①

(二)行业协会建立风险控制自律系统

在企业平台之上,互联网金融领域的各协会团体也在2018年整合资源,推动行业数据共享、信息披露、社会评价等体系与机制的建设,以更全面、宏观、审慎的视角,逐步构建并细化行业的合规自律准则。

在众协会团体之中,中国互联网金融协会(以下简称互金协)具有较强的代表性。2018年,在数字化监管系统建设方面,互金协于3月披露了互联网金融信用信息共享平台的接入数据情况,显示截至2018年3月15日,该平台接入机构已增至100余家,累计查询量突破千万次。4月,互金协对全国互联网金融登记披露服务平台信息披露系统进行了升级改造并上线运行,新升级的平台增加了信息披露项目数量,有利于进一步规范从业机构的业务活动。随着齐商银行在12月通过资金存管的系统测评,互金协设立的信息披露系统存管银行白名单已增加到43家。另外,互金协还就债务催收、网络借贷电子合同安全规范、营销和宣传活动等事项进行了规定与建议,具体的法规、标准及报告发布见表2。除了互金协,各地方互联网金融行业协会也开始逐步建立自身的数据共享、信息披露等数字化系统,例如广州互联网金融协会便在2018年6月上线了当地的"信息披露报送系统"。

表2 2018年中国互联网金融协会发布的法规、标准及报告

序号	文件名称	时间	备注
1	《互联网金融逾期债务催收自律公约(试行)》	3月28日	组织签署
2	《互联网金融个体网络借贷电子合同安全规范》团体标准征求意见稿	4月23日	

---

① 招商银行:《招商银行推出国内首个托管大数据平台》,2018年7月16日。

序号	文件名称	时间	备注
3	《关于防范变相"现金贷"业务风险的提示》	6月12日	
4	《互联网金融从业机构营销和宣传活动自律公约(试行)》	6月13日	组织签署
5	《关于防范虚构借款项目、恶意骗贷等P2P网络借贷风险的通知》	8月21日	
6	《中国金融科技应用与发展研究报告2018》	11月6日	与新华社瞭望智库金融研究中心联合发布
7	《中国互联网金融年报2018》	12月8日	
8	《互联网金融 信息披露 互联网非公开股权融资》团体标准	12月25日	

资料来源：整理自中国互联网金融协会官方网站。

2018年5月，由互金协牵头，芝麻信用、腾讯征信等8家市场机构共同组建的百行征信有限公司在深圳挂牌成立。作为由自律协会和企业平台共同组建、受中国人民银行监督管理的个人征信机构，百行征信旨在促进互联网金融征信领域的共建共治，其行业监管特征明显。在成立一个月以后，百行征信已经与15家互联网金融机构和消费金融机构企业签订了信用信息共享合作协议，并在10月纳入了首批P2P恶意逃废债借款人信息，在迅速整合民间征信数据的同时，也成为央行征信的有益补充，为各互联网金融借贷平台进行风险评估与管理提供重要依据。

除了既有团体协会之外，市场上还诞生了新的联合协作组织，拓展了当前行业联合的维度。2018年4月，汇聚了蚂蚁金服、京东金融（现已更名京东数字科技）、百度金融（现已更名度小满金融）、百信银行、陆金所等近20家互联网金融独角兽公司的南都金融数字联盟宣布成立，旨在通过新技术、新信息成果等的分享，加强行业的沟通交流，共同打造合规、创新、普惠的金融市场环境。在联盟会员的申请条件中，金融科技能力、产品及风控等层面的创新、会员合规背景等方面的要求，勾勒出了以技术促进创新、迎合监管，进而推动成员自身和行业发展的联盟运作逻辑。

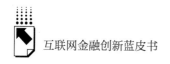
（三）政府机构建立数字化防控系统

政府机构由于其职能定位，在监管系统中主要扮演执行而非研发角色，也就形成了监管机构在技术领域相对落后的状态。在利用监管科技构建互联网金融数字化监管系统之时，政府机构通常采取与行业领先企业或平台合作的形式，并结合监管规定、标准的颁布，促进数字化监管系统的有效进行。

2018年，广州、深圳、天津、重庆、江苏、海南等地区的政府机构先后宣布了与互联网巨头（BATJ）在金融科技、监管科技领域的合作协议。其中，北京、广州、天津、西安等7地的金融局（办）在4月至7月先后接入了蚂蚁金服旗下的智能监管科技系统——蚂蚁风险大脑，依托云计算、人工智能等技术，该系统可以建立工商合规、产品经营、舆情分析等多个维度的风险模型，对业务风险、合规风险等进行综合分析评估，进而加强监管部门金融风险智能监测防控体系的建设，全面提升监管活动的精确性与时效性。[①] 同时，广州市金融局还与腾讯在监管科技领域签署了战略合作框架协议，不断升级优化广州地区金融安全大数据风险预警平台——灵鲲，以技术手段及时锁定并处理违法事件及隐患，提升当地监管机构的智慧监管能力。[②]

在联合行业领先企业提升监管能力的同时，监管部门也独立研发了部分监管服务平台。例如在2018年6月，由国家互联网应急中心与杭州市政府"央地联合"开发的杭州市互联网金融风险分析监测平台正式上线，成为以技术支撑监管、从中央扩展至地方的金融风险防范之典范。上线1周内，平台已检测出当地互联网金融机构违规风险点100余项，初步显示出覆盖监管、事前监管的优势。[③]

除了从风险预警角度加强数字化监管系统建设，监管部门也着手从社会评价体系方面推出监管举措以促进市场健全发展。2018年8月，深圳市金

---

① 零壹财经：《北京、广州等7城金融监管部门接入"蚂蚁风险大脑"》，2018年7月24日。
② 《腾讯与广州市金融局就金融安全战略合作》，新华网客户端，2018年5月23日。
③ 《杭州市互联网金融风险分析监测平台正式上线》，柒闻网，2018年6月26日。

融办针对 P2P 频繁爆雷现象开通了网上投诉平台，鼓励民众举报投诉问题平台，从自身利益诉求出发积极反映对网贷平台管理的意见与建议，共同营造规范互利的市场氛围。

此外，2018 年 6 月 30 日，462 家银行、115 家支付机构全面接入网联平台，[①] 网络支付进入"断直连"时代，网联成为央行获取更多金融大数据，对银行和第三方支付机构实施有效监督的又一重要数据平台。10 月，央行征信管理局透露，我国目前已建成全球范围内收录人数最多、数据规模最大、覆盖范围最广的金融信用信息基础数据库。

二　互联网金融数字化监管系统的建设特点

当前，互联网金融数字化监管系统呈现指标标准精确、方式智能自动、响应迅捷及时、系统技术驱动的建设特点，且上述四项特点之间存在紧密串联的内在关系。监管指标的标准化与纯粹化降低了智能监管的操作难度，智能化、自动化的监管方式则大幅加快风控监管的响应速度，而定量的指标、智能的方式及迅捷的响应，均依赖于监管科技在技术层面的驱动力量。

（一）监管指标从定性到定量

科技的进步与应用提升了监管的可操作性，标准化、纯粹化的监管指标可以有效促进内控监管的执行，进而降低营运、合规风险。互联网金融数字化监管系统的建设历程，呈现明显的标准化、精细化趋势。[②] 例如，在大数据等技术应用于信贷风控之前，仅依据借款个人或小微企业提供的资产收入数据和个人信息证明，银行无法进行可靠的授信风险分析，只能采取拒贷措施。随着技术的进步与纯熟，越来越多的信贷风控因子得以被采集与验证，信贷定量数据可以有效帮助银行以及网络借贷平台进行精准的客户

---

① 数据来源：网联清算有限公司公开文件。
② 王晓：《央行科技司司长李伟：金融科技应用与监管的观察和思考》，2017 年 4 月 11 日。

分析与风险评估。在政府监管层面，回顾 2011 年原银监会下发的《关于人人贷有关风险提示通知》和 2015 年中国人民银行等十部委联合印发的《互联网金融指导意见》等政策文件，可知早期的政府监管多为方案型、指引型，监管内容涉及清晰界定交易各方的权利义务关系、充分披露服务信息、防范流动性风险等定性要求，强调对不同业务的合理界定及分类管控，监管空隙较大、监管手段粗泛。[①] 随着监管框架的逐步确立和监管数据的逐步累积，监管政策开始注重标准、细则层面的定量要求，强调具体指标的披露和交易数据的报送，为监管指标设立明确的金额限定、利率限定、期限限定等，促进了自查工作的执行，简化了违规行为的厘定，降低了合规遵守的难度。

（二）监管方式从传统人力到人工智能

互联网金融领域的内控与监管开始呈现明显的智能化特征，这既是技术进步的体现，又是行业发展的必然之势。海量数据在满足精准、客观的定量化分析的同时，也对数据整理和数据分析提出了更高的要求。传统人力在处理重复性工作时的效率与自动化的人工智能已不在一个量级，对不同数据、信息及行为之间的相关性分析和细微异常的识别检测能力更是天差地别。[②] 在信贷业务中，智能催收技术目前已能替代 40% 至 50% 的人力工作，在节省人力成本、提高业务效率的同时，还通过更精确的监测、预警系统有效降低了欺诈风险和信用风险。[③] 阿里巴巴集团下的蚂蚁金服，通过开发深度学习的光学字符识别（OCR）技术，有效提升了证件及信息审核的效率，将虚假交易事件降至原来的一成。而度小满金融（原百度金融）的"般若"风控平台在反欺诈领域已经具备了百亿节点、五百亿边的运算能力，在与央行征信数据结合后可以提高 13% 的客群风险区分度。目前，风控领域已经

① 欧阳日辉：《监管决定互联网金融未来》，《中国企业报》2016 年 1 月 5 日。
② 巴曙松、白海峰：《金融科技的发展历程与核心技术应用场景探索》，《清华金融评论》2016 年第 11 期。
③ 艾瑞咨询：《2018 年中国人工智能＋金融行业研究报告》，2018 年 11 月。

形成了以技术为主导的发展模式。影响风控决策的相关变量从过去的几十个扩充为成千上万个，数据类型既有结构化的又有非结构化的，传统人力根本无法进行如此体量的数据处理，只有依靠机器学习，借助人工智能强大的计算、建模能力，才能够挖掘出数据中的信息价值。

（三）监管响应从数天数月到分秒实时

随着智能监管大面积解放人力，监管的响应速度也随之提升。近年来，非银行支付机构网络支付清算平台、互联网金融登记披露服务平台、互联网金融信用信息共享平台、互联网金融反洗钱和反恐怖融资网络监测平台等一系列平台先后建立，不断接入从业企业并持续积累行业数据，逐步构建起全时段、覆盖式的数据监管体系。配合着智能风控、智能监管等技术，这些平台可以在监测、预测到异常数据和交易时立即显示并报送风险，有助于监管部门缩短监管响应时间，加快监管行动部署，改善监管滞后弊病，甚至可以在不久的将来借助监管科技实现平台自响应、自处理，发现问题实时解决，真正做到将风险扼杀在摇篮、化解在源头。[①]

（四）风控体系从制度布局到技术驱动

在监管科技持续发展与应用的背景下，数字化监管系统以技术驱动风控监管的特征愈加显著。互联网金融领域的风控监管正经历从重抓制度到重补技术的过渡与演化，这既符合监管系统不同建设阶段的客观需要，又体现了金融科技在整个监管领域中的独特优势。纵观互联网金融监管全局，无论是从业企业还是协会政府，在开展工作时首先需要进行基础且根本的制度建设。企业平台层面的风险自控制度通常在业务发展初期就已同步设立，协会与政府层面的监管制度虽有滞后，但近年来在自律协会逐步规范、监管政策密集下发的情况下，互联网金融领域的制度框架已初步形成。制度基调确立之后，技术成为驱动风控监管契合制度、落到实处的有力支撑。借助金融科技的力量，数字化

---

① 亿欧智库：《2018年监管科技发展研究报告》，2018年9月28日。

监管可以最大范围地覆盖互联网金融领域的方方面面，将不同区域、不同时段、不同身份主体、不同业务形式的交易活动全部纳入监督管理的合集之中，缓解甚至避免风险失控、监管真空等现象，并最大限度地执行、审查、核验风控监管的细则条例，在确保订立制度有效运行的同时，依据技术水平对现有制度进行定期评估、调整与改进，以维持技术与制度的兼容匹配。[①]

三 互联网金融数字化监管系统的现存问题

虽然数字化监管体系为互联网金融领域的井然秩序，带来了诸多便利，但当前的监管系统并不能有效应对业务活动中的全部风险弊病，其系统本身尚存在一定缺陷，亟待通过技术的改进创新和制度的健全完善进行持续升级。而在众多阻碍、制约互联网金融数字化监管系统建设的问题中，信息孤岛现象、金融科技黑箱以及行业整体层面技术应用的表面化显得尤为突出。

（一）信息孤岛现象成为阻碍数字化监管体系建设的头号难题

尽管大数据时代呈现信息爆炸之势，但应用于互联网金融监管领域的数据资源还有待继续积累整合，信息孤岛现象尚未完全打破。产生信息孤岛现象的原因大致可归纳为如下三个方面：第一，出于商业机密和竞争优势的保护，企业不愿意分享数据；第二，由于不同企业和机构之间的数据标准存在差异，数据的流通成本较高或根本无法实现流通；第三，在数据的流通及共享过程中，数据的完整性和安全性得不到可靠保障。目前，利用人工智能等技术在数据信息处理上的优势，加之监管机构的要求指引，数据标准差异和数据安全问题下的信息孤岛现象可以得到有效克服、改进，但在缺乏互利共赢机制的情况下，企业和机构之间的信息交流仍然是不对称、不充分的。独家的数据资源往往构成互联网金融企业的核心竞争力，如果没有同等重要的资源与之交换，即使受到法规的强制要求，公司也不会如实、完整地开放自

---

① 杨东：《互联网金融治理新思维》，《中国金融》2016 年第 23 期。

己的数据库，而全行业共赢机制的设计绝非易事。① 当前监管平台所汇集的数据只能满足从无到有起步级别的数字化监管，要想实现多维度、全方位的覆盖式监管，数据的汇集整合工作依然任重道远。

（二）金融科技黑箱成为侵害数字化监管体系安全的隐形杀手

金融科技在风控监管领域的广泛应用并不必然意味着市场的透明化与公平化，技术黑箱的产生反而为风险管理带来了新的问题与挑战，成为威胁市场安全环境的隐形杀手。当下，越来越多的数据、技术及其他资源被应用于互联网金融的风险管理领域，各大互联网金融公司争相推出并升级自身的大数据风控平台和人工智能分析决策系统，网罗海量数据、运用复杂技术、提炼多维信息已然成为公司雄厚资本实力和强大市场能力的象征，普通民众与监管部门在惊讶于科技、享受着便捷的同时，却无法明示、理解这些风控手段，资信审核、大数据风控等系统逐渐成为技术交叠堆砌之下的黑箱。以申请或使用消费信贷、P2P借贷为例，借款者往往需要授权信贷平台获取自身的性别、户籍、种族、学历等信息，但公众与监管者并不清楚这些数据信息将被人工智能的算法如何分析处理，计算出的不同利率是否真正反映了风险程度，决策过程中是否涉及隐私侵犯与歧视问题。平台运营者以商业机密为由拒绝向公众透露诸如授信一类的审核标准，系统的开发、维护者甚至在智能决策出现故障与算法歧视时也不能弄清个中缘由。在协会机构层面，由于数字化监管平台通常是与从业企业、第三方科技公司合作设计开发，监管人员大多只掌握了平台的基本操作方式，却不能透彻了解整个监管平台的运行机制，更别提解构、掌握从业企业的运营、风控模式了。当整个行业的风控监管趋于自动化与隐秘化，科技黑箱中的隐私侵犯问题和地域、职业、性别等层面的歧视现象逐渐滋生且难以管控，管理风险的平台、系统本身已存在失控隐患。②

---

① 李伟：《金融科技发展与监管》，《中国金融》2017年第8期。
② 廖理、李梦然、王正位：《中国互联网金融的地域歧视研究》，《数量经济技术经济研究》2014年第5期。

（三）技术应用浅表成为制约数字化监管体系发展的长期瓶颈

虽然金融科技在互联网金融领域已广泛使用，但从技术、业务的本质考量，结合人才、制度、习惯等方面的因素，技术在风险监管层面的平均应用水平尚处于浅层初等阶段。[1] 一方面，互联网金融领域的行业巨头和精尖科技公司致力于以技术的更新进步支持风控监管平台的研发与推广；另一方面，众多传统金融机构、中小型互联网金融企业与协会政府部门缺乏自主研发实力与平台应用能力，虽然引进或接入了先进的风控监管系统，却无法真正理解并发挥出平台系统的监管价值，由此形成互联网金融监管领域的二八分化格局，即少数优秀企业不断突破既有的技术边界和业务模式，其余公司机构只是亦步亦趋地跟随市场与环境的趋势，为了公司形象或监管要求而利用数据、技术、平台等包装自己，空有数字化监管的外壳却不具备长效、经济的系统运行能力。造成此现象的因素众多，但缺乏技术与业务兼备的复合型人才成为主要原因。数据显示，我国互联网金融行业的人才缺口已超过300万人，风控、管理类岗位的人才需求尤其突出。[2] 很多从传统金融业务过渡、转换为互联网金融业务的公司，都面临现有风控团队不适应数字化风险管控的情况，即使企业购入并使用了诸如量化分析一类的风控系统，由于员工缺乏技术认知、不适应管理模式转变等因素，数字化、智能化的风控系统很可能流于形式。更有风控人员因无法解释或接受智能平台的分析或决策而修改数据、更改决策，以此方便向上级交差。协会机构层面也不同程度地出现了操作、运营者因缺乏技术基础而机械使用或无奈悬置系统的现象，造成监管资源的浪费和监管效率的低下。

四　互联网金融数字化监管的发展趋势

根据2018年数字化监管系统的最新建设情况，结合监管系统技术驱动

---

[1] 李文红、蒋则沈：《金融科技（FinTech）发展与监管：一个监管者的视角》，《金融监管研究》2017年第3期。

[2] 胡新：《金融科技人才争夺战背后：人才培养的难点》，2018年6月25日。

模式下定量化、智能化、实时化的建设特征，互联网金融的风控监管领域将首先呈现数据共享与技术融合之趋势。当不同数据之间的藩篱被打破，不同技术之间的缝隙被填补，流通的数据资源与贯通的技术根基将合力推动整个数字化风控监管平台的融汇与整合，最终形成无界、统一的智能监管网络。

（一）数据多维共享

数据资源作为互联网金融的核心要素之一，在互联网金融数字化监管中的分量不言而喻，积极推动数据共享、形成行业联盟是互联网金融监管的应有之势。2017年，中、农、工、建四大银行纷纷牵手互联网巨头（BATJ）并达成全面战略合作。以信贷领域为例，传统银行的信贷数据在时间跨度方面无人能及，而蚂蚁金服、微众银行等互联网金融公司则利用实时更新的网络行为数据，在数据的横向多元性方面占据优势。通过数据的共享，双方都能丰富自己的数据维度，打造自身更精准、更完整的风控数据库。国泰君安证券与网易传媒也于同年8月签署战略协议，致力于在数据挖掘、平台资源等方面展开深度合作。2018年12月，北京市地方金融监督管理局、北京市房山区人民政府、国家互联网应急中心也签署了三方战略合作协议，希望借助数据、人才、经验等方面的合作，共同推进包括金融监管在内的政府工作。密集的战略合作协议与共同的数据资源开发规划都预示着数据的分享将成为未来行业的发展趋势。

在数据共享的趋势背景下，也应注意到，当前的共享合作协议多为企业与企业之间、机构与机构之间，企业、机构跨界共享的合作较少；数据共享用于开拓业务市场的程度高于施行风控监管的程度，利用数据资源完善内控体系的意识还有待进一步加强；共享模式大都局限于点对点或三方共享，涉及更多企业、机构乃至全行业的自发式联合分享仍待探索。

（二）技术深度融合

对应大数据、云计算、区块链以及人工智能等金融科技在提供产品和服务时的叠加、综合使用，互联网金融数字化监管系统的发展与建设也必然呈现技术的深度融合趋势。当前的技术融合多表现为两种技术的叠加支撑应用，例如，大数据与人工智能可能同时作为基础技术构成某风控系统的底层支撑，数据平台可直接依托人工智能打造，不再需要人为发布规定进行数据接入；又如，云计算与区块链技术将深度融合应用于监管系统中。事实上，人民数据管理有限公司与北京星辰律动科技服务有限公司已经在 2018 年 12 月签署了区块链云合作协议，将共同致力于打造国家级的区块链云。在双项技术叠加支撑的应用成熟之后，多种金融科技也有望在不远的将来更加无缝、有机地结合在一起，真正实现 ABCD（人工智能——AI、区块链——Blockchain、云计算——Cloud Computing、大数据——Big Data）全面同步赋能监管。技术的深度融合随之会带来业务与合作的融合。[①] 在业务融合方面，随着金融科技的纵深发展和数字化监管的稳步推进，未来将不再需要单独的风控监管系统，企业、协会、政府层面的管理行为可以直接融入市场环境和交易活动之中，打破业务、监管的双线平行模式，真正实现将风险管理与合规监管嵌入企业的日常经营中去。而在合作融合方面，互联网金融行业的风控监管正呈现跨市场主体、跨行政单位乃至跨境的合作之势。在业务标准渐明、国际监管原则趋同的背景下，风控监管活动的地域差异将逐渐消弭，不同企业、协会和机构的多维互通联合亦是大势所趋。

（三）平台融汇统一

如果将数据的分享比作"生产资料"的整合，将技术的融合比作"生产力"的集中，那么数字化监管则能在此基础上产生融汇统一的风控监管平台，即依据数据资源形成适应金融科技的"生产关系"。未来，平台的融汇统一将主要表现在如下两个维度。第一，同一风控指标或模型在不同地域与平台间逐步推广与覆盖。例如由金信网银推出的互联网金融检测指标体系——"冒烟指数"，该指数于 2015 年率先在北京市金融工作局投入使用，

---

① 王阳雯：《FinTech + 金融科技的创新、创业与案例》，经济管理出版社，2018。

试点成功后已向全国公安系统、中国互联网金融协会以及广东、内蒙古、贵州等地的政府部门推广运用，正逐步融入相关国家监管机构和各地方监管平台，形成融入全网的覆盖之势。[1] 第二，不同风控监管平台在数据等资源整合的过程中逐步合并成通用一体化平台。[2] 以试点模式建设的智能监管平台在开发初期多为独立运营，不同试点平台间缺乏统一的风控监管模式与标准。随着数据资源的整合、流通与技术标准的认定、趋同，不同地区与部门的监管平台有望汇合成一个涵盖权威标准和全流通数据的综合监管系统，各地方监管部门只需接入应用端口即可共享监管系统的相应资源，在更好地执行监测预警、跟踪追查、打击犯罪等监管任务的同时，还能减少平台的重复建设，节省系统的建设资金与维护成本，降低监管活动对社会资源的占用。

五 发展互联网金融数字化监管的政策建议

面对互联网金融数字化监管领域的现存问题，企业平台应从技术改进与道德自律两方面加以应对，协会政府也应在技术与制度层面同步推进监管工作。解铃还须系铃人，由技术引发的风险问题必然需要更高"道行"的技术进行压制与化解，但技术本身没有好坏善恶之分，想使其正确、合理地应用于风险监管领域，还需要从业公司以服务社会、共生共赢的企业文化和道德准则要求、约束自身，协会政府以严密完善、灵活契合的制度和法规引导、规范市场。具体地，为解决信息孤岛、技术黑箱及人才紧缺等问题，我们提出了如下政策建议。

（一）积极推动行业的数据与信息共享

互联网金融的跨界、混业经营特征，使不同平台机构与细分领域的风险

---

[1] 李崇纲、许会泉：《冒烟指数：大数据监测互联网金融风险》，《大数据》2018 年第 4 期。
[2] 郑联盛：《中国互联网金融：模式、影响、本质与风险》，《国际经济评论》2014 年第 5 期。

关联度显著增强，而全行业范围的数据、信息共享可以通过现有资源的有效整合，更及时、全面、精准地开展风控监管活动。推动数据与信息的共享首先应建立企业平台互利共赢的共享机制，例如通过引入第三方公益机构、设置共享数据的应用范围来保障共享行为中的公平公正，向所有共享成员开放接入系统的源代码，借助区块链及密码技术等确保数据、信息的匿名与不互通，在促进共享企业联手打击虚假信用、恶意骗贷、套现洗钱等欺诈犯罪行为的同时，避免企业借共享库中的数据信息行风险管控以外的便利，将共享资源应用于客户、订单争夺等同业竞争领域。在设计共赢机制之余，也需要鼓励行业成立数据标准和数据安全联盟，尽快制定统一的数据、技术标准，提升数据流通的安全性。

（二）加速建立数据和隐私的保护机制

想要解决金融科技黑箱带来的隐私侵犯与歧视等问题，最直接的方法就是破解黑箱，洞悉其中的运作机制。比如当下监管层强制要求的信息披露机制，其只能在一定程度上缓解黑箱隐患。如果受监管的平台企业不愿披露又熟谙法律法规的漏洞，则信息披露极有可能成为伪命题，因为企业平台公布的只是业务活动的表象，真实交易早已被形式上复杂的数据和内容改头换面，强制披露并不会帮助监管部门和公众了解交易实质。[1] 对此，监管层可以采取如下两种措施：第一，对交易和披露的复杂性加以限制；第二，推动数据和隐私层面的立法进程，加快建立互联网金融领域消费者与投资人的保护机制。例如欧盟在 2018 年 5 月实施的《通用数据保护条例》(General Data Protection Regulation，简称 GDPR)，该法规限定了企业及政府对个人信息数据的使用条件，要求人工审查关键算法决策，并在需要时提供指定算法决策的详细解释或系统如何做出决定的一般信息。[2] 借鉴 GDPR 的保护逻辑，在现有《中华人民共和国网络安全法》的基础上，我国政府监管部门可持续

---

[1] 杨东：《互联网金融的法律规制——基于信息工具的视角》，《中国社会科学》2015 年第 4 期；弗兰克·帕斯奎尔：《黑箱社会：控制金钱和信息的数据法则》，中信出版社，2015。

[2] 新金融洛书：《你在为黑箱金融埋单么？》，2019 年 3 月 22 日。

细化、严格相关法律规定，早日推出适用于互联网金融领域、可针对执行的数据和隐私保护条例。[①]

（三）持续优化人才的培养与发展机制

为了促进数字化风控监管系统在整个互联网金融领域的长效、下沉式建设与发展，企业、协会与政府层面应当重视从业人员的科技知识普及与复合技能培养，打破系统使用者不懂技术、系统开发者不通业务的尴尬局面。[②]针对当前金融从业人员缺乏技术的现状，尤其亟须推广与监管科技相关的在职培训与持续职业发展计划，为系统使用者建立知其然、知其所以然的监管知识体系，帮助其灵活、持续地操作风控监管系统，避免风控平台沦为形象工程或在专项整治项目结束后悬而不用的情况。[③] 在提升在职人员技术水平的同时，还需要关注人才的长期培养与储备，推动建立高等院校金融、信息、计算机等专业之间的联合培养机制，提倡"科技＋金融"的办学定位，强调科技在金融领域的应用，致力于培养擅技术、懂金融、知市场的复合型人才。

参考文献

《2018 年中国大数据风控调研报告》，爱分析、度小满金融，2018 年 3 月 13 日。
艾瑞咨询：《2018 年中国人工智能＋金融行业研究报告》，2018 年 11 月。
艾瑞咨询：《2019 中国互联网发展全瞻》，2019 年 2 月。
巴曙松、白海峰：《金融科技的发展历程与核心技术应用场景探索》，《清华金融评论》2016 年第 11 期。
弗兰克·帕斯奎尔：《黑箱社会：控制金钱和信息的数据法则》，中信出版社，2015。

[①] 李继尊：《关于互联网金融的思考》，《管理世界》2015 年第 7 期。
[②] 何飞：《破解银行金融科技布局困境》，《中国金融》2019 年第 3 期。
[③] 李伟：《统筹 IT 基础设施　支撑数字央行建设》，《金融电子化》2017 年第 5 期。

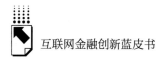

何飞：《破解银行金融科技布局困境》，《中国金融》2019年第3期。

李崇纲、许会泉：《冒烟指数：大数据监测互联网金融风险》，《大数据》2018年第4期。

李继尊：《关于互联网金融的思考》，《管理世界》2015年第7期。

李伟：《金融科技发展与监管》，《中国金融》2017年第8期。

李伟：《统筹IT基础设施　支撑数字央行建设》，《金融电子化》2017年第5期。

李文红、蒋则沈：《金融科技（FinTech）发展与监管：一个监管者的视角》，《金融监管研究》2017年第3期。

廖理、李梦然、王正位：《中国互联网金融的地域歧视研究》，《数量经济技术经济研究》2014年第5期。

欧阳日辉：《监管决定互联网金融未来》，《中国企业报》2016年1月5日。

王晓：《央行科技司司长李伟：金融科技应用与监管的观察和思考》，2017年4月11日。

王阳雯：《FinTech+金融科技的创新、创业与案例》，经济管理出版社，2018。

杨东：《互联网金融的法律规制——基于信息工具的视角》，《中国社会科学》2015年第4期。

杨东：《互联网金融治理新思维》，《中国金融》2016年第23期。

易观：《中国金融科技专题分析2019》，2019年2月27日。

亿欧智库：《2018年监管科技发展研究报告》，2018年9月28日。

郑联盛：《中国互联网金融：模式、影响、本质与风险》，《国际经济评论》2014年第5期。

中国信息通信研究院：《大数据白皮书（2018年）》，2018年4月。

中国信息通信研究院：《云计算发展白皮书（2018年）》，2018年8月。

案 例 篇[*]

Cases Study

B.20

2018年北京市互联网金融创新发展报告

欧阳日辉　孟红霞^{**}

摘　要： 北京市互联网金融创新发展水平居于国内领先地位。在新一轮的科技革命背景下，数字经济成为推动我国经济平稳增长的新动能，新的组织形态和商业模式不断涌现。北京市作为全国互联网金融创新中心，是全球创新资源最为密集、创新活动最活跃的区域之一。近年来，互联网金融领域的创新水平不断提升，同时，其创新发展带来的高风险和管理缺位等弊端也不容忽视。本报告对北京市互联网金融发展情况及特点进行概述，继而指出发展中面临的挑战，并探讨了发展趋势。

---

* 案例篇由野马财经负责组织撰稿，负责人：李晓晔、李万民。

** 欧阳日辉，教授，中央财经大学中国互联网经济研究院副院长、桂林旅游学院数字经济研究院院长、永州众智数字经济研究院院长；孟红霞，中央财经大学经济学院。

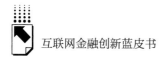
关键词： 北京市 互联网金融 创新

一 北京市互联网金融创新发展概述

党的十八大报告中强调中国发展要坚持走中国特色的自主创新道路、实施创新驱动发展战略。党的十八大以来习近平总书记多次提出，中国经济发展增速有所放缓，从原本的两位数增长进入个位数增长阶段，在此阶段，破解经济发展瓶颈，解决新问题和新矛盾，创新发展才是更好的选择。坚持创新是中国经济走向高质量发展的不竭动力。2015 年，李克强总理在政府工作报告中提出双创理念，对创新驱动发展战略进行了进一步地细化实化。当前，中国经济正处在高速增长转向高质量发展阶段，引导金融资源向科技领域配置，实现金融和科技领域资源的有效互动，是持续激发市场各类主体的创新激情和社会创造力的有效选择。当前新经济背景下，国民金融服务的需求多样化，更注重智能化、便捷化、人性化的服务体验；金融供给体系日益完善，传统金融服务难点痛点更容易得到缓解。在新经济的发展已成为国家实施创新驱动战略，建设现代经济的战略支撑。在新经济、新金融创新发展中，"信息优化效应"占主导地位，"技术进步效应"居辅助地位，推动经济金融领域前沿技术的研究和探索，扩大新业态新模式。

近年来，北京地区全面贯彻关于科技创新的国家重大决策部署，深化体制机制改革，不断探索新的经济金融服务模式，全方位打造服务新生态，加快培育数字经济领域发展新动能。北京作为全国科技创新中心，具备较强的自主创新能力与产业结构优化能力，在知识技术和人力资源方面优势突出，是全国创新资源最为密集的地区之一。

当前，以互联网技术的迅速发展和广泛运用为基本特征的新经济发展取得积极成效。一方面，北京市人工智能、区块链等高端底层技术企业数量一直在上涨。《北京人工智能产业发展白皮书》显示，截至 2018 年 5 月，全市的人工智能相关机构数量达 1070 家，占比居于全国前列，约为 35%。另外从第 43 次《中国互联网络发展状况统计报告》提供的数据来看，截至 2018 年 6 月，在我国共有 298 家区块链企业，北京市以 175 家的区块链企业数量居首位。另一方面，根据北京统计局提供的数据看出，全市新经济占比逐年提升，2018 年北京市新经济实现增加值 10057.4 亿元，同比上升 9.3%，占全市 GDP 比重为 33.2%，同比增长 0.4 个百分点。以高端技术为载体的新动能催生了新经济，而新经济的发展又拉动了本地区的总体经济发展水平，对经济平稳运行、稳重提质发挥了积极作用。

北京市金融要素的聚集与辐射优势突出。首先，北京市是金融监管部门和金融机构最密集的地方之一，"一行三会"、各大资产管理类机构聚集于此。以金融街为例，截至 2018 年 5 月，据统计，北京金融街区域入驻各类金融机构已达 1800 多家，总部型机构数量达 175 家，近五年，新入驻企业数量为 523 家，半数以上为新金融业态。另截至 2017 年末，该金融街区域的金融机构的资产规模高达 99.5 亿元，占全国的比重近 40%。进一步地，截至 2018 年末，北京市金融业总资产规模达 142.5 亿元，其中，货币金融服务业占比最高，为 83.7%；资本市场和保险服务占比较小，分别为 4.3%、4.4%；其他金融资产规模占比为 7.6%。同时，全市金融业增加值占本地区 GDP 的比重为 16.8%，对于本地区经济发展贡献率达到 18.4%。《北京市促进金融科技发展规划（2018 年 ~ 2022 年）》中指出，北京市无论从资金流动总量还是区域内部和地区间的资金流动规模都占据全国领先位置，其增长速度也不例外。其次，北京金融业在国际上的影响力明显增强，2018 年 9 月发布的第 24 期全球金融中心指数的排名中，北京位列第 8 名。

北京市搭建了丰富的互联网金融服务体系。积极整合银行、投资机构、多层次的资本市场的各类资源，为互联网金融企业提供风险投资、新三板挂牌、境内外上市、担保融资、网络借贷等多种渠道，短短几年间，北京地区涌现一批移动支付、消费金融等行业新型领军企业。百度、小米、京东等专注于科技领域的总部型机构逐步踏入金融领域，深化推进移动支付、网络小贷、理财产品的代销等金融相关业务，甚至成立金融科技公司，布局金融科技领域的全业务版图。据不完全统计，2018年，北京地区发生120例互联网金融机构融资案例，占全国30%的比重。另外，商业银行在中关村设立专营组织，开发适合科技创新的信贷产品和服务，探索差异化监管模式。截至2017年6月，银行机构共设立中关村分行4家，互联网金融专营组织机构56家，特色支行近百家。总体上看，丰富、立体的互联网金融服务体系，鼓励了金融创新，对于破解中小微企业融资困难，起到了一定的作用，推动了民间金融阳光化，促使金融回归本源。

北京市行业相关保障要素日益完善。北京属于教育、人力和科技资源十分丰富的地区之一。早在互联网金融行业刚兴起时，北京各大高校就开始设立互联网金融研究院和学术组织；北京大学2015年正式挂牌成立互联网金融研究中心，中央财经大学2013年成立中国互联网经济研究院，等等，在相关研究领域占据领先地位。随着高新技术对于金融行业的作用越来越凸显，各大高校发起设立金融科技研究所或相关组织，比如，北京大学、清华大学、中国科学院大学纷纷设立金融科技研究中心，继续为该行业的持续发展输送高素质人才和提供技术发展基础。同时，北京积极推进创业投资服务体系的建设，在中关村自主创新示范区、北京经济技术开发区、北京基金小镇等创新驱动发展的前沿阵地打造创新引领示范区。北京市资源优势的突出，不仅为第三产业的飞速发展和产业结构优化升级提供了大量的资源，也加快了创新型城市建设的步伐。

二 2018年北京市互联网金融创新发展特点

（一）合规化发展是主调

近年来，在国家积极倡导"互联网＋"的背景下，各行业创新的步伐越迈越大，而互联网金融的发展方向又一次成为金融行业热议的话题。随着互联网金融行业的蓬勃发展，"开放"与"合规"愈发成为值得关注的问题。"开放"意味着创新、探索依然是未来金融业发展的大方向，且云计算、大数据、人工智能等相关技术愈加相结合的应用对金融市场的影响会越来越大。因此，随着互联网金融行业创新的逐步深度发展，合规化发展成为该市场的基调。"合规"意味着监管机构对于一路探索前行的互联网金融行业出台更加具体化、更细化的监管规则或专项整治要求。严慎的风险管控、提高防范化解风险的能力、建立完善的风险治理体系，是该市场长久健康发展的大前提。创新发展和合规化发展不可偏废。

目前，区块链技术出现以来，区块链市场持续火热，因此市场上出现诸多行业标准缺失、空气项目多等问题，导致该领域涌现一批假区块链、伪区块链等项目。针对以上乱象，2018 年 3 月 15 日，北京互联网金融协会围绕"旗帜鲜明反对 ICO，对火热区块链冷思考"主题，宣布成立区块链反诈骗联盟，防范、阻止跨境集资、跨境洗钱等金融犯罪活动的出现。

此外，北京市借贷行业近几年发展异常火爆，同时出现诸多非法融资平台的欺诈、跑路事件，借款方出现多头借贷逾期等行为，严重扰乱了整个互联网金融行业的良性发展。因此，2018 年，北京市金融局发布《打击网贷恶意失信行为的公告》，表示针对借款人借机"恶意逃废债"，将平台失联跑路者纳入央行征信系统，实施信用惩戒，严厉打击跑路失信等行为。北京金融局同时强调，不管是平台方正常运营与否，借款人和投资者的合法债务关系都应受到法律的保护。除此之外，北京市地方金融监督管理局委托北京市金融行业协会开通了北京市网络借贷机构投诉平台。以往的投诉渠道主要是线下，群众直接到监管部门进行面对面的上访，此次开通线上平台，投资人共有三个渠道进行投诉，且对群众投诉的内容做了细致的分类，这极大地节约了投诉信息的处理和反馈的时间，也缩短了投资人与监管部门的沟通流程和时间，事件处理效率得到较大的提升。

更值得一提的是，2018 年，北京市首次举行金融安全论坛，主要围绕"金融科技与风险管理""多维度防范互联网金融风险""面向未来的金融科技发展与挑战"等几大话题进行研讨，共话金融安全与科技创新，探讨金融安全未来发展与金融稳定。

重创新、大意风险防范，易引发行业各大风险；墨守成规，易失去创新

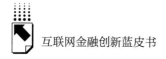
动力，停滞发展的步伐。坚持创新和合规安全是互联网金融市场保持持续发展的关键要素。

（二）产业集聚区的兴起

通过近几年互联网金融的发展，北京市汇集了大量的高端技术、金融资源和高素质人才，充分发挥了资源集聚和集群的效应。目前互联网技术和金融资源的结合发展逐步向生态型的配置演进，从事互联网金融业务的实体及从事相关基础或中介服务的机构选择集聚在某个特定区域，形成一个组织形态。

在 2018 年的北京金融街论坛年会上，中关村管委会主任与西城区人民政府区长签署了共同推进示范区建设的合作协议，将从监管科技，产业发展，标准化创新体系的建设、研发，应用创新和营商环境等五个方面发力合作，与此同时，通过实施互联网金融创新服务工程、新兴业态金融科技业态创新工程、金融科技专项政策支持工程等"十六项工程"，逐步打造示范区，开放互联引领互联网金融的创新，更好地驱动经济发展。

此外，2018 年 6 月，"北京金融科技国际产业园"揭牌仪式在通州运河商务区举行，新浪金融、涂鸦智能等 5 家机构将在此入驻，标志着副中心有了新的互金行业发展载体和动能。此外，房山区表示以金融硅谷为战略目标，依托产业集群优势，打造金融科技小镇，构筑覆盖全金融产业链的金融安全产业业态。

建造产业集聚区不仅有助于形成规模效益、强化创新、实现效益提升，而且在保障金融安全上也会发挥积极作用。互联网金融产业集群化发展是一个不断演进和完善的动态过程，也是未来本地区该行业的一个发展方向。

（三）小微金融业态的全面深化

依托互联网技术的发展，无论是普惠金融参与主体还是产品和服务都日益丰富，商业模式也不断创新，一些新的普惠金融发展模式逐渐形成。监管部门、各相关企业机构都高度重视小微金融产品的创新与开发，推动小微金融业务有效增长。

2018 年，央行营业管理部联合北京市保监局筹备组等多个部门共同组织召开会议，并发布《关于进一步深化北京民营和小微企业金融服务的实施意见》，意见提出 20 条有力措施，引导更多资金扶持中小微和民营企业，缓解中小企业融资难等问题；同时提出优化小微企业金融服务体系，即构建"互联网＋金融＋大数据"的组合服务体系，持续助威小微企业，从而提供更完善、更可行的综合平台服务方案。过去几年，以 P2P 网贷为代表的互联网金融企业，在解决中小微企业和民营企业融资难问题上，已经提出一条证实商业可持续化的发展路径。此外，2018 年，中国建设银行北京分行深入贯彻监管部门关于普惠金融事业部建设的相关要求，创新产品服务，积极拓展普惠金融服务的广度和深度。首先，北京分行完善了普惠金融服务机构，分别成立普惠金融战略领导小组和普惠金融事业部；其次，优化了普惠金融激励机制，将普惠金融业务发展纳入了二级行考核中，同时提出明确的尽职免责和风险容忍要求；再次，扩大了普惠金融服务范围，确立了科技、文创、核心企业供应链、商户、乡村振兴等五个领域和八类客户群体，发布"白名单"，离实现普惠金融的精准服务又近了一步。据数据统计，截至 2018 年 4 月底，该分行普惠金融贷款余额为 77.01 亿元，高于年初 20.48%；单户授信 500 万元以内的小微企业贷款余额 40.42 亿元，比年初增长 50.65%，且户数增长 26.31%。

中国工商银行北京分行也同中国建设银行把普惠金融服务确定为一项长期战略，推动小微企业增量、扩面。2018 年 9 月，工行北京分行举办"工行普惠行"主体活动启动会，宣布全面升级普惠金融业务，进一步打造"广覆盖、高效率、可持续"的普惠金融体系。自 2006 年开始发展普惠金融业务，到 2018 年工行已服务的法人客户接近 27 万户，累计发放贷款超 2000 亿元，小企业贷款余额大涨 7814%。目前，该行在中小微企业集中的中关村、顺义区、经济技术开发区等区域，陆续成立了 12 家小企业金融中心，提供综合化、"一站式"金融服务，不遗余力地推动普惠金融业务的成熟。同样，招商银行北京分行针对科技型中小企业各个周期的不同金融需求，研发了覆盖企业成长全周期的信贷产品体系，包括适合"初创期"企业的融资产品——"创业

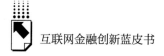

通"，适合"成长期、收入较少"的企业融资产品——"银担通"，适合"规模较大，未来有上市预期"的融资产品——"三板贷"等。

互联网金融行业创新发展在赋能实体经济的过程中，提高服务效率、降低相关成本，多渠道照顾更多长尾用户，成为解决中小微企业发展难题的有效手段之一。

（四）以技术驱动行业的推陈出新

毋庸置疑，近年来，"科技创新""人工智能""大数据"亦成为热门话题。据数据统计，我国科技贡献率由 52.2% 提高到 57.5%，由过去的"跟跑"转向更多领域的"并跑""领跑"。互联网金融领域掀起一场创业的大浪潮，新商业模式全面开花。数据技术移动通信的普及，颠覆了传统金融行业的生态环境和经营模式，拓宽了其发展空间，加速了转型步伐。人工智能、大数据、云计算等新技术的普遍应用在降低金融获客成本和提高运营效率方面发挥了不可忽视的作用。

2018 年，北京银行成立科技金融创新中心，助力首都科技创新发展。北京银行还联合相关平台，在行业内率先推出信贷产品"前言技术贷"，专注前沿技术，重点扶持人工智能、高端芯片等高端技术行业，着力打造服务科技创新企业最专业的机构，逐渐完成从产品、服务、渠道到客户群体分类等的标准化建设，构建专业化的互金信用评价体系，打造全新的金融服务生态，提升北京银行的互金品牌影响力。

此外，2018 年 8 月，中国建设银行北京市分行研发了"慧诊脉"的数据产品，通过科技手段对信用卡进件审批结论的历史信息、登记信息、风险评分等进行深度挖掘，追踪多个审批环节，化解了审批过程中遇到的诸多难点，极大地提升了审批效率：信用卡办件周期从半个月缩短到 2 ~ 4 个工作日。同年 10 月，建行北京分行上线"拍车贷"系统，仅 10 天内处理购车分期业务 100 笔，放款 73 笔，金额达 494 万元。这也是该行新的业务增长的经典案例。近年来，传统银行借助互联网技术在互联网金融领域持续发力。

三 互联网金融创新发展面临的挑战

（一）新技术在互联网金融领域的应用

现阶段互联网金融的底层技术包括人工智能、区块链等，其发展还处于初期阶段，在底层性能、技术安全性、技术门槛、架构兼容性等方面都存在一定的困难。尤其是考虑到技术安全，一些机构在未经严谨测试和有效合理的风险评估的情况下，一味强调追求技术，急功近利，引发技术选型错位、安全事件频发等问题，从而增加风险事件的发生。这两年异常火爆的区块链领域，相关发展理论体系尚未形成，应用落地还处于实验性的阶段，抑或局限在熟悉机构间的"联盟链"。一些资本的过度炒作和舆论影响，也许会使新技术沦为市场操纵、投机、诈骗的工具。一些不法分子披着"科技创新"的外衣，打着"区块链"的幌子，通过发行所谓"虚拟货币""数字资产"进行金融诈骗，非法吸收资金。这些行为显然会影响到整个市场的正向发展，甚至危害整个市场的发展。号称技术和数据驱动的金融创新，可能并不是真正的创新，实则利用制度规则滞后，游走在法律监管的边缘地带。

（二）信息数据安全意识薄弱

金融与科技的深度融合使金融服务越来越数字化、虚拟化，金融业越趋重视信息技术的应用，成为典型的由数据驱动的行业。长期以来，我国普遍存在网络安全技术和安全防护机制不成熟问题，尤其一些刚刚兴起的互金企业防范意识包括数据安全、用户信息安全意识等薄弱，导致该行业安全事件频发。

在行业数据安全方面，无论是监管部门还是企业运营都离不开数据的获取以及数据的管理。随着网上购物、移动支付还有各种理财渠道网络平台的遍地开花，平台方获取了大量的客户行为数据、交易数据和个人身份信息。但网络系统管理水平和应对网络攻击的能力未必能跟上庞大数据量的管理需求，任何一个环节稍有疏漏，大有可能导致大面积数据信息的泄露。除此之外，互联网金融领域数据过度采集、企业间的信息倒卖等违法行为数见不鲜。互联网金融在推动基础设施和金融服务线上化、开放化的同时，加剧了信息数据安全隐患。互联网金融企业信息安全风险不仅影响到用户信息安全，也会加剧用户对金融机构信息安全的担忧，甚至对其失去信任。

（三）业务的合规风险凸显

自新金融、新科技领域快速兴起以来，创新是贯穿在互联网金融的一条主线，新兴的信息技术在金融领域得到广泛应用，创新环境不断优化，互联网金融行业发展越趋专业化、精细化，拉长、拓宽和延伸了金融产业链和价值链，弥补了传统金融的短板，优化了相关产品服务，市场参与主体日益成熟。但是浓厚的金融创新氛围中，有的创新机构防范风险意识不足，一味追求极致的客户体验，忽视交易安全方面的问题，同时过度简化业务流程和管控环节，从而隐藏了较大的业务经营风险，加剧了业务经营风险。另外，有些机构披上新技术的外衣，过度包装质量不好的资产，甚至掩盖自融、虚假项目，将开发风险系数过高的不成熟金融产品卖给缺乏风险承受能力的消费者。

（四）政府对互联网金融创新鼓励过度

中国互联网金融发展以包容式监管著称，先发展、后监管，在一定程度上加剧了"互联网金融迷信"，推动了互金行业的盈利预期增长，尤其是移动支付、网络信贷行业的迅猛崛起。我国金融行业包括银行类、投资类、保险类，实行牌照化管理，具有严格的行业准入门槛，因此该行业一直存在较高的垄断利润，社会资本具有较强的进入该市场的动机，而互金行业的诞生为原本无法踏进该市场的机构提供了绝佳契机。但是，现阶段很多互金机构在产品或者技术上并没有做到创新，而是披着"互联网金融"的外衣获得金融牌照。在社会资本热烈追捧下谋求企业规模的扩张和盈利水平的提升，会造成追求"稳健"发展的机构难以生存的局面，进而出现"劣币驱除良币"的现象，最终导致互金行业乱象频出。

四 北京市互联网金融创新发展趋势

（一）推进监管创新

互联网金融行业的发展是一把"双刃剑"，一方面，该行业有普惠金融覆盖群体的广泛化，金融服务效率的极大提升等诸多好的一面；但另一方面，该行业的超前发展也引发了新的金融风险，所以，针对发展中出现的新问题进行及时避免或弱化，需要使用更合理、更有效的监管手段。

近年来，信贷行业频频爆雷更是强化了对于监管创新的需求。腾讯公司自2017年9月开始涉足监管科技领域，当年12月，腾讯与北京市金融工作局达成战略合作，携手开发基于北京地区的金融安全数据监管平台，重点围绕对金融风险的识别、防控和监测预警，旨在为金融创新保驾护航。除此之外，2018年有关部门发布的《北京市促进金融科技发展规划（2018年~2022年)》中，提出积极推动新技术应用于监管活动，推动风险管理基础设施建设，依托新技术缓解监管工作的资源约束，提高监管效率与效益，支持风险管理类产品的创新发展。

未来，随着新技术向金融行业的不断渗透，监管创新越趋成为"当务之急"。监管创新有助于降低监管成本、提升监管效率，提升跨行业、跨市场交叉性风险的动态甄别能力等，从而进一步促进该市场的稳定发展，防范金融风险。

（二）服务实体经济

在行业"强监管"趋势下，该行业发展逐渐踏上合规发展的征程。在此进程中，部分互联网金融平台为符合监管要求和标准，将重心转向科技领域，期望通过技术手段助力自身转型。互联网技术的发展弥补了传统银行的诸多短板，包括传统业务办理方式的互联网化、金融产品的线上销售渠道、网络金融服务的开发，各方面对中小微企业资金的疏导起到了一定的作用。近年来，我国政府大力倡导金融服务实体经济，互金行业服务实体经济成为行业发展主旋律，金融业脱虚向实，服务实体成为社会的关注点。激活实体经济活力，需要资金的支持，金融的本质是为实体经济提供资金支持。在传统金融服务模式下，众多小微企业、农户群体、个体户的金融需求无法被有效满足，互联网金融行业的多年发展，无疑成为服务实体经济的赋能者。无论是从精准的服务到普惠金融，还是降低企业获得金融服务的成本、保障金融安全和整个金融的稳健运行，互联网金融都起到了重要的作用。如上文中提到的一样，在实施普惠金融的过程中，各大平台加大创新力度，提供多样化的金融产品，着力提高产品和服务的有效性和普世性。未来，将会有更多相关部门或机构探索和开发优异的金融产品，利用技术赋能，更好地发挥金融作用，助力实体经济的高质量发展。无论是传统金融还是以技术为载体的互联网金融，只有回归到服务实体经济中才会更有意义。

（三）产业集群化发展

产业集群是在一定区域内把不同规模、不同等级的企业有效地组织起来，形成一种生产组织方式，是近几年各地区推动地方经济增长的重要途径。据数据统计，截至 2017 年底，北京市中关村科技园区西城园规模以上的金融科技机构数量超过 200 家，同时，产业收入也已超 1000 亿元。该园区从监管、渠道、运营技术、安全保障等几个方面发力形成产业链发展形势。此外，2018 年金融论坛上提到，西城区和中关村管委会将合理打造金融科技与专业服务创新示范区。

打造示范区集群化发展对于需要大力研发、培育新型产品的行业而言，提升产业创新能力作用较强。集群化发展有助于吸引更多的不同领域组织集聚，在相应的研发机构和专业人才加持下，各领域新企业在协作中互补寻求共赢，从而有效激发创新激情。总的来说，产业集群化发展是未来这个领域的一个创新发展趋势，不仅能推动首都金融业、金融监管领域发展，而且对城市治理智能化发展注入新的推动力。

参考文献

王珑娟：《2018 年北京市新经济增加值突破万亿，占全市 GDP 比重33.2%》，《投资界》2018 年 6 月 24 日。

北京市经济和信息化指导委员会、北京前沿国际人工智能研究院、中关村天使投资联盟：《北京人工智能产业发展白皮书（2018 年）》，2018 年 6 月 30 日。

中国互联网络信息中心（CNNIC）：《第 43 次〈中国互联网络发展状况统计报告〉》，2019 年 2 月 28 日。

中关村科技园区管理委员会、北京市金融工体局、北京市科学技术委员会：《北京市促进金融科技发展规划（2018 年～2022 年）》，2018 年 10 月 22 日。

赵光远：《北京科技金融发展的现状、难点与对策》，《北京人大》2018 年第 8 期。

高正斌：《大数据背景下互联网金融创新发展模式研究》，《信息系统工程》2018 年第 12 期。

王洋：《互联网金融模式与互联网金融创新研究》，《全国流通经济》2018 年第 36 期。

袁立科、韩秋明：《加强北京市金融科技创新的思考》，《科技与创新》2018 年第 13 期。

王芳：《新经济背景下科技金融创新发展问题研究》，《湖北经济学院学报》2016 年第 6 期。

曹啸、计小青：《互联网金融发展的两难困境及其破解之道》，《农村金融研究》2017 年第 11 期。

《2017 年北京金融街区域，金融机构资产总规模近百万亿元》，《金融时报》2018 年 5 月 29 日。

《李东荣提示金融科技安全风险，有的机构会倒在自身思想和行为上》，界面新闻，2018 年 7 月 7 日。

《中国互金协会：金融科技存在四方面安全隐患》，网贷之家，2018 年 7 月 11 日。

《北京金融科技与专业服务创新示范区启动建设》，新华社新媒体，2018 年 5 月 30 日。

B.21
技术创新案例

野马财经[*]

摘　要：　本报告详细介绍了互联网金融行业当前所面临的痛点，针对痛点企业如何从技术层面解决，并列举了相关企业在技术方面的创新案例，最后分析总结未来互联网金融行业在技术上的发展趋势。

关键词：　痛点　技术　创新　未来趋势

一　2018年互联网金融技术创新发展概况

如果以2013年作为发展元年来看，互联网金融已经走过了6个年头。在这短短几年内，互联网金融的业态不断拓展，P2P、消费金融、第三方支付、众筹等多业态涌现，越来越丰富，行业加速细分，企业数量迅速扩大。

大机构窥探到互联网金融的发展契机，也迅速加入战场。国资系、上市系、银行系等也来"凑热闹"，竞争激烈，这一现象对互联网金融企业的获客、技术和风控等提出了更大的挑战。

但是，互联网金融作为一个新兴的行业，起初监管并未做出相配套的政策管理措施，发展初期，野蛮粗暴的方式暴露了许多问题。2016年8月，监管终于出击，发布《网络借贷信息中介机构业务管理暂行办法》，网贷行业也迎来首部业务规范指导细则。接着，2017年12月《关于做好P2P网络

---

* 执笔人：吴华真，野马财经分析师，主要研究领域为互联网金融。

借贷风险专项整治整改验收工作的通知》的出台，"备案"成为 P2P 企业的一张"免死金牌"。面对监管的施压，许多 P2P 企业的违法违规行为无所遁形，以至于 2018 年中行业掀起了一股"爆雷"潮，成批企业跑路、清盘。目前，备案未定，行业仍处于整改验收阶段，能存活下来的企业，必然要经受更多的考验。

回顾互联网金融的发展历程，好似坐上了一趟"过山车"，疯狂扩张、强监管、大规模出清，这中间有很多惊心动魄的"坎"。行业的发展不可避免地面临很多痛点难题，只有通过考试，战胜这些痛点的企业才能留到最后。

本报告主要从技术创新的角度阐述企业如何用技术来解决互联网金融行业的发展难题。首先要探讨的是，行业面临什么样的痛点？

第一，合规安全风险。互联网金融企业的一大痛点就是合规。互联网金融的代表业态之一 P2P 经常被指出涉嫌违规违法的行为。P2P 企业迫于经营压力抑或其他原因，在企业经营过程中利用平台进行线下募集资金，涉嫌违规违法行为，例如利率畸高、资金池，甚至涉嫌非法集资、集资诈骗等。但许多头部 P2P 企业的高层均表示，不能将利用 P2P 概念做幌子，实质从事非法集资的行为视作 P2P 的模式本身。但是这些风险往往具有隐蔽性，大众很难发现其中的猫腻。再加上 2018 年中掀起的大规模"爆雷"潮，让许多优质的出借人纷纷撤退，更是将行业的合规问题推上了风口浪尖。

第二，获客成本高企。获客成本，即企业挖掘一个投资用户所支付的成本费用，例如投放流量成本，促进转化的加息、返现等活动。从早期到后期，互金行业的获客成本发生了翻天覆地的变化。如今，越来越高的获客成本已经成为网贷行业的通病。

先来看一个案例。市场消息称陆金所 2015 年预计亏损近 4 亿美元，陆金所董事长计葵生在接受媒体采访时曾表示，2015 年陆金所亏损金额中的 80% 是获客成本及系统投入。有业内从业人士透露，P2P 获得一个注册用户的成本在 100～300 元，而获得一个投资用户的成本在 800～1500 元，较之前提高了很多。其原因一方面是现在广告成本上升，另一方面也是由于 P2P

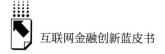
行业群雄逐鹿，市场发展空间变窄。有些平台为了获客，在影视剧中投入上千万元的巨额广告，足可见其中的获客压力。

第三，征信缺失，风控能力弱。P2P 和消费金融都是借贷的生意，对借款人进行筛选是第一道程序，花了高昂的成本获得的用户，如果质量不好后期逾期，企业还要再负担催收成本，无疑是雪上加霜。如果企业风控能力不足，在面对一些专门欺诈的团队时就会处于被动地位。

但是风控并不好做，互联网金融主要是服务于传统金融覆盖不到的人群，许多目标用户征信缺失，这意味着企业要充当"小白鼠"，以身犯险。根据中国人民银行征信中心数据，截至 2015 年 9 月末，央行征信系统已收录 8.7 亿自然人，其中有信贷记录的 3.7 亿人。这就要求企业要有过硬的风控技术，对借贷资产的质量做一个准确的判断。

一个新兴的行业，发展过程面临诸多难题也属正常，随着行业发展的深入，许多难题也就迎刃而解。

二　企业的创新应对

事物总有两面，企业是否安全合规，需要监管出拳整治，重拳打击。截至目前，P2P 网贷行业 "1 + 3" 的监管制度基本成型。2016 年 8 月 24 日，银监会同工业和信息化部等部门联合发布了《网络借贷信息中介机构业务活动管理暂行办法》，确立了网贷行业监管体制及业务规则，之后，银监会又陆续发布了《网络借贷信息中介机构备案登记管理指引》《网络借贷资金存管业务指引》，网贷行业告别了过去的监管空白局面，进入有法可依的时代。2017 年底，《关于做好 P2P 网络借贷风险专项整治整改验收工作的通知》发布，P2P 遭遇强监管，进入整改阶段。

中国互联网金融的价值，按照中国央行货币政策委员会委员黄益平的观点，是实现普惠金融的一种非常有效的方式。中国最早的互联网金融可以从 2004 年支付宝的推出算起，至今已经发展了十几年。而互联网金融真正开始一轮高速增长，大概要从 2013 年 6 月余额宝的上市算起，彼时的规模达到几千亿元，这是传统金融无法在短时间内达到的目标。

与传统金融相比，互联网金融的两大特点，一是普惠金融，二是互联网技术。普惠金融已成为全球化的发展浪潮，金融的改革推进多年，但传统金融始终无法完全覆盖到有真正需求的小微企业和个人，很多人无法享受到真正的金融服务，但互联网金融做到了这一点。互联网金融通过技术的创新革新，解决信息不对称，防控风险，为金融的广泛渗透做出了巨大的贡献。

要真正发挥互联网金融的作用，技术是关键之一。合规的 P2P 平台大部分是深耕技术，重视技术人才的培养，有自己的研发团队。目前头部的一些互金平台，长期探索风控技术、营销技术的改进，如蚂蚁金服、乐信、你我贷、萨摩耶金服等，已经多次对技术进行迭代更新，能够将大数据、云计算、人工智能等应用于公司的实际业务操作过程中，为公司的安全发展、为用户的账户安全增加保障。甚至连一些传统金融机构也开始采用新的互联网技术，助推传统金融业务的发展。下面简单举几个技术案例。

乐信，旗下业务板块包括 P2P、分期购物商城和资产管理业务，目前已在风控、资产撮合以及客服运营等方面全面运用人工智能技术，而且还在加大金融科技研发投入。2018 年，乐信研发投入达 3.2 亿元，同比上年的 2.35 亿元增长 36.1%，占乐信运营支出的 26.9%。在上市金融科技企业中，乐信的金融科技投入力度、研发人员占比较为领先。

乐信"鹰眼"智能风控引擎拥有超过 7500 个风控模型数据变量，可以对 98% 的订单全自动审核，秒级反馈结果；海量小微金融资产处理技术平台"虫洞"具备千亿级资产管理规模，日吞吐百万订单，可将有效的消费金融资产实时推荐给金融合作机构。2018 年 3 月，乐信还作为中国金融科技公司代表，入选哈佛大学商学院首个金融科技精品课程案例。

你我贷，专注于促进中长期消费类借款服务的 P2P 企业。2016 年，你我贷母公司嘉银金科全年的研发费用为 8870 万元。2017 年这一研发费用增长至 1.81 亿元，实现了 104% 的增长，专业研发人员 354 人，占全体员工比例为 43.1%。2018 年又进一步加大研发投入。

你我贷目前已建立了自己的风险评估模型和全面的风险管理系统，采用先进的大数据分析和复杂的算法来准确评估潜在借款人的风险状况。首先，通过对海量数据的采集、整合与分析，不断扩充自建数据库，从而丰富数据纬度；再变相延伸近千个指标，构建出风险模型的评价体系，对用户进行分级，识别、量化风险；并通过机器学习功能，提高人工智能渗透程度，平衡风控效率与商业效率，比如在反欺诈中的运用。

通过人工智能、云计算、大数据等技术建设风控体系，一方面能够积累用户数据，为征信体系的建立打下基础；另一方面能够识别风险、防控风险，进而提升效率，有效避免一些金融乱象。

以技术为核心的互联网金融浪潮席卷而来，也驱动着传统的金融机构转型，拥抱变化。对于商业银行而言，传统被动的风险防控方式已经难以满足风险管理的要求，如何运用风控技术，创新经营思路，是摆在商业银行面前的一道考验。

以中国工商银行为例。互联网金融发展得如火如荼之时，中国工商银行就开发了工行融e购平台。近年还打造了大数据云服务体系，一方面引入Hadoop、分布式数据库等大数据技术平台，基于通用设备构建物理集群，采用分布式架构设计，实现平台的灵活可扩展能力，持续提升数据服务时效；另一方面稳步推进传统数据仓库平台自身优化和转型，将其纳入大数据体系中，发挥平台历史数据积累多、稳定性高的特性，为专有领域提供数据分析服务。

风险防控体系建设是互联网金融企业，也是传统金融机构的重点工作之一，越来越受到监管层重视。2018年，中国互联网金融协会启动试运行互联网金融统一身份核验平台，通过整合各身份核验渠道主流数据资源，为从业机构提供客户身份核验的一站式接入。现已具备公民身份信息核验、银行卡账户信息核验、人脸识别等5个模块共13种接口的核验能力。目前已接入的机构包括商业银行、第三方支付机构、网络借贷平台等，待接入的包括证券、保险等机构。

上述案例都是介绍各项技术在风控层面的应用，但并不意味着在其他业务层面这些技术就没有用武之地，比如在解决营销获客成本高涨方面，大数据、云存储等就发挥了巨大的作用，下面以萨摩耶金服为例。

萨摩耶金服是提供集产品设计包装、获客引流、风险初筛、定价建议于一体的助贷服务平台，在风控上也已深入应用大数据、云计算、人工智能等技术。除此之外，萨摩耶金服还搭建了一套全自动化的智能营销平台，来解决行业获客成本暴增的困境，在营销支出与利润之间取得平衡。

智能营销平台主要包含渠道管理系统、渠道报表系统、欧拉系统、营销模型系统、资源位中心、用户画像平台、权限系统、监控平台等，平台的创新点主要是以渠道回归系统和用户画像平台为技术核心，通过自动化和流程化的后台系统，单人获客效率极高。

在实际的广告投放中，用户往往会多次触达广告，来源也多种多样，还会跨 App 和 H5 两个终端，怎么归因用户的真实来源从而做到广告优化其实非常重要，萨摩耶金服通过渠道回归模型，利用大数据、云存储、策略算法等，实现 95% 的渠道准确归因。另外，为了提高客户的活跃度和响应率，在运营过程当中，萨摩耶金服定制各种不同的活动触达用户，利用全量用户打标平台，对用户的标签因子进行实时的动态变更、查询、出标签、入标签，根据不同的标签，选择不同的客群做精准营销，同时与通知系统、资源位系统、活动系统结合，实现千人千面的营销效果。

三　经验与教训

合规风险，有监管政策整治；征信缺失，风控不足，有人工智能、大数据等技术解决；获客成本高，依靠大数据等搭建智能营销平台。显然，行业出现的很多难点，互联网技术已经能够解决一部分。

总结这些创新技术，大概是三种——人工智能、大数据、云计算。

借助于大数据和云计算技术，可以对业务资产进行全方位画像，每笔业务资产提炼上千个特征，从多维度对业务进行描述，打造夯实的决策基础数据。再通过人工智能技术，对资产进行有效识别。

有很多创新技术成功的例子，比如蚂蚁金服。

蚂蚁金服旗下支付宝 App 可以说是中国互联网金融的起源。现在的支付宝，已经不仅是一个第三方支付平台，而且是一款覆盖了支付、理财、娱乐、生活等场景的全民应用，因此，在保障用户的财产、信息安全方面更加需要投入。在浙江卫视科技综艺《智造将来》的现场，支付宝的风控系统防护与"黑客入侵"展开了一场模拟攻防战，展现了支付宝的风险防控效果。

入侵一方是杭州市公安局刑侦支队的网络安全研究员，而接受考验的就是第五代支付宝智能风控引擎。公安部门的安全研究员一共进行了三次攻击，分别是利用用户使用手机号连接公共 WiFi、扫描不明二维码和下载未知病毒软件这三种高危操作入侵手机。就在安全员接近成功要转移用户在支付宝的余额时，支付宝的智能风控系统已经屡次发出警报。即使在手机被木马病毒完全控制，银行卡、身份证完全泄露，登录密码、支付密码连番失守的情况下，支付宝智能风控系统还是能识别出不是用户本人操作，及时进行拦截。

支付宝平台上每天有上亿笔交易，而这个引擎可以在不到 0.1 秒的时间内，对每笔交易进行多维度的风险检测。一旦发现风险，就能马上进行防控和拦截，24 小时全天候、365 天全年无休。除了全方位、精准的风险感知与识别，风控引擎还具备自主学习的能力，哪怕是新型黑灰攻击，它也能自动改变防控策略。

风险控制领域的精细化运营未来将成为行业核心竞争力。在贷前、贷中、贷后等多条业务线上，利用模型平台、人工智能等多种手段加强对风险决策的支撑，达到差异化风险决策目的。技术的掌握，有利于挖掘平台数据价值，为用户创造价值，提供更普惠更温暖的金融服务。

但是，有了创新的技术，并不意味着可以一劳永逸。当下，互联网技术还是有一些局限性，甚至一些传统金融从业人士还是不看好"新风控"。在传统金融从业人士看来，传统的数据集中、人工分析形成的风控手段是大数据、人工智能等技术无法比拟的，且不说金融领域很难实现"全自动化"，面对征信空白的人群，大数据也无法完全解决问题。

例如，在用人工智能和大数据解决反欺诈的过程中，建立反欺诈黑名单是传统防范欺诈风险的有效防御手段，但是常规的反欺诈黑名单机制也存在局限性。因为现在的黑名单机制都是之前发生的欺诈行为，不代表未来的行为。欺诈技术变化多端、频次也与日俱增，黑名单机制缺乏有效的途径防控未来的欺诈行为。人工智能想要发挥关键性作用，必须先拥有大数量、高质量的反欺诈数据，这也是互联网金融"风控"最令人诟病的地方，除了大数据风控中数据的缺失和混乱等问题，无法有效防控未来的欺诈也是一大痛点。

人工智能技术日新月异，今天的冠军算法一个月后可能已经成为"淘汰对象"，为此必须不断地学习、不断地迭代，并且学习成本很高。

值得注意的是，现在"科技"已经成为一些互联网金融企业自诩的资本，但是从贷后大规模逾期的情况看，许多企业的风控技术并没有起到有效的作用，相反，还有可能成为企业光鲜外表的伪装。比如 P2P 企业"爱投资"发生的大规模逾期情况。

2018 年 7 月，爱投资公告称，将对原到期项目进行展期，以及改变原有债权回购模式等方案来整体化解逾期风险，并给出了四个解决方案。一家有上市企业背书的 P2P 企业，在面对行业流动性风险的时候，风控技术显得不堪一击。

2016 年，爱投资宣布联合 BBD 数联铭品发布了一款大数据风控系统 iWind，基于抓取的中小企业数据进行风险评估，旨在提高项目的安全性和精准性。公开资料显示，iWind 风控系统以大数据储备为来源，以全网数据的收集、BBD 数据库以及企业后台数据提供集成的数据包为基础，利用 iWind 数据模型将金融活动转化为智能数据处理活动，降低人为因素的干扰，提高风险评估、分析和预警能力。依托该系统企业的决策将更加智能化，在大幅提高风险评估精准度的同时，帮助企业在贷前、贷中和贷后对投资企业实现高效管理。

风控技术看似高大上，但还是无法阻挡爱投资出现大规模资产逾期，这样的风控技术是成功还是失败？互联网金融引以为傲的风控技术如果最终沦为鸡肋，不得不让人唏嘘。

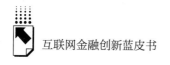
四　未来发展趋势

　　未来，互联网金融行业的监管力度将持续加大，行业将会不断进行重新洗牌，合规将成为互金企业的入场券。获客难度将不断加大，获客成本继续攀升；行业内的资源整合也将提速，产品形态也将更多元化；经济下行风险加大，也将导致市场风险骤升。面对这些客观的行业背景，行业将面临运营成本上升、产品业务不断创新，以及更精细化的管理等多项挑战。

　　营销获客难度加大、逾期风险堪忧，这对风控和资产管理的要求越来越高，对企业的技术要求也就更高。互联网金融以其普惠的可能和技术性优势裹挟而至，对于传统金融而言，是机遇也是挑战。面对技术浪潮，不应继续闭门造车，与时俱进、拥抱技术才是时代趋势。

　　未来还会有更多先进的技术被开发，比如人脸识别技术、区块链技术都还是一块未完全开发的宝藏。人脸识别技术可以实现场景服务的功能，区块链技术作为公共分布式账本，可利用其去中心化和不可变更性等技术优势，解决消费金融两端不匹配的痛点。这对于之后互联网金融的业务，或能带来更多的可能性。

　　随着互联网金融行业对征信的重视以及征信数据库的建立，未来各类面向借款人的评分模型、反欺诈算法等智能风控与征信数据共享将进一步得到扩展，从贷前、贷中、贷后全流程实现网络贷款的风险管控。

　　技术极大地改变了我们的生活，互联网金融也不再遥不可及。通过一台台终端设备，互联网金融为用户提供了便利，未来，互联网金融应该不断完善技术、发挥技术潜能，努力实现普惠金融目标，为人民带来更温暖便捷的金融服务。

　　可以预见的是，互联网金融行业未来的发展趋势，会更多地强调"科技"、技术先行。在互联网金融火爆的那几年，许多企业都想蹭 P2P 的热度，投机炒作的现象不少。但当监管趋严、P2P 发展空间被压缩的时候，许多企业又纷纷褪去 P2P 光环，剥离 P2P 业务，甚至连自己的 P2P 基因都试图抹去，换上了"金融科技"的"外套"。如果互金企业能够真正通过技术为行业增添光彩，是件好事，但如果只是以技术为噱头，长期下来也必将被行业所淘汰。

除了强调技术之外，未来互联网金融"科技出海"或也是一个趋势。

目前出海的互联网金融公司有技术输出和模式输出两种形式。近年，中国的移动支付企业将目光瞄准海外市场。尤其是2017年，堪称中国移动支付的"出海年"、全球移动支付的"中国年"，支付宝、微信、苏宁支付等行业巨头纷纷出海，在海外扩大支付布局。原因主要有两个：一是随着国内监管不断趋严，互金平台纷纷将目光投向印尼、菲律宾等消费金融业务不发达的东南亚国家，快速输出成熟的现金贷商业模式和技术；二是国内市场接近饱和，海外有更大的市场空间。以支付行业为例，国内移动支付的用户和场景接近饱和，支付宝、微信支付等占据了资本和流量优势，国内竞争成为红海。

以技术输出形式为主的企业比如品钛集团、京东金融。2017年10月，品钛集团宣布在新加坡成立金融科技公司PIVOT，面向东南亚地区推广数字化财富管理及智能投顾技术服务。2018年4月与大华银行在新加坡合资成立华钛科技，面向东南亚提供智能信贷评估决策解决方案。京东金融也有出海的行为，此前宣布与Provident Capital在泰国成立合资公司，提供金融科技服务。在获取相关牌照资质后，合资公司将提供电子钱包、消费金融等产品和服务，在泰国地区强化用户在支付、信贷、消费领域的应用。

从目前已进军海外市场的互联网金融平台布局来看，东南亚是互金公司出海的首选。东南亚是中国推进"一带一路"倡议的重要区域，且金融需求巨大。根据毕马威的报告，在东南亚地区的6亿人口中仅有27%的人拥有银行账户，其中的多数，包括事业刚起步的年轻人与小型企业，仍然无法获得充分的信贷服务。

未来，在互联网金融技术的作用提升的同时，技术先行，向境外输出技术，或是行业的下一步发展方向。

B.22
模式创新案例

野马财经*

摘　要：　近年来，互联网金融模式创新的趋势凸显。出现了一批互联
　　　　　网金融模式创新企业，特别在以互联网支付、互联网消费金
　　　　　融和网络借贷这三大模式为代表的创新案例中，能够总结出
　　　　　互联网金融模式创新规律，以及新模式带来的积极影响和失
　　　　　败的创新模式中隐藏的风险。

关键词：　第三方支付　场景化　消费分期　银行转型　小微金融

一　2018年互联网金融模式创新发展概况

追溯互联网金融创新的源头，还应该从支付行业说起。

"互联网+"的趋势，带动了"互联网+金融"模式的兴起。一开始，互联网金融先是将传统金融机构的业务搬到线上，后来互联网平台开始办理金融业务，销售金融产品。但是，互联网支付模式改变了"互联网+金融"的融合，衍生出了新的交易模式。

易观国际曾在研究中指出，真正推动中国第三方支付市场发展的模式，是2004年开始出现的信用中介的模式。第三方介入交易，能够解决在线交易中的信任问题。最简单的理解，就是在网购过程中，买家付款给第三方，当货物确认送到买家手里后，第三方再将交易款项支付给卖家。

---

* 执笔人：谭雅文，野马财经分析师，主要研究领域为互联网金融。

到了 2005 年，金融机构参与到移动支付中——银行和运营商跨界携手，新一代"手机银行"诞生，实现了集手机支付、理财和电子商务于一体。虽然移动支付产品雏形初显，但是运营模式并不清晰，线下刷卡支付与移动互联网之间的联系并不紧密。

几乎同时，我国的消费金融也开始起步——PPF 金融信贷集团进入中国信贷市场。谈到消费金融时，常用另外一个词理解具体的业务，就是"消费信贷"，通常是指金融机构向个人消费者提供信用贷款，分为买方信贷和卖方信贷。买方信贷一般指消费贷款，也就是为了满足消费者购买商品需求发放的贷款，而卖方信贷简单而言就是购物分期。

相较于消费贷款而言，购物分期的场景化特征更加明显，它依托电商平台，用户在下单后选择分期支付，贷款在消费场景中流动。

虽然我国购物分期起步晚，但是发展速度快。艾媒咨询报告显示，2013 年，国内首家分期电商上线，"分期乐"正式运营，拉开了国内电商分期消费的序幕。2015 年前后，传统电商也开始提供分期付款服务，前有京东白条在京东商城上线；后有蚂蚁花呗上线，在天猫、淘宝上提供消费服务。

直到 2017 年，分期电商规模猛增。艾媒咨询数据显示，2017 年中国分期电商用户规模达到 0.95 亿人。而这一新型消费形式，获得了年轻人的青睐，上述报告称，90 后是分期电商的主要客群。

二 模式创新痛点与企业应对

（一）支付受理端模式创新

一开始，"便捷"是第三方支付最鲜明的特征。"支付不方便、缴费不方便、还款不方便，在便利店里安装智能终端，让消费者刷卡支付。"孙陶然谈到创立拉卡拉，就是从"便民支付服务平台"起步。

通过 POS 机与互联网结合，解决网络支付的问题。拉卡拉率先开发出电子账单平台，同时以线下便利支付点为基础，连接线上支付的模式也迅速覆盖。

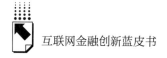

随着第三方支付的兴起，用户规模呈指数级增长，交易量也持续攀升。2008 年，支付宝注册用户达到 1 亿，艾瑞咨询数据显示，2011 年，中国第三方支付交易规模达到 22 万亿元。

但是，在第三方支付交易量攀升的背后，一些技术上的问题显现——交易处理速度跟不上。比如在火爆的双十一购物，排队支付到凌晨是互联网支付用户糟糕的体验。同样地，线下刷卡支付，如果支付受理端处理交易速度跟不上交易量的增长速度，也会出现支付排队现象。

同时，我国开始规范第三方支付行业，随着中国人民银行发布《非金融机构支付服务管理办法》，要求非金融机构应当依法取得"支付业务许可证"，第三方支付正式纳入监管体系。

C 端第三方支付巨头迅速崛起，技术上有待创新，监管趋严带来巨大的竞争压力。2011 年，拉卡拉获得首批第三方支付牌照，全面进入商户收单服务市场。与支付宝、微信支付等 C 端账户业务不同，拉卡拉更加专注于商户受理端业务。

2018 年底，拉卡拉支付每天可处理上亿笔交易。为了完成海量数据的分析处理与精细快速的功能迭代，拉卡拉采用了区别于传统的开发模式，即分布式信息系统，随着业务规模的扩大以及对数据存储的需求增大，也能实现服务组的平滑扩展。

第三方支付受理速度的提升，对小微商户和个人用户来说，带来了更便捷的体验。而随着智能手机的升级、智能手表等智能设备不断涌现，在第三方支付行业，也迎来了产品的创新。

近年来，市面上的支付终端产品功能越来越丰富，覆盖了出行、医疗、餐饮、租房、美容、家装、教育等场景。为了满足市场各类消费场景不同的需求，支付终端从过去仅支持银行卡支付，发展到支持多种移动支付方式。

同时，大数据、人工智能等技术的发展，应用到支付终端产品中，支付终端也从单一的支付产品，升级成了集支付、营销、缴费等各类功能于一体的智能支付终端设备。易观报告显示，2017 年，智能支付终端开始取代传统 POS。同时，报告还指出，随着用户消费方式的革新，商家产生了精细化管理店铺的需求。

为了降低商家的劳动成本，提高经营效率，第三方支付公司也创新智能终端产品，推出满足商家多种需求的智能支付终端设备。拉卡拉目前就已经推出智能 POS、智能收银台、收钱宝盒、超级收款宝等。叠加了拉卡拉便民服务和其他增值服务，帮助商户营销、引流、合作增收。

易观报告指出，随着移动支付发展成为承载线下和线上的连接器以后，智能支付终端就成了商户端的第一入口，能够帮助商户完成店铺的全面升级改造。同时，智能支付终端有了商户数据的积累，将进一步为未来新零售"赋能"。比如建设云平台，利用大数据分析，为商户提供更多增值服务。

此外，拉卡拉已经在服务模式创新过程中，为多家商业银行、消费金融以及小额贷款机构提供反欺诈风险管控、信用风险管理、风控能力建设服务等金融科技服务，成为普惠金融的重要推动力量。

（二）消费分期模式创新

分期商城的崛起，拉动了购物分期的增长，吸引了金融机构的合作。据乐信发布的《分期电商用户行为报告（2018）》，分期电商所具备的人群、场景和技术优势，是金融机构看重的合作资源。分期电商的优势在于年轻用户群体，与金融机构合作，能够帮助后者获取年轻的优质客户。

不过，一开始，分期电商场景单一，提供的产品多集中于手机数码、家用电器等。一些 O2O 平台消费场景并未覆盖，还有一些小众场景，因为单价高、购买频次低等种种原因，商家很难拥有定制化消费分期的解决方案。

在一个线上消费场景中，商家若提供一个消费分期功能，需要定制化开发一个端到端的接口，普通商家并不具备这样的技术。特别是一些小众场景、B 端场景，比如医用设备、家装建材、电工电气等。为了满足这些商家的消费分期需求，市场上就出现了为商家定制消费分期解决方案的经营模式。品钛就是一家金融科技解决方案提供商，专门给场景方定制消费分期功能。

这是一种 To B 的消费金融模式。品钛将其业务定义为"端到端的智能

363

解决方案"，一端给线上场景商家提供消费场景分期解决方案，另外一端，帮助金融机构对接到消费场景中，为商家提供金融服务。

公开资料显示，2018 年，品钛的商业机构客户包括去哪儿、携程、唯品会、奢分期、沪江网校等，这些平台的加入，让分期购物场景越来越多元。目前，在家装平台、在线旅游平台、线上教育平台、医美平台等各个垂直领域，也已经提供消费分期服务。

这让分期电商快速增长，并且远超线上零售增速。奥纬咨询预测，2016～2020 年，以分期电商为代表的中国线上消费金融市场，年复合增长率将达到 62%，高于中国线上零售市场 30% 的年复合增长率。

场景方对购物分期的需求日益增长，给品钛这样的服务商带来成长空间。除了给电商场景提供智能信贷解决方案，品钛还推出高效定制版的消费分期解决方案，帮助更垂直的小微企业商家，上线分期商品。通俗来讲，商家可以通过品钛的后台，像在淘宝店铺上架商品一样，上架他们的分期商品。在 App、公众号等平台，开通分期消费功能。

品钛通过公众号定制消费分期解决方案的首次落地，是与康复辅具品牌的合作。品钛将模块化分期页面灵活嵌入博动公司官方微信公众号，用户在企业的官方微信公众号内，就能够进行分期购物。

品钛消费分期业务负责人岳昳婕表示，相比于 API 接口开发，高效定制版的消费分期解决方案才用 H5 形式，标准化嵌入客户系统，从接洽、部署到上线一般只需要数天。这样的方案可以更加快速便捷地帮助合作方，高效上线智能消费金融系统。

不过，购物分期发展到现在，商家的需求不仅仅满足于上线分期付款。品钛还提供产品开发、流量获客、营销运营、管理监控等多种工具，帮助小微企业解决资金周转等融资需求。

综合来看，品钛这类消费分期模式是一种平台化创新，从为场景方提供定制化解决方案出发，逐渐形成了"SaaS +"服务体系。不但能够与金融机构合作开发智能零售金融软件系统，还能利用其自身服务商业机构时积累的场景、用户和经验，为金融机构提供流量接入、数据产品、决策辅助等持续的支持。

而现在，品钛也将这类模式，拓宽到更多领域，官方介绍显示，其为金融机构和商业机构提供的智能零售解决方案，涵盖消费场景分期、个人信贷、小微企业信贷、财富管理、保险经纪等多个领域。同时也与发票云生态企业百望股份、担保行龙头中投保合作，赋能小微智能信贷服务。

三　未来发展趋势

支付模式的创新，不仅仅是第三方支付之间的较量，银行也早已加入了这场竞赛。

中国人民银行发布的《2018 年支付体系运营总体情况》显示，2018年，全国银行业金融机构共办理非现金支付业务 2203.12 亿笔，金额3768.67 万亿元。其中，共处理电子支付业务 1751.92 亿笔，金额 2539.7 万亿元。

也就是说，银行处理电子支付业务笔数占非现金支付业务的比例达到79.5%。在电子支付业务中，网上支付业务 570.13 亿笔，金额 2126.30 万亿元，同比分别增长 17.36% 和 2.47%；移动支付业务 605.31 亿笔，金额277.39 万亿元，同比分别增长 61.19% 和 36.69%。

虽然银行业的移动支付增长提速，不过，银行的移动支付依托第三方支付，大多绑定支付宝、微信支付等。另外，由于银行防范风险等原因，网上银行操作较为复杂。相对来说，移动支付的使用更便捷，体验效果令用户满意。

银行如果想要打破这一僵局，创新支付模式，首先从消费场景切入，把金融服务渗透到细分场景。在 "2018 中国金融科技创新榜" 的评选中，入围金融科技创新应用方案的银行里，苏州银行公布了聚合支付场景化建设的成果。以支付输出、页面输出的方式，通过与场景方合作来获客，并提供支付服务。

最开始，苏州银行从医疗场景切入，通过与苏州市卫计委合作，2012 年，启动了"银医一卡通",打通医疗消费场景。办理"银医一卡通",能够享受到挂号、缴费在一张卡上完成,借助聚合支付平台,为客户提供银联、微信支付和支付宝的支付通道,形成了"公立医院互联网化"的平台模式。

医疗场景,是银行切入支付生态的重要场景。麦肯锡在《时不我待、只争朝夕:中国银行业布局生态圈正当时》报告指出,生态圈的精髓,是通过"场景 + 金融"的方式,服务客户端到端的金融相关需求。虽然报告中表示,在国内,银行可以围绕"衣、食、住、行"四大领域切入。但是,从全球新生态圈的 12 大传统产业份额占比来看,医疗健康排在前三位。

中国建设银行、招商银行、广发银行都曾在个别区域推行"智慧医疗"。苏州银行作为最早切入医疗支付场景的银行,"银医一卡通"在苏州推广开来,官方数据显示,在 2015 年 6 月底已累计受理自助挂号 285 万笔、自助缴费 99.51 万笔、缴费金额 8826.46 万元。

后来,随着支付宝、微信支付的流行,苏州银行也推出了移动支付产品"苏 E 付"。在 C 端为消费者提供扫码支付的服务,在 B 端,提供给商家"苏 E 付"静态收银码、"苏 E 付"智能 POS 和"苏 E 付"动态收银码立牌/收款盒子三款不同的支付应用产品。

"苏 E 付"推出后,苏州银行通过搭建线下场景,实现支付服务的渗透。麦肯锡报告中,提出的"行"这一场景,得以体现。2017 年 11 月,苏州银行基于苏州银行聚合支付平台,搭建"苏 E 付"智慧停车。支持停车出口微信/支付宝扫码支付、停车场内微信/支付宝扫码支付和 App/微信公众号绑卡无感支付三种支付方式。

实际上,支付宝、微信支付早已进入汽车支付场景,比如停车场、高速公路收费站、加油站等消费场景。银行在打造生态圈时,如何与已经占有市场的支付宝、微信支付竞争?除了与支付公司合作外,银行如何转变,才能为用户带来更好的服务?

麦肯锡在上述报告中指出,生态圈并不仅仅是简单的"数字化 + 对外合作",银行需要做出四大改变:打造行业专业化、重视端到端客户体验、推动业务条线紧密联动、拥抱敏捷创新的互联网文化。

苏州银行在搭建基础的消费场景后，同时向多个场景输出支付业务以及其他相关金融产品与服务，并根据场景机构之间的合作，以及场景、业务和产品之间的互导，把多个场景进行交叉。形成了"场景＋场景＋…＋场景"的区域生态模式。比如，在医疗场景中，附加提供停车场智慧停车服务。

虽然场景和场景之间的交叉和互导，能够帮助银行获客，扩大自有支付产品使用范围，带动银行整体业务的发展，但是，这一生态圈的建设，前提之一是需要场景和场景之间的带动。如果一个消费场景带动能力不强，如何实现生态圈的发展？

另外，这一模式并未形成生态闭环，仅仅是"场景＋场景"。比如在"医疗场景＋停车场景"，用户在看病以及停车场景消费支付，这两个环节是相互独立的。换句话说，用户在医院消费和在医院停车场消费，完全可以使用两种不同的支付手段。把场景的紧密性建立起来，才能打造成一个生态闭环。比如在医院的挂号单用于停车凭证，实现场景的联动。

这就形成了"支付＋生态"的新型模式。高盛在其《金融的未来：中国金融科技崛起》系列报告的第一篇《支付：生态系统之门》中就指出，支付是金融科技生态系统的大门，支付本身带来的收入并不多，重点应该在于将支付纳入闭环生态系统，寻找其他商业模式。而对于银行来说，支付也是其进一步下沉的大门，是银行触达用户的桥梁。

而在第三方支付模式创新外，银行在消费金融领域也展开了一场模式创新。2017年，中国工商银行、中国农业银行、中国银行和中国建设银行与互联网巨头展开合作，将银行的全面转型升级进一步推向高潮。金融科技公司赋能传统金融机构，金融与科技进一步融合。最直接的表现，就是银行零售业务占据的分量越来越重。

上市银行披露的2018年年报数据显示，零售业务是收入、利润的主要增长点。中国人民银行发布的《2018年支付体系运营总体情况》显示，截至2018年末，信用卡和借贷合一卡在用发卡数量共计6.86亿张，同比增长16.73%。人均持有信用卡和借贷合一卡0.49张，同比增长16.11%。

与2006年，央行首次发布《中国支付体系发展报告》时的数据相比，当时信用卡发卡量近 5000 万张，是现在的十分之一。银行零售金融的崛起，丰富了普惠金融服务内容。转折的开始，要从 2004 年说起。

2003 年以前，银行的零售业务几乎无人问津。此时，民生银行确立了转型零售银行的战略，随后，招商银行、中国工商银行等都提出将零售银行业务作为发展的重点。

银行发展零售金融的模式，一是通过推出新产品，向个人客户提供金融服务。比如招商银行已经向个人用户推出了"个人网上银行""金葵花理财""一卡通"等产品。二是银行通过推出以服务小微企业为主的零售贷款，转型零售金融。比如民生银行启动场景智能服务平台，为小微企业客户提供场景化、智能化的综合金融服务。

银行的个人零售业务模式相对成熟，不再多做赘述。所以，这里讲银行零售模式创新，指的是小微零售业务模式。实际上，早在 2013 年发布的《国务院办公厅关于金融支持小微企业发展的实施意见》中就指出，加快丰富和创新小微企业金融服务方式，积极鼓励金融机构为小微企业全面提供开户、结算、理财、咨询等基础性、综合性金融服务。可以看到，近年来，银行在积极探索小微金融模式的创新。

什么是小微企业，小微企业有哪些特点？互联网带动了 90 后创业潮，它们属于小微企业；政府鼓励大众创业，淘宝店铺、微店、微商兴起，它们属于小微企业；电竞、健身的流行，带动了开新型网吧、健身房的热潮，它们属于小微企业。还有楼下的水果店、菜市场、五金店，给我们生活提供便利的门头店，它们是小微企业。

小微企业有一个共同的特点——社会信用信息不透明、缺乏有效抵押物，所以小微企业想要从银行获取金融服务也就困难得多。

为解决这一痛点，首先要为小微企业建立起征信数据。比如淘宝店铺的交易流水、支付宝账户的账单明细等都可以用来搭建小微企业数据融资服务体系。平安银行的中小企业征信数据贷，就是通过建立 KYB 中小企业数据征信金融服务体系，为小微企业提供金融服务，形成了小微企业融资新模式。

金融的核心是风险控制，小微金融的风控更是一道难题。以往的小微企业调研模式，通过客户经理去企业调研，数据更注重传统的企业财务报表和流水表现。这种模式，人力成本高、耗时，有时收集的数据存在造假的嫌疑，评估体系过于单一。

通过大数据建立数据系统，能够节省人力成本和时间。KYB体系的建立，把关注点更多放在了从第三方渠道获取真实有价值的企业经营数据。通过推出发票贷、税金贷等产品进行落地。

以税金贷为例，该产品基于纳税数据和个人征信评分的纯线上信用贷款，与建材电商平台合作。这种模式一方面能够获客，另一方面能够评估商家在电商平台的交易流水。

银行从线下走到线上，创新小微企业融资模式，这离不开金融科技公司的启发。金融科技公司正是通过搭建大数据模型，对企业进行风控。在餐饮行业，商家的日交易流水就是有价值的评估数据。金融科技公司通过第三方数据，可以评估一个开小餐馆的个体商家的借贷资质。

另外，最常见的就是电商平台的供应链金融业务。平安银行税金贷，就是与电商平台合作的模式。电商平台的优势在于平台沉淀了大量的商家行为数据与交易数据，能够为金融机构提供有价值的评估样本。

不过，随着大数据公司利用创新技术收集数据信息，风险也随之而来。2018年，Facebook的信息泄露事件就引发了全球对数据安全的担忧。

另外，线上数据造假，比如电商刷单的乱象不止，这导致了数据的透明度下降，影响信用评估体系的建立。

同时，电商平台对于小微企业融资的弊端也渐渐暴露。中国人民银行研究局局长徐忠曾在"2018全球金融科技（北京）峰会"上表示，"最近一些调研发现，电商平台有不断拉长应付账款周期加剧小微企业资金紧张的情况"。

简单来说，电商平台有可能通过提供收费项目，增加小微企业的经营成本，从而非正常地增加小微企业的融资需求。

如何丰富线上数据来源，完善信用数据评估体系，未来还有很长的一段路要走。

B.23
业态创新案例

野马财经[*]

摘　要： 从 2007 年第一家网贷平台出现至今，互联网金融已经走过十
多年的时间。借贷撮合从线下走到线上，审核与风控从倚重
人工到偏重于智能化，资产类型大额刚兑走向小额分散，征
信信息从一个个数据孤岛到联成网络。在支付行业，企业也
开始从国内跨向海外，跨境支付越来越受到关注；而在银行
领域，开放银行逐渐成为新兴趋势。经历过 2018 年的 P2P 爆
雷潮，支付机构断直连，开放银行概念风靡后，整个行业正
在朝着更加合规、有序的方向发展。

关键词： 金融业态　智能化　数据化　开放银行

一　2018年互联网金融业态创新发展概况

2018 年开年不久，一场声势浩大的爆雷潮席卷了整个 P2P 行业。在行
业最黑暗的时候，仅一周之内，全国就有超过 42 家网贷平台出现问题。

人们赫然发现，以往所总结的一系列 P2P 理财投资原则，在一瞬间全
部失灵。

银行存管，一度被视为平台靠谱最为重要的保证；信息披露，被视为查
验标的真实性的重要依据，但这时候已经不能作为平台正常的保证，上市

---

* 执笔人：李万民，野马财经分析师，主要研究领域为互联网金融。

系、国资系，背景不俗，甚至连亲自上市的平台——圣盈信，也统统爆雷掉。

整个行业风声鹤唳，以往铺天盖地的广告宣传一时变得萧条，大平台、小平台、知名平台、不知名平台，此时恨不得化身鸵鸟，希望谁也不要注意到自己。

无数投资人，几十万几百万元积蓄一朝化为飞灰，上访、维权，人头攒动。有人戏言，连阳台都变得拥挤。

备案，一再延期。监管铡刀高举，却久久不落，刀下待宰的平台战战兢兢，只道合规便是唯一的出路。但合规，又谈何容易。即使是到 2019 年，也仍然有平台曝出种种不合规的问题，期限错配，大额标的，禁之未决。

P2P 行业年度交易规模 5 年来首次出现负增长。2018 年全年 1.92 万亿元的成交额，与上年相比下降达 21.19%；截至 2018 年底的正常运营平台数量，下降到 1798 家，到 2019 年 3 月底时又急剧下降到 1058 家。

"至暗时刻"已然到来。借用当下流行的话来说，正在进行中的 2019 年，可能是过去 10 年里最差的一年，也是未来十年里最好的一年。

如同 P2P 行业的备案一样，"断直连"成为第三方支付行业在 2018 年的头等大事。并且，与 P2P 备案相比，更加来势汹汹，绝不手软。

2018 年 6 月 30 日，这是个特殊的日子。按照监管原定的计划，这一天是 P2P 备案的"大限"，也是第三方支付机构"断直连"的大限。但这个"两用的大限"，由于相关进展缓慢等种种原因，延期了。

P2P 得到了喘息之机，"备案"暂时性失去具体期限。同为难兄难弟的第三方支付，却未能逃过这一劫，卒于 2019 年 1 月 14 日。

忘记背后，努力向前，打翻的牛奶不值得哭泣。第三方支付机构稍做适应，也只能是或快或慢地开启转型进程。从 C 端到 B 端，从国内到海外，有人看到了一片蓝海，但海上风急浪高。

在这个信息爆炸、技术飞速迭代的时代，唯一不变的只有变化。时间往回退十年，P2P 还属于新生事物，第三方支付还没有发下牌照，十年后，沧海桑田。

变或不变，往往不是事情发生的当下所能预料。柯达曾于 20 世纪 90 年代后期称雄，为世界三大胶卷巨头之一，但没有及时拥抱数码相机，在短短十余年的时间里，迅速从辉煌走向没落。

创新，越来越受到这个行业参与者的追捧，并为之投入了大量的精力。这场创新热潮，不仅席卷了正在发展、调整中的新兴互联网公司，同样也对传统的金融机构，造成了巨大的冲击。

这里面，银行受到的冲击，可能是最大的。

传统银行的线下网点，开始大规模关闭。公开数据显示，2017 年，原银监会（现银保监会）有关终止营业网点的批复超过 1400 份，是上一年数量的 1.6 倍。如果把时间前移到 2012 年，同样的批复仅有 72 份。5 年 20 多倍。

有观点认为，互联网金融"颠覆"了传统银行。马云十年前发出的壮语，"如果银行不改变，我们就改变银行"犹在耳边。但银行，并不是那么好"颠覆"的。截至 2018 年末，中国银行业金融机构数量仍然有 4588 家，同比仅仅减少了不到 40 家。网点的关停，并不意味着银行的没落，相反，它们升级了。

行业人士对于银行网点关闭较为普遍的说法和看法是，这是银行的战略性调整。的确，现在从整个金融行业来看，都呈现服务线上化的趋势。尤其是随着移动互联的普及，原先必须要去银行才能办理的存、贷、汇等业务，现在只需要轻轻点击手机即可完成。当金融服务更多地从线下转为线上时，线下网点的作用弱化了。过多的线下网点，开始变得冗余。从下到上，升级了。

但银行面临的冲击也是显而易见的。互联网金融争夺的人群，是被绝大多数银行拒绝的低收入群体、小微企业以及三、四、五线城市中的长尾人群。在很多情况下，就算企业愿意支付更高的利息，也难以从银行借到钱。尤其是对于银行来说，风控审核极为严苛，一些初创或者创办年限不长的企业，很难拿出足够的抵押物来让银行放心放款。对于这部分的中小微企业来说，从网贷借钱，成为一个可行性更高、更有利的选择。

冲击尚不止此。支付作为交易的核心环节，长期以来一直为银行所把持。但第三方支付机构的入局，如支付宝、财付通之流，硬生生从银行身上咬下一块肉来。通过第三方支付平台，人们可不仅可以实现跨行转账，还可以享受到 App 中丰富的理财和生活场景服务，比如代缴费、购买货币基金、保险产品等。用户从线下转到了线上，但其中很大一部分用户，是从线下的银行，转到了线上的第三方支付机构。

互联网金融的冲击来得迅速而猛烈，不仅是在客群、场景这些老生常谈的方面，即使在产品、技术、服务上，也开足了马力拼命争抢属于自己的位置。快速迭代、迅猛推进，部分互联网企业在把自己的业务做到一定程度后，已经获得了相对于一些中小型银行的局部优势。其中一些成绩较为突出的集团型企业，比如蚂蚁金服、京东数科、度小满金融等，已经在打造了一种金融生态的闭环，并且在获客、场景、产品、技术、服务等方面，形成了自己独特的、很难被超越的优势。

二 业态创新存在的痛点

"金融创新"逐渐成为互联网金融行业的热词。随着金融创新的风靡，传统金融机构也开始求新求变，将线下的服务逐步挪到线上，以适应移动互联网时代的客户需求。

在这十余年的时间里，固然有企业趁着风口发展壮大，成为行业翘楚，也有不少企业行差踏错，甚至就此步入深渊，再无翻身之机会。成功与失败的案例，都值得借鉴与学习。

P2P 爆雷潮 2013 年以来屡次出现，2018 年年中在监管的巨大压力下达到了一个高潮。许多平时看似毫无问题的平台，忽然间就令人猝不及防地爆雷了。其中原因，值得思索。

第一个问题在于业务的合规性。P2P 在 2013 年迎来第一轮爆发式增长，加上政府对互联网金融的发展背书，各方资本纷纷涌入，行业在很短的时间内出现企业数量的大爆发，成员素质也变得参差不齐。其中不乏一些以金融创新为口号，行集资诈骗之实的败类。这其中比较出名的比如 e 租宝、比如钱宝网、比如善林金融等众多曾名噪一时的大平台。除此之外，P2P 平台本身按照监管的定位是"网络借贷信息中介机构"。按照这样的定位，即使借款人出现逾期，也只是出借人与借款人双方的事情。但在现实情况中，许多 P2P 平台并没有做到债权之间的一一对应，或者为了提高资金的利用效率进行拆标，甚至建立资金池，实际上承担了超出"信息中介"之外的角色，待到逾期大规模出现，出借人要求返还出借金额，平台很快就走上爆雷倒闭的道路。

第二个问题来自信息的不对称性。P2P 平台上的出借人，大多为拥有一定收入，但正确的投资理财观念和意识都比较缺乏的普通人。其中不少出借人，是通过亲戚朋友介绍的方式开始试水，在尝到甜头之后加大注码，在爆雷后全军覆没。在这个过程中，对于平台的资质、平台运营的具体情况、平台资产端的资产质量以及平台真实的风控手段等，出借人基本上没有一个明确的概念，只能是通过平台的公开表述来获取。比如交易规模达 860 亿元的 P2P 平台草根投资被经侦介入的当晚，还有出借人对平台突然间的爆雷感到错愕，因为就在几天前，出借人刚刚去过平台总部调研，但调研的结果是，平台实力仍在，不会出问题。另一家北京的小平台花果金融，在宣传中给投资人的感觉完全是靠谱、稳健的好平台，并且拥有等保三级证明等各项资质，但直到爆雷后，才在平台董事长塔拉口中得知，平台上绝大多数的标的根本就是假标、空标。与此类似的案例，在爆雷潮中数不胜数。

第三个问题在于盈利模式上的不清晰。最直观的比如第三方支付行业，支付虽然是企业存在和开展业务的核心，但仅靠支付这项业务，几乎赚不到钱。对于一些企业来说，仅靠支付业务本身创造的收益，甚至无法生存。靠什么？靠备付金利息。每家支付机构沉淀的备付金少则数亿元，多则数十亿元上百亿元，既可以凭此与银行谈条件，降低银行对第三方支付机构的各项收费，又可以将这些备付金作为存款，每年享受到不菲的利息收益，让第三方支付机构"躺赚"。但随着 2019 年 1 月 14 日第三方支付机构备付金全额上交中国人民银行，备付金带来的种种利益迅速远去。在这样的大背景下，第三方支付机构如何找到新的盈利方式，填补备付金上交后出现的缺口，成为很重要的事情。

第四个问题在于移动互联网时代，金融业务的迅速线上化，对传统的过度依赖线下的金融服务带来的挑战。其中最典型的比如银行，截至 2019 年 2 月，全国已登记的银行营业网点数量达到 22.8 万家以上，其中六大行的营业网点占据了 10 万家以上。尽管在近年来，传统银行不断收缩线下网点，裁撤线下网点的数量一年比一年大幅增多，但线下网点的数量仍然巨大无比。随着 P2P 平台、消费金融公司以及互联网银行的出现，传统银行对于线下网点的依赖正受到挑战。

三　企业的创新应对

（一）凡普金科：互金公司的集团化

互金公司流行集团化不是 2018 年才出现的，但这一趋势一直都存在，并且成为行业的一种潮流。像玖富、积木盒子、美利金融、爱钱进、开鑫贷、银客、PPmoney 等众多的平台，早已完成了集团化。对于互金公司来说，集团化能起到怎样的作用？

金融科技公司凡普金科成立于 2013 年，发展至今，旗下已经拥有爱钱进、钱站、凡普信贷、任买、会牛等多个子品牌，呈集团化发展之势。从业务范围上来看，其业务覆盖也较为广泛，包括贷款超市、场景分期、消费借款、汽车融资租赁等，服务用户总数超过 4000 万人。

凡普金科在大数据处理和金融科技研发上有一些成果，比如自主研发了智能大数据动态风控系统——"FinUp 云图"、自动建模机器人 Water Drop 水滴等。近些年，凡普金科又在夯实自身业务基础后，进一步面向东南亚、南美等国家开启国际化战略。比如越南的电商平台 Tiki. vn、印度金融科技公司 SlicePay、东南亚消费金融品牌 Akulaku，都是凡普金科的被投公司，另外比如新加坡的金融科技公司 CashWagon 等，凡普金科也都有合作。在

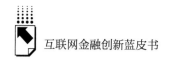

这个过程中，其集团化的发展模式，助力良多。

事实上，互金公司尤其是 P2P 平台，在业务上面临着很大的合规、监管的压力与风险。互金公司集团化后，普遍的做法是将各项业务拆分和独立。在这个过程中，P2P 平台得以更加完全地回归"网络借贷信息中介机构"的本质，受到监管影响较大的比如线下的借贷服务等就可以剥离出去。这样即使由于监管、合规的原因，对 P2P 平台的运营造成了重要的影响，也不至于将这种影响扩散到已经拆分的其他业务条线上，但同时由于各个子公司同属于一个集团之内，又能够比较有效率地进行协同合作。

同时，从凡普金科的案例中也可以看出，互金公司集团化后，虽然最初可能是以 P2P 业务起家，但整个集团的业务早已不局限于 P2P 业务，而是在整个金融领域不断衍生，广泛布局。比如凡普金科的"会牛"这个产品，提供的实际上是一种智能投顾服务，跟凡普金科最为核心的平台——爱钱进的业务有所差异。在 2018 年，凡普金科上线了金融信息甄选平台"两个狒狒"，以及个性化生活服务 App"凡秘"，同时还尝试打造 ABS 云平台，加强多元化的业务布局。

随着整个行业不断出清，现在已经得到的一个普遍共识是，P2P 平台一定要真正做到小额分散。可以说，能够在多大程度上将资产端做到小额分散，关系着一家 P2P 平台的核心竞争能力的强弱。小额分散最直接的好处就在于风控上能够将损失控制在最小的范围内，并且将风险极大地分散。与几百万元上千万元的大标相比，一个几万元十几万元的标的逾期后，对平台的影响天差地别。另外，小额分散的标的多是针对个人借贷者或者小微经营者，对于这些人来说，几万元十几万元的债务，还款压力并非十分巨大，绝大多数能够还上，在还款上也更有保障。凡普金科旗下 P2P 平台爱钱进官网显示，其通过智能小额分散式借贷来进行风险规避，每笔投资平均拆分到 18.1 个项目，能够将笔均借款金额控制在 3 万元到 6 万元，同时借款人的范围分散于全国 29 个省、359 个城市。

行业中另一家 P2P 平台洋钱罐，在"小额分散"上的投入也不小，具有非常值得借鉴的地方。比如其在平台上主打的是个人借贷，当前累计借贷金额已达 520 亿元，但累计代偿金额尚不到 12 亿元。他们的做法是，人均单笔借款金额控制在 5500 元左右，同时平均借款周期控制在 7 个月左右，但是出借人的平均出借周期要超过 7 个月。这也就意味着，借款人的还款日期早于出借人的兑付日期，这样就解决了许多平台经常遇到的长标债转难题。

行业中另一家平台 P2P 平台红岭创投，可以看作大额标的造成不良后果的典型案例。在 P2P 行业发展早期，红岭创投一度是网贷行业的旗帜和典型，大标、精致标、刚兑等词语几乎等于这家平台的代名词。但在监管出台，要求去刚兑，要求借款上限后，红岭创投的模式渐渐不太适用。于是 2017 年 7 月宣布退出网贷行业的计划后，到 2019 年 3 月 23 日，又再次宣布清盘，预计到 2021 年底全部清理完毕。

（二）合力宝支付：走向 B 端，走向海外

2018 年，第三方支付机构"断直连"迎来了最后时刻，备付金终于全部交存中国人民银行。在"断直连"的大背景下，视备付金规模大小的不同，每家第三方支付机构都或多或少地损失了一部分在"断直连"之前颇为重要的收入来源——备付金利息。没了备付金，用什么来填补这块儿的损失？

行业内公司普遍选择的应对方式是两个字——创新。现在看来，这些"创新"大体呈现两个大的趋势，一个是走向 B 端，另一个是走向海外，开展跨境支付。

合利宝支付的应对，可以看成这种应对的一个缩影。合利宝支付是上市公司仁东控股旗下的第三方支付公司，拥有中国人民银行颁发的全业务"支付业务许可证"。其业务范围包括互联网支付、移动电话支付，以及全国银行卡收单业务。另外，合利宝支付还拥有跨境人民币业务资质，是一家全牌照的第三方支付公司（见图 1）。

合利宝走向 B 端主打的是"科技赋能平台（T2B2C）"，通俗地说，就是通过用技术（T）来赋能企业（B）来更好地服务个人（C）。这种模式在

行业内不鲜见，已经逐渐成为潮流。蚂蚁金服、京东数科曾经喊出的"不做金融做科技"，就是对此模式的一个体现。

图1　合利宝的商业模式

合利宝选择从 B 端进行切入，主要是基于六大行业，分别是：航空旅游、金融科技、智慧零售、电商虚拟、教育、跨境支付。这六个行业也是许多第三方支付公司较为容易切入，切入程度可以做得比较深的行业（见图 2）。

图2　合利宝支付选择切入的六大战略行业

其中，智慧零售的一个大背景是，在过去很长时间以来，我国的小微零售商家的数字化水平比较低，依赖人工多过依赖技术。公开数据显示，我国目前存在 600 万家小微零售商户，绝大多数分布在三到五线城市，店主年龄在 45 岁以上，并不熟悉智能手机和互联网。这些小微零售商家，每年的交易规模合计在 10 万亿元左右，是一个非常广阔的市场。

这些小微零售商家的需求是什么？交易小额、方便，同时还能够支持多种支付方式，智能结算。根据这些小微商户较为独特的需求，合利宝支付对"智慧零售支付解决方案"进行研发，帮助他们来进行数字化经营。据了解，2018 年前 7 个月，合利宝的智慧零售行业解决方案为小微商户处理交易笔数达 2.35 亿笔，笔均交易金额在 30 元左右。

除了智慧零售，教育行业，尤其是在线教育，也是近几年来发展十分迅速的一个行业。据智研咨询数据，国内在线教育用户规模在 2018 年达到 1.79 亿人，到 2019 年将突破 2 亿人。在这个领域，合利宝支付提出的解决方案，可以帮助学生和家长在 PC 端、手机移动端进行缴费、查询，也可以帮助在线教育机构的工作人员在后台编辑、收缴、统计费用，以及进行分析、管理等，通过数字化的方式减少工作量、提高工作效率。

还有金融科技行业，合利宝支付的做法是，将依托于支付这个交易核心环节的一些增值服务开放给各类金融企业，帮助它们来服务好小微企业。电商虚拟行业中，主要是针对企业的需求定制解决方案，比如一些数字阅读企业，需要实现用户的缴费信息、分账信息与结算资金之间的一一对应，合利宝支付就为其定制相应的支付解决方案。

除了大力转向 B 端，另一个比较明显的趋势是走向海外。公开资料中，跨境支付占全球支付营收总规模的比重早在 2017 年就超过了 10%，在金额上达到 2603 亿美元，其中以中国为主的亚太地区，以 850 亿美元的跨境支付营收规模排名全球第一。

截至 2018 年 7 月，人民币跨境系统 CIPS 已经覆盖全球 150 个国家和地区、2453 家金融机构，境内外直接、间接参与者超过 700 家。同时，国家正在大力推动"一带一路"建设，给予了许多政策上优惠，再加上近些年来跨境电商、跨境旅游的发展极为迅速，也为跨境支付的发展提供了更为优良的基础环境。

全球跨境支付市场的参与者，既有银行、汇款公司、国际卡组织这些老牌玩家，也有新兴势力——第三方支付公司。与其他类型的参与者相比，第三方支付机构主要针对的是小额、高频次的交易，所针对的对象，主要是个人消费者或者是中小企业。此类跨境支付需求的特点是小额高频、简单易用、安全便捷、结算速度快、交易成本低。这就需要第三方支付公司能够有针对性地提供行业解决方案，或是定制化服务。自 2013 年起，获得试点资格的第三方支付机构迅速发展，凭借低廉的手续费、实时到账等优势，迅速填补了跨境支付中对于小额、高频、快速的交易的需求。

在"出海"的过程中，一些巨头系的第三方支付机构比如支付宝，由于自身具备庞大的用户体量和资金实力，境外合作机构多达数十家，能够通过并购、入股等方式，快速输出自身的资金和技术实力。其余的第三方支付机构，还主要集中于如何提供更为合适的、更为个性化的解决方案，来获得一定的竞争力。

（三）百信银行：开放银行

开放银行，一般是指银行通过一定的技术将自身的数据、功能以及各方面的能力向第三方开放，并通过这些合作伙伴来给客户提供服务。从某种意义上来说，就如同 *Bank 3.0* 中所描述的，银行消失了，变成了一种无处不在的服务。

"开放银行"的概念，最先起源于欧洲，尤其是英国，开放银行开放的力度很大，已经成为全世界的标杆。近年来，尤其是从 2018 年开始，"开放银行"的概念迅速在国内流行了起来。

开放银行 API，是一套访问银行的开放接口。用通俗一点的说法来形容，API 就像是一个连接器，能够把开放银行的服务通过这个连接器输送到合作伙伴的平台、业务当中，极大地延伸了银行服务的触角能够到达的范围。举例来说，以前人们通过网络获取银行服务，需要在银行的 App 或者是官网上进行，但有了 API 技术，就不需要这么麻烦，客户可以直接通过银行合作伙伴的 App 或者是一个微信小程序来获取银行服务。

浦发银行率先推出了 API Bank。浦发银行的 API Bank 能做到什么呢？举个例子，过去在银行办理业务，需要本人去营业网点现场核实身份。但在有了 API Bank 的技术后，不需要这么麻烦，在手机、平板电脑上进行一下人脸识别、声纹识别即可。另外，比如将 API Bank 嵌入社区 App 之后，凭借银行提供的金融服务技术支持，每一位业主就可以直接使用社区 App 来缴纳费用、预约服务。API Bank 可以运用的领域远不止此，可以看出，API Bank 的运用，的确是将银行服务的触角深入更加广阔的范围，更加优化了整个业务流程，便利了人们的生活。

百信银行是一家由百度和中信银行联合发起设立的互联网银行，也是全国首家独立法人形式的直销银行，于 2017 年 11 月 18 日正式开业。据公开资料显示，百信银行借助数字化运营方式，已经服务了千万级用户，并在 2019 年，两个月的时间 AUM 已经超过 2018 年全年业绩。百信银行的发展，主要是借助其"开放"。

金融科技的发展，让金融服务越来越呈现场景化的特征，银行的获客与触客体系，发生了很大的变化。尤其是一些互联网银行，根本无法走传统银行依靠线下网点、销售经理来进行获客、触客的老路。这种背景下，开放，几乎成了一个必然的选择。

银行的服务如何触达用户所在的各个场景中去？开放银行是个不错的选择。为此，百信银行重点发展了 A、B、C 三个方面的能力。C 指的是云，不同于传统银行转型过程中会存在沉重的历史包袱，百信银行一开始就是一家互联网银行，从一开始就是一家建立在"云上"的银行，很轻。B 指的是大数据，百信银行专门成立了大数据部，利用与百度云共同建立的大数据平台，像市场分析、营销活动、管理决策这些行为，都可以通过百信银行的大数据来获得支持。A 指的是人工智能，在私有云基础架构、大数据平台的基础上，通过让 AI 与业务进行充分融合，让业务更加智能化。基于 A、B、C 这三项能力搭建起来的全云架构，百信银行构建了一套稳定、健壮，同时具备极大的开放性的系统。

百信银行一位副行长曾提出，"未来银行的发展之路要实现'智能银行即服务'"。这契合了在金融场景碎片化的当下，金融与碎片化场景需要紧密联系在一起的思路。百信银行因此确立了"O+O""B+B"的发展思路，银行本身看不见、摸不着，却嵌入合作企业的线上线下场景与服务当中。一旦在这些场景中需要调用百信银行的服务，就可以"随用随到，即调即用，用完即走"，实现"Banking as a Service"，即"智能银行即服务"。

银行从"拿着产品找客户"，变成了"拿着客户找产品"。有的银行比如工、农、中、建几家大行，通过与BATJ合作，用BATJ的金融科技对自身的缺陷进行补足；有的银行比如上海华瑞银行，推出极限SDK，把银行开到App里面去，植入场景当中；有的银行比如浦发银行，推出无边界API银行，合作形式可以多种多样；还有的银行，就剩下自建流量。银行基本就通过这些方式来先获取到客户，然后"拿着客户找产品"。

开放银行的推进，使得银行越来越开放，越来越隐藏于场景和服务中，也使银行正在经历一个从物理上消失的过程。

四 未来发展趋势

对于互联网金融行业未来的发展，存在两种不同的态度。悲观者认为，互联网金融，尤其是互联网金融中的重头戏P2P，不是银行却在很大程度上干了银行才能干的事情，尤其是P2P平台不受地域的限制，在全国展业这一条，就连传统银行体系中的地方性商业银行都比不上。这根本不合理，P2P最终会逐渐消亡。乐观者认为，P2P行业经历过爆雷潮和强监管之后，虽然在后续等待备案的过程中仍然会倒下一批，但不至于团灭，最终仍然可能有数十家到上百家平台能够通过备案生存下来。但即使最终有平台能够通过备案生存下来，面临的监管形式很可能要比现在更加严格。

在大的趋势上，合规、小额分散以及转型逐渐成为P2P行业的主流。其中，合规的要求是硬要求，也是备案成功的前提条件，除非平台已经自知备案无望或者压根就不想备案，否则就一定会在合规备案上投入资源。小额分散，既是合规性的要求，也是平台风控提出的要求。P2P行业发展到现在的实践已经证明，长标、大标虽然相对应的收益高，但是所对应的风险也在成倍上升，如果某个标的的数额足够大，也许一个或几个大额标的逾期，就足以给平台带来毁灭级的灾难。小额分散才是可持续发展的长久之计。另外还有一个非常重要的趋势，就是 P2P 平台的转型。2019 年年初出台的 175 号文，为 P2P 平台提出三大转型方向：网络小贷公司、助贷机构或为持牌资产管理机构导流。就此拉开了网贷平台转型的大幕，头部 P2P 平台比如已经赴美上市的一些企业，已经纷纷开始了向助贷机构的转型尝试。

第三方支付机构，在经历了 2018 年度的大事件——断直连之后，需要寻求备付金利息之外的盈利增长点，同时失去了备付金这个谈判筹码，在与银行的合作谈判中不再具有与之前相同的优势，也需要更加重视发掘自身的核心竞争力。在大的趋势上，大力转向 B 端，转向海外或成为第三方支付机构的主流选择。同时，在自身技术能力上，也需要更进一步夯实，打造出自身的核心技术优势。比如在跨境支付上，对于个人，需要保证跨境支付方式的简便、快捷、安全，对于企业，除了安全、快捷的要求外，还要能够提供更为符合企业实际需求的定制化解决方案。

银行，也迫切地需要求新求变。一方面可以看到，各个银行纷纷设立了自己的人工智能实验室等部门，加大在人工智能、大数据等新技术方面的投入，提升银行的科技化、互联网化水平和能力；另一方面也可以看到，随着互联网银行的出现，尤其是一大批法人直销银行类型的互联网银行的出现，银行正在逐步减少对于线下网点的依赖，而是将更多的服务搬到了网上，搬到了 App 上。开放银行的出现以及概念的流行，正让银行朝着一种"消失"的状态转变。未来，人们会越来越少地感受到银行的存在，却能够非常便捷地享受到银行提供的各种服务，而在银行"开放"的过程中，对于场景的争夺也将更加激烈。另外，随着技术的发展，虚拟银行也正在成为资本竞相追逐的热点，随着未来虚拟银行技术的成熟落地，金融服务，正朝着更为便捷、高效、安全的方向，快速地前进。

B.24
治理创新案例

野马财经*

摘　要： 互联网金融治理，既包括政府监管部门针对行业制定的一些监管规则，也包括以中国互联网金融协会为首的全国及地方行业协会对成员的管理和约束，以及企业自身的治理。随着监管规则的逐步完善，企业自身治理的重要性正在逐渐加强，成为一家企业能否长久发展的重要决定因素。

关键词： 监管　合规　治理　风控

一　2018年互联网金融治理创新概况及痛点

以政府监管为主导，是国内互联网金融行业治理长期以来的特点。在行业草创时期，平台大量涌现，但监管缺失。刚性兑付、净值标、资金池等种种由从业者自发"开创"的模式乱飞，整个行业在很长一段时间内处于一种鱼龙混杂的无序状态。

行业的风险从2013年显露苗头。在这一年的时间里，大量的P2P平台突然间迎来了爆发，平台标的年化利率之高一度达到30%以上，这在现在看来几乎是不可想象的事情。这时候是投资人的"黄金盛世"，繁荣的表象让缺乏理财投资知识的投资人觉得，这就是自己一直苦等的实现财务自由的机会。

---

* 执笔人：李万民、邢莉，野马财经分析师，主要研究领域为互联网金融。

大量的资金疯狂涌入。为了获取更加高额的回报，其中一些人不惜举债，找银行、找亲戚朋友，找一切能找到的钱，想象着未来即将到手的巨额回报，喜笑颜开，直到危机忽然降临。

2013年国庆过后，P2P平台开始排队爆雷，最严重时一天之内爆雷的平台就达到五六家，持续时间近2个月，超过150家平台，占当时平台总量约10%的P2P公司阵亡。此后在2014年、2016年、2018年，又有三次大规模的雷潮相继爆发。

动荡之中，规矩逐渐建立。2016年4月起，各部委针对互联网金融的监管细则陆续发布，《互联网金融风险专项整治工作实施方案》《关于加强校园不良网络借贷风险防范和教育引导工作的通知》《网络借贷信息中介机构业务活动管理暂行办法》相继出台，网贷整治告别过去无序发展的局面，开始"有规可依"。

进入2018年，一方面出现了十分严重的爆雷潮，最严重时一周之内爆雷平台超过40家，行业内人心惶惶，维权人群接连不绝；另一方面，监管的力度迅速加大，国家出台《关于加大通过互联网开展资产管理业务整治力度及开展验收工作的通知的通知》（29号文）后，在8月又下发了"P2P网贷108条"；在2019年过后又出台了《关于进一步做实P2P网络借贷合规检查及后续工作的通知》（1号文）。合规备案虽然在事实上已经延期，但行业严肃的氛围仍然未得到缓解，甚至有愈加严峻之势。

在监管的倒逼以及平台自身长远发展需求的驱使下，互联网金融公司在内部治理上也开始下大量的功夫。其中最重要的一部分，就是平台的风控措施。可以说，风控就是金融的命脉。如果把钱放出去了却收不回来，除非是利息高到能够随意覆盖大额的坏账，否则任何一家公司都吃不消。

从现实情况来看，互金企业的风控有这样几个痛点。

第一是合规上的风控。金融在哪个国家都是严监管的行业，互联网金融也不例外，一家企业要想持续稳定发展下去，首先要做到符合监管要求的规定。比如从P2P平台来说，需要上线银行存管，需要完善的信息披露，需要设定监管规定范围内的标的额度，同时不能搞资金池等种种监管所禁止的

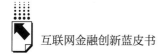

东西。否则，即使有一时之获利，也难以长久。

第二是在尽调上的投入。传统金融机构如银行的风控程序严格而烦琐，能够极大地控制风险的水平，但也需要大量的人力、物力。这样的做法，对于重点在线上的互联网金融公司来说，难以借鉴。并且，互联网金融公司针对的客群，本就是相对于银行来说次优的客群，也需要互金公司在某些方面放宽指标。如何在放宽指标获客的同时，还能够将逾期率控制在一定水平保持公司的良性发展，成为对于互金公司来说十分紧要的事情。

第三是尽量将风险前置。比如一些借款人欺诈的风险，越早识别出来，对于平台和出借人所造成的损失就越少。如果无法在开始的时候进行识别，可能就需要在贷中、贷后管理和催收上花费大力气，并且，还不一定能够把钱给收回来。

第四，在实际运营的过程中，还可能会遇到一些触及"违法"的事情。比如在P2P车贷这样的细分领域中，随着国家对于金融监管的趋严以及公安机关"扫黑除恶"专项整治行动的开展，不少"套路贷"、暴力催收、二押车等相关问题暴露出来，迫使平台转型或者对原有的业务中可能会涉及违法违规的部分进行整改。

二 治理创新特点

自2013年第一波P2P平台爆雷潮开启以来，大量以P2P为名，行集资诈骗之实的平台不断曝光，被"出清"掉。在行业规则逐步制定和完善后，原先"想怎么玩都行"的做法已经行不通了。P2P曾经打天下的利器——"刚性兑付"，也由此被合规掉，退出历史舞台。行业最重要的事情，逐渐转移到了"备案"上面。

2018年，原定于6月30日完成的备案事实上延期，但为了迎接备案，多数平台都在合规性上下了一些功夫。据网贷之家数据，截至2019年1月25日，已有近八成平台宣布与银行签订直接存管协议，其中已经上线资金存管的平台占到88%，另外在中国互金协会信批系统接入的平台数量，也超过了100家。可以看出，虽然整个行业的企业数量大幅减少，但总体来看，企业在合规性上与前几年相比，有了较大幅度的加强。

企业内部治理创新，有两方面值得关注。一方面表现为通过种种手段向监管所做出的合规备案规定靠拢，另一方面表现为企业自身在获客、催收等各个环节对于风险的识别、预判、监测和处置。这两方面，成为事关一家互金企业长久发展的关键因素。互金企业在内部治理创新上所做出的许多努力，都与这两方面有关。

除了P2P网贷，比如第三方支付，同样在内部的创新上体现了对于监管规定的迎合。毕竟，金融一向是个高风险的行业，同时也是个严监管的行业，互联网金融虽然因为其"新"在相当长的时间内享受到了一定的"自由"，但行业的长远稳定发展，仍然需要在一定的规矩内进行。

据不完全统计，第三方支付机构2018年全年收到罚单数量超过120张，累计罚没金额超过2亿元，相当于2017年被罚没金额的7倍。另外，第三方支付机构在过去很长时间所依赖的"备付金"利息收入，也随着监管的进一步加码而在2019年1月14日走到了尾声。支付行业面临的监管压力也不轻，失去了"备付金"利息收益之后，第三方支付机构一方面面临着需要寻找新的利润增长点的"开源"需求，另一方面也面临着对于已有的业务进行风险控制，切实保护好用户的资金安全，同时需要通过创新来加强企业的合规性，把业务中可能存在的违规风险控制在最低水平。

三 企业风险控制内部治理创新

（一）积木拼图：风控技术改良

P2P行业监管越严，越强调合规，越是在业务上不太合规，在风控上没有大力投入的企业，就越难以找到生存的土壤。行业已有共识，监管会越来越严，在这样的大背景下，如果P2P平台不在合规的基础上把风控做好，盈利都成问题，更不用谈活到备案落地了。

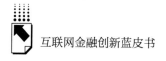

风控具体要怎么做,各家有各家的办法,但总的趋势,还是借助新兴的金融科技技术。

以积木拼图集团(简称积木拼图)为例,其在风控上主要运用改良自德国的 IPC 微贷风控技术。传统的 IPC 技术,优点在于能够对非标信贷资产因地制宜地进行评估,并且具备全流程风控的模式特点,在信用基础较差的环境比如农村地区,适用性较强。但由于该技术源自国外,在具体应用的时候,还是要跟实践相结合。比如在中国的三到五线城市以及广大的乡镇农村,如果按照 IPC 模式在交叉验证环节中"符合条件的进件在验证差额时不能超过 5%"来进行审核,通过率连 10% 都难以达到。

经过创新改良后的类 IPC 模式有:①信息源初筛和客户分级;②实地尽调、信息交叉验证、还原财务数据和初步评估;③利用获取的线上大数据信息,结合线下调查数据和结果进行第二重量化风险评估。其中,第一和第三阶段由积木盒子负责,第二阶段则由积木时代(积木拼图集团旗下小微信贷信息服务机构)主导。

第一阶段,初筛排查与风险提示。积木拼图对接了数家黑名单数据库,这些数据库通过不同渠道覆盖互联网金融行业中一定数量的信贷信息数据。积木拼图会依据进件客户的身份信息对其进行初步的黑白名单筛选,拒绝掉黑名单进件,减少实地尽调所需的人力物力。通过黑名单筛查的进件则会进入初步风险分级阶段,即基于外部数据和自有数据开发而来的线上量化风控模型,会将进件客户的基本信息,与风控模型中已存在并被深度分析的各个风险等级的客户特征进行比对,把进件分为"低、中低、中、中高、高"五个风险级别。

只有"低、中低、中"风险三档的进件才会进入实地尽调,并且在风控模型的筛选分析过程中,还会对进件存在的风险点做出提示,用以指导实地尽调。

第二阶段,实地尽调。积木拼图旗下的小微信贷信息服务机构分布于全国的信贷员将主导对进件的实地尽调,这部分吸取了 IPC 模式的技术精髓。在实地尽调的过程中,信贷员对进件客户采集多维度的经营数据,并根据不同信息之间的映射关系进行数据交叉验证，确保信息的准确。

比如，一位借款申请人，拥有一家40人规模的小型服装加工厂。在申请人提供其银行流水、营业执照、进出货单据以及上下游合作协议以外，信贷员还会进一步了解电、暖、水等厂房运营成本单据，雇员工资凭证，机器折损维修凭证等经营相关信息，对申请人提供信息的真伪进行交叉比对、验证和核算，识别欺诈行为，降低虚假信息干扰。

同时，信贷员会通过走访生意周边环境、拜访上下游公司、雇员攀谈等方式了解进件生意主体的情况及申请人的信用口碑，即信贷弱相关信息。该类信息有助于非定量地判断申请人的社会稳定性，进而对还款意愿进行一定程度的判断。另外，据积木拼图表示，在创新实践中发现，针对农村地区的实地尽调中信贷弱相关信息的好坏与还款意愿的强弱表现存在很高的相关性，是进行风险评估与贷后管理的重要依据。

然后，信贷人员将尽调数据整理形成"资产负债表""购销损益表""现金流表"等调查报告，分析其生意稳定性、还款能力和多头借贷等情况。此外，由于实地尽调的开展，信贷员可以更有效地了解到当地经济环境和细分产业的发展情况，这些因素也都会被纳入评估。最终，由分布于当地或全国信审中心的信贷委员会成员参与共同决议，做出风险评估和初步的信贷决策。

第三阶段，智能量化风控。积木拼图以技术切入，持续在交易场景上投入，以培育有效的大数据和人工智能风险控制能力。除了实地尽调时获取的线下数据，在最终的量化风险评估时，还会通过大数据技术，对现有线下数据进行补充、优化和完善。积木拼图所对接的核心数据来自几十个不同的数据源，覆盖个人信息、消费行为信息、社交信息、征信信息、交易环境设备信息等六大类。

积木拼图将通过线下和线上获取的关于申请人行为及其经营生意的上百个主要变量，在量化风控模型中进行第二次的交叉验证，形成500多个主要维度进行定量的风险分析，并将不同客户等级、不同借款用途或场景的变量作为辅助变量，参与风险判别。通过信贷强弱变量的相互交叉验证，还原申

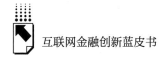

请人个人信用、生意健康程度、还款意愿等。

通过对传统 IPC 风控模式的改良和创新，积木拼图极大地缓解了金融服务下沉中的阻力，提高了在小微经营信贷方面的效率。比如在第一阶段的初筛排查使实地尽调更有针对性。有 30% 左右的进件申请，被智能风控系统标记为欺诈、高风险进件，能够在此环节被自动过滤掉，不进入实地尽调环节。再比如在第三阶段的智能量化风控，不仅大大降低了人工干预对于信贷审批和决策中的不稳定因素和道德风险，还将进件客户的信息维度丰富到了传统模式的数倍甚至数十倍，有助于更精准地发现信贷各环节中潜藏的风险。

积木拼图集团应用该创新风控模式后，在 2017 年，服务下沉市场小微经营类融资的总体规模增长 135.23%，年服务客户数量增长 118.71%，单店月产能增长 20.24%，人均产能增长 16.93%。报告期间，针对该类资产的可融区间为 1 万～50 万元，平均融资额为 8 万元。同时，随着数据量的不断积累，此风控模式不断优化，对该资产类型的逾期数据持续向好，保持在低位。报告期内，1～30 天平均逾期率为 1.00%，31～60 天平均逾期率为 0.82%，61～90 天平均逾期率为 0.76%。

最终，线上大数据与线下尽调相结合的创新模式在实践中逐渐形成了一个反哺的闭环，三个阶段的数据均作为其他环节风险识别机制不断优化的数据基础，从而形成了积木拼图一套自己优化的决策体系。

（二）51 信用卡：自主研发 iCredit 智能风控

行业监管层出不穷，互联网金融"大浪淘沙"。P2P 行业虽然看起来有点"江河日下"，消费信贷却趁势崛起，大肆扩张。尤其是在一众互联网公司中，只要占据了流量优势，几乎没有不碰消费金融的。美团、滴滴、抖音……一众 App 几乎全部被攻陷。

很多人都觉得，这是一个风口，遍地是钱，一窝蜂涌了进来，只以为这真的是个"躺赚"的行业。但最终，消费信贷因其小额分散，直接考验的就是一个平台风控技术能力的强弱。在相关的媒体报道中不乏这样的案例，有人看到地下超利贷赚钱，几百万几千万元投进去，连个响都没听到，几天时间就全部被"撸贷大军"撸走，暴富之梦，只是一枕黄粱。更不用说，地下超利贷往往与"套路贷"违法犯罪活动相联系，其本身的存在，就有着致命的合规合法风险。一时之暴利，终不可长久。

金融本是个强监管的行业，合规才是长久发展的前提，而企业的风控，是长久发展的重要保障。51 信用卡是一家成立于 2012 年的金融科技创新企业，于 2018 年在香港主板上市，以"51 信用卡管家""51 人品贷""51 人品""给你花"等 App 为核心，覆盖了超过 1 亿激活用户。在消费信贷的风控上，其自主研发的 iCredit 智能风控或可给予一些借鉴。

51 信用卡的目标客群，主要是信用卡持有人群。以"51 信用卡管家"为入口，该公司逐渐积累了大量持信用卡人群的数据。在风控上，依托于海量信用卡用户数据，沉淀了多维度的优质大数据样本，组建了一套以大数据驱动、立体化、全流程的 iCredit 智能风控体系，包含数据、模型、策略、决策系统四大模块，支持模型开发、策略优化、预测分析等风险管理服务，可与业务系统无缝集成，为贷前、贷中、贷后提供风控服务。

在策略层面上，基于消费信贷业务高发欺诈风险这一特征，在风险防控的策略上，51 信用卡旗下网贷平台 51 人品有意识地强化反欺诈策略，针对白户、黑户、恶意欺诈、身份冒用、共债、中介、传销等各类型风险，借助大数据和技术储备，聚焦欺诈场景，打造全流程的反欺诈闭环。反欺诈策略以风险案件为出发点，还原欺诈场景，评估贷前、贷中、贷后的欺诈风险点。其特征和优势在于可深入欺诈场景，提炼风险点，触发反欺诈策略调优，同时通过鉴别欺诈事件，累积可靠的目标变量，进而定制不同场景下的机器学习模型。

在技术层面上，在超 1 亿平台激活用户所提供的大数据基础上，结合人脸识别、设备指纹、人工智能、机器学习、深度学习、复杂网络以及较为独有的短文本挖掘、设备信息挖掘、用户行为挖掘等技术，51 信用卡组建了实时大数据计算平台、特征工程平台、算法平台、并行决策引擎等底层服务平台，用于精准判断用户特征、了解用户风险，并在支撑风控反欺诈的同

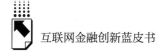

时，可有效链接业务系统，实时推动业务的安全展开。

在贷后管理上，借助大数据、人工智能、云计算等技术手段，51信用卡旗下网贷平台51人品构建了一整套智能贷后管理系统，以保障金融风险治理的及时、高效、智能与合规。首先，根据历史数据，以专业的大数据算法建立贷后管理策略模型，综合运用预测式外呼、语音机器人、自动语音应答、人工座席等方式，提高风险处理的效率、针对性和准确度；其次，建立严格的品控机制，运用系统工具，实现贷后操作的全程记录、智能自检、隐私保护等，大幅提升贷后行为的合规性，保障客户隐私。

在对于风控系统的不断改进和迭代过程中，51信用卡将风险防控的重心前置，继贷前风控之后，着重强化贷中预警能力。在借贷交易期间，借助科技手段、核心算法，分析及预判违约概率，从而进行提前预警和风险处置。

（三）微贷网："人＋车"风控

车贷，一直是个乱象丛生的领域。在前期野蛮生长时期，甚至一直到现在，非法集资、套路贷、暴力催收、二押车、第三方支付盗刷等种种现象仍不能禁绝。随着互联网金融监管加强，合规化进程愈发加快，整个P2P行业的平台数量都经历大幅缩水之后，P2P车贷逐渐走向规范，但如何避开这些"坑"，仍然是个重要命题。

以"车抵贷"为主要业务的P2P平台微贷网，拥有车主信用贷、汽车消费金融、微易融、多米贷、网链通、秒速贷等多种产品，在平台规模、成交量上居于P2P车贷行业龙头地位。

在风控上，合规对于问题频发的P2P车贷行业，显然是重中之重。微贷网在监管要求的合规项目上比较重视，像银行资金存管、等保三级证明等资质已经具备，还接入了中国互金协会信批系统等权威的信息披露平台，从存量不合规业务化解、信息披露、风控完善、流程优化、制度建设等多方面完善合规自律工作。这些合规措施，成为平台稳定发展至今的重要保障。

据悉，2011 年微贷网成立之初，投资人的年化利率可以达到 21％ 以上，但到报告期内，已经降至 8％ 以下，与整个行业的年化利率水平相比，处于略低水平。较低的年化利率水平，对于平台来说，能够获得更多的获利空间，同时具备更强的持续作战能力。与之相反，一些已经出现问题，或者内部危机显现的平台，往往利息比较高，以期待吸引更多的投资人加入，注入资金来以新还旧。投资人有时候看到表面上的利益觉得有利可图，却往往因为突然间的爆雷而得不偿失。比如 2019 年 3 月爆掉的大平台团贷网，年化利率一向比较高，动辄 10％、11％ 甚至更高。资金端的年化利率越高，资金成本越高，再加上获客成本，中后期的管理、催收等各种费用，平台的收益越摊越薄甚至会出现无利可图的情况。如果平台无利可图，也就不存在什么长远发展的假设，只能是清盘或者因集资、诈骗而爆掉。

与银行等传统金融机构相比，互联网金融企业事实上在很多方面并不占优势，所获取的，也大多是银行不需要的那些客户，客户的资质上天然就比银行差了一筹，出现违约、欺诈风险的可能性也就更大。另外，对于借款人进行尽调的能力上，互金企业的人力、物力资源也难以与银行比肩，更多的时候，还是借助一些金融科技的手段，尽可能地去降低欺诈的风险，提高整个业务流程的效率。据悉，微贷网总部的风控团队超过 130 人，技术研发团队超过 370 人，技术性员工在公司总部的比例在一半以上。

微贷网成长于金融科技开始大量应用的时代，借鉴机器学习的"随机森林"思想建立了"智能决策森林"车贷风控体系，应用了当前比较热门的大数据模型、人工智能技术，以控制逾期率、降低逾期率。

"智能决策森林"车贷风控体系具备贷前、贷中、贷后的全流程风控审核能力。在贷前，主要审核借款人的欺诈风险，关注的数据主要有 5 个方面：借款人的信用历史、履约能力、身份特征、行为偏好、人脉关系。同时，也会从车型保值度数据、车型热门度模型、车辆本身属性（指导价、行驶里程、上牌日期）等方面，对申请人用于抵押的车辆进行审核，为申请人提供一个指导价。在贷中和贷后，微贷网还可以通过系统来对申请人、抵押车的行为数据进行实时的检测，判断可能出现的逾期、欺诈的风险，并

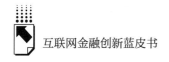

据此进行贷后的风险预警或者制定相应的催收策略。

技术的应用虽然极大地提高了效率，但是也有个前提，尤其是现在经常被提到的这种"大数据风控系统"，数据一定要足够多。但对于一家 P2P 平台来说，如果只靠平台本身去慢慢积累数据，后期数据积累多了还稍微好一些，前期的业务，就很难开展了。因为，多方数据接入成为现在 P2P 风控的重要方式。

比如微贷网，现在是一种"人 + 车"并重的审核模式。在人的数据方面，接入了前海征信、芝麻信用等十多家第三方大数据信息；在车的数据方面，接入了第三方数据对车辆过户、驾驶、维修保养、违章、保险等信息。多方数据综合评定判断，提高平台进行反欺诈识别的效率和准确性。

除了数据方面，还有智能化方面的应用。智能化应用很大的优势在于代替了人工，减少人本身的情绪等感性因素的影响和干扰。比如微贷网提出，要搞基于自然语言对话的自动视频面审系统，通过智能化系统对申请人微表情和声纹识别进行判断，做出审批。在催收环节上，提出与人工智能服务商合作开发智能电核机器人、还款提醒机器人，对通话质检、还款催收进行监测和把控，这样的应用也是一种趋势。可以想象，只要有一个 App，申请人就可以进行身份验证、视频审核，有问题还可以线上提问，直接将前期获客工作中的绝大部分从线下搬到线上。

四　未来发展趋势

数据化、智能化，已成为互联网金融发展的必然趋势。当然，还有一个前提是合规化。没有合规，再怎么讲技术的故事，都是白搭。

同时，在互联网金融企业获得一定的能力之后，技术的输出逐渐也成为一个潮流，金融科技能力的竞争，已经成为未来互联网金融竞争的核心。这其中，风控技术的输出，无疑是重头戏。微贷网就提出，通过行业交流合作，实现数据输出、共享，提升全行业大数据分析、评价能力及风险控制水平。51 信用卡也提出，加强和深化服务 B 端的能力，比如从 2014 年起就与广发银行等进行信用卡在线发卡的合作，此后以信用卡持卡人群为核心，获得了大量的金融数据，也逐渐具备了 B 端技术输出的能力。

在具体的应用层面上，一些苗头已经显现。比如在风控上尽量要将风险前置。得益于大数据、人工智能技术的大量应用，以后可能只需要下载一个 App，身份识别、视频面审，就可以在申请阶段进行高效的风控，将欺诈风险降到更低，将运营效率提到更高。

另外，比如智能机器人客服，在进行获客、催收的过程中已经获得大量的应用。未来随着人工智能技术的进一步发展，智能机器人具备了更加拟人化的能力后，智能机器人将更进一步取代人工，在风控催收以及贷后管理的诸多方面起到重要作用。

附　　录

Appendix

B.25
2018年互联网金融创新与治理大事记

常莹娜[*]

1月

1月1日　国际会计准则理事会颁布的《国际财务报表准则第9号——金融工具》（IFRS9）开始生效，我国A＋H股上市银行同日起实施新准则。

1月1日　中国支付清算协会发布的《支付技术产品认证自律管理规则》及《支付技术产品认证目录》，自2018年1月1日起实施。

1月1日　西安地铁首次开通手机扫码过闸功能，成为西北地区率先实现移动支付的城市。

1月2日　蚂蚁金服旗下支付宝发布2017年全民账单。

1月2日　深圳证监局批准腾讯拿下第三方基金销售牌照。

＊　常莹娜，中央财经大学经济学院。

1月4日 中国人民银行受理百行征信有限公司（筹）的个人征信业务申请。

1月5日 中国人民银行支付结算司发布《关于对非银行支付机构发起涉及银行账户的支付业务需求进行调研相关文件的通知》，要求支付机构和银行积极接入网联平台。

1月5日 中国人民银行公布25家非银行支付机构《支付业务许可证》的续展决定（第五批）。

1月7日 360金融区块链研究中心、Qtum量子链、新比特币（BTN）基金会联合宣布成立区块链底层技术实验室。

1月8日 广州市金融工作局下发《网络借贷中介机构现场检查细则》《小额贷款公司现场检查细则》《融资性担保公司现场检查细则》三份细则征求意见稿。

1月9日 国家发改委与中国人民银行披露中国首批12个社会信用体系建设示范城市名单。

1月10日 第三届中国消费金融高层论坛在京召开，会上发布《2017中国消费信贷市场研究》。

1月12日 京东金融发布国内首个聚焦人工智能领域的数据众包平台——京东众智。

1月12日 百度正式推出区块链开放平台BaaS，该平台已成功应用于资产证券化、资产交易所等业务。

1月14日 联通大数据有限公司与腾讯公司在京签署战略合作协议，双方将就大数据在信息安全、金融反欺诈等多个领域开展合作。

1月16日 中国信息通信研究院发布《中国金融科技产业生态分析报告》。

1月16日 "中科院自动化所－玖富人工智能联合实验室"宣布成立。

1月17日 零壹智库正式出版发售《金融科技年度发展报告2017》，这是我国第一本全景式展现金融科技最新发展面貌的书籍。

1月17日 北京航空航天大学与360正式签署战略合作协议。

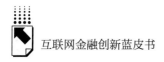
1月18日 中国互联网金融协会与德意志交易所集团签署《谅解备忘录》，以推动双方在互联网金融领域展开深入合作。

1月19日 深圳市金融办公室发布《关于进一步做好全市网络借贷信息中介机构整改有关事项的通知》。

1月20日 百度金融与埃森哲联合发布《与AI共进　智胜未来——智能金融联合报告》。

1月21日 福建省金融工作办公室发布《福建省网络借贷信息中介机构备案登记管理实施细则（试行）（公开征求意见稿）》。

1月22日 平安银行宣布和平安陆金所联手推出平安陆金所AI财富信用卡。

1月23日 蚂蚁金服无人体验店WithAnt上线。

1月25日 中信银行推出智能投顾产品"信智投"。

1月26日 支付宝宣布进入以色列，正式将移动支付服务带到中东地区。

1月27日 中国区块链应用研究中心在冬季达沃斯论坛上发布《中国区块链行业发展报告2018》。

1月29日 中国工商银行、中国银行、中国建设银行三家国有银行及所属基金联合入股人工智能公司第四范式。

1月30日 江西省下发《江西省网络借贷信息中介机构整改验收工作指引表》，指引共分为134条。

1月31日 中国互联网络信息中心（CNNIC）在京发布第41次《中国互联网络发展状况统计报告》。

1月31日 中国保险学会、中国保险创新研究院等联合举办"中国首届保险科技应用论坛暨保险智能风控实验室成立仪式"。

2月

2月1日 广东省金融工作办公室下发《关于进一步做好全省网络借贷

信息中介机构整改验收有关事项的通知》。

2月2日 新疆金融办公室发布《新疆维吾尔自治区网络借贷信息中介机构备案登记管理实施细则》。

2月4日 京东金融宣布将在今年组建城市计算事业部。

2月5日 百度推出区块链项目"莱茨狗"。

2月6日 北京市互联网金融行业协会向成员单位发布《关于"虚拟货币"、ICO、"虚拟数字资产"交易、"现金贷"相关风险的提示》。

2月6日 香港金融管理局发布《虚拟银行的认可》（指引修订本），向公众征求意见。

2月7日 中国互联网金融协会宣布已与英国创新金融协会签署备忘录，旨在加强双方在金融科技领域的深入合作。

2月7日 厦门市网贷风险专项整治联合工作办公室发布《网络借贷风险专项整治联合工作办公室关于开展网络借贷风险专项整治整改验收工作的通知》。

2月7日 北京国际贸易"单一窗口"平台与建行"跨境 e ＋"平台将进行全面合作。

2月9日 2018年中国互联网金融协会工作会议在北京召开。

2月11日 中国人民银行和世界银行集团联合发布中国普惠金融报告：《全球视野下的中国普惠金融：实践、经验与挑战》。

2月23日 广州市金融局内部下发加急文件《广州市网络借贷信息中介机构整改验收工作方案（征求意见稿)》，要求广州市在2018年6月底前完成整改验收及备案登记等工作。

2月23日 中国人民银行批准百行征信有限公司获得首个个人征信机构设立许可。

2月24日 中国保监会批复重庆金诚互诺保险经纪有限公司（美团控股）获得保险中介牌照。

2月26日 人民日报用整版篇幅刊出《三问区块链》《抓住区块链这个机遇》及《做数字经济领跑者》三篇有关区块链发展的文章。

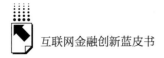
2月26日 中国互联网金融协会召开2018年第一批团体标准立项评审会，通过三项团体标准。

2月27日 网联官网www.nucc.com上线。

2月28日 中国人民银行决定废止2017年12月31日前发布的35个规范性文件，其中包括支付行业的4个规范性文件。

2月28日 广东省金融办、广东银监局等六部门联合下发《关于贯彻落实网络借贷信息中介机构业务活动管理暂行办法的通知》。

3月

3月1日 蚂蚁金服向"印度版大众点评"Zomato投资1.5亿美元。

3月2日 河北银监局批准国有四大行（河北雄安分行）在新区试行"刷脸取款"ATM机、"智慧银行"等高科技、智能化金融服务。

3月5日 中国人民银行公布，2017年我国银行业金融机构共处理电子支付业务1525.80亿笔，金额达2419.20万亿元。

3月5日 国务院总理李克强发布2018年政府工作报告，提出要健全对影子银行、互联网金融、金融控股公司等的监管。

3月6日 香港金融管理局称将于2018年9月正式推出"快速支付系统"。

3月8日 广州互联网金融协会发布《首席风险官制度》。

3月9日 央行行长周小川在十三届全国人大一次会议记者会上回答关于数字货币的问题。

3月12日 工信部宣布筹建全国区块链和分布式记账技术标准化技术委员会。

3月12日 国内首支互联网保险产业投资基金——中互保（宁波）产业基金落户宁波。

3月13日 国务院提请审议《国务院机构改革方案》，拟将银监会和保监会的职责整合，组建中国银行保险监督管理委员会。

3月14日 上海保监局完成首个再保险区块链技术应用实验。

3月16日　P2P平台爱鸿森（AIHS）在美国纳斯达克上市。

3月16日　中国人民银行对民生银行厦门分行处以1.63亿元支付清算业务违规罚款，这是央行开出的史上最大支付罚单。

3月16日　蚂蚁金服旗下全资子公司发行全国首单互联网电商供应链资产支持证券。

3月19日　中国金融科技企业点牛金融（DNJR）在美国纳斯达克挂牌上市。

3月20日　中国互联网金融协会披露，截至2018年3月15日，接入互联网金融信用信息共享平台的机构已增至100多家，累计查询量破千万笔。

3月20日　淘宝网下架"区块链白皮书代写"相关产品。

3月21日　中国银行保险监督管理委员会举行成立大会。

3月21日　中国保险行业协会发布2017年度互联网人身保险市场运行情况报告：2017年互联网人身保险市场规模发展势头放缓，全年累计实现规模保费1383.2亿元，同比下滑23%。

3月22日　京东集团正式发布《京东区块链实践技术白皮书》（2018）。

3月26日　中钞区块链技术研究院发布"中钞络谱区块链登记开放平台"。

3月27日　上海启动全国首个《互联网金融从业机构贷后风险管理规范指引》编写工作。

3月27日　中国互联网金融协会网络借贷专业委员会在京召开2018年第一次工作会议。

3月28日　中国互联网金融协会发布《互联网金融逾期债务催收自律公约（试行）》。

3月28日　央行副行长范一飞在全国货币金银工作电视电话会议中指出，将开展对各类虚拟货币的整顿清理。

3月29日　长江商学院联手京东金融召开2018科技创新峰会暨第九届长江青投论坛。

3月30日　深圳市国家税务局与微众银行签订"银税互动"战略合作协议。

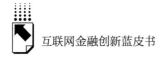
3 月 30 日　支付宝和国家体育总局体彩中心达成合作，对于即开型彩票"顶呱刮"，可以直接使用支付宝扫码并自助兑奖。

4月

4 月 3 日　互联网金融风险专项整治工作领导小组下发《关于加大通过互联网开展资产管理业务整治乱兑及开展验收工作的通知》。

4 月 3 日　江苏省工商部门在南京、镇江、宿迁、连云港四个城市推出微信版、支付宝版电子营业执照。

4 月 4 日　据人力资源和社会保障部网站消息，国务院任命郭树清为中国银行保险监督管理委员会主席。

4 月 8 日　中国银行保险监督管理委员会正式挂牌。

4 月 9 日　重庆市与阿里巴巴集团、蚂蚁金服集团在大数据智能化应用、科技金融和大数据人才培养 3 大领域集中签订 14 项合作协议。

4 月 9 日　中国建设银行首家、国内第一家"智慧银行"网点在上海对外开放服务。

4 月 10 日　京东金融 CEO 陈生强提出：未来京东金融将扮演服务金融机构的角色，专为传统金融机构输出技术。

4 月 11 日　中国人民银行行长易纲在博鳌亚洲论坛宣布进一步扩大金融业对外开放的时间表和具体措施，明确 11 项金融开放政策。

4 月 11 日　浦发银行接入银联条码支付业务。

4 月 16 日　网联清算有限公司发布《关于非银行支付机构网络支付清算平台渠道接入工作情况通告的函》。

4 月 16 日　《人民日报》刊发《数字货币的理想与现实》，提出加密数字货币是具有价值的实验。

4 月 16 日　中国建设银行与中国银联宣布在深圳正式落地"无感支付"。

4 月 17 日　央行对部分金融机构下调准备金 1 个百分点。

4 月 17 日　南都金融数字联盟正式宣告成立，蚂蚁金服、京东金融、微众银行等独角兽企业成为首批会员。

4月17日 公安部第一研究所可信身份认证平台（CTID）认证的"居民身份证网上功能凭证"亮相支付宝，并正式在衢州、杭州、福州三个城市同时试点。

4月18日 建设银行宣布成立国有大行中首家全资金融科技子公司——建信金融科技有限责任公司。

4月20日 农业银行国内首家DIY智慧银行在重庆开业。

4月20日 蚂蚁雄安数字技术有限公司与中国银行雄安分行签署战略合作协议，未来双方将基于在区块链技术打造的雄安住房租赁相关领域开展深度合作。

4月22日 深圳市首个区块链创投基金宣布正式启动。

4月23日 中国互联网金融协会发布《互联网金融个体网络借贷电子合同安全规范》团体标准征求意见稿。

4月23日 中国银保监会称，全国摸排出的ICO平台和比特币等虚拟货币交易场所已基本实现无风险退出。

4月24日 招联消费金融有限公司等13家金融机构获批准入全国银行间同业拆借市场。

4月27日 中国人民银行等五部委发布《关于规范金融机构资产管理业务的指导意见》，拉开资管新规系列政策出台的序幕。

4月27日 海南省政府与阿里巴巴集团、蚂蚁金服集团签署全面深化战略合作框架协议，将在数字经济、智慧服务业、信息智能岛、电子商务等方面开展重点合作。

4月28日 百度金融服务事业群组启用全新品牌"度小满"。

5月

5月2日 广州市互联网金融协会下发《关于贯彻落实互联网资产管理业务专项整治工作要求的通知》。

5月3日 中国人民银行发布《关于进一步加强征信信息安全管理的通知》，表示将建立接入机构征信合规与信息安全年度考核评级制度，评为 A、B、C、D 四个等级。

5月3日 支付宝推出"码商成长计划"。

5月4日 中国银保监会发布《关于规范民间借贷行为维护经济金融秩序有关事项的通知》。

5月7日 建设银行宁波市分行办理宁波市首笔应用区块链技术的福费廷业务，业务金额 1.48 亿元。

5月9日 国家互联网信息办公室发布《数字中国建设发展报告（2017 年）》。

5月9日 微信第一个区块链小程序正式诞生。

5月11日 网联清算有限公司技术与支付宝签署开展条码支付的业务合作。

5月15日 中国科学院计算技术研究所正式加入金融区块链合作联盟（深圳）。

5月17日 互金专委会发布警惕虚拟平台诈骗陷阱报告：截至 2018 年 4 月，累计发现假虚拟货币 421 种，其中 60% 以上的假虚拟货币网站服务器部署在境外。

5月18日 蚂蚁金服旗下消费信贷产品花呗宣布向银行等金融机构开放。

5月20日 工信部联合多家有关单位发布《2018 中国区块链产业白皮书》，探索区块链技术在金融领域和实体经济的落地应用。

5月21日 中国人民银行牵头，九部委共同编制的《"十三五"（2016～2020）现代金融体系规划》印发，将互联网金融纳入宏观审慎监管体系。

5月21日 中国银保监会发布《银行业金融机构数据治理指引》，明确了数据治理架构，银行业迎来正式数据治理指引。

5月22日 上海银行开立中国首单基于区块链技术的国内信用证。

5月23日 百行征信在深圳挂牌成立。

5月23日　广州市金融局与腾讯就金融监管科技签署战略合作框架协议，双方将优化广州地区的金融安全大数据风险预警平台——灵鲲。

5月24日　国务院印发《进一步深化中国（广东）自由贸易试验区改革开放方案》，提出大力发展金融科技，加快区块链、大数据技术的研究和运用。

5月24日　天津市人民政府与百度达成战略合作，推进百度"AICITY"战略的落地与赋能。

5月28日　北京大学数字金融研究中心发布课题报告《网络借贷风险缓释机制研究》，指出当前需要从两个维度构建P2P风险缓释机制。

5月30日　香港金融管理局发布《虚拟银行的认可》指引修订版，将对合格的虚拟银行申请人发放牌照。

5月30日　中国司法大数据研究院与天津中互金数据科技有限公司签署战略合作协议，双方将就"共筑金融风险防线"和"联合惩戒失信被执行人"开展合作。

5月31日　京东金融研究院和中国人民大学金融科技与互联网安全研究中心、中国刑事警察学院共同撰写的《数字金融反欺诈白皮书》在京正式发布。

5月31日　互联网金融风险专项整治工作领导小组办公室下发《关于提请对部分"现金贷"平台加强监管的函》。

6月

6月1日　北京互联网金融行业协会发布《关于变相收取砍头息的风险提示函》。

6月1日　中钞区块链技术研究院推出区块链小程序——Pick你的画。

6月4日　国家金融与发展实验室、中国社会科学院金融研究所联合发布《金融蓝皮书：中国互联网金融行业分析与评估（2018）》。

6月6日　平安银行拟以自有资金设立全资资产管理子公司"平银资产管理有限责任公司"。

6 月 7 日　广州互联网金融协会宣布"信息披露报送系统"已经建设完毕,并于 2018 年 6 月 8 日上线运营。

6 月 8 日　京东金融保险与中融人寿保险股份有限公司签署战略合作协议。

6 月 11 日　河北保监局下发《河北保监局关于开展互联网保险风险专项排查工作的通知》。

6 月 12 日　中国互联网金融协会发布《关于防范变相"现金贷"业务风险的提示》。

6 月 12 日　北京网贷整治办发布通知再次重申:辖区各网贷机构不得增长业务规模、不得新增不合规业务等。

6 月 13 日　中国互联网金融协会在京组织签署《互联网金融从业机构营销和宣传活动自律公约(试行)》。

6 月 14 日　第十届陆家嘴论坛在上海陆家嘴召开。

6 月 15 日　网贷平台唐小僧发生爆雷。

6 月 15 日　上海银监局与上海保监局联合编制发布《2017 年上海市普惠金融发展报告》。

6 月 20 日　招联消费金融宣布完成外资银团贷款,共有 12 家外资行参贷,贷款总额度为 10.4 亿元。

6 月 21 日　江苏省政府与阿里巴巴集团、蚂蚁金服集团签订战略合作协议。

6 月 21 日　杭州市互联网金融风险分析监测平台上线。

6 月 22 日　太平洋寿险将对蚂蚁金服进行金额约 16 亿元的股权投资。

6 月 24 日　中国人民银行决定,自 7 月 5 日起下调主要商业银行人民币存款准备金率 0.5 个百分点。

6 月 25 日　港版支付宝 AlipayHK 上线基于区块链的电子钱包跨境汇款服务。

6 月 25 日　最高人民检察院发布《关于充分发挥检察职能为打好"三大攻坚战"提供司法保障的意见》,提出依法严惩非法集资、套路贷、校园贷等犯罪行为。

6月28日　国家发改委和商务部联合发布《外商投资准入特别管理措施（负面清单）（2018年版）》，取消银行和金融资产管理公司的外资持股比例限制。

6月28日　百行征信与15家互联网金融和消费金融企业签订信用信息共享合作协议。

6月29日　中国人民银行发布《中国人民银行办公厅关于支付机构客户备付金全部集中交存有关事宜的通知》的114号文件（特急），要求到2019年1月14日实现支付机构客户备付金100%集中交存。

6月29日　中再集团发布中国首个经过实验验证的再保险区块链指导性纲要——《再保险区块链（RIC）白皮书》。

7月

7月2日　新一届国务院金融稳定发展委员会成立并召开第一次会议。

7月2日　中国人民银行征信中心印发《金融信用信息基础数据库异常查询行为监测工作暂行规程》，央行征信中心将采用技术手段对异常查询行为将实时阻断。

7月2日　华为推出"碰一碰"支付。

7月4日　江苏省互联网金融协会制定《江苏省互联网金融平台线上巡查管理暂行办法（征求意见稿）》。

7月5日　京东金融宣布北欧银行原副总裁张旭正式加盟京东金融。

7月8日　互联网金融风险专项整治办宣布，再用1~2年时间完成互联网金融风险专项整治。

7月9日　京东金融正式推出针对银行间市场的交易解决方案——"腾讯企点+京东金融OTC合规解决方案"。

7月10日　蚂蚁金服表示，未来5年南美洲和非洲的国家是蚂蚁金服全球合作的重点市场。

7月10日　携程成立金融科技子公司"携程金融科技（上海）有限公司"。

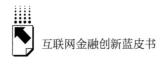
7月11日 "拍拍贷－浙江大学人工智能研发中心"在浙江大学玉泉图书馆举行签约和挂牌仪式。

7月12日 京东金融宣布与中金资本、中银投资、中信建投等投资人签署增资协议计划，融资金额约为130亿元人民币。

7月13日 中国人民银行发布《关于非银行支付机构开展大额交易报告工作有关要求的通知》，要求自2019年1月1日起，涉及个人使用第三方支付机构的单日大额交易，支付机构要向央行提交大额交易报告。

7月16日 招商银行发布托管大数据平台。

7月16日 京东金融与银联数据签订战略合作协议。

7月18日 上海市互联网金融行业协会发布国内第一部省级网贷"合规参考书"《上海地区网络借贷信息中介业务合规专家解读与释义》。

7月20日 中国人民银行发布《关于进一步明确规范金融机构资产管理业务指导意见有关事项的通知》。

7月20日 北京市互金风险专项整治领导小组办宣布，将继续开展P2P网贷现场检查工作。

7月23日 广州市金融局召开相关会议，拟重启网贷现场检查相关工作。

7月24日 上海市互联网金融行业协会、浙江互联网金融联合会、安徽省互联网金融协会共同组织召开长三角行业协会及相关会员单位联席会议。

7月25日 北京、广州、西安、天津等7地金融局（办）先后接入"蚂蚁风险大脑"。

7月26日 中国银保监会批准安联财险注册资本从8.05亿元增至16.1亿元，京东成为其第二大股东。

7月26日 北京市金融局下发通知，要求各机构按照"1＋3"的要求出具财务报表、合规报告、第三方审计报告，并在官网上披露。

8月

8月3日 国务院金融稳定发展委员会召开第二次会议。

8月6日　四川省自贸区金融服务局和质数链网合作建设"金融监管沙盒系统",成功将异构区块链体系应用至金融数据实时监管。

8月7日　深圳市金融办针对频繁爆雷事件开发网上投诉平台。

8月8日　互金整治办下发《关于报送 P2P 平台借款人逃废债信息的通知》。

8月12日　互金整治办和网贷整治办联合召开"网贷机构风险处置及规范发展工作座谈会",研究拟订十项举措应对网贷风险。

8月15日　银保监会召集四大资产管理公司(AMC)高管开会,要求四大 AMC 主动作为以协助化解 P2P 爆雷风险。

8月16日　兴业消费金融完成了 9.33 亿元银团贷款。

8月16日　财政部、民政部、国家体育总局审议通过《关于修改〈彩票管理条例实施细则〉的决定》,指出擅自利用互联网销售的福利彩票、体育彩票将视为非法彩票,该文件将于 2018 年 10 月 1 日起施行。

8月17日　互金整治办发布《关于开展 P2P 网络借贷机构合规检查工作的通知》,并一同下发《P2P 合规检查问题清单》(简称"网贷 108 条")。

8月18日　中国银保监会发布《关于进一步做好信贷工作提升服务实体经济质效的通知》,提到支持鼓励发展消费金融、支持消费信贷。

8月20日　中国互联网金融协下发《关于加强对 P2P 网络借贷会员机构股权变更自律管理的通知》。

8月20日　国家互联网金融安全技术专家委员会推出《"区块链 + AI"行业研究报告》。

8月21日　中国互联网金融协会发布《关于防范虚构借款项目、恶意骗贷等 P2P 网络借贷风险的通知》。

8月22日　中国互联网金融协会启动 P2P 网络借贷会员机构自律检查工作。

8月23日　中国银保监会发布《关于废止和修改部分规章的决定》,正式宣告取消外资对中资银行和金融资产管理公司单一持股不超过 20%、合计持股不超过 25%的持股比例限制。

8月23日 中国保险行业协会通报，2018年上半年互联网财产保险业务实现保费收入326.40亿元，互联网人身保险实现保费收入852.70亿元。

8月23日 中国证监会核准北京百度百盈科技有限公司证券投资基金销售业务资格，百度、腾讯、阿里巴巴、京东均已获得基金代销牌照。

8月23日 长城资产管理公司率先成立参与P2P风险处置工作领导小组。

8月24日 国务院金融稳定发展委员会召开防范化解金融风险专题会议，提出加快建设互联网金融长效监管机制。

8月24日 银保监会、中央网信办、公安部、中国人民银行、国家市场监管总局五部委联合发布《关于防范以"虚拟货币""区块链"名义进行非法集资的风险提示》。

8月24日 中国银行完成国内商业银行首笔应用自主研发区块链支付系统的国际汇款业务。

8月28日 中国互联网金融举报信息平台将"代币发行融资"列入举报范围。

8月29日 全国互联网金融工作委员会发布《关于同意"共同合作推动链改行动计划"的复函》。

8月31日 中国证券监督管理委员会称已正式印发《中国证监会监管科技总体建设方案》，完成了监管科技建设工作的顶层设计，并进入全面实施阶段。

9月

9月1日 香港金融管理局称，截至8月31日，已收到29家机构有关虚拟银行牌照的申请。

9月4日 "粤港澳大湾区贸易金融区块链平台"在深圳正式上线试运行。

9月5日 杭州市政府与港交所签订合作备忘录，共同促进杭州国际金融科技中心建设。

9月5日 国家知识产权局官网显示，6月29日至8月17日，央行数字货币研究所新公布8项专利申报。

9月6日 2018中国（上海）区块链技术创新峰会暨2018中国（上海）大数据产业创新峰会举行，会上发布《2018上海区块链技术与应用白皮书》。

9月7日 国家互联网金融安全技术专家委员会发布《区块链行业动态月报（2018年8月）》，指出近期国内区块链行业先后兴起"币改"和"链改"风潮。

9月10日 北京互联网法院挂牌成立。

9月13日 国家技术标准创新基地（贵州大数据）正式揭牌成立。

9月14日 中国财政部发布《狠抓规范管理 强化示范引领——财政部前三批PPP示范项目整改情况通报》，表示将充分利用区块链等技术推动政府职能的转变和监管方式的创新。

9月17日 国家互金风险专项整治工作领导小组办下发《关于进一步做好网贷行业失信惩戒有关工作的通知》。

9月18日 中国人民银行上海总部发布题为《常抓不懈持续防范ICO和虚拟货币交易风险》的通告。

9月19日 金融科技公司"小赢科技"（XYF）在纽交所挂牌上市。

9月19日 蚂蚁金服宣布蚂蚁金融云升级为蚂蚁金融科技，旨在向行业提供完整的数字金融解决方案。

9月19日 IFAA（互联网金融身份认证联盟）与IEEE（国际电气和电子工程师协会）正式签署《全方位合作谅解备忘录》。

9月20日 中国互联网金融协会公布首批25家银行资金存管"白名单"。

9月20日 国务院发布《关于完善促进消费体制机制进一步激发居民消费潜力的若干意见》再次强调将"进一步提升金融对促进消费的支持作用"。

9月26日 交通银行通过自主研发的区块链资产证券化平台"聚财链"，成功发行2018年第一期个人住房抵押贷款资产支持证券，总规模为93.14亿元。

9月26日 中共中央、国务院印发《乡村振兴战略规划（2018～2022年)》，提出加快农村金融产品和服务方式创新，促进金融科技与农村金融规范发展。

9月28日 广州互联网法院正式挂牌成立。

9月28日 中国银保监会预发《中国普惠金融发展情况报告》摘编版。

9月29日 中国人民银行发布《法人金融机构洗钱和恐怖融资风险管理指引》。

9月30日 腾讯宣布成立云与智慧产业事业群，加快金融科技B端布局。

9月30日 中国银保监会宣布2015年10月开始施行、原定有效期3年的《互联网保险业务监管暂行办法》，在新规定出台前继续有效。

10月

10月7日 央行再次对主要金融机构下调准备金1个百分点。

10月10日 中国人民银行、中国银行保险监督管理委员会、中国证券监督管理委员会联合发布《互联网金融从业机构反洗钱和反恐怖融资管理办法（试行)》，提出对全行业建立监督管理与自律管理相结合的反洗钱监管机制。

10月11日 北京金融局正式启动对京籍P2P网贷平台现场检查工作。

10月11日 蚂蚁金服CTO程立在ATEC大会上首度披露蚂蚁金服面向未来的技术布局——"BASIC"战略。

10月12日 北京大学光华管理学院与度小满金融宣布合作成立金融科技联合实验室。

10月13日 百行征信有限公司征信系统接入测试工作正式启动。

10月13日 广东省互联网金融协会对外发布《广东省网络借贷信息中介机构业务退出指引（试行)》，提出五种方式做好资产处理。

10月15日 财政部下发《关于下达2018年度普惠金融发展专项资金

预算的通知》，审核拨付 2018 年度普惠金融发展专项资金预算合计约 120.6 亿元。

10 月 16 日　中国人民大学、中国银行业协会、中国小额贷款公司协会联合主办的"2018 中国普惠金融国际论坛"在北京召开，现场发布《中国普惠金融发展报告（2018）》。

10 月 16 日　厦门市金融办发布《厦门市网络借贷风险专项整治工作领导小组办公室关于开展 P2P 网络借贷信息中介机构合规检查工作的通知》。

10 月 16 日　蚂蚁保险、信美相互联手面向蚂蚁会员推出"相互保"：芝麻分 650 分及以上的蚂蚁会员（60 岁以下）无须交费，便能加入其中，获得 10 万元至 30 万元不等的额度的包括恶性肿瘤在内的 100 种大病保障。

10 月 17 日　中国银行业协会消费金融专业委员会成立大会暨一届一次全体成员会议在北京召开，会议全票通过《关于审议中国银行业协会消费金融专业委员会第一届常委单位的议案》。

10 月 17 日　海南省首次在住房公积金行业使用区块链技术。

10 月 18 日　中国人民银行征信管理局局长万存知表示，我国已建成世界上收录人数最多、数据规模最大、覆盖范围最广的金融信用信息基础数据库。

10 月 18 日　中国人民银行征信中心和百行征信系统纳入首批 P2P 恶意逃废债借款人信息，共涉及金额约 2 亿元。

10 月 19 日　国家互联网信息办公室向社会公开征求有关《区块链信息服务管理规定（征求意见稿)》的意见。

10 月 22 日　北京市互联网金融行业协会召开自律检查启动会。

10 月 23 日　毕马威和 H2 Ventures 联合发布《2018 年全球领先金融科技 100 强》，报告上榜机构中有 11 家来自中国，18 家来自美国，12 家来自英国。

10 月 23 日　广州市金融工作局发布关于印发《广州市关于促进金融科技创新发展的实施意见》的通知。

10 月 24 日　国家互联网应急中心与长沙经开区签约成立全国首个区块链安全技术检测中心。

10 月 25 日　金融科技解决方案提供商品钛（PINTEC）在美国纳斯达克挂牌上市。

10 月 25 日　四川省科学技术厅、中国人民银行成都分行联合发布《四川省科技金融发展规划（2018～2020 年)》。

10 月 26 日　中国银保监会发布《保险资金投资股权管理办法（征求意见稿)》，拟取消保险资金开展股权投资的行业范围限制。

10 月 26 日　度小满金融与南京银行签署战略合作协议。

10 月 29 日　国家发改委正式公布首批 26 家综合信用服务机构试点单位，多家金融科技公司获批。

10 月 31 日　安联财产保险（中国）有限公司正式更名为"京东安联财产保险有限公司"，京东成为第三家拿到保险牌照的互联网巨头。

11月

11 月 1 日　北京市互金专项整治小组发布《打击网贷恶意失信行为的公告》。

11 月 1 日　香港证监会发布《有关针对虚拟资产投资组合的管理公司、基金分销商及交易平台营运者的监管框架的声明》。

11 月 2 日　厦门自贸区正式上线全国首家运用于跨境供应链的区块链贸易金融综合运用平台。

11 月 2 日　清华大学经济管理学院成立数字金融资产研究中心。

11 月 5 日　"车贷第一科技股"微贷网（WEI）在纽交所挂牌上市。

11 月 9 日　北京市金融工作局、中关村管委会和北京市科学技术委员会经市政府批准，联合发布《北京市促进金融科技发展规划（2018 年～2022 年)》。

11 月 9 日　广州市金融局官网发布《广州市互金整治办关于打击网贷行业恶意失信行为》的公告。

11 月 11 日　网联平台"双十一"当日处理跨机构交易笔数 11.7 亿笔，

相应跨机构交易处理峰值超过 9.2 万笔/秒。

11 月 13 日 中国政府网发布银保监会"三定方案"《中国银行保险监督管理委员会职能配置、内设机构和人员编制规定》。

11 月 13 日 湖南省娄底市发放全国首张不动产区块链电子凭证。

11 月 14 日 中国互联网金融协会金融科技发展与研究工作组、新华社瞭望智库金融研究中心联合发布《中国金融科技应用与发展研究报告2018》。

11 月 15 日 中国银行宣布拟出资不超过 100 亿元，设立理财子公司中国银行理财有限责任公司。

11 月 15 日 第二批网络借贷平台借款人恶意逃废债信息纳入央行征信系统，逾期金额近 7000 万元。

11 月 15 日 浙江大学互联网金融研究院（浙大 AIF）司南研究室联合剑桥大学新兴金融研究中心（剑桥 CCAF）共同推出《2018 全球金融科技中心城市报告》。

11 月 15 日 香港地铁宣布独家接入香港版"支付宝"（Alipay HK）。

11 月 16 日 江西省互联网金融协会官网发布《江西省网络借贷信息中介机构退出指引（试行）》，指引显示网贷机构退出应遵循四项"基本原则"。

11 月 16 日 建设银行拟设立建信理财责任有限公司，注册资本不超过150 亿元。

11 月 17 日 杭州互联网法院正式受理全国首例利用微信公众号及关联小程序的非法贷款案件。

11 月 20 日 "京东金融"品牌正式升级为"京东数字科技"。

11 月 20 日 "北京地区 P2P 网贷机构的投诉平台"正式开通。

11 月 22 日 深圳市互联网金融协会发布《关于开展深圳市 P2P 网络借贷机构自律检查工作的通知》，正式启动对深圳市 P2P 网贷机构开展自律检查工作，检查时间为通知发布之日起至 2018 年 12 月 20 日。

11 月 23 日 招商银行首个基于区块链的产业互联网协作平台上线。

11 月 24 日 中国工商银行成功发放首笔数字信用凭据融资。

11 月 26 日 农业银行拟出资不超过 120 亿元，设立子公司农银理财有限责任公司。

11 月 26 日 工商银行拟出资不超过 160 亿元，设立全资子公司工银理财有限责任公司。

11 月 26 日 央行公示中国人民银行福州中心支行决定受理福建品尚征信有限公司备案申请的相关信息，吹响内资企业征信公司重启备案的号角。

11 月 27 日 中国人民银行、中国银行保险监督管理委员会、中国证券监督管理委员会联合发布《关于完善系统重要性金融机构监管的指导意见》。

11 月 27 日 支付宝宣布"相互保"升级为"相互宝"，产品定位为互联网互助计划。

11 月 29 日 中国人民银行支付结算司发布《关于支付机构撤销人民币备付金账户有关工作的通知》的特急文件，要求支付机构于 2019 年 1 月 14 日前撤销开立在备付金银行的人民币客户备付金账户，规定可以保留的账户除外。

11 月 29 日 阿里云原总裁胡晓明出任蚂蚁金服集团总裁。

11 月 29 日 百度百盈科技有限公司正式获得证监会颁发的经营证券期货业务许可证。

11 月 30 日 中国银联与大商集团共同推出银联标准移动支付产品"天狗付"。

12月

12 月 1 日 北京区块链技术应用协会、北京中科金财科技股份有限公司、社会科学文献出版社在京共同发布金融科技蓝皮书《中国金融科技发展报告（2018）》。

12 月 2 日 中国银保监会发布《商业银行理财子公司管理办法》。

12 月 4 日 北京市互联网金融行业协会发布《关于防范以 STO 名义实施违法犯罪活动的风险提示》。

12 月 4 日 中国联通、招商银行各出资 10 亿元共同增资招联消费金融有限公司。

12月4日　中国银联联合各大商业银行及华为、小米、三星等主流手机厂商正式启动银联手机POS产品首批应用试点合作。

12月6日　深圳市互联网金融协会发布《关于进一步规范网络借贷信息中介行业专项整治期间有关行为的通知》，提出专项整治工作期间的十项规定。

12月6日　中国电信正式宣布进军聚合支付领域，推出针对小微商户的聚合支付产品"钱到啦"。

12月6日　中国互联网金融协会召开开放银行（Open Banking）业务发展研讨会。

12月7日　香港城市大学与京东数字科技宣布设立"京东数字科技——香港城市大学金融科技与工程联合实验室"。

12月7日　邮储银行拟出资不超过人民币80亿元设立全资子公司中国邮政储蓄银行理财有限责任公司。

12月8日　第二届中国互联网金融论坛举办，中国互联网金融协会发布《中国互联网金融年报2018》。

12月9日　广东省税务局升级"税链"区块链电子发票平台，并成功在广州试点。

12月11日　首单AMC化解P2P风险项目落地，信融财富获中国东方资产管理有限公司天津市分公司2000万元的本金支持。

12月13日　中共中央政治局召开会议，分析研究2019年经济工作。

12月13日　IEEE和蚂蚁金服联手推进的《供应链金融中的区块链标准》正式立项，这是IEEE首个评审通过的金融业区块链标准。

12月13日　四川省市场监督管理局通过《小额贷款公司服务管理规范》。

12月13日　支付宝宣布推出全新的刷脸支付产品——"蜻蜓"。

12月14日　中国互联网金融协会称，P2P网贷会员机构自律检查进入非现场检查阶段。

12 月 14 日　中国人民银行出台《金融机构互联网黄金业务管理暂行办法》，对互联网黄金的发售平台和代销平台进行约束。

12 月 14 日　京东金融 App 正式上线一款名为"旭航网贷"的 P2P 产品，但随后不久下架。

12 月 15 日　360 金融（QFIN）在美国纳斯达克上市。

12 月 15 日　比特币单价跌至 3194 美元，创一年来最低。

12 月 17 日　中国移动通信集团宣布成立全资子公司中移动金融科技有限公司。

12 月 18 日　招商银行宣布对全国网点的"全面无卡化改造"项目完成，成为国内首家实现网点"全面无卡化"的银行。

12 月 18 日　中国投融资担保股份有限公司与品钛正式签署战略合作协议，联合开发新一代智能信贷技术，推动普惠金融的发展。

12 月 18 日　国家税务总局、中国人民银行联合微信支付发布扫码缴税（费）功能，河南、湖南、福建和青岛等地率先成为全国首批试点地区。

12 月 19 日　中国人民银行发布公告，决定创设定向中期借贷便利（TMLF）。

12 月 19 日　中国税务网刊发《应用区块链技术推动我国纳税缴费信用管理研究》，提出基于区块链技术的纳税缴费信用评价和管理系统方案设计。

12 月 20 日　香港保险业监管局发出首个关于互联网保险的快速通道（Fast Track）授权。

12 月 20 日　嘉银集团正式向美国证券交易委员会（SEC）公布 IPO 招股书。

12 月 21 日　厦门市网络借贷风险专项整治工作领导小组办公室发布《关于做好厦门市网络借贷信息中介机构良性退出工作的通知》，要求暂不退出的平台需制订"生前遗嘱"式退出计划。

12 月 21 日　杭州市互联网金融协会发布《关于积极配合杭州市网络借贷风险处置工作的通知》，提出多个存量"不得新增"。

12 月 22 日　天津市统计局与京东云签约，双方将在统计大数据领域展开深度合作。

12 月 24 日 京东金融 App 再上线第二款名为"和丰网贷"的 P2P 产品，但仅仅过了两天，这款产品同样再度下架。

12 月 24 日 蚂蚁金服拟以约 7 亿美元的价格收购英国跨境支付公司 WorldFirst。

12 月 24 日 证监会召开党委（扩大）会议，要求上交所设立科创板并试点注册制。

12 月 24 日 吉林银行拟投资设立东北第一家"银行系"理财子公司。

12 月 25 日 中国互联网金融协会发布《互联网金融 信息披露 互联网非公开股权融资》（T/NIFA 6 – 2018）团体标准。

12 月 25 日 人民数据管理有限公司与北京星辰律动科技服务有限公司正式签署区块链云合作协议，共同打造国家级的区块链云。

12 月 25 日 深圳市互联网金融协会发布《深圳市网络借贷信息中介机构业务退出指引（征求意见稿）》，提出三个"不可"原则。

12 月 26 日 2019 年全国交通运输工作会议召开，宣布 2019 年将实现 ETC 车载设备免费安装全覆盖，手机移动支付在高速公路人工收费车道全覆盖。

12 月 26 日 国家互联网信息办公室公布《金融信息服务管理规定》。

12 月 26 日 中国银保监会正式批准中国建设银行、中国银行设立理财子公司的申请。

12 月 27 日 派盟咨询发布《中国聚合支付行业发展报告 2018》，这是中国首个公开发布的聚合支付行业发展报告。

12 月 28 日 中国银行成立交易银行部，将运用人工智能、区块链、大数据等技术手段搭建智能化交易银行专属服务平台。

12 月 29 日 中国银保监会发布《关于规范银行业金融机构异地非持牌机构的指导意见》（银保监发〔2018〕71 号）。

12 月 29 日 "中国贸易金融跨行交易区块链平台"正式上线运行。

12 月 29 日 齐商银行通过资金存管系统测评，中国互联网金融协会信披系统存管银行白名单增至 43 家。

权威报告·一手数据·特色资源

皮书数据库
ANNUAL REPORT(YEARBOOK) DATABASE

当代中国经济与社会发展高端智库平台

所获荣誉

- 2016年，入选"'十三五'国家重点电子出版物出版规划骨干工程"
- 2015年，荣获"搜索中国正能量 点赞2015""创新中国科技创新奖"
- 2013年，荣获"中国出版政府奖·网络出版物奖"提名奖
- 连续多年荣获中国数字出版博览会"数字出版·优秀品牌"奖

成为会员

通过网址www.pishu.com.cn访问皮书数据库网站或下载皮书数据库APP，进行手机号码验证或邮箱验证即可成为皮书数据库会员。

会员福利

- 已注册用户购书后可免费获赠100元皮书数据库充值卡。刮开充值卡涂层获取充值密码，登录并进入"会员中心"—"在线充值"—"充值卡充值"，充值成功即可购买和查看数据库内容。
- 会员福利最终解释权归社会科学文献出版社所有。

社会科学文献出版社 皮书系列
SOCIAL SCIENCES ACADEMIC PRESS (CHINA)

卡号：339345746838
密码：

数据库服务热线：400-008-6695
数据库服务QQ：2475522410
数据库服务邮箱：database@ssap.cn
图书销售热线：010-59367070/7028
图书服务QQ：1265056568
图书服务邮箱：duzhe@ssap.cn

基本子库
SUB DATABASE

中国社会发展数据库（下设 12 个子库）

全面整合国内外中国社会发展研究成果，汇聚独家统计数据、深度分析报告，涉及社会、人口、政治、教育、法律等 12 个领域，为了解中国社会发展动态、跟踪社会核心热点、分析社会发展趋势提供一站式资源搜索和数据分析与挖掘服务。

中国经济发展数据库（下设 12 个子库）

基于"皮书系列"中涉及中国经济发展的研究资料构建，内容涵盖宏观经济、农业经济、工业经济、产业经济等 12 个重点经济领域，为实时掌控经济运行态势、把握经济发展规律、洞察经济形势、进行经济决策提供参考和依据。

中国行业发展数据库（下设 17 个子库）

以中国国民经济行业分类为依据，覆盖金融业、旅游、医疗卫生、交通运输、能源矿产等 100 多个行业，跟踪分析国民经济相关行业市场运行状况和政策导向，汇集行业发展前沿资讯，为投资、从业及各种经济决策提供理论基础和实践指导。

中国区域发展数据库（下设 6 个子库）

对中国特定区域内的经济、社会、文化等领域现状与发展情况进行深度分析和预测，研究层级至县及县以下行政区，涉及地区、区域经济体、城市、农村等不同维度。为地方经济社会宏观态势研究、发展经验研究、案例分析提供数据服务。

中国文化传媒数据库（下设 18 个子库）

汇聚文化传媒领域专家观点、热点资讯，梳理国内外中国文化发展相关学术研究成果、一手统计数据，涵盖文化产业、新闻传播、电影娱乐、文学艺术、群众文化等 18 个重点研究领域。为文化传媒研究提供相关数据、研究报告和综合分析服务。

世界经济与国际关系数据库（下设 6 个子库）

立足"皮书系列"世界经济、国际关系相关学术资源，整合世界经济、国际政治、世界文化与科技、全球性问题、国际组织与国际法、区域研究 6 大领域研究成果，为世界经济与国际关系研究提供全方位数据分析，为决策和形势研判提供参考。

法律声明

　　"皮书系列"（含蓝皮书、绿皮书、黄皮书）之品牌由社会科学文献出版社最早使用并持续至今，现已被中国图书市场所熟知。"皮书系列"的相关商标已在中华人民共和国国家工商行政管理总局商标局注册，如 LOGO（ 🖫 ）、皮书、Pishu、经济蓝皮书、社会蓝皮书等。"皮书系列"图书的注册商标专用权及封面设计、版式设计的著作权均为社会科学文献出版社所有。未经社会科学文献出版社书面授权许可，任何使用与"皮书系列"图书注册商标、封面设计、版式设计相同或者近似的文字、图形或其组合的行为均系侵权行为。

　　经作者授权，本书的专有出版权及信息网络传播权等为社会科学文献出版社享有。未经社会科学文献出版社书面授权许可，任何就本书内容的复制、发行或以数字形式进行网络传播的行为均系侵权行为。

　　社会科学文献出版社将通过法律途径追究上述侵权行为的法律责任，维护自身合法权益。

　　欢迎社会各界人士对侵犯社会科学文献出版社上述权利的侵权行为进行举报。电话：010-59367121，电子邮箱：fawubu@ssap.cn。

社会科学文献出版社